40일 성경 영어

40일 성경 영어 Vol. 2

초판 인쇄 2014년 4월 14일
초판 발행 2014년 4월 21일

지 은 이 최 영
펴 낸 이 박찬익
편 집 장 김려생
책임편집 김지은
표지디자인 박예진
펴 낸 곳 도서출판 **박이정**

주 소 서울시 동대문구 천호대로 16가길 4
전 화 02) 922-1192~3
팩 스 02) 928-4683
홈페이지 www.pjbook.com
이 메 일 pijbook@naver.com
등 록 1991년 3월 12일 제1-1182호

ISBN 978-89-6292-629-3 (13740)

* 책값은 뒤표지에 있습니다.

Vol. 2

40일 성경 영어

생명을 살리는 영어

40-Day Bible English

최 영 지음

도서출판 박이정

책머리에

이 책을 쓴 이유

지금까지 우리나라는 다른 과목들과 비교해 볼 때 영어에 가장 많은 시간과 돈을 집중적으로 쏟아 부어왔다. 그럼에도 불구하고 이에 비례한 성과를 거두지 못하고 있는 것이 현실이다. 오랫동안 영어를 배웠다고는 하지만 실제 그 사용 능력은 언제나 제자리걸음에 머물고 있는 느낌이다. 이 이유는 무엇일까? 솔직히 고백한다면 영어 학습의 목적이 영어로 의사소통을 하자는데 있는 것이 아니라 각종 입시나 입사 시험에서 오직 높은 점수를 얻고자 하는데 있었기 때문은 아닐까? 그렇기 때문에 세상에 나와 있는 영어 참고서들은 어떤 특정 시험에서 고득점을 얻기 위한 요령, 기술, 전략, 방법 등을 주로 전달하고 있다는 생각이다.

이들은 하나같이 표면적으로는 실용영어라고 외치고 있을지는 모르지만 그 속을 들여다보면 '나와 상관없는 예문들', '시간과 장소가 바뀌면 맞지 않는 내용들', '오직 시험의 정답을 고르기 위한 말들', '문법 설명을 위해서만 존재하는 화석화된 문장들'이 대부분이라 해도 지나치지 않을 것이다. 의사소통이라는 영어 학습의 근본 목적은 사라지고 그 자리를 고득점 전략(?)을 위한 영어가 차지하고 있는 셈이다. 이들은 시험만 치르고 나면 사라져 버리는 언어의 파편들이다. 언어적 지식으로 우리 뇌 속에 잠시 머물다 사라질 뿐, 실제 '사용을 위한 도구'로 잘 활용되지 못하고 있다. 학습자가 이 같은 말과 글들을 반복해서 사용해야 할 필요를 절실하게 느끼고 있지 않기 때문이다.

모름지기 모국어는 끊임없는 반복으로 습득된다. 외국어도 마찬가지다. 목표언어를 수없이 반복할 때 비로소 사용 능력이 생기는 것이다. 그런데 저자의 관점에서 보면 성경이야말로 누구나 절실한 필요 때문에 평생을 수없이 반복한다 해도 결코 지나치지 않는 영원불멸의 콘텐츠다. 이 세상에서 성경보다 더 위대한 말씀이 없기 때문이다.

이와 함께 성경은 언어적으로도 영어 학습의 또 다른 바이블이 될 것이다. 성경은 하나님의 말씀이다. 하나님의 글이 아니다. 즉 이 말씀이란 문자언어가 아니라 음성언어를 뜻한다. 노래의 가사처럼 소리로 들려질 것을 전제로 잠시 문자에 담겨있을 뿐, 그 본질은 음성이다. 그렇다. 성경은 하나님의 음성을 글로 적어 놓은 것이다. 그러므로 이를 전달하는 언어가 영어라면 이보다 더 완전하고도 필요 충분한 구어(spoken language)는 이 땅에 없을 것이라는 결론에 이르게 된다. 성경으로 영어를 배워야하는 이유가 바로 여기에 있다.

하지만 영어성경을 통째로 붙들고 매달린다고 해서 저절로 영어 사용능력이 생기는 것은 결코 아니다. 그 양이 너무 벅차고 내용도 어려워서 무엇을 어떻게 해야 할지 막막해진다. 그래서 영어 성경 학습은 자신의 의지와는 상관없이 언제나 작심삼일로 끝나기 일 수다.

「40일 성경영어」는 이러한 높은 진입 장벽을 누구나 쉽게 뛰어 넘을 수 있도록 영어 학습을 목적으로 신구약 성경을 분류 정리한 것이다. 보다 구체적으로 말하면 NIV(New International Version)의 1,600여 핵심 요절들이 이 책의 중심 내용이며 1권 20일씩 1, 2권 총 40일로 이뤄져 있다. 이를 통해 '성경영어'가 통째로 '나의 영어'가 되도록, '성경 영어'의 생생한 감동이 바로 '나의 영어'가 되도록 – 성경 영어처럼 읽고, 듣고, 쓰고, 말할 수 있도록 하자는 것이다.

참고로 「40일 성경영어」의 '40일'은 성경에서 온 것이다. 예를 들면 구약성서에서 노아는 40일 동안 천지를 개벽하는 홍수를 견디어 낸 후 새로운 세상을 맞았다. 모세는 시내산에서 40일 동안 기도하고 난 후 하나님으로부터 10계명을 받았다. 신약성서에서 예수님은 40일간 광야에서 금식기도하며 마귀의 유혹을 물리치고 난 이후 능력을 받았다. 그러므로 40일이란 기간은 새로운 변화, 새로운 능력, 새로운 탄생, 새로운 기적을 잉태하기 위한 준비의 기간이요, 시련의 시간인 것이다. 아무쪼록 졸저 「40일 성경영어」가 나의 영어와 영혼을 동시에 살리는 이른바 '생명을 살리는 영어'가 되기를 간절히 기도 한다.

이 책의 구성과 학습 지침

사실 우리는 원어민이 아니기 때문에 어떤 영어를 접할 때 '이런 말들을 원어민은 얼마나 자주 사용하는 것일까?' '이 영어가 일반적인 말일까?' '이 영어는 교양 있는 말인가?' '이 영어는 올바른 어법이며 문법으로 된 말인가?' 등등 잘 알 수 없는 부분들이 너무나 많다. 성경 영어는 이와 같은 학습자의 의문점들을 한꺼번에 해결해주는 영어 학습의 바이블이다. 성경은 사람의 말이 아니라 온전히 하나님의 말씀이다. 이 뜻을 전하기 위한 도구로 사용된 영어라면 이는 원어민이 자주 사용하는 가장 일반적인 표현방식일 것이며, 가장 정확한 단어, 어휘, 어법, 문법 등으로 이뤄진 표준말일 것이라는 믿음 때문이다. 이 책은 현재 원어민이 가장 많이 읽고 있는 영어 성경 NIV(New International Version)를 인용하였다. 「40일 성경영어」의 '1일'(한 과)은 ≪Verse to Remember≫, ≪Q & A 세상영어≫, ≪Check-up 세상영어≫, ≪Reading & Listening 성경영어≫, ≪Writing & Speaking 성경영어≫ 등 5개 부분으로 구성되어 있으며 '1일'은 그 날을 대표하는 황금률 ≪Today's Golden Rule≫로 마무리된다. 한 과에는 대략 50~70여개의 말씀들이 나오며, 반복된 것들을 제외하면 40일 동안 모두 1,600여개에 달하는 성경 핵심 요절들이 망라되어 있다. 한 과내에서의 성경은 저자의 문법적 기준에 따라 배열하였고 같은 영역 안에서는 성경의 순서대로 소개하였다.

1. Verse to Remember

≪Verse to Remember≫는 성경말씀들로만 구성된 실용문법, 어법 학습으로 이 책의 본론에 해당된다. 필자의 견해로는 여기 소개되어 있는 성경 요절들은 해당 주제에 관한한 감히 '영어사용의 모든 것'이라고 말하고 싶다. 또한 '1일' 주제에 대해 성경이 말하고 있는 영어야 말로 가장 일반적인 구어(spoken language)임에 틀림없다. 성경은 하나님 말씀이며 이를 인간에게 전달하기 위해서 가장 명확하고 전달력 높은 표현방식으로 기술되었을 것이라는 사실은 지극히 당연한 일이기 때문이다. 이를 통해 독자는 실제로 원어민들의 사고방식, 자주 사용하는 표현방식, 어법, 어휘 등이 무엇인가를 명확히 알 수 있을 것이다. ≪Verse to Remember≫의 말씀들은 우리말과 영어로 무의식

적으로 나올 수 있도록 반복하여야한다. 이렇게 연습하여 40일이 지나면 믿음의 확신이 생기는 동시에 영어를 사용할 수 있는 언어적 틀(groove)이 우리 머릿속에 자연스럽게 새겨지게 될 것이다.

2. Q & A 세상영어

≪Q & A 세상영어≫에서는 해당 날짜의 주제에 따라 영어를 사용할 때 항상 의문을 불러 일으켰던 부분들, 이해가 안 되어서 무조건 암기했던 부분들에 대해 자세히 때로는 깊이 있게 설명하였다. 또한 경우에 따라서는 성경영어에는 소개되어 있지 않았지만 세상영어에 나와 있는 부분들도 설명하였다. 이는 제시된 의문점에 대해 언어사용의 전체 영역을 보이기 위한 것이다. 여기서는 주로 세상영어를 예문으로 다루었으나 필요에 따라서는 ≪Verse to Remember≫의 성경영어도 함께 제시하였다. 40일의 ≪Q & A≫들을 잘 이해하면 각 과의 주제마다 우리말과 영어의 차이점들을 속 시원히 알게 되어 영어사용에 자신감을 갖게 될 것이다.

3. Check-up 세상영어

≪Check-up 세상영어≫는 각 날짜마다 소개된 ≪Verse to Remember≫와 ≪Q & A 세상영어≫를 토대로 실제 세상 속에서 우리말이나 글을 영어로 쓰고 말 할 수 있도록 연습하는 과정이다. 이 날짜에 해당되는 내용이라면 어떤 우리말이라도 영어로 할 수 있어야 한다는 것이 이 코너의 궁극적 목표다. 각 날짜마다 속담, 격언, 일상 대화, 일반 상식, 시사 문제, 기독교와 관련된 것 등 생활밀착형 실용 예문들이 망라되어 있다. 우리말을 영어로 쓰는 데만 만족하지 말고 우리말을 보면 바로 해당영어로 말할 수 있을 때 까지 반복하여야한다.

4. Reading & Listening 성경영어

여기서는 해당 날짜의 주제에 맞춰 신, 구약성경에 나와 있는 말씀들을 가능한 한 다양하게 인용하였다. 영어 성경을 보고(또는 듣고) 우리말로 그 의미를 새기는 과정이다. 사실 성경을 자주 접한다 해도 순서대로 읽다 보면 무슨 얘기인지 모를 때가 많다. 이를 극복할 수 있는 방법 중의 하나가 우리말과 함께 영어성경을 읽는 것이다. 이렇게 하면 말씀에 대한 집중력이 훨씬 커지고 우리말과 영어가 서로 상호 보완작용을 하여 한 구절 한 구절이 영혼의 울림으로 우리 마음속에 새겨지게 될 것이다.

영어 학습의 관점에서 볼 때 세상영어의 각종 참고서들은 현 시점에서는 좋은 교재가 될 수 있다 할지라도 세월이 조금만 지나면 그 주제나 내용, 어법 등이 빛을 바래기 일 수다. 하지만 영어성경은 나의 인생과 직결된 영원불멸의 주제들을 담고 있기 때문에 시간과 공간을 초월해 언제나 진리이며 이 같은 세상영어의 약점들을 극복할 수 있는 유일한 대안이 된다.

5. Writing & Speaking 성경영어

《Writing & Speaking 성경영어》는 '1일'을 총정리하며 우리말 성경을 보고, 영어로 말하고 써보는 과정이다. 주로 짧은 한두 절의 말씀들로 이루어져 있다. 모름지기 신앙생활이란 성경의 핵심 요절들을 말하고 쓰는 일이 그 중심일 것이다. 또한 영어학습의 궁극적 목표는 우리말을 보고 실제 영어로 사용해 보는 것이다.

《Writing & Speaking 성경영어》는 바로 이를 위한 실천과제다. 여기 소개된 말씀들을 반복하면 할수록 나의 믿음과 나의 영어가 달라지는 것을 체험하게 될 것이다.

원어민이 아닌 이상 한국인들은 읽기는 물론 말하기, 듣기, 쓰기를 대부분 영어책을 통해서 배우게 된다. 이럴 때 가장 좋은 학습법으로 '책에 있는 내용을 통째로 외워라.' 라는 말을 종종 듣게 된다. 일리 있는 얘기다. 그런데 정작 중요한 것은 외운 것이 우리의 영어 구사능력으로 이어지려면 그 말이 언어적으로 또는 내용에 있어서 되풀이하여 반복할 만한 가치가 있어야 한다는 점이다. 그런데 과연 학습을 위해 만나는 세상영어의 얼마만큼이 이런 가치를 지니고 있는 것일까?

예를 들어 명령문 다음 접속사 and의 사용법을 말한다고 하자. "Hurry up, **and** you'll be in time for the train."이라는 세상 영어를 택할 것인가 아니면, "Ask, **and** it will be given to you.(MT 7:7)"라는 성경영어를 반복할 것인가는 전적으로 독자들의 몫이다.

처음 등산을 시작할 때에는 숨이 차서 당장 포기하고 싶고, 몇 번씩을 쉬어야 간신히 정상에 오르게 되지만 이를 참고 자주 산에 오르다보면 거침없이 정상까지 올라갈 수 있는 능력이 생긴다. 이와 마찬가지로 우리말 성경을 보고 처음부터 바로 영어 성경으로 말하기란 쉽지 않은 일이다. 하지만 ≪Writing & Speaking 성경영어≫를 매일 매일 반복하다 보면 성경과 영어가 동시에 '자기 것'이 되는 기쁨을 경험하게 될 것이다. 그리고 결국 이것만이 나의 영어 사용능력이 된다는 사실도 깨닫게 될 것이다.

6. Today's Golden Rule

'1일'(한 과)을 대표하는 기독교의 황금률이다. 또한 이날 있었던 모든 언어적 설명을 한마디로 정리한 영어의 황금률이기도 하다. 그렇기에 「40일 성경영어」의 Golden Rule 들은 '생명을 살리는 영어'의 핵심 내용이 된다.

2014년 4월 15일

저자

일러두기

I. 약어 풀이

- ✿ S: Subject 주어
- ✿ V: Verb 동사
- ✿ O: Object 목적어
- ✿ C: Complement 보어
- ✿ DO: Direct Object 직접목적어
- ✿ IO: Indirect Object 간접 목적어
- ✿ P.P / pp: Past Participle 과거 분사
- ✿ Ving: 현재분사 / 동명사
- ✿ RV: Root Verb 동사 원형(원형동사)
- ✿ cf.: 참조, 비교(confer, compare)

II. 기호 풀이

1. 숫자 ① / 대문자 Ⓐ / ●: 성경영어 예수님 말씀

✿ 보기: ① God **is** spirit, and his worshipers **must worship** in spirit and in truth. (JN 4:24)

Ⓐ New wine **must** be poured into new wineskins.(LK 5:38)

● New wine **must** be poured into new wineskins.(LK 5:38)

2. 숫자 ① / 대문자 Ⓐ / ○: 성경영어

✿ 보기: ① In the beginning God **created** the heavens and the earth.(GE 1:1)

Ⓐ A man **reaps** what he **sows**.(GAL 6:7)

○ A man **reaps** what he **sows**.(GAL 6:7)

3. 소문자 ⓐ / 기호 ◦: 세상영어

✿ 보기: ⓐ A man is known by the company he keeps.

◦ The early bird catches the worm.

4. ∞: 핵심 사항 요점 정리

✿ 보기: ∞ two-word verb 「타동사 + 부사」의 결합에서 목적어가 대명사 일 때, 목적어는 반드시 타동사와 부사 사이에 와야 한다.

5. ▷: 성경 말씀 / 핵심 사항(∞)에 대한 보충 설명

✿ 보기: ▷ '~을 켜다'의 'turn on'은 「타동사 + 부사」로 구성된 two-word verb이다.

6. ▸▸: 항목 소개 / ▸: 두루마리 내용설명

✿ 보기: ▸▸ 자동사 + 부사

7. [ ]: 숫자 제목 이외의 제목 표시

✿ 보기: [two-word verb의 정의]

8. ~ ⇨ A: ~은 A를 참조

✿ 보기: 자동사 two-word verb ⇨ Day 9.

9. ▫: 영어에 대한 우리말(우리말에 대한 영어) 설명

✿ 보기: ▫ bring about: 발생시키다, 야기하다 / ▫ 낮추다, 겸손하다 humble oneself

10. 「 」: 제목, 인용어귀 등 묶음 표시

✿ 보기: 영어의 수동태는 원래 「be 수동」이다. 그런데 현대 영어에 들어와서 주어가 수동 행위의 원인이 되는 「get 수동」이 나타나기 시작했다.

11. ' ' : 작은 제목, 인용 어귀 묶음 표시

✿ 보기: ▹ 창세기 1장 1절 말씀처럼 그 시기는 **'In the beginning'**이다. 이를 강조하기 위해 맨 처음에 말하고 그 결과 'the Word was'가 'was the Word'로 어순이 도치되어~

12. A / B: A, B 등의 아이템 열거

✿ 보기: ▫ conceive 잉태하다, 마음에 품다, 그리다 / give birth to ~을 낳다

13. A → B / B ← A: A를 B로 바꿈, (B는 A에서 온 것임.)

✿ 보기: ◦ He has arrived here yesterday.(×) → ◦ He arrived here yesterday.(o)

14. A ↔ B: A와 B는 상반된(대치할 수 있는) 말.

✿ 보기: into 「밖에서 안으로」 ↔ out of 「안에서 밖으로」

15. ( ): 인용출처 / 생략 또는 바꿀 수 있는 말 / 예시한 말의 보충 설명

✿ 보기: ● 새 포도주는 새 부대에 넣어야 할 것이니라**(눅 5:38)** – 인용출처

◦ What on earth is it **(that)** you really want to say? – 생략할 수 있는 말

◦ It is you that **(who)** always make me joyful. – 바꿀 수 있는 말

▫ How hard it is for the rich to enter ~ :
it **(가주어)**, for the rich **(의미상 주어)**, to enter ~ **(진주어)** – 보충설명

16. ~ : 말의 생략 표시

✿ 보기: 명령문 + and: ~ 해라 그러면

Today's Golden Rule II

DAY 21
관사와 명사 I

- I am the way and the truth and the life. No one comes to the Father except through me.(JN 14:6)
  내가 곧 길이요 진리요 생명이니 나로 말미암지 않고는 아버지께로 올 자가 없느니라(요 14:6)

DAY 22
관사와 명사 II

○ If a man will not work, he shall not eat.(2TH 3:10)
누구든지 일하기 싫어하거든 먹지도 말게 하라(살후 3:10)

DAY 23
부정대명사

- A new command I give you: Love one another. As I have loved you, so you must love one another.(JN 13:34)
  새 계명을 너희에게 주노니 서로 사랑하라. 내가 너희를 사랑한 것같이 너희도 서로 사랑하라(요 13:34)

DAY 24
관계대명사 I

○ Why, you do not even know what will happen tomorrow. What is your life? You are a mist that appears for a little while and then vanishes.(JAS 4:14)
내일 일을 너희가 알지 못하는도다 너희 생명이 무엇이냐 너희는 잠깐 보이다가 없어지는 안개니라(약 4:14)

DAY 25
관계대명사 II

○ A man reaps what he sows.(GAL 6:7)
사람이 무엇으로 심든지 그대로 거두리라(갈 1:9)

DAY 26

관계부사

○ He knows **the way that** I take; when he has tested me, I will come forth as gold.(JOB 23:10)

내가 가는 길을 그가 아시나니 그가 나를 단련하신 후에는 내가 순금같이 되어 나오리라(욥 23:10)

DAY 27

제한과 비제한

● And when you pray, do not keep on babbling like pagans, for they think they will be heard **because of** their many words.(MT 6:7)

또 기도할 때에 이방인과 같이 중언부언하지 말라 그들은 말을 많이 하여야 들으실 줄 생각하느니라(마 6:7)

DAY 28

형용사

● Whoever can be trusted with **very little** can also be trusted with **much**, and whoever is dishonest with **very little** will also be dishonest with **much**.(LK 16:10)

지극히 작은 것에 충성된 자는 큰 것에도 충성되고 지극히 작은 것에 불의한 자는 큰 것에도 불의하니라(눅 6:10)

DAY 29

비교

● I tell you the truth, if you have faith **as small as** a mustard seed, you can say to this mountain, 'Move from here to there' and it will move. Nothing will be impossible for you.(MT 17:20)

진실로 너희에게 이르노니 만일 너희에게 믿음이 겨자씨 한 알 만큼만 있어도 이 산을 명하여 여기서 저기로 옮겨지라 하면 옮겨질 것이요 또 너희가 못 할 것이 없으리라(마 17:20)

DAY 30

부사

● I am the bread of life. He who comes to me will **never** go hungry, and he who believes in me will **never** be thirsty.(JN 6:35)

내가 곧 생명의 떡이니 내게 오는 자는 결코 주리지 아니할 터이요 나를 믿는 자는 영원히 목마르지 아니하리라(요 6:35)

DAY 31
부사절 I

- **Where** your treasure is, there your heart will be also.(MT 6:21)
  네 보물이 있는 그곳에는 네 마음도 있느니라(마 6:21)

DAY 32
부사절 II

- God **so** loved the world **that** he gave his one and only Son, **that** whoever believes in him shall not perish but have eternal life.(JN 3:16)
  하나님이 세상을 이처럼 사랑하사 독생자를 주셨으니 이는 그를 믿는 자마다 멸망하지 않고 영생을 얻게 하려 하심이라(요 3:16)

DAY 33
부사절 III

- Therefore do not worry about tomorrow, **for** tomorrow will worry about itself. Each day has enough trouble of its own.(MT 6:34)
  그러므로 내일 일을 위하여 염려하지 말라 내일 일은 내일 염려 할 것이요 한날 괴로움은 그날에 족하니라(마 6:34)

DAY 34
부사절 IV

- Do to others **as** you would have them do to you.(LK 6:31)
  남에게 대접을 받고사 하는 대로 너희도 남을 대접히라(눅 6:31)

DAY 35
전치사 I

- If any one of you is without sin, let him be the first to throw a stone **at her**.(JN 8:7)
  너희 중에 죄 없는 자가 먼저 돌로 치라(요 8:7)

DAY 36

전치사 II

○ I have been crucified with Christ and I no longer live, but Christ lives in me.(GAL 2:20)

내가 그리스도와 함께 십자가에 못박혔나니 그런즉 이제는 내가 사는 것이 아니요 오직 내안에 그리스도께서 사시는 것이라(갈 2:20)

DAY 37

전치사 III

○ For we brought nothing into the world, and we can take nothing out of it.(1TI 6:7-8)

우리가 세상에 아무 것도 가지고 온 것이 없으매 또한 아무 것도 가지고 가지 못하리니(딤전 6:7-8)

DAY 38

표현법

● God is spirit, and his worshipers must worship in spirit and in truth.(JN 4:24)

하나님은 영이시니 예배하는 자가 영과 진리로 예배할지니라(요 4:24)

DAY 39

특수구문 I

● Love the Lord your God with all your heart and with all your soul and with all your mind. (and with all your strength) (MT 22:37)(MK 12:30)

네 마음을 다하고 목숨을 다하고 뜻을 다하여(힘을 다하여) 주 너의 하나님을 사랑하라 (마 22:37)(막 12:30)

DAY 40

특수구문 II

● It is not the healthy who need a doctor, but the sick. I have not come to call the righteous, but sinners to repentance.(LK 5:31-32)

건강한 자에게는 의사가 쓸 데 없고 병든 자에게 라야 쓸 데 있나니 내가 의인을 부르러 온 것이 아니요 죄인을 불러 회개시키러 왔노라(눅 5:31-32)

Volume 2

CONTENTS

성경 약자표

구약전서 The Old Testament

GE	Genesis	창	창세기	ECC	Ecclesiastes	전	전도서
EX	Exodus	출	출애굽기	SS	Song of Songs	아	아가
LEV	Leviticus	레	레위기	ISA	Isaiah	사	이사야
NU	Numbers	민	민수기	JER	Jeremiah	렘	예레미아
DT	Deuteronomy	신	신명기	LA	Lamentations	애	예레미아애가
JOS	Joshua	수	여호수아	EZE	Ezekiel	겔	에스겔
JDG	Judges	삿	사사기	DA	Daniel	단	다니엘
RU	Ruth	룻	룻기	HOS	Hosea	호	호세아
1SA	1Samuel	삼상	사무엘상	JOEL	Joel	욜	요엘
2SA	2Samuel	삼하	사무엘하	AM	Amos	암	아모스
1KI	1Kings	왕상	열왕기상	OB	Obadiah	옵	오바다
2KI	2Kings	왕하	열왕기하	JNH	Jonah	욘	요나
1CH	1Chronicles	대상	역대상	MIC	Micah	미	미가
2CH	2Chronicles	대하	역대하	NA	Nahum	나	나훔
EZR	Ezra	스	에스라	HAB	Habakkuk	합	하박국
NE	Nehemiah	느	느헤미야	ZEP	Zephaniah	습	스바냐
EST	Esther	에	에스더	HAG	Haggai	학	학개
JOB	Job	욥	욥기	ZEC	Zechariah	슥	스가랴
PS	Psalms	시	시편	MAL	Malachi	말	말라기
PR	Proverbs	잠	잠언				

신약전서 The New Testament

MT	Matthew	마	마태복음	1TI	1Timothy	딤전	디모데전서
MK	Mark	막	마가복음	2TI	2Timothy	딤후	디모데후서
LK	Luke	눅	누가복음	TIT	Titus	딛	디도서
JN	John	요	요한복음	PHM	Philemon	몬	빌레몬서
AC	Acts	행	사도행전	HEB	Hebrews	히	히브리서
RO	Romans	롬	로마서	JAS	James	약	야고보서
1CO	1Corinthians	고전	고린도전서	1PE	1Peter	벧전	베드로전서
2CO	2Corinthians	고후	고린도후서	2PE	2Peter	벧후	베드로후서
GAL	Galatians	갈	갈라디아서	1JN	1John	요일	요한일서
EPH	Ephesians	엡	에베소서	2JN	2John	요이	요한이서
PHP	Philippians	빌	빌립보서	3JN	3John	요삼	요한삼서
COL	Colossians	골	골로새서	JUDE	Jude	유	유다서
1TH	1Thessalonians	살전	데살로니가전서	REV	Revelation	계	요한계시록
2TH	2Thessalonians	살후	데살로니가전서				

VOL. II

40일 성경 영어

Day 21. 관사와 명사 I

Verse to Remember
□ 관사와 명사(Article & Noun) I:
A. Zero 관사(Zero article) B. 정관사(The)

A. Zero 관사

A. Zero 관사

zero 관사(zero article)의 정의: 어떤 명사가 복수형이 아니면서 그 명사 앞에 관사가 붙어 있지 않을 때, 일반적으로 관사가 없다고 생각한다. 그러나 사실은 관사가 없는 것이 아니라 형태가 없는 투명의 관사가 있는 것이다. 이를 zero 관사(zero article)라고 부른다.

1. 일반화

어떤 명사 앞에 zero 관사가 오면, 이 명사는 어떠한 제약이나 한계가 없어지며 본질적 의미가 그대로 드러나게 된다. 이처럼 어떤 명사가 가질 수 있는 의미 범위 전체를 갖게 하는 기능이 zero article의 일반화기능이다.

① You have heard that it was said, '**Eye for eye**, and **tooth for tooth**.' But I tell you, Do not resist an evil person.(MT 5:38-39)

□ Eye for eye 눈은 눈 / tooth for tooth 이는 이 / resist 대적하다, 저항하다

또 눈은 눈으로, 이는 이로 갚으라 하였다는 것을 너희가 들었으나 나는 너희에게 이르노니 악한 자를 대적하지 말라(마 5:38-39)

▻ 이른바 짝을 이루는 명사 관용어귀이다. '눈에는 눈', '이에는 이'에서 말하는 '눈'과 '이'는 각각 원래 가지고 있는 의미 범위에 제약을 받을 필요가 없다. 명사 자체의 의미가 말하고자 하는 뜻 그대로 이어야 한다.

② **Man** does not live on **bread** alone, but on every word that comes from the mouth of God.(MT 4:4)

□ live on bread alone 떡으로만 살다, live on ~을 먹고살다

사람이 떡으로만 살 것이 아니요 하나님의 입으로부터 나오는 모든 말씀으로 살 것이라(마 4:4)

▷ Man은 zero의 일반화로 인간, 사람, 인류라는 추상적 의미의 말이 된다. bread도 zero의 일반화, bread가 갖는 의미 범위 전체로 '먹을거리'라는 의미다.

③ This is the verdict: **Light** has come into the world, but men loved **darkness** instead of **light** because their deeds were evil.(JN 3:19)

□ the verdict 정죄(평결, 결정)

그 정죄는 이것이니 곧 빛이 세상에 왔으되 사람들이 자기 행위가 악하므로 빛보다 어두움을 더 사랑한 것이니라(요 3:19)

▷ Light(light) 앞에 zero article이 있으므로 Light(light)가 갖고 있는 의미에 어떤 제약도 없다. 이 light는 형체가 없는 추상적 개념의 '빛 그 자체'를 의미한다. darkness도 Light(light)와 상대되는 차원의 본질적이고 추상적인 '어둠' 그 자체이다.

④ I no longer call you servants, because a servant does not know his master's business. Instead I have called you **friend**, for everything that I learned from my Father I have made known to you.(JN 15:15)

□ everything that ~ I have made known ← I have made everything that ~ known(강조를 위해 목적어 everything 도치)

이제부터 너희를 종이라 하지 아니하리니 종은 주인이 하는 것을 알지 못함이라 너희를 친구라 하였노니 내가 내 아버지께 들은 것을 다 너희에게 알게 하였음이라(요 15:15)

▷ 예수님께서 '너희를 친구라 부른다.'라고 하신 말씀에서 '친구'는 사람이 아니라 친구라는 신분, 역할 등을 나타낸다. 따라서 무형의 관사 zero이어야 한다. 역시 zero의 일반화 기능이다.

2. 특성화

앞서 살펴본 바와 같이 zero article은 일반화기능일 때 명사를 비단위체로 만들어 어떤 제약도 없이 그 명사가 가질 수 있는 의미범위 전체를 가지도록 하는 것을 보았다. 그런데 경우에 따라서는 zero article이 전체가 아닌 일부분만을 지칭하기도 한다. 이것이 특성화 기능이다. 즉 명사 자체의 본질적 의미를 그대로 간직한 채로 이 명사가 갖는 전체의미 가운데서 어떤 일정 부분만을 가리키는 것이 특성화이다. 이때는 이 명사의 의미를 일정부분 제한하는 수식어귀(구, 절) 등이 동반한다.

우리나라 사람들이 관사를 사용할 때 이 zero article의 특성화 기능과 연관된 오류가 가장 많다. 우리말에서와 같이 영어에서도 명사가 수식받는 말을 동반할 때에는 무조건 정관사 the를 명사에 붙여야만 하는 것으로 오해하고 있다. 이는 zero article의 특성화 기능과 같은 것이 우리말에는 존재하지 않기 때문에 생기는 오류이다. 영어에서는 어떤 명사를 제한하는 수식어귀가 있어도 명사 자체의 본질적 의미에 변화가 없을 때에는 이 명사 앞에 a나 the와 같은 관사를 붙여서는 안 된다는 것이다.

① Strike the rock, and **water** will come out of it for the people to drink. So Moses did this in the sight of the elders of Israel.(EX 17:6)

- for the people to drink가 주어 water를 수식 / in the sight of ~이 보는 앞에서

너는 그 반석을 치라 그것에서 물이 나오리니 백성이 마시리라 모세가 이스라엘 장로들의 목전에서 그대로 행하니라(출 17:6)

▷ '사람들이 마실 수 있는'이라는 의미의 제약이 가해진 특성화된 물이다. 물론 이 'water'에 유형의 관사를 붙여서는 안 된다. '물'이라는 본질적 의미가 달라진 것이 아니기 때문이다. 다만 그 의미의 범위에 수식어귀 만큼의 제한이 가해졌을 뿐이다.

② One who is slack in his work is **brother** to one who destroys.

- be slack in ~을 게을리 하다

자기 일을 게을리 하는 자는 패가하는 자의 형제니라(잠 18:9)

▷ 일반적으로 생각할 때 소위 '셀 수 있는 보통명사'이므로 반드시 brother에 부정관사 a와 같은 것이 있어야 할 것으로 잘 못 생각하기 쉽다. 또한 'to one who destroys'라는 수식어귀가 brother를 제한하므로 'the brother'로 해야 할 것 같다. 그러나 여기서 '형제'라는 말은 실체가 없는 추상적 의미다.

③ Do not love sleep or you will grow poor; stay awake and you will have **food** to spare.(PR 20:13)

- spare (여분으로) 떼어 두다

너는 잠자기를 좋아하지 말라 네가 빈궁하게 될까 두려우니라 네 눈을 뜨라 그리하면 양식에 족하리라(잠 20:13)

▷ food라는 본질적 성질에 변함이 없지만 '양식' 전체의 의미 중에서도 남겨진 여분의 양식 즉 의미의 제한이 가해진 특성화된 food이다.

④ I have given you **authority** to trample on snakes and scorpions and to overcome all the power of enemy; nothing will harm you.(LK 10:19)

- trample on (짓)밟다, scorpion 전갈

내가 너희에게 뱀과 전갈을 밟으며 원수의 모든 능력을 제어할 권세를 주었으니 너희를 해 칠자가 결코 없으리라(눅 10:19)

▻ authority는 부정사 to trample, to overcome의 수식을 받고 있다. authority라는 본질적 의미 자체에는 변함이 없으며 authority가 가질 수 있는 전체 의미 중 수식어귀가 제한하는 일부만을 말하는 특성화된 authority다. 즉 막연하고 일반적인 권세가 아니라 뱀과 전갈을 밟으며 원수의 능력을 제어할 수 있는 제한적이고 특성화된 권세를 말한다.

B. 정관사 the

눈에 보이지 않는 zero대신, 눈에 보이는 the가 명사에 붙으면 the는 수식받는 명사를 한 단위체로 묶어 경계를 이루게 하는 역할을 한다. 다른 관사들과 마찬가지로 명사의 의미를 일반화(Generic)시키거나 특성화(Specific)시킨다.

1. 일반화

일반화의 the는 어떤 명사를 실체가 있는 단위체로 만들어 이것을 다른 종류들과 구별시킨다. 명사의 종(species), 부류, 집단 등을 가리킨다.

① It is not good for **the man** to be alone. I will make a helper suitable for him.(GE 2:18)

□ be alone 혼자 살다 / suitable for ~에 적합한, 어울리는

사람이 혼자 사는 것이 좋지 못하니 내가 그를 위하여 돕는 배필을 지으리라(창 2:18)

▻ the의 일반화기능으로 실체가 있는 '사람이란 종족(species)' - 보다 정확히 말해 '남자'라는 성(gender)전체를 나타낸다.

② Now **the serpent** was more crafty than any of the wild animals the LORD God had made.(GE 3:1)

□ crafty 간교한, 교활한

여호와 하나님이 지으신 들짐승 중에 뱀이 가장 간교하니라(창 3:1)

▻ the의 일반화기능으로 '뱀'이란 종(species)을 나타낸다.

③ **The virgin** will be with child and will give birth to a son.(MT 1:23)

□ be with child 잉태하다, give birth to ~을 낳다

보라 처녀가 잉태하여 아들을 낳을 것이요(마 1:23)

▻ 특정인을 대상으로 가리키는 말이 아니다. 여성을 처녀와 처녀가 아닌 사람으로 구분한다고 가정할 때 The virgin은 '처녀'라는 말이 된다.

④ When you give to **the needy**, do not let your left hand know what your right hand is doing, so that your giving may be in secret. Then your Father, who sees what is done in secret, will reward you.(MT 6:3-4)

▫ the needy 궁핍한 사람들, 가난한 사람들

너는 구제할 때에 오른손이 하는 것을 왼손이 모르게 하여 네 구제함을 은밀하게 하라 은밀한 중에 보시는 너의 아버지께서 갚으시리라(마 6:3-4)

▻ the의 일반화 기능으로 「the + 형용사」는 복수명사의 의미. the needy는 '가난한 사람들 전체'가 된다.

⑤ Therefore, if anyone is in Christ, he is a new creation; **the old** has gone, **the new** has come.(2CO 5:17)

그런즉 누구든지 그리스도 안에 있으면 새로운 피조물이라 이전 것은 지나갔으니 보라 새것이 되었도다(고후 5:17)

▻ the old, the new: the의 일반화, 「the + 형용사」는 '옛것', '새것'이라는 추상적 의미가 된다.

2. 특성화

정관사 the가 앞서 언급한 어떤 명사를 가리킬 때 the는 우리말의 '그'라는 관형사에 해당한다. 영어의 다양한 관사의 종류와 기능(8개의 영역) 중에서 우리말과 유일하게 일치하는 부분이다. 특성화기능의 the는 우리말과 똑같이 '그' 라고 해석하면 된다. 그래서 다른 관사들에 비해 쉽게 이해할 수 있다. 이러한 the의 특성화 기능에는 다음 세 종류가 있다.

(1) 직접 지칭

▸▸ 앞에 나온 명사를 직접 가리킨다.

① God said, "Let there be light," and there was light. God saw that **the light** was good, and he separated **the light** from the darkness.(GE 1:3-4)

하나님이 이르시되 빛이 있으라 하시매 빛이 있었고 빛이 하나님 보시기에 좋았더라 하나님이 빛과 어둠을 나누사(창 1:3-4)

▻ 하나님이 이르시되 '빛이 있으라' 하시매 zero article 'light'가 있게 되었는데 하나님이 보시기에 지으신 '그 빛'이 좋았기에 그 다음의 빛은 'light'가 아니라 'the light'다. 따라서 light는 총칭적, 일반적(generic) 의미이지만 the light는 앞에서 언급한 바로 그 light를 가리키는 '빛'이다.

② "Today in the town of David a Savior has been born to you; he is Christ the Lord. This will be a sign to you: You will find a baby wrapped in cloths and lying in a manger."(LK 2:11-12)

So they hurried off and found Mary and Joseph, and **the baby**, who was wrapped in **the manger**.(LK 2:16)

□ wrap 싸다, 포장하다 / manger 말구유

오늘 다윗의 동네에 너희를 위하여 구주가 나셨으니 곧 그리스도 주시니라 너희가 가서 강보에 쌓여 구유에 누인 아기를 보리니 이것이 너희에게 표적이니라(눅 2:11-12)
빨리 가서 마리아와 요셉과 구유에 누인 아기를 찾아서(눅 2:16)

▷ 앞서 천사가 언급한 a baby, a manger를 다시 가리키고 있으므로 the baby, the manger이다.

(2) 간접 지칭

▸▸ **앞서 언급한 명사에 근거해서 간접적으로 선행명사와 관련된 명사를 가리킨다.**

① On the third day **a wedding** took place at Cana in Galilee. Jesus' mother was there, and Jesus and his disciples had also been invited to the wedding. When **the wine** was gone, Jesus' mother said to him, "They have no more wine."(JN 2:1-3)

사흘 째 되던 날 갈릴리 가나에 혼례가 있어 예수의 어머니도 거기 계시고 예수와 그 제자들도 혼례에 청함을 받았더니 포도주가 떨어진지라 예수의 어머니가 예수에게 이르되 저들에게 포도주가 없다하니(요 2:1-3)

▷ 결혼식에는 포도주가 있어야 한다. 비록 포도주가 앞서 언급되지 않았지만 결혼식과 포도주는 밀접한 관계이므로 선행명사 a wedding에 근거해서 the wine이 되었다.

② Wherever there is **a carcass**, there **the vultures** will gather.(MT 24:28)

□ carcass 주검, 시체 / vulture 독수리

주검이 있는 곳에는 독수리들이 모일 것이니라(마 24:28)

▷ the vultures 앞에 vultures에 대한 언급이 전혀 없지만 독수리와 밀접한 관계의 선행명사 a carcass에 근거해서 간접 지칭하여 the vultures라고 말한다.

(3) 상황 지칭

▸ 일반 상황 지칭: 직접이든 간접이든 선행하는 명사에 근거를 두지 않고 화자와 청자가 이미 공통으로 알고 있는 특정 명사를 가리킨다.
▸ 특수 상황 지칭: 관용적으로 고유명사처럼 쓰이는 유일한 명사들을 나타낸다.
⇨ Q_2 & A_2

① Then Jesus was led by the Spirit into **the desert** to be tempted by **the devil**.(MT 4:1)

그때에 예수께서 성령에게 이끌리어 마귀에게 시험받으러 광야로 가사(마 4:1)

▻ the desert는 선행 명사 없이 화자와 청자가 공통으로 알고 있는 특정 '사막'을 가리키고 있다.

▻ the devil은 눈에 보이지는 않지만 우리 모두의 마음속에 존재하는 '마귀'다. 여기서 정관사 the는 앞서 이미 언급된 어떤 명사를 직간접적으로 가리키는 것이 아니라 우리가 마음속에 공유하고 있는 명사를 상황적으로 가리키는 말이다.

② In his heart a man plans his course, but **the LORD** determines his steps.(PR 16:9)

사람이 마음으로 자기의 길을 계획할지라도 그 걸음을 인도하는 자는 여호와시니라(잠 16:9)

③ Love **the Lord** your God with all your heart and with all your soul and with all your mind.(MT 22:37)

네 마음을 다하고 목숨을 다하고 뜻을 다하여 주 너의 하나님을 사랑하라(마 22:37)

▻ 창조주 하나님은 구약에서는 '여호와' the LORD이다. 철자는 모두 대문자이며 첫 글자가 나머지 글자들보다 약간 크게 쓴다. 신약에서는 하나님과 예수님을 모두 '주'라고 부르며 the Lord라고 쓴다. 첫 글자만 대문자이고 나머지는 소문자다. 신구약의 표기와 용어가 다를지라도 우리 모두의 절대자다. 이 절대자를 상황적으로 가리키는 말이 the다.

④ I am **the resurrection** and **the life**. He who believes in me will live, even though he dies; and whoever lives and believes in me will never die.(JN 11;25-26)

나는 부활이요 생명이니 나를 믿는 사람은 죽어도 살겠고 무릇 살아서 나를 믿는 자는 영원히 죽지 아니하리니(요 11;25-26)

⑤ I am **the way** and **the truth** and **the life**. No one comes to **the Father** except through me.(JN 14:6)

▫ except through me 나로 말미암지 않고는

내가 곧 길이요 진리요 생명이니 나로 말미암지 않고는 아버지께로 올 자가 없느니라(요 14:6)

▻ 선행명사에 근거하지 않고 화자와 청자가 이미 공통으로 인식하고 있는 '부활', '길', '진리', '생명', '하나님 아버지'를 가리킨다.

⑥ Here I am! I stand at **the door** and knock. If anyone hears my voice and opens **the door**, I will come in and eat with him, and he with me.(REV 3:20)

▫ he with me ← he will eat with me에서 will eat가 생략

볼지어다 내가 문밖에 서서 두드리노니 누구든지 내 음성을 듣고 문을 열면 내가 그에게로 들어가 그와 더불어 먹고 그는 나와 더불어 먹으리라(계 3:20)

▻ 비록 직접이든 간접이든 이미 제시된 명사가 없지만 화자인 예수님과 청자인 인간이 공통의 지식 속에 서로 알고 있는 '문'이 된다. 이같이 the는 상황적으로 어떤 말을 가리키고 있을 때 사용한다.

Q&A 세상영어

Q1 우리 한국 사람들이 우리말에는 없는 영어 관사를 어떻게 이해하고 학습하여야 할까?

A1 [영어 관사의 이해]

(1) 사물의 인식에 대한 동, 서양의 차이

- 서양과 동양은 한 송이 국화꽃이 피는 현상에 대해 이를 바라보는 시각이 서로 다르다. 서양에서는 국화꽃이 피는 원인은 국화 꽃 그 자체에 있다고 본다, 즉 햇빛, 온도, 습도 등꽃이 필 수 있는 조건이 충족되어서 내부 작용에 의해 꽃이 핀다고 보는 것이다. 이에 비해 동양에서는 국화꽃이 피는 원인이 꽃 자체에 있기 보다는 주변 환경들과 상호작용의 결과라고 여기고 있다. 미당 서정주의 '국화 옆에서'라는 시에서도 나타나 있듯이 한 송이 국화꽃이 피기 까지는 봄부터 소쩍새도 울었고, 천둥도 먹구름 속에서 울어야 했으며 간밤에 무서리도 내려야 한다는 것이다.

- 하늘이 파란 이유를 보자. 서양 사람들은 하늘 자체를 과학적으로 증명하고 분석한 결과 그 색깔이 파란색이 될 수밖에 없는 이유를 찾아내어 파랗다고 보는데 비해, 우리 동양에서는 하늘이 파란 것은 하늘 자체의 내부적 원인에 있기 보다는 땅, 구름, 물, 태양등 하늘을 둘러싼 주변 환경과의 관계로 인해 생긴 상대적 결과 때문이라고 생각하고 있다.

- 어떤 사람이 '착하다'라고 말할 때에도 서양에서는 그 사람의 본성이 착하기 때문에 '착하다'라고 본다. 이성적이고 합리적인 방법으로 그 사람 자체를 분석하고 연구하여 '착하다'는 사실을 입증하려고 한다. 어떤 현상의 원인이 그 사물의 내부에 있다고 보기 때문이다. 이에 비해 동양에서는 그 사람이 '착하다'는 것은 그 사람과 그 사람 주변 인물들과의 상호작용의 결과로 보는 것이다. 도덕적, 윤리적 기준으로 그 사람과 주변 인물들과의 관계를 종합해서 '착하다'라는 상대적 결론을 내린다. 즉 어떤 현상의 원인이 그 사물 주변 환경에서 비롯된다는 것이다.

- 지구라는 별을 바라볼 때에도 서양의 기독교적 세계관에서는 지구는 우주에서 유일하게 생명체가 존재하는 별로 지구가 있기 때문에 우주가 있는 것이며 지구가 창조되고 비로소 다른 별들이 만들어졌다고 본다. 따라서 이 지구는 천지창조의 핵심이 된다. 하지만 동양에서 지구는 우주의 무수히 많은 별들 중에 하나이며 태양계의 상호 작용에 의해 생겨난 결과물일 뿐이라는 입장이다.

이러한 예들을 요약하면 서양에서는 어떤 사물 A가 A인 이유는 A자체의 내적 결과 때문이라는 것이다. 따라서 A자체에 관심을 집중하게 된다. 그런데 동양에서는 A가 A인 이유는 A주변의 사물 B, C, D… 등과의 상호 작용의 결과로 인식하고 있다. 따라서 A 자체보다는 언제나 A주변에 대한 관심이 높다.

(2) 인식의 차이가 언어활동에 미치는 영향

이러한 사고방식의 차이는 행동의 차이를 낳는다. 예를 들어 사진을 찍을 때 동양인들은 주로 인물과 함께 배경도 사진에 담기를 좋아 한다. 인물 자체도 중요하지만 주위 배경 속에서 그 인물이 결정되는 것이며 배경이 좋아야 그 인물도 잘 나온다고 보기 때문이다. 동양화를 보면 어떤 사물 하나를 대상으로 그린 그림보다는 여러 배경들이 한 화폭에 담겨진 산수화나 풍속화가 일반적인 이유도 여기에 있다. 반면에 서양인들은 인물 중심으로 사진 찍기를 좋아한다. 사진의 배경보다는 인물 그 자체가 사진을 찍는 이유이며 주변 환경은 별로 중요하지 않다고 보는 것이다. 그림을 그릴 때에도 배경에는 별로 관심 없이 오로지 대상하나에만 초점을 맞춘 정물화나 인물화가 우리보다 더 발달 되었다.

이러한 행동양식의 차이는 언어생활에도 그대로 반영된다. 영어와 우리말의 경우를 들어 살펴보자. 예를 들어 어머니가 자기 아이에게 젖을 먹이며 자기나라 모국어를 가르치는 상황을 비교, 관찰해 보면 영어권 어머니들은 명사를 자주 사용하게 되지만, 우리나라는 동사를 자주 사용한다. 영어는 개체성을 중시해서 명사 중심으로 세상을 바라보며, 이에 비해 우리말은 상호 관계성, 연관성을 중시해서 동사 중심으로 세상을 보기 때문이다.

- 영　어: "More milk?"(아이에게 명사로 묻는다.)
- 우리말: "더 먹을래?"(아이에게 동사로 묻는다.)

(3) 영어의 관사가 존재하는 이유

이와 같이 영어에서는 세상을 사물중심, 명사 중심으로 보고 있기 때문에 어떤 명사에 대해 말을 할 때, 실로 우리말에서는 생각할 필요가 없는 부분들, 생각할 수 없는 부분들까지 자세히, 깊숙이 여러 각도에서 관찰하여 우리가 쉽게 이해하기 어려운 다양한 의미부여를 하고 있다. 이를 나타내기 위한 수단이 바로 우리말에 없는 영어의 관사이다.

예를 들면 우리말의 '사람'이란 말은 동물, 식물 의식주 등등 사람을 들러쌓고 있는 주변 환경들과의 상호 작용의 결과로 생겨난 말이므로 사람 자체의 본질적 의미에는 큰 관심을 두지 않는다. 따라서 사람은 다른 사물과의 상대적 개념일 뿐, 사람이라는 단어는 복수의 '사람들', 또는 앞에 나온 사람을 다시 가리킬 때의 '그 사람' 정도일 뿐 그 밖에 다른 의미를 갖지 않는다.

그러나 우리말 '사람'에 해당하는 영어 'man'을 보자. 영어에서 'man'이란 'man'의 주변 환경에는 전혀 관심이 없이 'man' 자체에 초점이 맞추어져 있다. 그러므로 'man'은 관사의 종류에 따라, 단수, 복수의 형태에 따라 man, the man, a man, the men, men 등으로 세분화되고 그 의미들도 각각 달라진다.

(4) 관사 사용

우리말에서는 관사와 같은 말이 없어도 아무 불편 없이 얼마든지 명사를 사용하고 있지만 이와는 달리 영어의 명사는 홀로 존재할 수 없는 말이다. 관사와 함께 어울려야 비로소 그 명사의 의미가 결정되어 실제 사용할 수 있는 말이 된다. 바늘 가는데 실 가듯이 명사가 있는 곳에는 반드시 관사가 있어야 한다. 이 때문에 다른 단어에 비해 관사의 사용빈도가 훨씬 높아질 수밖에 없는 것이다. 그러므로 영어를 모국어로 사용하는 사람들은 영어 단어 중에서 정관사 the를 가장 많이 사용하고 있으며 부정관사 a(n)도 다섯 번째로 많이 사용하는 말이다.

그런데 사용 빈도가 높다는 것은 그만큼 관사를 사용하는데 어려움이 없다는 증거이기도 하다. 어려운 말을 일부러 자주 쓰게 되는 법은 없다. 이와는 정반대로 우리말에서는 사실상 영어의 관사와 같은 것이 없다. 굳이 비슷한 예를 찾는다면 명사를 말 할 때 앞서 말한 명사를 그 다음에서 바로 가리키는 경우의 관형사 '그'라는 말이 영어의 the와 비슷하다고 말할 수 있는 정도이다. 따라서 영어를 배우고 사용할 때 관사는 항상 가장 어려운 부분으로 남을 수밖에 없으며 그 결과 관사에 대한 오류가 다른 부분들에 비해 상대적으로 가장 높다.

그런데 안타깝게도 영어 학습자들은 관사 사용에 대한 무수히 많은 예들을 단순히 암기하는 것으로 이러한 어려움을 극복하려 하고 있다. 우리와 같은 처지에 있는 일본인들은 이러한 오류를 줄이기 위해 아예 관사 사용에 대한 사전까지 만들어 버렸을 정도이다. 이러한 관사사전을 통해 수많은 사례들을 일일이 찾아 외워보자는 생각이다. 하지만 영어를 배워본 사람이라면 누구나 경험해서 알고 있듯이 영어의 관사는 암기해서 사용하기는 사실상 불가능하다. 설사 이들을 암기한다 해도 눈덩이처럼 불어나는 무수히 많은 예외적 사례들 때문에 오히려 학습자는 점점 더 혼란에 빠질 뿐이다.

물론 영어를 모국어로 사용하는 사람들은 우리나 일본사람들처럼 관사를 암기해서 사용하고 있는 것은 절대 아니다. 그들은 어떤 명사를 선택해서 이에 대해 무엇을 말할 것인지를 생각하면 이와 동시에 거의 무의식적으로 관사를 선택하며 이를 자유자재로 구사하고 하고 있는 것이다. 이것은 영어 모국어 사용자들이 명사 중심의 언어관을 바탕으로 어떤 명사에 대한 의미를 결정하는 관사의 종류와 기능을 직관적으로 선택할 수 있는 사고체계가 그들의 머릿속에 자리 잡고 있기 때문에 가능한 일이다.

우리의 관사 학습도 이러한 원어민의 관사 사용에 대한 사고체계가 과연 무엇인지 이를 파악하는 것에서 부터 출발해야 한다.

(5) 관사의 종류와 기능

- 영어의 관사는 우리가 숨 쉬는 공기와 같이 눈에는 보이지 않지만 투명상태로 존재하는 zero 관사, 그리고 눈에 보이는 유형의 정관사 the, 부정관사 a(n)의 세 가지 종류가 있으며, 사실상 관사와 같은 역할을 하는 명사 복수형이 있다. 이들은 각각 일반화(Generic)와 특성화(Specific)라는 두 가지 기능을 갖는다.
- 영어 관사의 체계는 이처럼 관사 하나에 두 가지 기능이 있으므로 모두 8개의 영역으로 이뤄져 있다. 성경영어는 가장 정확하고 가장 알기 쉬운 관사 사용의 예들을 가르쳐 주고 있다. 이들을 통해 관사 체계를 이해하고 그 원리를 작동시킬 수 있을 것이다. 이렇게 되면 특정 명사에 특정 관사를 일일이 암기하지 않고도 원어민처럼 말하고자 하는 의도에 따라 직관적으로 관사를 사용할 수 있게 될 것이다.

Q2 정관사 the가 특정 명사를 가리키는 특성화 기능의 예들을 말해봅시다.

A2 [정관사 the의 특성화 기능]

(1) 직접지칭

ⓐ I have **a cottage** on the hill and **the cottage** commands a fine view.
언덕위에 **시골집이 한 채** 있는데 **그 시골집**은 전망이 좋다.

▻ 선행명사 a cottage를 그 다음 다시 언급하여 the cottage.

ⓑ **The water** in this fountain is good to drink. 이 샘의 물은 마시기 좋다.

▻ 수식어귀 in the fountain에 직접 제한을 받아 the water가 되었다.

ⓒ Vienna is **the capital** of Austria. 빈은 오스트리아의 **수도**다.

▻ 수식어귀 of the Spain에 직접 제한을 받아 the capital로 말한다.

(2) 간접지칭

ⓐ There used to be **a church** on the hill. **The bell** spread out all over the village every Sunday. 언덕위에 **교회**가 있었는데 **그 종소리**가 주일마다 온 마을에 펴져 나갔다.

▻ 선행명사 a church에 근거해서 The bell이 되었다.

ⓑ I traveled to **Madrid**, the capital of Spain last summer. **The journey** was exciting and interesting.
나는 지난여름 스페인의 수도인 **마드리드**로 여행 했는데 **그 여행**은 신나고 재미있었다.

▷ 선행명사 Madrid에 근거해서 The journey가 되었다.

ⓒ I have **a villa** on the river. and **the garden** commands a fine view.
나는 강변에 **별장 한 채**를 가지고 있는데 **그 정원**은 경치가 좋다.

▷ 선행 명사 a villa 에 근거해서 the garden다.

(3) 상황지칭

다음과 같은 말들은 모두 청자와 화자가 공통으로 알고 있는 대상들을 가리키는 상황 지칭의 the이다. 이때의 the는 막연한 장소나 시간, 또는 사물, 지형, 인물에 대해 그 경계나 한계, 성격 등을 규정하여 단위체로 인식시키는 역할을 하고 있다.

ⓐ 「the + 유일 명사」: the LORD, the Lord, the Father, The Ten Commandments (십계명), the Bible, the (Holy) Spirit, Jesus the Son of God, John the Baptist (세례 요한) the Pope, the Twelve(열두제자), the Christ, the Son of the living God, the Law and the Prophets. the Lamb of God(하나님의 어린 양), the Scripture 등

ⓑ 「the + 고유 명사」: the Norman Conquest, the White House, the British Museum, the Gyungbu express way, the Olympic Express Way, the New York Times, the Titanic 등

ⓒ 「the + 복수 고유명사」: the Pharisees, the Sadducees, the Jews, the Olympic Games, the Philippines, the USA, the Muslims, the Russians, the Israelites 등

ⓓ 천체나 방위에 관한 명사들: the heavens, the universe, the sun, the earth, the heaven, the moon, the sky, the world, the south, the north 등

ⓔ 경계가 모호한 자연지형, 지역, 지명을 나타내는 명사: the Garden of Eden, the Sea of Galilee, the Desert of Judea, the Alps, the Jordan, the Thames, the Pacific, the Korean Peninsula, the Milky Way, the Equator, the North Pole, the Straits of Korea, the Grand Canyon 등

▷ 대체로 지형, 지물을 나타내는 고유한 명사들 중에 그 자체로서 경계가 뚜렷한 말들에는 정관사 the가 붙지 않는 경향이 있다: Incheon International Airport, Seoul Station, Busan Harbor, Jeju Island, Lake Baikal, Children's Grand Park, Wall Street 등

ⓕ 신체의 부분: the head, the body, the brain, the eye, the ear, the cheek, the knee, the waist, the hand, the feet, the stomach 등

ⓖ 시간: the beginning, the Sabbath, the past, the present, the future, the month, the week, the year, the morning, the afternoon, the evening 등

Check-up 세상영어

※ Translate the followings into English.

1. 인간은 만물의 영장이다.

2. 학교는 9시에 시작한다.

3. 당신은 일요일에 보통 몇 시에 아침을 드시고 교회에 가십니까?

4. 그는 대통령으로 재직하는 동안 그의 경제정책을 바꾸지 않을 것이다.

5. 그는 지난해 서울 시장으로 선출되었다.

6. 그들은 적에게 포위되었다. 여분의 식량도 없었고 마실 물도 떨어졌다.
   - □ 여분으로 남겨두다 spare / 떨어지다 run short of, run out of

7. 내 집은 돌로 지어졌기 때문에 화재보험에 들지 않았다.
   - □ ~보험에 들다 be insured against~

8. 나는 가을에 낙엽 태우는 연기를 무척 좋아한다.

9. 벽시계가 막 10시를 가리켰다. 이제 잠자리에 들 시간이구나.

10. 미국 발 경제 뉴스가 연일 우리를 당혹스럽게 만든다.

11. 세살 버릇 여든까지 간다.(속담)

12. 사람이 가난해지면 거지근성이 나온다.

13. A : 김 선생님을 만나 뵙고 싶습니다.
B : 이 스튜디오 에는 김 선생이 세 명입니다. 엔지니어 김 선생 말입니까?

14. 개 조심(하시오)

15. 남극에 서면 모든 방향이 북쪽이다.

16. 오후에 이발관에 가서 머리를 깎아야겠다.

17. 호랑이는 거의 멸종되어 가고 있다.

Answer to Check-Up

1. Man is the lord of all creation.
   ▻ Man: zero의 일반화, 인간 그 자체, 무형의 추상적 개념
2. School begins at 9.
   ▻ School: zero의 일반화, school은 수업이라는 무형적의미이므로 형체가 없는 zero이어야 한다.
3. What time do you usually have breakfast and go to church on Sunday?
   ▻ breakfast, church: zero의 일반화, breakfast, church는 모두 '아침식사', '예배'라는 실체가 없는 추상적 개념이므로 zero이어야 한다.
4. He won't change his economic policy while he is president.
   ▻ president: zero의 일반화, president는 사람이 아니라 직책이다. 그러므로 zero이어야 한다.
5. He was elected mayor of Seoul last year.
   ▻ mayor: zero의 특성화, 여기서 mayor는 사람이 아니라 직책이다. of Seoul의 제한을 받고 있지만 시장이라는 직책의 내적 의미에는 변화가 없다. 그러므로 zero이어야 한다.
6. They were surrounded by the enemy. They didn't have food to spare and ran short (out) of water to drink.
   ▻ food, water: zero의 특성화, 각각 to spare, to drink에 제한을 받고 있지만 food나 water의 본질에 변화가 생기는 것은 아니다.
7. Because my house is built of stone, I'm not insured against fire.
   ▻ stone, fire: zero의 일반화, '돌'과 '불' 그 자체의 의미.
8. I like smoke rising from fallen leaves in autumn very much.
   ▻ smoke: zero의 특성화, smoke가 rising~의 수식을 받고 있지만 smoke의 본질에는 변화가 없다. 따라서 특성화된 zero이어야 한다.

9. **The clock** in **the wall** has just struck ten. It's **time** for me to go to **bed**.(It's time I went to bed.)

▻ **The clock**: the의 특성화, The clock은 in the wall의 수식을 받고 있으므로 직접 지칭.

▻ **the wall**: the의 특성화, in the wall에서 the wall은 청자와 화자가 공유하는 사물을 가리키는 상황 지칭의 the가 된다.

▻ **time**: zero의 특성화, time은 for me ~라는 수식어귀에 제한을 받고 있지만 time의 본질이 변한 것이 아니므로 zero이어야 한다.

▻ **bed**: zero의 일반화, 'go to bed'는 '잠자리에 들다'라는 관용적 표현, bed의 본질적 의미가 그대로 나타나야 한다.

10. **The economic news** from **the US** has made us embarrassed every day.

▻ **The economic news**: the의 특성화, from the US의 제한을 받는 직접지칭.

▻ **the US**: the의 특성화, 복수형 고유명사(the United States)표시 상황 지칭

11. What is learned in **the cradle** is carried to **the grave**.

▻ **the cradle, the grave**: the의 일반화, 요람(cradle), 무덤(grave)이라는 명사에 the가 와서 각각의 의미를 추상화시킨다.

12. When one is reduced to poverty, **the beggar** will come out.

▻ **the beggar**: the의 일반화, 거지라는 실체가 있는 말에 the가 와서 '거지근성'이라는 추상적 의미로 바뀌었다.

13. A : I'd like to see Mr. Kim.

B : There are three Mr. Kims in this studio. Do you mean **the Mr. Kim** who is **engineer**?

▻ **the Mr. Kim**: the의 특성화, 'who is engineer'의 직접 제한을 받고 있다.

▻ **engineer**: zero의 일반화, engineer는 사람이 아니라 직책이다. 그러므로 zero이어야 한다.

14. Watch out for (Be aware of) **the dog**.

▻ **the dog**: 정관사 the의 특성화, 화자와 청자가 모두 알고 있는 '그 개'를 언급하는 상황지칭.

15. If you stand at **the South Pole**, every direction is **the north**.

▻ **the South Pole, the north**: 정관사 the의 특성화, 화자와 청자가 모두 알고 있는 지역이나 방위를 언급하는 상황지칭.

16. I will go to **the barber's** and have my hair cut in **the afternoon**.

▻ **the barber's, the afternoon**: 정관사 the의 특성화, 화자와 청자가 모두 알고 있는 시간, 공간을 언급하는 상황지칭.

17. **The tiger** is becoming almost extinct.

▻ **The tiger**: the의 일반화, The tiger는 어떤 하나를 염두에 두지 않고 정관사 the가 전체를 하나로 묶어 종(species)을 나타내는 총칭적 의미의 일반화 기능.

Reading & Listening 성경영어

►► 색깔글자에 있는 관사의 종류와 기능을 말하고 그 의미를 새겨 다음 영어 성경을 우리말 성경으로 말하시오.

① So God created man in his own image, in the image of God he created him; male and female he created them.(GE 1:27)
The LORD God took **the man** and put him in the Garden of Eden to work it and take care of it.(GE 2:15)

하나님이 자기 형상 곧 하나님의 형상대로 사람을 창조하시되 남자와 여자를 창조하시고(창 1:27)

여호와 하나님이 그 사람을 이끌어 에덴동산에 두어 그것을 경작하며 지키게 하시고 (창 2:15)

▻ **the man**: the의 특성화, 하나님이 창조하신 그 사람, 즉 앞서 언급된 아담을 직접 가리킨다.

② When God created **man**, he made him in the likeness of God.(GE 5:1)

▫ in the likeness of ~의 형상대로, likeness 비슷함, 닮음

하나님이 사람을 창조하실 때에 하나님의 형상대로 지으시되(창 5:1)

▻ **man**: zero의 일반화, 동물과 구별되는 차원의 사람이라는 추상적 의미

③ As long as **the earth** endures, **seed time** and **harvest, cold** and **heat, summer** and **winter, day** and **night** will never cease.(GE 8:22)

▫ As long as~ 동안에는, seed time and harvest 심음과 거둠

땅이 있을 동안에는 심음과 거둠과 추위와 더위와 여름과 겨울과 낮과 밤이 쉬지 아니하리라(창 8:22)

▻ **the earth**: the의 특성화(상황 지칭), 화자와 청자가 공유하는 명사, 땅을 가리킨다.
▻ **seed time** and **harvest**~: zero의 일반화, 명사의미 범위 전체를 나타낸다.

④ **The sluggard** buries his hand in the dish; he will not even bring it back to his mouth.(PR 19:24)

▫ sluggard 게으른 자 / bury one's hand in ~에 손을 넣다, 찔러 넣다

게으른 자는 자기의 손을 그릇에 넣고서도 입으로 올리기를 괴로워하느니라(잠 19:24)

▻ **The sluggard**: the의 일반화, 사람을 부지런한 사람과 게으른 사람으로 나눈다고 가정할 때, '게으른 사람 전체'를 일반화 하여 말하면 the sluggard가 된다.

⑤ It is I who made the earth and created **mankind** upon it.(ISA 45:12)

내가 땅을 만들고 그 위에 사람을 창조하였으며(이사야 45:12)

▻ **mankind**: zero의 일반화, man과 같은 의미

⑥ When I consider your heavens, the work of your finger, **the moon** and **the stars**, which you have set in place, what is **man** that you are mindful of him, **the son of man** that you care for him?(PS 8:3-4)

□ that you are mindful of him 주께서 그를 생각하시다니; that은 판단의 근거를 나타내는 부사절 접속사

주의 손가락으로 만드신 주의 하늘과 주께서 베풀어 두신 달과 별들을 내가 보오니 사람이 무엇이기에 주께서 그를 생각하시며 인자가 무엇이기에 주께서 그를 돌보시나이까(시 8:3-4)

▻ **the moon** and **the stars**: the의 특성화, 유일명사를 가리키는 상황 지칭.
▻ **man**: zero의 일반화 / **the son**: the의 특성화(직접 지칭), 'of man'의 수식어귀가 제한.

⑦ **The fear** of the LORD is **the beginning** of knowledge, but fools despise wisdom and discipline. Listen, my son, to your father's instruction and do not forsake your mother's teaching.(PR 1:7-8)

□ forsake 떠나다, 포기하다

여호와를 경외하는 것이 지식의 근본이거늘 미련한 자는 지혜와 훈계를 멸시하느니라 내 아들아 네 아비의 훈계를 들으며 네 어미의 법을 떠나지 말라(잠 1:7-8)

▻ **The fear, the beginning**: the의 특성화(직접지칭), 각각 수식어귀의 제한을 받고 있다.

⑧ He who walks with **the wise** grows wise, but a companion of fools suffers harm.(PR 13:20)

□ a companion of ~와 사귀면, 함께하면

지혜로운 자와 동행하면 지혜를 얻고 미련한 자와 사귀면 해를 받느니라.(잠 13:20)

▻ **the wise**: the의 일반화, 'the + 형용사'로 현명한 사람들 전체를 가리킨다.

⑨ What has been will be again, what has been done will be done again; there is nothing new under **the sun**.(ECC 1:9)

이미 있었던 것이 후에 다시 있겠고 이미 한 일을 후에 다시 할지라 해 아래에는 새것이 없나니(전 1:9)

▻ **the sun**: the의 특성화, 상황 지칭. 화자와 청자가 공유하고 있는 유일명사.

⑩ **The race** is not to **the swift** or **the battle** to **the strong**, nor does **the food** come to **the wise** or wealth to **the brilliant** or favor to **the learned**; but time and chance happen to them all.(ECC 9:11)

□ the battle to the strong ← the battle is not to the strong
□ wealth to the brilliant ← wealth come to the brilliant
□ favor to the learned ← favor come to the learned
□ the learned 기능자(배운 사람, 학식이 있는 사람)

내가 돌이켜 해 아래서 보니 빠른 경주자라고 선착하는 것이 아니며 유력자라고 전쟁에 승리하는 것이 아니며 지혜자라고 식물을 얻는 것이 아니며 명철자라고 재물을 얻는 것이 아니며 기능자라고 은총을 입는 것이 아니니 이는 시기와 우연이 이 모든 자에게 임함이라(전 9:11)

▻ **The race, the swift, the battle, the strong ~** : 정관사 the의 일반화, the는 각각의 단어를 추상화, 일반화시키거나, 어느 특정 집단 전체를 총칭한다.

⑪ After Jesus was born in Bethlehem in Judea, during the time of **King** Herod, Magi from the east came to Jerusalem and asked, "Where is the one who has been born **king** of the Jews? We saw his star in the east and have come to worship him."(MT 2:1-2)

헤롯 왕 때에 예수께서 유대 베들레헴에서 나시매 동방으로부터 박사들이 예루살렘에 이르러 말하되 유대인의 왕으로 나신이가 어디 계시냐 우리가 동방에서 그의 별을 보고 그에게 경배하러 왔노라(마 2:1-2)

▻ **King, king**: zero의 특성화, '왕'이라는 신분, 지위. 각각 Herod, of the Jews라는 수식어귀의 제한을 받고 있어서 특성화 기능이다.

⑫ If someone strikes you on **the right cheek**, turn to him the other also.(MT 5:39)

누구든지 네 오른 뺨을 치거든 왼편도 돌려 대며(마 5:39)

▻ **the right cheek**: 정관사 the의 특성화, 신체의 부분을 가리키는 상황 지칭.

⑬ Therefore I tell you, do not worry about your life, what you will eat or drink; or about your body, what you will wear. Is not **life** more important than **food**, and **the body** more important than clothes?(MT 6:25)

□ what you will eat 무엇을 먹을까
□ the body more important ← is not the body more important

그러므로 내가 너희에게 이르노니 목숨을 위하여 무엇을 먹을까 무엇을 마실까 몸을 위하여 무엇을 입을까 염려하지 말라 목숨이 음식보다 중하지 아니하며 몸이 의복보다 중하지 아니하냐(마 6:25)

▻ **life, food**: zero의 일반화, 명사의미 범위 전체를 나타낸다.
▻ **the body**: 정관사 the의 특성화, 신체를 가리키는 상황 지칭.

⑭ After the crowd had been put outside, he went in and took the girl by **the hand**, and she got up. News of this spread through all that region.(MT 9:25-26)

□ put outside 떠나게 하다, 제처 놓다

무리를 내어 보낸 후에 예수께서 들어가사 소녀의 손을 잡으시매 일어나는지라 그 소문이 그 온 땅에 퍼지더라(마 9:25-26)

▻ **the hand**: the의 특성화, 신체의 부분을 가리키는 상황 지칭.

⑮ These twelve Jesus sent out with the following instructions: "Do not go among **the Gentiles** or enter any town of **the Samaritans**. Go rather to the lost sheep of Israel.(MT 10:5-6)

예수께서 이 열둘을 내보내시며 명하여 이르시되 이방인의 길로도 가지 말고 사마리아인의 고을에도 들어가지 말고 오히려 이스라엘 집의 잃어버린 양에게로 가라(마 10:5-6)

▻ **the Gentiles, the Samaritans**: the의 특성화, 회지와 청자가 공통으로 알고 있는 특정 집단을 가리키는 상황 지칭.

⑯ "Take a guard," Pilate answered. "Go, make **the tomb** as secure as you know how." So they went and made **the tomb** secure by putting a seal on the stone and posting the guard.(MT 27:65-66)

▫ put a seal on ~에 봉인하다 / post the guard 파수꾼을 세우다

빌라도가 이르되 너희에게 경비병이 있으니 가서 힘대로 굳게 지키라 하거늘 그들이 경비병과 함께 가서 돌을 인봉하고 무덤을 굳게 지키니라(마 27:65-66)

▻ **the tomb**: the의 특성화, 상황 지칭, 화자와 청자가 공통으로 알고 있는 예수님의 무덤을 가리킨다.

⑰ Jesus, full of **the Holy Spirit**, returned from **the Jordan** and was led by **the Spirit** in **the desert**, where for forty days he was tempted by **the devil**. He ate nothing during those days, and at the end of them he was hungry.(LK 4:1-2)

예수께서 성령의 충만함을 입어 요단강에서 돌아오사 광야에서 사십 일 동안 성령에게 이끌리시며 마귀에게 시험을 받으시더라 이 모든 날에 아무것도 잡수시지 아니하시니 날 수가 다하매 주리신지라(눅 4:1-2)

▻ **the (Holy) Spirit, the Jordan, the desert, the devil**: the의 특성화, 상황 지칭, 화자와 청자사이에 공통으로 존재하는 말들을 가리킨다.

⑱ **The good man** brings good things out of **the good** stored up in his heart, and **the evil man** brings evil things out of **the evil** stored up in his heart. For out of the overflow of his heart his mouth speaks.(LK 6:45)

선한 사람은 마음의 쌓은 선에서 선을 내고 악한 자는 그 쌓은 악에서 악을 내나니 이는 마음의 가득한 것을 입으로 말함이니라(눅 6:45)

▻ **the good / the evil man**: the의 일반화, 사람을 착한 사람과 악한 사람으로 구분지어 말할 때 정관사 the를 사용하여 각각 The good man / the evil man이 된다. 즉 the는 각각의 집단(부류)전체를 구별시킨다.

▻ **the good / the evil**: the의 일반화, 정관사 the로 인해 '선'과 '악'이란 추상적 개념으로 바뀌었다. 형용사 good과 evil 다음에 일반적인 명사 'thing'이 생략된 것이다.

⑲ A jar of wine vinegar was there, so they soaked a sponge in it, put **the sponge** on a stalk of **the hyssop plant**, and lifted it to Jesus' lip.(JN 19:29)

▫ vinegar 식초

거기 신 포도주가 가득히 담긴 그릇이 있는 지라 사람들이 신 포도주를 적신 해면을 우슬초에 매어 예수의 입에 대니(요 19:29)

▻ **the sponge**: the의 특성화, the는 a sponge를 직접 지칭

▻ **the hyssop plant**: the의 일반화, 우슬초라는 식물의 종(species)을 나타낸다.

⑳ Now we see but a poor reflection as in a mirror; then we shall see **face to face**. Now I know in part; then I shall know fully, even as I am fully known. And now these three remain: **faith, hope** and **love**. But the greatest of these is **love**.(1CO 13:12-13)

▫ but 오직 / as in a mirror 거울로 보는 것같이

우리가 이제는 거울로 보는 것같이 희미하나 그때에는 얼굴과 얼굴을 대하여 볼 것이요 지금은 내가 부분적으로 아나 그 때에는 주께서 나를 아신 것 같이 내가 온전히 알리라 그런즉 믿음 소망 사랑 이 세 가지는 항상 있을 것인데 그 중의 제일은 사랑이라(고전 13:12-13)

▻ **face** to **face**: zero의 일반화, 짝을 이루는 명사

▻ **faith, hope, love**: zero의 일반화, 각각 명사의 의미범위 전체를 나타낸다.

㉑ Wives, submit to your husbands as to the Lord. For **the husband** is the head of **the wife** as Christ is the head of **the church**, his body, of which he is the Savior.(EPH 5:22-23)

아내들이여 자기 남편에게 복종하기를 주께 하듯 하라 이는 남편이 아내의 머리됨이 그리스도께서 교회의 머리됨과 같음이니 그가 바로 몸의 구주시니라(엡 5:22-23)

▻ **the husband, the wife, the church**: the의 일반화, 어떤 특정한 경우에만 해당되는 남편, 아내, 교회가 아니라 모든 남편, 모든 아내, 모든 교회 전체를 총칭하는 의미이다.

Today's Golden Rule

● I am **the way** and **the truth** and **the life**. No one comes to **the Father** except through me.(JN 14:6)

내가 곧 길이요 진리요 생명이니 나로 말미암지 않고는 아버지께로 올 자가 없느니라(요 14:6)

Day 22. 관사와 명사 II

Verse to Remember
□ 관사와 명사(Article & Noun) II:
A. 부정(不定) 관사 a(n) B. 복수 명사(no article)

A. 부정관사 a(n)

1. 일반화(Generic) 기능: 어떤 명사 중에 임의로 고른 하나가 전체를 대표.
2. 특성화(Specific)기능: 임의로 선택한 어느 하나를 가리킨다.

1. 일반화

수많은 동일한 명사들 중 하나를 골라 그것으로 전체를 대표하게 한다. 이때의 명사는 '어떠한 ~이라도 예외 없이'라는 말로 강조나 다소 과장된 의미가 들어있다.

① In his heart **a man** plans his course, but the LORD determines his steps.(PR 16:9)

□ determine his steps 걸음을 인도하다

사람이 마음으로 자기의 길을 계획할 지라도 그 걸음을 인도하는 자는 여호와시니라(잠 16:9)

▻ 수많은 사람들 중 임의로 하나를 골라 전체를 대표, '사람은 누구나 예외 없이'의 의미.

② **A woman** giving birth to a child has pain because her time has come; but when her baby is born she forgets the anguish because of her joy that a child is born into the world.(JN 16:21)

□ give birth to 해산하다

여자가 해산하게 되면 그 때가 이르렀으므로 근심하나 아기를 낳으면 세상에 사람 난 기쁨으로 말미암아 그 고통을 다시 기억하지 아니하느니라(요 :16:21)

▷ 수많은 여자들 중 임의로 하나를 골라 전체를 대표, '여자라면 누구나 예외 없이'라는 의미.

③ **A man** reaps what he sows.(GAL 6:7)

□ reap 거두다/ sow 심다, what he sows 그가 심은 것

사람이 무엇으로 심든지 그대로 거두리라(갈 6:7)

▷ 수많은 사람들 중 임의로 하나를 골라 전체를 대표, '사람이라면 누구나 예외 없이'라는 의미.

④ If **a man** will not work, he shall not eat.(2TH 3:10)

누구든지 일하기 싫어하거든 먹지도 말게 하라(살후 3:10)

▷ 수많은 사람들 중 임의로 하나를 골라 전체를 대표, '사람이라면 누구나 예외 없이'라는 의미.

2. 특성화

① He is like **a tree** planted by streams of water, which yields fruit in season and whose leaf does not wither. Whatever he does prospers.(PS 1:3)

□ whose~의 선행사는 a tree

그는 시냇가에 심은 나무가 철을 따라 열매를 맺으며 그 잎사귀가 마르지 아니함 같으니 그가 하는 모든 일이 다 형통하리로다(시 1:3)

▷ a tree가 planted~와 whose~의 수식을 받고 있다고 해서 the tree가 되지 않는다. 물가에 심겨진 특정한 나무를 가리키는 것이 아니라, 이와 같은 '수많은 나무들 중 정해 지지 않은 어느 하나'를 가리키기 때문이다.

② But I tell you that anyone who looks at **a woman** lustfully has already committed adultery with her in his heart.(MT 5:28)

□ commit adultery 간음하다, 간통하다

나는 너희에게 이르노니 음욕을 품고 여자를 보는 자마다 이미 간음하였느니라(마 5:28)

▷ a woman은 '정해지지 않은 어떤 여자 한명'이라는 뜻이다.

③ Which of you, if his son asks for bread, will give him **a stone**? Or if he asks for **a fish**, will give him **a snake**?(MT 7:9-10)

□ Which of you 너희 중에 누가

너희 중에 누가 아들이 떡을 달라 하면 돌을 주며 생선을 달라 하면 뱀을 줄 사람이 있겠느냐(마 7:9-10)

▷ 돌 자체(stone)는 물질이다. 단위체가 아니라 셀 수가 없다. 그런데 부정관사 a(n)가 와서 a stone이 되면 물질적인 돌이 아니라 던질 수도 있고 셀 수도 있는 단위체로서의 '돌멩이 하나'가 된다.

▷ a fish, a snake도 역시 부정관사 a(n)의 특성화 기능으로 각각 동일한 개체들 중 임의의 하나를 가리키고 있다. 그러니까 fish가 물질적인 '생선'이라면 a fish는 구체적인 '생선 한 마리'다.

④ When a Samaritan woman came to draw water, Jesus said to her, "Will you give me a drink?" The Samaritan woman said to him, "You are a Jew and I am a Samaritan woman. How can you ask me for a drink?"(JN 4:7,9)

사마리아 여자 한 사람이 물을 길으러 왔으매 예수께서 물을 좀 달라 하시니 사마리아 여자가 이르되 당신은 유대인으로서 어찌하여 사마리아 여자인 나에게 물을 달라하나이까(요 4:7,9)

▻ drink가 마실 것, 음료라는 물질적 개념이라면, a drink는 구체적인 '한 잔, 한 모금'이 된다.

▻ a Samaritan woman, a Jew에서 부정관사 a는 막연한 어느 하나를 가리킨다.

B. 복수 명사

어떤 명사가 복수가 되면 관사가 없어지는 no article 이 된다. 복수형이 article의 역할을 대신하는 셈이다. 이러한 복수형 no article도 article과 마찬가지로 일반화(Generic)와 특성화(Specific)의 두 가지 기능을 갖고 있다.

1. 일반화

부정관사 a가 명사 하나로 전체를 대표하게 하는 기능을 갖는다면 복수명사 no article은 여러 개의 명사를 임의로 묶어 이들이 전체를 대표하는 역할을 한다. '어떤 명사들이라도 예외 없이'라는 의미로 부정관사 a와 마찬가지로 다소 강조적이고 과장된 표현이 된다.

① Sons are a heritage from the LORD, children a reward from him.(PS 127:3)

□ a heritage 기업(물려받은 유산) cf) heritage 상속 재산 a reward 상급(사례금) cf) reward 보수, 포상

보라 자식들은 여호와의 기업이요 태의 열매는 그의 상급이로다(시 127:3)

▻ 복수형 Sons는 zero article이 아니라 복수 꼴로 인해 관사가 없는 no article이며 a son과 같은 의미다. a son이 '아들이라면 누구라도' 라는 의미라면 sons는 '아들들이라면 누구라도 예외 없이'라는 뜻이 된다. 즉 하나를 가지고 전체를 대표하는 것이 a son이고, sons는 다수를 묶어서 이들이 전체를 대표하는 말이다.

▻ '어린아이라면 누구나 예외 없이' 라는 어린이전체를 대표하는 말로는 a child와 복수 꼴 no article의 children 두 가지. 위 말씀에서는 복수 명사 children이 전체를 대표하고 있다.

② So then, **men** ought to regard us as servants of Christ and as those entrusted with the secret things of God.(1CO 4:1)

▫ regard A as B A를 B로 여기다 / be entrusted with ~을 맡다

사람이 마땅히 우리를 그리스도의 일꾼이요 하나님의 비밀을 맡은 자로 여길지어다(고전 4:1)

▻ **men**: 복수명사의 일반화, 사람들이라면 누구나(다수를 묶어 전체를 대표)

③ **Tongues**, then, are a sign, not for **believers** but for **unbelievers**; prophecy, however, is for **believers**, not for **unbelievers**.(1CO 14:22)

그러므로 방언은 믿는 자들을 위하지 아니하고 믿지 아니하는 자들을 위하는 표적이나 예언은 믿지 아니하는 자들을 위하지 않고 믿는 자들을 위함이니라(고전 14:22)

▻ 복수형 명사 Tongues, believers, unbelievers은 각각 복수의 형태로 '방언', '믿는 자', '믿지 않는 자'를 각각 대표하는 말이 된다.

2. 특성화

복수명사가 수식어귀에 제한을 받고 있을 때 복수명사는 이 명사의 전체 중 제한 받고 있는 만큼의 일부만을 가리키는 의미가 된다. zero article의 특성화 기능과 마찬가지로 명사의 본질적 의미가 변하는 것은 아니다. 그러니까 no article의 특성화는 앞서 살펴 본 Day 21. zero article의 특성화와 같은 기능이 된다. ⇨ Day 21. zero 관사

① "Come and follow me." Jesus said, "and I will make you **fishers** of men."(MT 4:19)

말씀하시되 나를 따라오라 내가 너희를 사람을 낚는 어부가 되게 하리라 하시니(마 4:19)

▻ fishers는 of men이라는 수식어귀에 제한을 받고 있지만 '어부들이라면 누구라도'라는 본질적 의미를 말해야 한다. 그래서 the fishers라고 할 수 없다. 어부들 중에 사람을 낚는 어부로 의미가 제한되어 있을 뿐이다.

② **Peacemakers** who sow in peace raise a harvest of righteousness.(JAS 3:18)

화평하게 하는 자들은 화평으로 심어 의의 열매를 거두느니라(약 3:18)

▻ peacemakers를 'who ~ 관계대명사 절'이 제한한다고 해서 정관사 the를 붙이면 안 된다. '화평하게 하는 자들'이라는 복수명사의 의미자체에 변화가 있는 것이 아니며 다만 'who ~' 만큼 의미 제한이 가해진 특성화된 복수 명사일 뿐이다.

Q&A 세상영어

Q1 지금까지 살펴본 바와 같이 zero 관사, 부정관사 a(n), 정관사 the, 복수명사는 모두 일반화 기능과 특성화기능이 있다. 이들 중 일반화 기능은 각각 어떤 의미차이가 있는지 예를 들어 비교해봅시다.

A1 [man 의 예로 본 관사의 일반화 기능 비교]

(1) zero: 어떤 명사의 외형적 경계를 허물어 그 명사의 본질적 속성을 나타낸다. (추상적 의미)
(2) the: 어떤 명사를 실체를 가진 단위체로 만들어 다른 명사와 구별시킨다.
(3) a: 임의의 하나로 전체를 대표(다소 강조 또는 과장)
(4) 복수명사: 다수로 전체를 대표(다소 강조 또는 과장)

(1) man(zero)

Ⓐ So God created **man** in his own image, in the image of God he created him; male and female he created them.(GE 1:27)

하나님이 자기 형상 곧 하나님의 형상대로 사람을 창조하시되 남자와 여자를 창조하시고(창 1:27)

Ⓑ **Man** does not live on bread alone, but on every word that comes from the mouth of God.(MT 4:4)

□ live on bread alone 떡으로만 살다, live on ~을 먹고살다

사람이 떡으로만 살 것이 아니요 하나님의 입으로부터 나오는 모든 말씀으로 살 것이라(마 4:4)

▻ **zero의 일반화**: zero article은 명사를 비단위체로 만들며 그 명사가 가질 수 있는 의미 범위 전체를 갖도록 한다. 그러므로 man은 하나님의 피조물로 삼라만상의 다른 것들과 구별되는 '사람 그 자체, 인간이란 존재'로 비개체적이고 추상적인 개념이다. 'mankind, human being'과 같은 의미이다.

(2) the man(정관사 the)

Ⓐ the LORD God formed **the man** from the dust of the ground and breathed into his nostrils the breath of life, and **the man** became a living being.(GE 2:7)

여호와 하나님이 흙으로 **사람**을 지으시고 생기를 그 코에 불어 넣으시니 **사람**이 생령이 된지라(창 2:7)

Ⓑ It is not good for **the man** to be alone. I will make a helper suitable for him.(GE 2:18)

ㅁ be alone 혼자 살다 / suitable for ~에 적합한, 어울리는

사람이 혼자 사는 것이 좋지 못하니 내가 그를 위하여 돕는 배필을 지으리라(창 2:18)

▻ **the의 일반화**: 하나님의 형상을 본떠 창조된 인간, 바로 이 인간이 the man인 것이다. 정관사 the는 인간이란 종(species)을 말한다. 다른 종과 구별시키는 총칭적 역할을 한다.

(3) a man(부정관사 a)

Ⓐ For this reason **a man** will leave his father and mother and be united to his wife, and they will become one flesh.(GE 2:24)

이러므로 남자가 부모를 떠나 그의 아내와 합하여 둘이 한 몸을 이룰지로다(창 2:24)

Ⓑ If **a man** will not work, he shall not eat.(2TH 3:10)

누구든지 일하기 싫어하거든 먹지도 말게 하라(살후 3:10)

▻ **a의 일반화**: 수많은 사람들 중 임의로 한사람을 골라 사람이란 종(species) 전체를 대표하게 한다. 그러므로 a man은 '남자/사람이라면 누구든지 예외 없이'라는 강조의미가 들어있다.

(4) men(복수 명사)

Ⓐ Be careful not to do your 'acts of righteousness' before **men**, to be seen by them. If you do, you will have no reward from your Father in heaven.(MT 6:1)

사람에게 보이려고 그들 앞에서 너희 의를 행치 않도록 주의하라 그렇지 아니하면 하늘에 계신 너희 아버지께 상을 얻지 못하느니라(마 6:1)

Ⓑ This is the verdict: Light has come into the world, but **men** loved darkness instead of light because their deeds were evil.(JN 3:19)

그 정죄는 이것이니 곧 빛이 세상에 왔으되 사람들이 자기 행위가 악하므로 빛보다 어두움을 더 사랑한 것이니라(요 3:19)

▻ **복수의 일반화**: men은 man의 복수로, zero가 아니라 no article이다. 불특정 다수를 묶음으로 선택하여 이것으로 명사 전체를 대표하게 하는 경우이다. 그러니까 men은 '사람들이라면 누구라도 예외 없이 그들은'의 뜻이 된다. 부정관사 일반화기능 'a man'과 같은 의미다.

Q2 '독일 국민은 훌륭한 음악가이다'라는 우리말을 모두 영어로 말해 봅시다. 그리고 각각 의미 차이점은 무엇인지 비교해 봅시다.

A2

ⓐ **The German** is a good musician. 독일 국민은 훌륭한 음악가다.

▻ **The German**: the의 일반화, 개개인을 염두에 두지 않고 정관사 the가 전체를 하나로 묶는 총칭적 기능으로 The German은 독일 국민, 민족이란 말이 된다.

ⓑ **A German** is a good musician. 독일 사람은 (누구라도) 훌륭한 음악가다.

▻ **A German**: a의 일반화, '독일 사람이라면 누구라도'라는 의미로 독일 사람들 중 한명을 임의로 선택해서 그를 전체 독일국민의 대표로 삼는 것이므로 좀 과장된 표현이 된다.

ⓒ **Germans** are good musicians. 독일 사람들은 (누구라도) 훌륭한 음악가다.

▻ **Germans**: no article의 일반화, A German처럼 독일 사람들 중 임의로 여럿을 골라 그들로 하여금 전체를 대표하게 하는 말이 된다. '독일 사람들 이라면 누구라도 예외 없이'의 의미로 'A German'에서 느낄 수 있듯이 좀 과장된 표현이다.

Q3 다음 성경영어에 나오는 faith, a faith, the faith는 각각 어떤 의미 차이가 있을까?

A3 (1) faith

Ⓐ Consequently, **faith** comes from hearing the message, and the message is heard through the word of Christ.(RO 10:17)

그러므로 믿음은 들음에서 나며 들음은 그리스도의 말씀으로 말미암았느니라(롬 10:17)

▻ **zero의 일반화**: faith란 의미에 제약이 없는 '믿음 그 자체'

Ⓑ Now **faith** is being sure of what we hope for and certain of what we do not see.(HEB 11:1)

□ what we hope for 바라는 것들 / what we do not see 보이지 않는 것들

믿음은 바라는 것들의 실상이요 보이지 않는 것들의 증거니(히 11:1)

▻ **zero의 일반화**: faith는 어떠한 의미제한도 없는 명사의미 전체

Ⓒ If you have **faith** as small as a mustard seed, you can say to this mountain, 'Move from here to there' and it will move. Nothing will be impossible for you.(MT 17:20)

□ faith as small as a mustard seed 겨자씨 한 알 만큼 만한 믿음
□ nothing + impossible (이중 부정, 강한 긍정의 의미) 못 할 것이 없으리라

만일 너희에게 믿음이 겨자씨 한 알 만큼만 있어도 이 산을 명하여 여기서 저기로 옮겨지라 하면 옮겨질 것이요 또 너희가 못 할 것이 없으리라(마 17:20)

▻ **zero의 특성화**: 이 faith는 구체적이고도 특성화된 믿음, 즉 믿음 중에서도 겨자 씨 만큼이나 아주 작은 믿음. faith란 말의 본질적인 의미에는 변화가 없지만 그 의미의 범위가 제한되어 있는 faith다.

(2) the faith

○ Fight the good fight of **the faith**. Take hold of the eternal life to which you were called when you made your good confession in the presence of many witnesses.(1TI 6:12)

믿음의 선한 싸움을 싸우라 영생을 취하라 이를 위하여 네가 부르심을 받았고 많은 증인 앞에서 선한 증언을 하였도다(딤전 6:12)

▻ **the의 특성화**(상황지칭): 믿음이란 무엇인가? 화자와 청자가 공통으로 인식하고 있는 믿음, 주 예수를 구주로 믿는 '그 믿음'이 바로 the faith다. ⇨ Day 21.

(3) a faith

○ If I have the prophecy and can fathom all mysteries and all knowledge, and if I have **a faith** that can move mountains, but have not love, I am nothing.(1CO 13:2)

□ the prophecy 예언하는 능력 / fathom 재다, 헤아리다

내가 예언하는 능력이 있어 모든 비밀과 지식을 알고 또 산을 옮길 만한 모든 믿음이 있을지라도 사랑이 없으면 내가 아무것도 아니요(고전 13:2)

▻ **a의 특성화**: 믿음은 믿는 사람마다 그 정도나 깊이가 다 다를 것이다. 이 같이 수많은 종류의 믿음들 가운데 하나, 즉 '산을 옮길 수 있을 정도의 구체적인 믿음'을 가리킨다. 관계대명사절의 제한을 받고 있는 많은 믿음중 하나가 a faith다.

Q4 다음 성경영어와 세상영어에 나오는 light, the light a light는 각각 어떤 의미 차이가 있을까? 관사의 종류와 기능을 비교해 말해봅시다.

A4 (1) light

○ God said, "Let there be **light**," and there was **light**.(GE 1:3)
하나님이 이르시되 빛이 있으라 하시매 빛이 있었고(창 1:3)

▻ **zero의 일반화**: light는 형체가 없는 본질적인 빛 그 자체. darkness(어둠)의 상대적 개념.

(2) the light

Ⓐ You are all sons of **the light** and sons of the day.(1TH 5:5)
너희는 다 빛의 아들이요 낮의 아들이라(살전 5:5)

▻ **the의 일반화**: the light는 가시적으로 볼 수 있는 빛, 단위체를 가지고 밤과 구별되는 빛의 총칭을 뜻한다.

ⓑ People used to read a book by **the light** of the moon at that time.
사람들은 그 당시에 **달빛**으로 책을 읽곤 했다.

▻ **the의 특성화**(직접지칭) : 여기서의 the light는 'of the moon'이라는 수식어귀의 제한을 받는 light이다. 즉 달에서 나오는 그 빛, 달빛이 된다.

ⓒ Turn off **the light** before you go out of the room. 방 밖으로 나가기 전에 **불**을 꺼라.

▻ **the의 특성화**(상황지칭) : 앞에 나온 명사를 직접지칭 하는 것은 아니지만 화자와 청자사이에 공유 하는 구체적인 전등을 가리키고 있다.

(3) a light

Ⓐ Your word is a lamp to my feet and **a light** for my path.(PS 119:105)
주의 말씀은 내 발에 등이요 내 길에 빛이니이다(시 119:105)

□ path 길, 인생의 행로

ⓑ Will you give me **a light**?
담배 불 좀 빌려 주시겠습니까?

▻ **a의 특성화**(지칭) : light 라는 물질적 개념에 각각 부정관사 a(n)가 제한하여 a light가 되었다. 이들은 부정관사 a로 인하여 물질 자체가 아니라 단위체로 셀 수 있는 개체로 성질이 변화되었고 동일 종류의 개체들 중 막연한 어느 하나를 가리키고 있다.

Q5 영어 관사학습 어떻게 할 것인가?

A5 [지금까지의 영어 관사 학습]

- 예를 들어 '명사'라는 말은 셀 수 있는 것과 셀 수 없는 것으로 나누어진다. 그리고 어떤 명사는 셀 수 있는 명사라서 유형의 관사(a, an, the)가 반드시 있어야 한다. 어떤 명사는 셀 수 없는 명사라서 the나 a(n)과 같은 관사가 절대 올 수 없다... 이것이 영어를 배우고 가르치는 한국 사람들 대부분이 관사 사용에 대하여 가지고 있는 공통적인 생각일 것이다.
- 이러한 생각을 갖고 있는 한, 관사는 암기의 대상이 될 수밖에 없으며 따라서 학습자는 많은 사례들과 예외들을 외우지 않으면 안 된다. 그러나 무수히 많은 명사들과 그 의미를 결정하는 관사를 일일이 암기해서 사용한다는 것은 불가능한 일이다.

[바람직한 영어 관사 학습]

- 성경영어는 관사를 암기해서 사용하려는 지금까지의 생각이 잘못되었다는 점을 분명히 가르쳐 주고 있다. 한마디로 영어의 명사는 처음부터 셀 수 있는 것과 셀 수 없는 것 등으로 구별 지을 수 있는 말이 아니란 사실을 일깨워 주고 있다.
- 예를 들면 지금까지 Day 21, Day 22.에서 살펴본 것처럼, 이른바 셀 수 없는 명사여서 부정관사 a가 올 수 없다고 알고 있던 stone, light, faith, drink 등등의 명사들에 a가 와서 a stone, a light, a faith, a drink 등으로도 쓰임을 보았다. 또한 이와는 정반대로 명사를 제한하는 수식어귀가 있어서 유형의 관사가 반드시 있어야할 것으로 생각했던 명사에 a나 the와 같은 관사가 없는 예들이 많다는 점도 살펴보았다.
- 즉, 똑 같은 명사라도 관사가 올 수 도 있고 오지 않을 수 도 있는 것이다. 또한 유형의 관사가 있다 해도 어떤 경우에는 'a 명사'이고, 또 다른 환경에서는 'the + 명사'가 된다는 것을 보았다. 이것은 관사 사용이 명사의 종류에 따라 결정 되는 문제가 아니라 그 명사를 어떤 의미로 사용하느냐에 따라 정해진다는 것을 말한다. 다시 말하면 무형의 zero이냐, 아니면 유형의 a, the, 복수 등을 선택하느냐의 기준은 오직 말하는 사람이 그 명사를 어떤 의미로 사용할 것인가에 전적으로 달려 있다는 결론에 이른다.
- 그러므로 원어민처럼 불편 없이 관사를 사용하기 위해서는 어떤 명사에 특정관사를 일일이 암기하는 방식으로는 불가능하며, Day 21, 22.의 성경영어를 통해 제시된 원어민의 관사체계(관사의 종류와 그 기능)를 철저히 이해하고 이를 토대로 학습자가 실제로 사용해 보는 것으로부터 시작되어야 할 것이다.

Check-up 세상영어

DAY 22. 관사와 명사 II

※ Translate the followings into English.

1. 그녀는 지난 주 중고차 한대를 샀는데 윈도우 브러시가 고장이었다.

2. 로마는 하루아침에 이루어진 것이 아니다.(격언)

3. 나의 한 친구가 아기를 출산할 예정이다. 아기가 여자라면 Elizabeth라고 불릴 것이다.

4. 손 안의 한 마리 새가 숲 속의 두 마리보다 낫다.(속담)

5. 전쟁 없는 세상에서 살고 싶다.

6. 가스관에 새는 곳이 있다면 폭발이 있을 지도 모른다.

7. 이른 아침 교차로에서 차와 오토바이사이에 충돌이 있었다.

8. 우리는 점심에 생선과 야채를 먹었다.

9. 팔굽혀 펴기와 윗몸 일으키기가 내가 아침마다 하는 운동이다.

10. 입장료는 성인이 5달러, 어린이가 2달러 경로우대 자는 1달러이다.
    - 경로우대 자 seniors

11. 우리는 오늘아침 북경으로 부터 소식을 받았다.

12. 훼밀리 레스토랑들이란 부모들과 (함께 하는) 자녀들을 환영하는 레스토랑들이다.

13. 이웃에 살고 있는 사람들을 이웃사람들이라 부른다.

14. 남성은 여성 화장실을 이용해서는 안 된다.

15. 한국인들은 자주 소주마시기를 즐긴다.

16. 낮말은 새가 듣고 밤말은 쥐가 듣는다.(속담)

Answer to Check-Up

1. She bought a used car last week, but the window brush was out of order.
   - ▻ a used car: a의 특성화, 수많은 중고차들 중 하나를 임의로 선택한 것이다.
   - ▻ the window brush: the의 특성화, 선행명사 a used car에 근거한 간접지칭이다. ⇨ Day 21.
2. Rome was not built in a day.
   - ▻ a day: a의 특성화, 'one'의 뜻
3. A friend of mine is expecting a baby. If it is a girl, she's going to be called Elizabeth.
   - ▻ A friend, a baby: a의 특성화, '하나'라는 뜻
   - ▻ a girl: a의 일반화, 어느 하나가 전체를 대표. '여자'라는 성을 의미
4. A bird in the hand is better than two in the bush.
   - ▻ A bird: 부정관사 a의 특성화, '둘이 아닌 하나'라는 뜻
   - ▻ the hand, the bush: 정관사 the의 특성화, 화자와 청자가 공유하고 있는 대상을 가리키 는 상황 지칭
5. I'd like to live in a world where war is unknown.
   - ▻ war: zero의 일반화, 명사의미 전체
   - ▻ a world: 부정관사 a의 특성화, 우리가 생각할 수 있는 수많은 world가운데 하나, 즉 'where~' 가 제한하는 세상.
6. If there is a leak in a gas pipe, there might be an explosion.
   - ▻ a leak, a gas pipe, an explosion: 부정관사 a의 특성화, 정해지지 않은 어느 특정한 하나를 가리킨다.
7. There was a collision between a car and an auto cycle at the crossroads early in the morning.
   - ▻ a collision: 부정관사 a의 특성화, 'between~'의 제한을 받는 구체적인 사건 하나
   - ▻ a car, an auto cycle: 부정관사 a의 특성화, 정해지지 않은 어느 하나를 가리킨다.
   - ▻ the crossroads, the morning: 정관사 the의 특성화, 화자와 청자가 공유하고 있는 대상들을 가리키 는 상황 지칭.

8. We had fish and vegetables for lunch.

▻ **fish, lunch**: zero의 일반화, 명사의미 전체

▻ **vegetables**: 복수no article의 일반화, 즉 어떤 특정 야채를 염두에 둔 것이 아니라, 점심으로 먹은 종류가 고기가 아닌 '야채'란 뜻이다.

9. Push-ups and sit-ups are the exercises I do every morning.

▻ **Push-ups, sit-ups**: no article의 일반화, 복수명사가 각각의 운동 종목을 대표한다.

▻ **the exercises**: the의 특성화(직접지칭), 관계대명사 절이 직접 제한.

10. Admission is five dollars for adults, two dollars for children and one dollar for seniors.

▻ **adults, children, seniors**: no article의 일반화, 복수명사가 각각의 세대를 대표한다.

11. We received news from Beijing this morning.

▻ **news**: no article의 특성화, 'from Beijing'이란 수식어귀의 제한을 받고 있지만 news의 본질적 의미가 달라지지 않았으므로 the news가 아니라 특성화된 news이다.

12. Family restaurants are restaurants which welcome parents and children.

▻ **Family restaurants, parents and children**: no article의 일반화, 다수(복수)를 묶어 전체를 대표한다.

▻ **restaurants**: no article의 특성화, 'which~'의 제한을 받고 있지만 restaurants이란 본질에는 변화가 없으므로 관사 없는 no article이다.

13. People who live next door are called neighbors.

▻ **People**: no article의 특성화, 'who~'의 제한을 받고 있지만 people 자체를 말해야한다.

▻ **neighbors**: no article의 일반화, 다수(복수)가 전체를 대표한다.

14. Men (Gentlemen) must not use women (ladies).

▻ **Men (Gentlemen), Women (Ladies)**: no article의 일반화, 다수(복수)가 전체를 대표한다. 여기서 men 대신 man, a man, the man 등을 사용하면 '인간, 남자 한명, 사람' 등의 뜻이 되어 어울리지 않는다.

15. Koreans often enjoy drinking Soju.

▻ **Koreans**: no article의 일반화, '한국 사람들 이라면 누구라도 예외 없이'의 의미.

16. Walls have ears.

▻ **Walls, ears**: no article의 일반화, '어떤 벽들이라도', '어떤 귀들이라도'

Reading & Listening 성경영어

►► **색깔글자**에 있는 관사의 종류와 기능을 말하고 그 의미를 새겨 다음 영어 성경을 우리 말 성경으로 말하시오.

① Then the LORD God made **a woman** from the rib he had taken out of the man, and he brought her to the man.(GE 2:22)

여호와 하나님이 아담에게서 취하신 그 갈빗대로 여자를 만드시고 그를 아담에게 이끌어 오시니(창 2:22)

▻ **a woman**: a의 특성화, 여자 한명.

② For **a thousand** years in your sight are like **a day** that has just gone by, or like **a watch** in the night.(PS 90:4)

▫ go by (날, 때가) 지나가다 / a watch 밤을 4구분한 것 중 하나

주의 목전에는 천 년이 지나간 어제 같으며 밤의 한순간 같을 뿐임이니이다(시 90:4)

▻ **a thousand**: a의 특성화, one, two, three…에서 one이란 의미

▻ **a day, a watch**: a의 특성화, a day와 a watch를 제한하는 수식어귀가 각각 있지만 특정한 시간이나, 순간을 가리키는 것이 아니라 임의의 시간을 가리키므로 the가 아니라 a이어야 한다. a day는 '하루', a watch는 '밤의 어느 한 기간'이 된다.

③ Without wood **a fire** goes out; without gossip **a quarrel** dies down.(PR 26:20)

▫ gossip 말쟁이, 수다쟁이, 한담

나무가 다하면 불이 꺼지고 말쟁이가 없어지면 다툼이 쉬느니라(잠 26:20)

▻ **a fire**: 부정관사 a의 일반화, zero 관사 fire가 물의 상대적인 개념으로 물질적 '불' 이지만, a fire는 구체적으로 '타오르는 불'로 의미가 달라진다. 수많은 불 중에 임의로 하나를 골라 전체를 대표, '어떤 불이라도 예외 없이' 라는 뜻이 된다.

▻ **a quarrel**: 부정관사 a의 일반화, zero 관사 quarrel 이 추상적인 '싸움'이라면 a quarrel은 구체적으로 '싸우는 행위'이다. '어떤 말다툼이라도 예외 없이' 라는 의미이다.

④ Wine is **a mocker** and beer **a brawler**; whoever is led astray by them is not wise. (PR 20:1)

▫ a mocker 거만하게 하는 것, mock 조롱하다 / lead O astray ~을 타락, 미혹시키다
▫ a brawler 떠들게 하는 것, brawl 큰 소리로 야단치다

포도주는 거만하게 하는 것이요 독주는 떠들게 하는 것이라 이에 미혹되는 자마다 지혜가 없느니라(잠 20:1)

▻ **a mocker, a brawler**: 부정관사 a의 특성화, 포도주는 '거만하게 하는 것 중 하나', 독주는 '떠들게 하는 것 중 하나'.

⑤ Moreover, no man knows when his hour will come: As **fish** are caught in a cruel net, or **birds** are taken in a snare, so **men** are trapped by evil times that fall unexpectedly upon them.(ECC 9:12)

분명히 사람은 자기의 시기도 알지 못하나니 물고기가 재앙의 그물에 걸리고 새들이 올무에 걸림 같이 인생도 재앙의 날이 그들에게 홀연히 임하면 거기에 걸리느니라(전 9:12)

▻ **fish, birds, men**: 복수의 일반화, 복수 명사 fish(형태는 단수이지만 의미는 복수), birds, men등은 동일 명사 중 불특정 다수를 임의로 선택해서 이들이 전체를 대표하는 의미다. 그래서 fish는 '물고기들이라면 반드시', birds는 '새들이라면 예외 없이 어떤 새라도', men은 '사람들이라면 누구라도' 라는 뜻이다.

⑥ After the crowd had been put outside, he went in and took the girl by the hand, and she got up. **News** of this spread through all that region.(MT 9:25-26)

□ put outside 떠나게 하다, 제처 놓다

무리를 내어 보낸 후에 예수께서 들어가사 소녀의 손을 잡으시매 일어나는지라 그 소문이 그 온 땅에 퍼지더라(마 9:25-26)

▻ **news**: 복수의 특성화, News는 of this의 제한을 받고 있지만 그 본질이 달라지지 않는다. 그러므로 the news와 다르다. 즉 소문(News)이란 원래 의미에는 변화가 없으며 전체 의미 중에서 일부 제한이 가해진 '죽은 여자를 살리신 소문'이다.

⑦ What good is it for **a man** to gain the whole world, yet forfeit his soul? Or what can **a man** give in exchange for his soul?(MK 8:36-37)

□ What good is it for a man to gain ~ What good 무엇이 유익하리요(무슨 소용이 있나) it 가주어, for a man 의미상 주어, to gain ~ 진주어 / forfeit 잃다, 상실하다

사람이 만일 온 천하를 얻고도 제 목숨을 잃으면 무엇이 유익하리요 사람이 무엇을 주고 제 목숨을 바꾸겠느냐(막 8:36-37)

▻ **a man**: a의 특성화, '어떤 한사람'.

⑧ Some pharisees came and tested him by asking, "Is it lawful for **a man** to divorce his wife?"(MK 10:2)

바리새인들이 예수께 나아와 그를 시험하여 묻되 사람이 아내를 버리는 것이 옳으니이까(막 10:2)

▻ **a man**: a의 특성화, '어떤 한 사람'

⑨ Jesus told his disciples: "There was **a rich man** whose manager was accused of wasting his possessions. So he called him in and asked him, 'What is this I hear about you? Give an account of your management, because you can not be manager any longer."'(LK 16:1-2)

또한 제자들에게 이르시되 어떤 부자에게 청지기가 있는데 그가 주인의 소유를 낭비한다는 말이 그 주인에게 들린지라 주인이 그를 불러 이르되 내가 네게 대하여 들은 이 말이 어찌 됨이냐 네가 보던 일을 셈하라 청지기 직무를 계속하지 못하리라 하니(눅 16:1-2)

▻ **a rich man**: 부정관사 a의 특성화, 'whose~'로 의미가 제한된 '어느 부자 한사람'

⑩ If any one of you is without sin, let him be the first to throw **a stone** at her.(JN 8:7)

□ let him be the first to RV 먼저 ~하게하라

너희 중에 죄 없는 자가 먼저 돌로 치라(요 8:7)

▻ **a stone**: a의 특성화, 하나의 단위체가 된 '수많은 돌멩이 중 하나'

⑪ **A jar** of wine vinegar was there, so they soaked **a sponge** in it, put the sponge on **a stalk** of the hyssop plant, and lifted it to Jesus' lips.(JN 19:29)

□ wine vinegar 신 포도주, sponge 해면, hyssop plant 우슬초

거기 신 포도주가 가득히 담긴 그릇이 있는지라 사람들이 신 포도주를 적신 해면을 우슬초에 매어 예수의 입에 대니(요 19:29)

▻ **A jar, a sponge, a stalk**: a의 특성화, 각각의 명사들에 대한 불특정 다수 중 어느 하나를 가리킨다. 수식어귀의 제한을 받고 있지만 구체적으로 정해진 것을 가리키는 것이 아니라 'the + 명사'로 할 수 없다.

⑫ In the same way **the men** also abandoned natural relations with **women** and were inflamed with lust for one another. **Men** committed indecent acts with **other men**, and received in themselves the due penalty for their perversion.(RO 1:17)

□ be inflamed with ~으로 타오르다, lust 음욕, 욕정 / indecent 상스러운
□ due penalty 상응하는 형벌 / perversion 타락, pervert 상도에서 벗어나게 하다

그와 같이 남자들도 순리대로 여자 쓰기를 버리고 서로 향하여 음욕이 불 일 듯 하매 남자가 남자와 더불어 부끄러운 일을 행하여 그들의 그릇됨에 상당한 보응을 그들 자신이 받았느니라(롬 1:17)

▻ **the men**: 정관사 the의 특성화. 상황지침. '그 남자들'이란 의미.

▻ **men**: 복수명사의 일반화, men은 '사람'의 총칭적 개념으로도 쓰이지만, 성을 구별할 때의 '남성'이라는 의미로도 쓰인다. 남성의 뜻으로 a man이라고 말할 수 없다. a man은 '남자 한사람'이 되므로 성(gender)전체를 대표할 수 없다.

▻ **women**: 복수명사의 일반화, 남성이 men이라면 여성은 'women'이 된다. 예를 들면 남자 옷은 men's wear, 여자 옷은 women's wear가 된다. 또 남자 화장실은 gentlemen 또는 men, 여자 화장 실은 ladies, 또는 women이라고 말해야 한다.

⑬ Do you not know that your body is **a temple** of the Holy Spirit, who is in you, whom you have received from God? You are not your own; you were bought at **a price**. Therefore honor God with your body.(1CO 6:19-20)

□ were bought at a price 값으로 산 것이 되었다 / honor God 하나님께 영광 돌리다

너희 몸은 너희가 하나님께로부터 받은바 너희 가운데 계신 성령의 전인 줄을 알지 못하느냐 너희는 너희 자신의 것이 아니라 값으로 산 것이 되었으니 그런즉 너희 몸으로 하나님께 영광을 돌리라(고전 6:19-20)

▻ **a temple, a price**: 부정관사 a의 특성화, 어느 하나를 가리킨다.

⑭ **Brothers**, stop thinking like **children**. In regard to evil be **infants**, but in your thinking be **adults**.(1CO 14:20)

형제들아 지혜에는 아이가 되지 말고 악에는 어린 아이가 되라 지혜에는 장성한 사람이 되라(고전 14:20)

▻ **Brothers, children, infants, adults**: 복수명사의 일반화. 복수 형태로 각각의 집단이나 부류 전체를 대표한다.

⑮ **Wives**, submit to your husbands as to the Lord.(EPH 5:22)
Husbands, love your wives, just as Christ loved the church and gave himself up for her.(EPH 5:25)

▫ as to the Lord 주께 하듯, just as Christ gave himself up 자신을 주심같이

아내들이여 자기 남편에게 복종하기를 주께 하듯 하라(엡 5:22)
남편들아 아내 사랑하기를 그리스도께서 교회를 사랑하시고 그 교회를 위하여 자신을 주심 같이 하라(엡 5:25)

▻ **Wives, Husbands**: no article의 일반화, 복수명사로 전체 대표, '아내들은 누구라도', '남편들은 누구라도'의 의미

⑯ If anyone says, "I love God," yet hates his brother, he is **a liar**.(1JN 4:20)

누구든지 하나님을 사랑하노라 하고 그 형제를 미워하면 이는 거짓말하는 자니(요일 4:20)

▻ **a liar**: a의 특성화, 형제를 미워하면 그는 '거짓말쟁이'가 된다.

Today's Golden Rule

○ If **a man** will not work, he shall not eat.(2TH 3:10)
누구든지 일하기 싫어하거든 먹지도 말게 하라(살후 3:10)

Day 23. 부정 대명사

Verse to Remember

□ 부정 대명사(Indefinite Pronoun):

A. one, the one, ones B. another, other, the other, (the) others

C. some, any D. 기타 부정 대명사: he, those, all, every etc.

대명사의 종류

- 인칭 대명사: I, you, he, she, it, his, they 등.
- 소유대명사: mine, ours / yours, yours / his, hers, theirs.
- 재귀 대명사: myself, ourselves / yourself, yourselves / himself, herself, itself, themselves
- 지시대명사: this, these / that, those/ such, same, so 등.
- 의문 대명사: who, whose, whom / what, which ⇨ Day 2.
- 관계대명사: who, whose, whom / that, which, what ⇨ Day 24, 25.
- **부정(不定)대명사: one, some, any, (the)other(s), every, all 등.**

A. one, the one, the ones

(1) one

정해지지 않은 어느 한사람 / 어느 하나

① **One** who is slack in his work is brother to **one** who destroys.

자기 일을 게을리 하는 자는 패가하는 자의 형제니라(잠 18:9)

□ be slack in ~을 게을리 하다 / be brother to ~와 형제다, ~와 같다

② To **one** he gave five talents of money, to another two talents, and to another one talent, each according to his ability. Then he went on his journey.(MT 25:15)

□ go on one's journey 여행을 떠나다

각각 그 재능대로 한 사람에게는 금 다섯 달란트를, 한 사람에게는 두 달란트를, 한 사람에게는 한 달란트를 주고 떠났더니(마 25:15)

(2) the one

구체적으로 지적된 한 사람, 부정대명사 'he'와 같다.

① Give to **the one** who asks you, and do not turn away from **the one** who wants to borrow from you.(MT 5:42)

네게 구하는 자에게 주며 네게 꾸고자 하는 자에게 거절하지 말라(마 5:42)

② He who receives you receives me, and he who receives me receives **the one** who sent me.(MT 10:40)

너희를 영접하는 자는 나를 영접하는 것이요 나를 영접하는 자는 나를 보내신 이를 영접하는 것이니라(마 10:40)

③ When John heard in prison what Christ was doing, he sent his disciples to ask him, "Are you **the one** who was to come, or should we expect someone else?"(MT 11:2-3)

요한이 옥에서 그리스도께서 하신 일을 듣고 제자들을 보내어 예수께 여짜오되 오실 그이가 당신이오니이까 우리가 다른 이를 기다리오리이까(마 11:2-3)

(3) (the) 형용사 + ones

① But if anyone causes one of **these little ones** who believe in me to sin, it would be better for him to have a large millstone hung around his neck and to be drowned in the depths of sea.(MT 18:6)

□ depth 깊이, 깊음 / hang, hung, hung(타) ~을 매달다, (자) 매달리다, 여기서는 타동사의 p.p

누구든지 나를 믿는 이 작은 자 중 하나를 실족하게 하면 차라리 연자 맷돌이 그 목에 달려서 깊은 바다에 빠뜨려지는 것이 나으니라(마 18:6)

② At that time the kingdom of heaven will be like ten virgins who took their lamps and went out to meet the bridegroom. The five of them were foolish and five were wise. **The foolish ones** took their lamps but did not take any oil with them.(MT 25: 1-3)

그 때에 천국은 마치 등을 들고 신랑을 맞으러 나간 열 처녀와 같다 하리니 그 중의 다섯은 미련하고 다섯은 슬기 있는 자라 미련한 자들은 등을 가지되 기름을 가지지 아니하고(마25: 1-3)

B. another, other, the other, (the) others

(1) one(A) ~ another(B)

하나(A) ~ 또 다른 하나(B)

① **One** man gives freely, yet gains even more; **another** withholds unduly, but comes to poverty.(PR 11:24)

▫ withhold 아끼다, 주지 않고 두다, 보류하다 / unduly 과도히

흩어 구제하여도 더욱 부하게 되는 일이 있나니 과도히 아껴도 가난하게 될 뿐이니라(잠 11:24)

② I also withheld rain from you when the harvest was still three months away. I sent rain on **one** town, but withheld it from **another. One** field had rain; **another** had none and dried up.(AMOS 4:7)

또 추수하기 석 달 전에 내가 너희에게 비를 멈추게 하여 어떤 성읍에는 내리고 어떤 성읍에는 내리지 않게 하였더니 땅 한 부분은 비를 얻고 한 부분은 비를 얻지 못하여 말랐으매(암 4:7)

(2) some(A), other 명사(B)

어떤 것(A), 막연히 다른 것(B)

● **Some** fell on rock, and when it came up, the plants withered because they had no moisture. **Other** seed fell among thorns, which grew up with it and choked the plants. Still **other** seed fell on good soil. It came up and yield a crop, a hundred times more than was sown.(LK 8:6-8)

▫ choke 숨 막히게 하다

더러는 바위위에 떨어지매 싹이 났다가 습기가 없으므로 말랐고 더러는 가시떨기 속에 떨어지매 가시가 함께 자라서 기운을 막았고 더러는 좋은 땅에 떨어지매 나서 백 배의 결실을 하였느니라(눅 8:6-8)

(3) one(A), the other(B): 둘 중 하나(A), 나머지 하나(B)
the one(A), the other(B): 전자(A), 후자(B)
some(A), the others(B): 일부(A), (정해진 집단에서) 나머지 다른 것들(B)

① When they came to the place called the Skull, there they crucified him along with the criminals – **one** on his right, **the other** on his left.(LK 23:33)

▫ Skull 해골, 두개골 – 히브리어 Golgotha(골고다), 라틴어 Calvary(갈보리)

해골이라 하는 곳에 이르러 거기서 예수를 십자가에 못 박고 두 행악자도 그렇게 하니

하나는 우편에, 하나는 좌편에 있더라(눅 23:33)

② And while they were eating, he said, "I tell you the truth, one of you will betray me." They were very sad and began to say to him **one after the other**, "Surely not I, Lord"(MT 26:21-22)

□ one after the other 각각, 차례차례

그들이 먹을 때에 이르시되 내가 진실로 너희에게 이르노니 너희 중에 한 사람이 나를 팔리라 하시니 그들이 몹시 근심하여 각각 여짜오되 주여 나는 아니지요(마 26:21-22)

③ No one can serve two masters. Either he will hate **the one** and love **the other**, or he will be devoted to **the one** and despise **the other**. you cannot serve both God and Money.(MT 6:24, LK16:13)

집 하인이 두 주인을 섬길 수 없나니 혹 이를 미워하고 저를 사랑하거나 혹 이를 중히 여기고 저를 경히 여길 것임이니라 너희는 하나님과 재물을 겸하여 섬길 수 없느니라(마 6:24, 눅 16:13)

④ The virgins who were ready went in with him to the wedding banquet and the door was shut. Later **the others** also came. 'Sir! Sir!' they said, 'Open the door for us!'(MT 25:10-11)

준비하였던 자들은 함께 혼인잔치에 들어가고 문은 닫힌지라 그 후에 남은 처녀들이 와서 이르되 주여 주여 우리에게 열어주소서(마 25:10-11)

(4) others

막연히 다른 사람들, 다른 것들

① Do to **others** as you would have them do to you.(LK 6:31)

너희는 남에게 대접을 받고자 하는 대로 남을 대접하여라(눅 6:31)

② Do nothing out of selfish ambition or vain conceit, but in humility consider **others** better than yourselves.(PHP 2:3)

□ out of selfish ambition or vain conceit 다툼이나 허영으로

아무 일에든지 다툼이나 허영으로 하지 말고 오직 겸손한 마음으로 각각 자기보다 남을 낫게 여기고(빌 2:3)

(5) each other / one another

each other: 둘 사이 / one another: 셋 이상의 사이에서 '서로 서로'

① Make sure that nobody pays back wrong for wrong, but always try to be kind to **each other** and to everyone else.(1TH 5:15)

삼가 누가 누구에게든지 악으로 악을 갚지 말게 하고 서로 대하든지 모든 사람을 대하든지 항상 선을 따르라(살전 5:15)

② A new command I give you: Love **one another**. As I have loved you, so you must love **one another**.(JN 13:34)

새 계명을 너희에게 주노니 서로 사랑하라 내가 너희를 사랑한 것같이 너희도 서로 사랑하라(요 13:34)

C. some, any

some은 긍정문, any는 부정문이나 의문문에 사용하는 것이라고 생각하기 쉬운데 이것은 잘못이다. some, any는 의미에 따라 결정되는 것이다. 「~이 약간 있다」라는 긍정의 의도로, 긍정을 전제로 말할 때에는 some이다. 그 밖에는 any이다. ⇨ Q & A

(1) 긍정

- some: (a few, a little) 어떤, 몇몇의, 약간
- any: (양보-긍정의미 강조) 어떤 ~라도 ~하다

① **Some people** are like seed along the path, where the word is sown. As soon as they hear it, Satan comes and takes away the word that was sown in them.(MK 4:15)

□ sow / sowed / sown 씨를 뿌리다

말씀이 길가에 뿌려졌다는 것은 이들을 가리킴이니 곧 말씀을 들었을 때에 사탄이 즉시 와서 그들에게 뿌려진 말씀을 빼앗는 것이요(막 4:15)

② And without faith it is impossible to please God, because **anyone** who comes to him must believe that he exists and that he rewards those who earnestly seek him.(HEB 11:6)

믿음이 없이는 하나님을 기쁘시게 하지 못하나니 하나님께 나아가는 자는 그가 계신 것과 또한 그가 자기를 찾는 자들에게 상주시는 이심을 믿어야 할지니라(히 11:6)

(2) 부정

any: (어떤 ~라도) ~하지 않다 (양보-부정의미 강조) / 부정문에서는 긍정의 의미인 some을 쓸 수 없다.

① When times are good, be happy; but when times are bad, consider: God has made the one as well as the other. therefore, a man cannot discover anything about his future.(ECC 7:14)

형통한 날에는 기뻐하고 곤고한 날에는 되돌아보아라 이 두 가지를 하나님이 병행하게 하사 사람이 그의 장래 일을 능히 헤아려 알지 못하게 하셨느니라(전 7:14)

② Jesus spoke all these things to the crowd in parables; he did not say anything to them without using a parable.(MT 13:34)

예수께서 이 모든 것을 무리에게 비유로 말씀하시고 비유가 아니면 아무것도 말씀하지 아니하셨으니(마 13:34)

(3) 조건절, 의문문

▸ some: 긍정의 의미가 전제되어 있다.
▸ any: 긍정 또는 부정에 대한 전제가 없는 중립적 의미다.

① If someone wants to sue you and take your tunic, let him have a cloak as well. If someone forces you to go one mile, go with him two miles.(MT 5:40-41)

또 너를 송사하여 속옷을 가지고자 하는 자에게 겉옷까지도 가지게 하며 또 누구든지 너로 억지로 오리를 가게 하거든 그 사람과 십리를 동행하고(마 5:40-41)

▹ 너를 송사하여 속옷을 가지고자 하는 자, 또 누구든지 너로 억지로 오리를 가게 하는 자가 있다는 전제하의 조건 절이다. 즉 이런 사람들이 실제 있는데 이럴 때에 이렇게 하라.

② If any one of you is without sin, let him be the first to throw a stone at her.(JN 8:7)
너희 중에 죄 없는 자가 먼저 돌로 치라(요 8:7)

▹ any one은 anyone과 같은 말이다. 다만 any one은 any와 one을 모두 힘주어 말해야 하며 anyone보다 강조의 느낌이 더 강하다. 여기서는 any one과 부정어 without이 합쳐져 반어법적인 강조이다. '인간이라면 과연 죄 없는 사람이 있겠는가! 그러므로 그녀에게 돌 던질 사람이 있겠는가!'

③ Is any one of you in trouble? He should pray. Is anyone happy? Let him sing songs of praise.(JAS 5:13)

□ sing songs of praise 찬송하다

너희 중에 고난당하는 자가 있느냐 그는 기도할 것이요 즐거워하는 자가 있느냐 그는 찬송할지니라(약 5:13)

D. 기타 부정 대명사

- **he** who~, **those** who~: ~한 사람(들)
- **everyone** who~: ~한 사람 누구든지 / **all** who~: ~한 사람 모두
- 부정 대명사들 중에서 he, those는 홀로 쓰이는 경우가 없고 반드시 관계대명사의 제한을 받아야 한다. ⇨ Day 27. 제한과 비제한

① I am the bread of life. **He** who comes to me will never go hungry, and **he** who believes in me will never be thirsty.(JN 6:35)

내가 곧 생명의 떡이니 내게 오는 자는 결코 주리지 아니할 터이요 나를 믿는 자는 영원히 목마르지 아니하리라(요 6:35)

② **Those** who sow in tears will reap with songs of joy. He who goes out weeping, carrying seed to sow, will return with songs of joy, carrying sheaves with him.(PS 126:5-6)

눈물을 흘리며 씨를 뿌리는 자는 기쁨으로 거두리로다 울며 씨를 뿌리러 나가는 자는 반드시 기쁨으로 그 곡식 단을 가지고 돌아오리로다(시 126:5-6)

③ **Everyone** should be quick to listen, slow to speak and slow to become angry, for man's anger does not bring about the righteous life that God desires.(JAS 1:19-20)

사람마다 듣기는 속히 하고 말하기는 더디 하며 성내기도 더디 하라 사람이 성내는 것이 하나님의 의를 이루지 못함이라(약 1:19-20)

④ Come to me, **all** who are weary and burdened, and I will give you rest.(MT 11:28)

수고하고 무거운 짐 진 자들아 다 내게로 오라 내가 너희를 쉬게 하리라(마 11:28)

⑤ **Both** of them were upright in the sight of God, observing all the Lord's commandments and regulations blamelessly.(LK 1:6)

이 두 사람이 하나님 앞에 의인이니 주의 모든 계명과 규율대로 흠이 없이 행하더라(눅 1:6)

⑥ **Each** of you should look not only to your own interest, but also to the interests of others.(PHI 2:4)

각각 자기 일을 돌볼뿐더러 또한 각각 다른 사람들의 일을 돌보아 나의 기쁨을 충만하게 하라(빌 2:4)

⑦ **Many** who are first will be last, and **many** who are last will be first.(MT 19:30)

먼저 된 자로서 나중 되고 나중 된 자로서 먼저 될 자가 많으니라(마 19:30)

Q&A 세상영어

Q1 앞에 나온 명사의 반복을 피하기 위해 사용하는 지시 대명사 one은 it, that과 어떻게 다른가? 또한 지시대명사 one으로 말할 때 주의할 점은 무엇인가?

A1 [지시대명사 one / it / that의 비교]

- one: 선행명사 'a + 명사'에 근거해서 정해지지 않은 명사를 가리킨다.
- it: 'a + 명사'를 가리킨다.
- that(those): 'the + 명사' 또는 '정해진 명사'를 가리킨다.

ⓐ My neighbor doesn't have **a lawn mower**, but I have **one**.
내 이웃은 잔디 깎기가 없지만 나는 있다.

ⓑ If you need **my lawn mower**, I'll lend **it** to you.
네가 내 잔디 깎기를 필요로 하면 **그것을** 빌려주마.

ⓒ **The population of Seoul** is much larger than **that** of Washington.
서울의 인구는 **워싱턴**보다 훨씬 많다.

ⓓ I've lost **my dictionary**. I think I have to buy **one**.
내 사전을 잃어버렸다. **하나** 사야겠다.

Ⓔ **Your attitude** should be the same as **that** of Christ Jesus.(PHI 2:5)
너희 안에 이 마음을 품으라 곧 그리스도 예수의 마음이니(빌 2:5)

Ⓕ Everyone looks out for his own interests, not **those** of Jesus Christ.(PHI 2:21)
그들이 다 자기 일을 구하고 그리스도 예수의 일을 구하지 아니하되(빌 2:21)

[one으로 말할 때 주의해야 할 점들]

(1) one은 셀 수 없는 명사를 가리킬 수 없다.

ⓐ I like red **wine** better than white **one**.(×)

→ I like red wine better than **white**. 나는 **백포도주**보다 적포도주를 더 좋아한다.

ⓑ You must write in black **ink**, not in red. 너는 **붉은 것**이 아니라 검정색 잉크로 써야한다.

ⓒ This **coffee** is more expensive than **that**. 이 커피는 **저것**보다 더 비싸다.

(2) 선행 명사가 셀 수 있는 명사라도 one(s)은 a(n), 숫자, 소유격과 함께 쓸 수 없다.

숫자/소유격 + one(×) → **one**

ⓐ Do you have a car? Yes I have **one**. 자동차 있어요? 네 **하나**있습니다.

ⓑ He has many flowerpots but I have only **two**. 그는 화분이 많지만 나는 단 **두 개**뿐이다.

ⓒ How many tickets do you want? I want **some**. 티켓을 얼마나 원하세요? 약간이요.

ⓓ Tom's Bible is larger than **mine / his / John's**.
탐의 성경책은 **내 것 / 그의 것 / 존의 것**보다 크다.

(3) one(s)은 the, this, that, which등과 함께 쓸 수 있다.

the, this, that, which + **one** / these, those **ones**

ⓐ Here are three pictures: **Which one** do you want to possess? **This (one), that (one)** or **the one on the wall**?
여기 그림 세 점이 있어요. **어느 것**을 가지고 싶으세요? **이것**, **저것**, 아니면 **벽에 걸려있는 것**?

ⓑ If you need a bed, I'll buy you **the / this / that king-size one**.
네가 침대가 필요하면 내가 네게 **그 / 이 / 저 킹사이즈**를 사주마.

ⓒ Look at the fresh oranges! **These ones** are larger than **those ones**.
신선한 오렌지들을 보시오! **이것들**이 **저것들**보다 크군요.

(4) a(n), 수사, 소유격 다음에 형용사가 오면 one(s)을 쓸 수 있다.

a(n), 수사, 소유격 + **형용사** + **one(s)**

ⓐ He lives in a big house, but I live in **a small one**.
그는 큰 집에 살고 있지만 나는 **작은 집**에 산다.

ⓑ Do you have any red dresses? No, but I have **some / several white ones**.
당신 빨간 드레스 좀 있으세요? 아니오, 나는 **하얀색 것들이 약간/ 대 여섯 벌** 있습니다.

ⓒ I have two Korean Bibles and **three Korean-English ones**.
나는 우리말 성경이 두 권 있고 **한영 성경은 세 권** 있다.

ⓓ My golf clubs are as good as **John's new ones**. 내 골프채가 **존의 새 것**만큼 좋다.

Check-up 세상영어

※ Translate the followings into English.

1. 어제 스마트폰을 잃어버렸다. 오늘 그것을 찾지 못하면 내일 하나 사야한다.

2. 그녀는 빨간 드레스를 입고 있는데 보라색 것이 그녀에게 더 잘 어울리는 것 같다.

3. 내 이웃집에 잔디 깎는 기계가 있는데 그것을 오늘 좀 빌려야겠다.
   ▫ 잔디 깎는 기계 a lawn mower

4. 도심에 있는 그의 낡은 아파트가 교외에 있는 내 새 것보다 두 배 비싸다.

5. 이 상의가 약간 작은데 조금 더 큰 것 없나요?

6. (혹시) 건축에 관한 책들 좀 가지고 계십니까? 하나 빌리고 싶습니다.
   ▫ 건축 architecture

7. 이 구두가 내 맘에 드는 것이지만 안타깝게도 발에 맞지 않는다.

8. 올해 우리 반에서 50명의 학생들 중에서 단지 20명이 대학에 진학했고 나머지는 못했다.

9. 나는 한 주 걸러마다 내 시골집에 간다.

10. 안 보는 데에서 남을 욕하지 마시오.

11. 아는 것과 가르치는 것은 별개문제이며, 돈을 버는 것과 쓰는 것은 별개이다.

12. 건강은 돈보다 훨씬 더 귀중하다 왜냐하면 후자는 전자와 같은 그러한 진정한 행복을 줄 수 없기 때문이다.

13. 그가 한 말에 분명 일리가 있다.

14. 뉴욕으로 가는 다음 항공편 출발 시각에 대한 안내방송 좀 들으셨나요?

15. 떡 좀 더 드실래요? 시장해 보입니다.

16. 일부 케이블TV 방송사들은 그것이 재미있기만 하면 어떤 프로그램이라도 좋다고 생각 하고 있다.

17. 돈 좀 있니? 좀 빌려줘. 내일 갚을게.

18. 먹을 것 좀 있지? 냄새가 나는데.(먹을 것이 있다는 것을 알고 하는 질문)

19. 먹을 것 좀 있니? 지금 배가고파 죽겠어.(먹을 것이 있는지 없는지 모르고 하는 질문)

20. 몇몇 의사들은 환자들을 안심시키기 위해 어떤 얘기라도 한다.

21. 어떤 의사라도 환자들을 안심시키기 위해 무언가 말을 한다.

22. 때로는 똑같은 제스처가 또 다른 문화에서 다른 무언가를 의미한다.

23. 네 새 자전거가 내 낡은 것보다 더 빠른 것 같다.

24. 호랑이를 잡으려는 사람은 호랑이굴에 들어가야 한다.(속담)

□ 호랑이굴 a tiger's den

25. 하늘은 스스로 돕는 자를 돕는다.(격언)

Answer to Check-Up

1. I lost my smart phone yesterday. If I don't find it today, I must buy one tomorrow.
2. She wears a red dress but a violet one seems to suit her better.
3. My neighbor has a lawn mower and I'll borrow it today.

4. His old apartment in downtown is two times more expensive than **my new one** in the suburbs.
   = His old apartment in downtown is two times(twice) as expensive as **my new one** in the suburbs.
5. This coat's a bit small. Don't you have **a slightly bigger one**?
6. Do you have **any** books on architecture? I'd like to borrow **one**.
7. These shoes are **my favorite ones** but unfortunately they don't fit me(my foot).
8. Only twenty of the fifty students in our class entered a university this year and **the others** did not.
9. I go to my cottage **every other week (every two weeks)**.
10. Don't speak ill of **others** behind their backs.
11. To know is **one thing** and to teach is **another**, and to make money is **one thing** and to spend it is **another**.
12. Health is much more valuable than money because **the other** / this / the latter cannot give such true happiness as **the one** / that / the former.
13. There must be **some reason** for what he's said.
14. Have you heard **any** announcements about the departure time of the next flight to New York?
15. Would you like **some more** bread (rice cake)? You look hungry.
16. **Some** cable TV stations think that **any** program will do so long as it is interesting.
17. Do you have **any** money? Please lend me **some**. I'll pay **it** back tomorrow.
18. Is there **something** to eat? I can smell food.
19. Is there **anything** to eat? I'm very hungry now.
20. **Some doctors** will say **anything** to please their patients.
21. **Any doctor** will say **something** to please his patients.
22. Sometimes, the same gesture means **something** different in **another** culture.
23. Your new bicycle seems to be faster than **my old one**.
24. **He / One / Those** who would catch a tiger must go into a tiger's den.
    He / One / Those who would catch a pearl must dive deep.
25. Heaven helps **those** who help themselves.

Reading & Listening 성경영어

▸▸ one, the one, the ones

① You said, "I have made a covenant with **my chosen one**, I have sworn to David my servant, 'I will establish your line forever and make your throne firm through all generations.'" Selah The heavens praise your wonders, O LORD, your faithfulness too, in the assembly of **the holy ones**.(PS 89:3-5)

- made a covenant with ~와 약속하다 / your wonders 주의 기이한 일(들)
- in the assembly of ~의 모임 가운데서

주께서 이르시되 나는 내가 택한 자와 언약을 맺으며 내 종 다윗에게 맹세하기를 내가 네 자손을 영원히 견고히 하며 네 왕위를 대대에 세우리라 하셨나이다(셀라) 여호와여 주의 기이한 일을 하늘이 찬양할 것이요 주의 성실도 거룩한 자들의 모임 가운데서 찬양하리이다(시 89:3-5)

② He holds victory in store for the upright, he is a shield to those whose walk is blameless, for he guards the course of the just and protects the way of **his faithful ones**.(PR 2:7-8)

그는 정직한 자를 위하여 완전한 지혜를 예비하시며 행실이 온전한 자에게 방패가 되시나니 대저 그는 정의의 길을 보호하시며 그의 성도들의 길을 보전하려 하심이니라(잠 2:7-8)

③ After me will come **one** who is more powerful than I, whosc sandals I am not fit to carry.(MT 3:11)

- 선행사 one은 관계대명사 who~, whose~의 공통 선행사

내 뒤에 오시는 이는 나보다 능력이 많으시니 나는 그의 신을 들기도 감당하지 못하겠노라(마 3:11)

④ **The one** who sowed the good seed is the Son of Man. The field is the world, and the good seed stands for the sons of the kingdom. The weeds are the sons of **the evil one**.(MT 13:37-38)

좋은 씨를 뿌리는 이는 인자요 밭은 세상이요 좋은 씨는 천국의 아들이요 가라지는 악한자의 아들들이요(마 13:37-38)

⑤ "What do you think? If a man owns a hundred sheep, and **one** of them wanders away, will he not leave the ninety-nine on the hills and go to look for **the one** that wanders off?"(MT 18:12)

너희 생각에는 어떠하냐 만일 어떤 사람이 양 백 마리가 있는데 그 중의 하나가 길을 잃으면 그 아흔아홉 마리를 산에 두고 가서 길 잃은 양을 찾지 않겠느냐(마 18:12)

⑥ Let him who boasts boast in the Lord. For it is not **the one** who commends himself who is approved, but **the one** whom the Lord commends.(2CO 10:17-18)

- it is not A, but B who is approved: (it ~ who 강조 구문) 옳다 인정받는 자는 A가 아니라 B이다.

자랑하는 자는 주 안에서 자랑할지니라 옳다 인정함을 받는 자는 자기를 칭찬하는 자가 아니요 오직 주께서 칭찬하시는 자니라(고후 10:17-18)

▸▸ one ~ the other, the others, others / some ~ the other, the others, others

⑦ Two men will be in the field; **one** will be taken and **the other** left. Two women will be grinding with a hand mill; **one** will be taken and **the other** left. "Therefore keep watch, because you do not know on what day your Lord will come."(MT 24:40-42)

그 때에 두 사람이 밭에 있으매 한 사람은 데려가고 한 사람은 버려둠을 당할 것이요 두 여자가 맷돌질을 하고 있으매 한 사람은 데려가고 한 사람은 버려둠을 당할 것이니라 그러므로 깨어 있으라 어느 날에 너희 주가 임할는지 너희가 알지 못함이니라(마 24:40-42)

⑧ Once when Jesus was praying in private and his disciples were with him, he asked them, "Who do the crowd say I am? They replied, "**Some** say John the Baptist; **Others** say Elijah; and **still others**, that one of the prophets of long ago has come back to life."(LK 9:18-19)

예수께서 따로 기도하실 때에 제자들이 주와 함께 있더니 물어 이르시되 무리가 나를 누구라고 하느냐 대답하여 이르되 세례요한이라고 하고 더러는 엘리야라, 더러는 옛 선지자 중 한 사람이 살아났다 하나이다(눅 9:18-19)

⑨ **One** of the criminals who hung there hurled insults at him: "Aren't you the Christ? Save yourself and us!" But **the other** criminal rebuked him. "Don't you fear God," he said, "since you are under the same sentence? We are punished justly, for we are getting what our deeds deserve. But this man has done nothing wrong."(LK 23:39-41)

- hang, hung, hung 매달리다(여기서는 자동사)
- hurl 집어(세게) 던지다, hurl insults at ~에게 모욕을 퍼붓다 = heap insults on ~(MK 15:32)

달린 행악자 중 하나는 비방하여 이르되 네가 그리스도가 아니냐 너와 우리를 구원하라 하되 하나는 그 사람을 꾸짖어 이르되 네가 동일한 정죄를 받고서도 하나님을 두려워하지 아니하느냐 우리는 우리가 행한 일에 상당한 보응을 받는 것이니 이에 당연하거니와 이 사람이 행한 것은 옳지 않은 것이 없느니라(눅 23:39-41)

⑩ When they came back from the tomb, they told all these things to the Eleven and to **all the others**. It was Mary Magdalene, Joanna, Mary the mother of James, and **the others** with them who told this to the apostles.(LK 24:9-10)

무덤에서 돌아가 이 모든 것을 열 한 사도와 다른 모든 이에게 알리니 이 여자들은 막달라 마리아와 요안나와 야고보의 모친 마리아라 또 그들과 함께한 다른 여자들도 이것을 사도들에게 알리니라(눅 24:9-10)

⑪ On hearing his words, **some** of the people said, "Surely this man is the Prophet." **Others** said, "He is the Christ." Still **others** asked, "How can the Christ come from Galilee? Does not the Scripture say that the Christ will come from David's family and from Bethlehem, the town where David lived?" Thus the people divided because of Jesus. **Some** wanted to seize him, but no one laid hand on him.(JN 7:40-44)

▫ on Ving ~하자마자, lay a hand on ~에 손을 대다, 안수하다

이 말씀을 들은 무리 중에서 어떤 사람은 이 사람이 참으로 그 선지자라 하며 어떤 사람은 그리스도라 하며 어떤 이들은 그리스도가 어찌 갈릴리에서 나오겠느냐 성경에 이르기를 그리스도는 다윗의 씨로 또 다윗이 살던 마을 베들레헴에서 나오리라 하지 아니하였느냐하며 예수로 말미암아 무리 중에서 쟁론이 되니 그 중에는 그를 잡고자 하는 자들도 있으나 손을 대는 자가 없었더라(요 7:40-44)

⑫ Confess your sins to **each other** and pray for **each other** so that you may be healed. The prayer of a righteous man is powerful and active.(JAS 5:16)

이러므로 너희 죄를 서로 고하며 병 낫기를 위하여 서로 기도하라 의인의 간구는 역사하는 힘이 많으니라(약 5:16)

⑬ If we walk in the light, as he is in the light, we have fellowship with **one another**, and the blood of Jesus, his Son purifies us from all sin.(1JN 1:7)

그가 빛 가운데 계신 것같이 우리도 빛 가운데 행하면 우리가 서로 사귐이 있고 그 아들 예수의 피가 우리를 모든 죄에서 깨끗하게 하실 것이요(요일 1:7)

▸▸ some / any

⑭ If **anyone** would come after me, he must deny himself and take up his cross and follow me.(MT 16:24)

누구든지 나를 따라 오려거든 자기를 부인하고 자기 십자가를 지고 나를 따를 것이니라(마 16:24)

⑮ And I will do whatever you ask in my name, so that the Son may bring glory to the Father. You may ask me for **anything** in my name, and I will do it.(JN 14:13-14)

너희가 내 이름으로 무엇을 구하든지 내가 시행하리니 이는 아버지로 하여금 아들을 인하여 영광을 얻으시게 하려 함이라 내 이름으로 무엇이든지 내게 구하면 내가 행하리라(요 14:13-14)

⑯ If **anyone** thinks he is **something** when he is nothing, he deceives himself. Each one should test his own actions. Then he can take pride in himself, without comparing himself to somebody else, for each one should carry his own load.(GAL 6:3-5)

만일 누가 아무것도 되지 못하고 된 줄로 생각하면 스스로 속임이라 각각 자기의 일을 살피라 그리하면 자랑할 것이 자기에게는 있어도 남에게는 있지 아니하리니 각각 자기의 짐을 질것이라(갈 6:3-5)

⑰ Do not love the world or **anything** in the world. If **anyone** loves the world, the love of the Father is not in him.(1JN 2:15)

이 세상이나 세상에 있는 것들을 사랑치 말라 누구든지 세상을 사랑하면 아버지의 사랑이 그 속에 있지 아니하니(요일 2:15)

▸▸ he, those, everyone…

⑱ **He** who did not spare his own Son, but gave him up for us all – how will he not also, along with him, graciously gave us all things.(RO 8:32)

자기 아들을 아끼지 아니하시고 우리 모든 사람을 위하여 내어주신 이가 어찌 그 아들과 함께 모든 것을 우리에게 은사로 주지 아니하시겠느뇨(롬 8:32)

⑲ I tell you who hear me: Love your enemies, do good to **those** who hates you, bless **those** who curse you, pray for **those** who mistreat you.(LK 6:27-28)

너희 듣는 자에게 내가 이르노니 너희 원수를 사랑하며 너희를 미워하는 자를 선대하며 너희를 저주하는 자를 위하여 축복하며 너희를 모욕하는 자를 위하여 기도하라(눅 6:27-28)

⑳ The Lord is not slow in keeping his promise, as some understand slowness He is patient with you, not wanting anyone to perish but **everyone** to come to repentance.(2PE 3:9)

주의 약속은 어떤 이의 더디다고 생각하는 것같이 더딘 것이 아니라 오직 너희를 대하여 오래 참으사 아무도 멸망치 않고 다 회개하기에 이르기를 원하시느니라(벧후 3:9)

Writing & Speaking 성경영어

① 노하기를 더디 하는 자는 용사보다 낫고 자기의 마음을 다스리는 자는 성을 빼앗는 자보다 나으니라(잠 16:32)

Better a patient man than a warrior, a man who controls his temper than **one** who takes a city.(PR 16:32)

② 누구든지 네 오른편 뺨을 치거든 왼편도 돌려 대며(마 5:39)

If **someone** strikes you on the right cheek, turn to him **the other** also.(MT 5:39)

③ 구하라 그리하면 너희에게 주실 것이요 찾으라 그리하면 찾아낼 것이요 문을 두드리라 그리하면 너희에게 열릴 것이니 구하는 이마다 얻을 것이요 찾는 이가 찾을 것이요 두드리는 이에게 열릴 것이니라(마 7:7-8)

Ask, and it will be given to you; Seek and you'll find; Knock and the door will be opened to you. For **everyone** who asks receives; **he** who seeks finds; and to **him** who knocks, the door will be opened.(MT 7:7-8)

④ 나더러 주여 주여 하는 자 마다 다 천국에 들어갈 것이 아니요 다만 하늘에 계신 내 아버지의 뜻대로 행하는 자라야 들어가리라(마 7:21)

Not **everyone** who says to me, 'Lord, Lord,' will enter the kingdom of heaven, but **only he** who does the will of my Father who is in heaven.(MT 7:21)

⑤ 자기의 육체를 위하여 심는 자는 육체로부터 썩어질 것을 거두고 성령을 위하여 심는 자는 성령으로부터 영생을 거두리라(갈 6:8)

The one who sows to please his sinful nature, from that nature will reap destruction; **the one** who sows to please the Spirit, from the spirit will reap eternal life. (GAL 6:8)

⑥ 그런즉 누구든지 그리스도 안에 있으면 새로운 피조물이라 이전 것은 지나갔으니 보라 새것이 되었도다(고후 5:17)

Therefore, if **anyone** is in Christ, he is a new creation; the old has gone, the new has come.(2CO 5:17)

⑦ 내게 능력 주시는 자 안에서 내가 모든 것을 할 수 있느니라(빌 4:13)

I can do everything through **him** who gives me strength.(PHP 4:13)

⑧ 사랑하는 자들아 우리가 서로 사랑하자 사랑은 하나님께 속한 것이니 사랑하는 자마다 하나님께로 나서 하나님을 알고 사랑하지 아니하는 자는 하나님을 알지 못하나니 하나님은 사랑이심이라(요일 4:7-8)

Dear friends, let us love **one another**, for love comes from God. **Everyone** who loves has been born of God and knows God. Whoever does not love does not know God, because God is love.(1JN 4:7-8)

⑨ 누구든지 내 음성을 듣고 문을 열면 내가 그에게로 들어가 그와 더불어 먹고 그는 나와 더불어 먹으리라(계 3:20)

If **anyone** hears my voice and opens the door, I will come in and eat with him, and he with me.(REV 3:20)

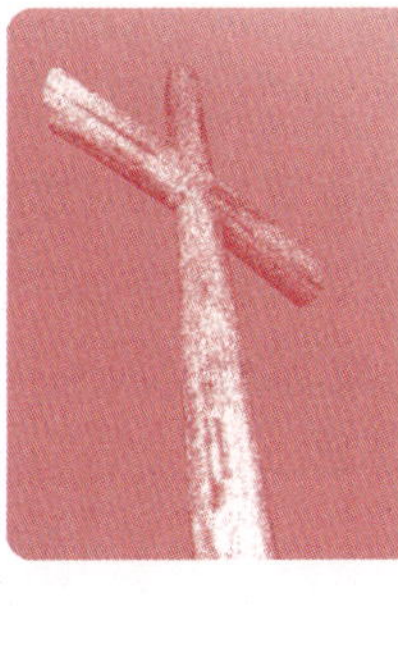

Today's Golden Rule

- A new command I give you: Love **one another**. As I have loved you, so you must love **one another**.(JN 13:34)

새 계명을 너희에게 주노니 서로 사랑하라. 내가 너희를 사랑한 것같이 너희도 서로 사랑하라(요 13:34)

Day 24. 관계대명사 I

Verse to Remember

□ 관계대명사(Relative Pronoun) I:

A. who B. that C. which D. 공통 선행사, 이중제한

A. who

선행사가 사람일 때: who(주격) / whose(소유격) / whom(목적격)

1. who

① Give to the one **who** asks you, and do not turn away from the one **who** wants to borrow from you.(MT 5:42)

□ turn away from 거절하다, 외면하다

네게 구하는 자에게 주며 네게 꾸고자 하는 자에게 거절하지 말라(마 5:42)

② I am the bread of life. He **who** comes to me will never go hungry, and he **who** believes in me will never be thirsty.(JN 6:35)

□ go hungry (굶)주리다 / be thirsty 목마르다

내가 곧 생명의 떡이니 내게 오는 자는 결코 주리지 아니할 터이요 나를 믿는 자는 영원히 목마르지 아니하리라(요 6:35)

③ The man **who** plants and the man **who** waters have one purpose, and each will be rewarded according to his own labor.(1CO 3:8)

□ water 물주다 / be rewarded 상을 받다

심는 이와 물주는 이가 일반이나 각각 자기의 일하는 대로 자기의 상을 받으리라(고전 3:8)

2. whose

① Better a poor man **whose walk** is blameless than a fool **whose lips** are perverse.(PR 19:1)

□ walk 세상 살아가기, 처세 / perverse 패역한, 사악한

가난하여도 성실하게 행하는 자는 입술이 패역하고 미련한 자보다 나으니라(잠 19:1)

② You will keep in perfect peace him **whose mind** is steadfast, because he trusts in you.(ISA 26:3)

□ keep in perfect peace him whose mind is steadfast ← keep him whose mind is steadfast in perfect peace / him whose mind is steadfast 심지가 견고한 자

주께서 심지가 견고한 자를 평강에 평강으로 지키시리니 이는 그가 주를 의뢰함이니라(사 26:3)

③ In fact as soon as she heard about him, a woman **whose little daughter** was possessed by an evil spirit came and fell at his feet.(MK 7:25)

□ hear about~ 소문을 듣다

이에 더러운 귀신들린 어린 딸을 둔 한 여자가 예수의 소문을 듣고 곧 와서 그 발아래 엎드리니(막 7:25)

3. whom

(1) 동사의 목적

▸▸ 선행사 **whom** S + V

① When Jesus saw his mother there, and the disciple **whom** he loved standing nearby, he said to his mother, "Dear woman, here is your son,"(JN 19:26)

예수께서 자기의 어머니와 사랑하시는 제자가 곁에 서 있는 것을 보시고 자기 어머니에게 말씀하시되 여자여 보소서 아들이니이다 하시고(요 19:26)

② Let him who boasts boast in the Lord. For it is not the one who commends himself who is approved, but the one **whom** the Lord commends.(2CO 10:17-18)

□ not A(the one who commends himself) but B(the one whom the Lord commends): A가 아니라 B

□ it is not A but B who is approved: 칭찬 받는 자는 A가 아니라 B이다(it ~ who 강조용법)

자랑하는 자는 주 안에서 자랑할지니라 옳다 인정함을 받는 자는 자기를 칭찬하는 자가 아니요 오직 주께서 칭찬하시는 자니라(고후 10:17-18)

▸▸ 동사의 목적 whom은 주로 생략

③ Now the Lord God had planted a garden in the east, in Eden; and there he put **the man he had formed**.(GE 2:8)

□ the man he had formed ← the man whom he had formed

여호와 하나님이 동방의 에덴에 동산을 창설하시고 그 지으신 사람을 거기 두시니라(창 2:8)

④ Now the betrayer had arranged a signal with them: "The one I kiss is the man; arrest him."(MT 26:48)

□ The one I kiss ← The one whom I kiss / arrange a signal 신호를 정하다

예수를 파는 자가 그들에게 군호를 짜 이르되 내가 입 맞추는 자가 그이니 그를 잡으라 한지라(마 26:48)

(2) 전치사의 목적

▸▸ 선행사 + 전치사 whom S + V

① John testifies concerning him. He cries out, saying, "This was he of whom I said, 'He who comes after me has surpassed me because he was before me.'"(JN 1:15)

요한이 그에 대하여 증언하여 외쳐 이르되 내가 전에 말하기를 내 뒤에 오시는 이가 나보다 앞선 것은 나보다 먼저 계심이라 한 것이 이 사람을 가리킴이라 하니라(요 1:15)

② If your brother is distressed because of what you eat, you are no longer acting in love. Do not by your eating destroy your brother for whom Christ died.(RO 14:15)

만일 음식으로 말미암아 네 형제가 근심하게 되면 이는 네가 사랑으로 행하지 아니함이라 그리스도께서 대신하여 죽으신 형제를 네 음식으로 망하게 하지 말라(롬 14:15)

B. that

▸ 선행사가 사물일 때: that(주격) / 소유격 없음 / that(목적격)
▸ 관계대명사 that은 비제한적 용법, 소유격, 전치사의 목적으로 말할 수 없다.

1. 주격 that

① Ears that hear and eyes that see – the LORD has made them both.(PR 20:12)

듣는 귀와 보는 눈은 다 여호와께서 지으신 것이니라(잠 20:12)

② Why, you do not even know what will happen tomorrow. What is your life? You are a mist that appears for a little while and then vanishes.(JAS 4:14)

내일 일을 너희가 알지 못하는도다 너희 생명이 무엇이냐 너희는 잠깐 보이다가 없어

지는 안개니라(약 4:14)

▸▸ 선행사가 사람일 때 who 대신 that을 쓰기도 한다.

③ The crowd that went ahead of him and those that followed shouted "Hosanna to the Son of David!" "Blessed is he who comes in the name of the Lord!" "Hosanna in the highest!"(MT 21:9)

- hosanna 하나님을 찬미하는 외침

앞에서 가고 뒤에서 따르는 무리가 소리 높여 이르되 호산나 다윗의 자손이여 찬송하리로다 주의 이름으로 오시는 이여 가장 높은 곳에서 호산나 하더라(마 21:9)

2. 목적격 that

① This stone that I have set up as a pillar will be God's house, and of all that you give me I will give you a tenth.(GE 28:22)

- a tenth 10분의 1
- of all **that** you give me I will give you a tenth. ← I will give you a tenth of all **that** you give me.

내가 기둥으로 세운 이 돌이 하나님의 집이 될 것이요 하나님께서 내게 주신 모든 것에서 십분의 일을 내가 반드시 하나님께 드리겠나이다(창 28:22)

② Be sure to set aside a tenth of all that your fields produce each year.(DT 14:22)

- be sure to~ 마땅히 ~하다 / a tenth 십일조 / set aside a tenth 십일조를 드리다

너는 마땅히 매 년 토지소산의 십일조를 드릴 것이며(신 14:22)

▸▸ 목적격 관계대명사 that은 whom처럼 생략할 때가 많다.

③ Now the serpent was more crafty than any of **the wild animals the LORD God had made**.(GE 3:1)

- the wild animals the LORD God had made ← the wild animals **that** the LORD God had made

그런데 뱀은 여호와 하나님이 지으신 들짐승 중에 가장 간교하니라(창 3:1)

④ You are already clean because of **the word I have spoken** to you. Remain in me and I will remain in you.(JN 15:3-4)

- the word I have spoken to you ← the word that I have spoken to you

너희는 내가 일러준 말로 이미 깨끗하여졌으니 내 안에 거하라 나도 너희 안에 거하리라(요 15:3-4)

⑤ And so we know and rely on **the love God has** for us. God is love. Whoever lives in love lives in God, and God in him.(1JN 4:16)

- the love God has for us ← the love **that** God has for us

하나님이 우리를 사랑하시는 사랑을 우리가 알고 믿었노니 하나님은 사랑이시라 사랑 안에 거하는 자는 하나님 안에 거하고 하나님도 그 안에 거하시느니라(요일 4:16)

C. which

▸ 선행사가 사물일 때: which(주격) / whose(소유격) / which(목적격)
▸ which는 that을 사용할 수 없는 경우(비제한적 용법, 소유격, 전치사의 목적)에 한하여 쓰인다.

1. 주격 which

▸▸ 비제한적 용법 ⇨ Day 27. 제한과 비제한

① If that is how God clothes the grass of the field, **which** is here today and tomorrow is thrown into the fire, will he not much more clothe you, O you of little faith?(MT 6:30)

▫ clothe 옷을 주다, 입히다

오늘 있다가 내일 아궁이에 던져지는 들풀도 하나님이 이렇게 입히시거든 하물며 너희일까보냐 믿음이 작은 자들아(마 6:30)

② Again he said, "What shall we say the kingdom of God is like, or what parable shall we use to describe it? It is like a mustard seed, **which** is the smallest seed you plant in the ground."(MK 4:30-31)

또 이르시되 우리가 하나님의 나라를 어떻게 비교하며 또 무슨 비유로 나타낼까 겨자씨 한 알과 같으니 땅에 심길 때에는 땅 위의 모든 씨보다 작은 것이로되(막 4:30-31)

2. 소유격 whose

○ He is like a tree planted by streams of water, which yields fruit in season and **whose leaf** does not wither. Whatever he does prospers.(PS 1:3)

▫ a tree는 which yields~와 whose leaf~의 공통선행사

그는 시냇가에 심은 나무가 철을 따라 열매를 맺으며 그 잎사귀가 마르지 아니함 같으니 그가 하는 모든 일이 다 형통하리로다(시 1:3)

3. 목적격 which

(1) 동사의 목적

▸▸ 비제한적 용법 ⇨ Day 27. 제한과 비제한

● He told them another parable: The kingdom of heaven is like a mustard seed, which a man took and planted in the field.(MT 13:31)
또 비유를 들어 이르시되 천국은 마치 사람이 자기 밭에 갖다 심은 겨자씨 한 알 같으니(마 13:31)

(2) 전치사의 목적

▸▸ 선행사 + 전치사 + which S V

① I am the LORD, the God of your father Abraham and the God of Isaac. I will give you and your descendants the land on which you are lying.(GE 28:13)
나는 여호와니 너의 조부 아브라함의 하나님이요 이삭의 하나님이라 네가 누워 있는 땅을 내가 너와 네 자손에게 주리니(창 28:13)

② Salvation is found in no one else, for there is no other name under heaven given to men by which we must be saved.(AC 4:12)
□ name under heaven given to men by which we must be saved에서 by which의 선행사는 name
다른 이로써는 구원을 받을 수 없나니 천하사람 중에 구원을 받을만한 다른 이름을 우리에게 주신 일이 없음이라(행 4:12)

▸▸ 전치사의 목적 which가 생략되는 경우

③ If I take part in the meal with thankfulness, why am I denounced because of something I thank God for? So whether you eat or drink or whatever you do, do it all for the glory of God.(1CO 10:30-31)
□ because of something I thank God for ← because of something **which** I thank God **for**
만일 내가 감사함으로 참여하면 어찌하여 내가 감사하는 것에 대하여 비방을 받으리요 그런즉 너희가 먹든지 마시든지 무엇을 하든지 다 하나님의 영광을 위하여 하라(고전 10:30-31)

④ Now we know that if the earthly tent we live in is destroyed, we have a building from God, an eternal house in heaven, not built by human hands.(2CO 5:1)
□ the earthly tent we live in ← the earthly tent **which** we live **in**
만일 땅에 있는 우리의 장막 집이 무너지면 하나님께서 지으신 집 곧 손으로 지은 것이 아니요 하늘에 있는 영원한 집이 우리에게 있는 줄 아느니라(고후 5:1)

D. 공통 선행사, 이중제한

1. 공통 선행사

관계대명사 A와 B가 하나의 선행사를 공통으로 제한(수식)하는 구문

(1) 선행사가 사람

① After me will come **one who** is more powerful than I, **whose sandals** I am not fit to carry.(MT 3:11)

- 선행사 one은 who is~와 whose sandals~의 공통 선행사

내 뒤에 오시는 이는 나보다 능력이 많으시니 나는 그의 신을 들기도 감당하지 못하겠노라(마 3:11)

② In all things God works for the good of **those who** love him, **who** have been called according to his purpose.(RO 8:28)

- 선행사 those는 who love him과 who have been called~의 공통 선행사

우리가 알거니와 하나님을 사랑하는 자 곧 그의 뜻대로 부르심을 입은 자들에게는 모든 것이 합력하여 선을 이루느니라(롬 8:28)

③ Do you not know that your body is a temple of **the Holy Spirit, who** is in you, **whom** you have received from God? You are not your own; you were bought at a price. Therefore honor God with your body.(1CO 6:19-20)

- 선행사 the Holy Spirit은 who is in you와 whom you have received from God의 공통 선행사

너희 몸은 너희가 하나님께로부터 받은바 너희 가운데 계신 성령의 전인 줄을 알지 못하느냐 너희는 너희 자신의 것이 아니라 값으로 산 것이 되었으니 그런즉 너희 몸으로 하나님께 영광을 돌리라(고전 6:19-20)

(2) 선행사가 사물

① **The eye that** mocks a father, **that** scorns obedience to a mother, will be pecked out by the ravens of the valley, will be eaten by the vultures.(PR 30:17)

- 선행사 The eye는 that mocks와 that scorns의 공통 선행사
- mock 조롱하다 / scorn 경멸하다 / raven 까마귀 / vulture 독수리 새끼

아비를 조롱하며 어미 순종하기를 싫어하는 자의 눈은 골짜기의 까마귀에게 쪼이고 독수리 새끼에게 먹히리라(잠 30:17)

② He is "'**the stone** you builders rejected, **which** has become the capstone.'"(PS 118:22 / AC 4:11)

- 선행사 the stone은 you builders rejected와 which has become~의 공통 선행사
- capstone = cornerstone

이 예수는 너희 건축자들의 버린 돌로서 집 모퉁이의 머릿돌이 되었느니라(시 118:22/행 4:11)

③ Now, brothers, I want to remind you of **the gospel** I preached to you, **which** you received and **on which** you have taken your stand. By this gospel you are saved, if you hold firmly to the word I preached to you. Otherwise, you have believed in vain.(1CO 15:1-2)

- the gospel은 I preached to you / which you received / on which you have taken your stand 세 절의 공통 선행사

형제들아 내가 너희에게 전한 복음을 너희에게 알게 하노니 이는 너희가 받은 것이요 또 그 가운데 선 것이라 너희가 만일 내가 전한 그 말을 굳게 지키고 헛되이 믿지 아니하였으면 그로 말미암아 구원을 받으리라(고전 15:1-2)

2. 이중 제한

선행사 + 관계대명사 A + 관계대명사 B: 관계대명사절 B가 A를 수식하고, 수식받은 A가 다시 선행사를 수식하는 구문.

① Not everyone who says to me, 'Lord, Lord' will enter the kingdom of heaven, but **only he** who does the will of **my Father who** is in heaven.(MT 7:21)

- who is in heaven이 선행사 my Father를 제한하고 who does the will of my Father 가 다시 선행사 only he를 제한하는 구조 / do the will of ~의 뜻대로 행하다

나더러 주여 주여 하는 자마다 천국에 다 들어갈 것이 아니요 다만 하늘에 계신 내 아버지의 뜻대로 행하는 자라야 들어가리라(마 7:21)

② Once when we were going to the place of prayer, we were met by **a slave girl who** had **a spirit by which** she predicted the future. She earned a great deal of money for her owners by fortune-telling.(AC 16:16)

- by which she~가 선행사 a spirit를 제한하고 who had a spirit 이 다시 선행사 a slave girl을 제한하는 구조 / have a spirit 귀신 들다

우리가 기도하는 곳에 가다가 점치는 귀신들린 여종 하나를 만나니 점으로 그 주인에게 큰 이익을 주는 자라(행 16:16)

Q&A 세상영어

Q1 관계대명사를 사용하여 「그는 꽃을 좋아하는 남자다.」를 영어로 말해봅시다.

A1 「그는 꽃을 좋아하는 남자다.」

ⓐ He is a man **who** likes flowers.

ⓑ He is a man **that** likes flowers.

▻ ⓑ처럼 선행사가 사람일 때 주격관계대명사 who대신 that을 쓰기도 하지만 ⓐ가 더 일반적 표현이다.

Q2 관계대명사를 사용하여 「그녀는 내년에 나와 결혼할 여자다.」를 모두 영어로 말하고 그 차이점을 설명해 봅시다.

A2 「그녀는 내년에 나와 결혼할 여자다.」

ⓐ She is the lady **whom** I'll marry next year.

ⓑ She is the lady **who / that** I'll marry next year.

ⓒ She is the lady I'll marry next year.

▻ 목적격관계대명사 whom을 생략하지 않고 ⓐ과 같이 말하는 것은 격식적이다.

▻ 세상영어에서는 목적격 whom보다 ⓑ의 주격 who나 that을 더 많이 사용한다.

▻ 가장 많이 사용되는 말은 목적격관계대명사를 생략한 ⓒ이다.

「나는 내가 믿을 수 없는 사람을 결코 임명하지 않을 것이다.」

ⓐ I will never appoint a man **whom** I can not trust. (격식적)

ⓑ I will never appoint a man **who / that** I can not trust. (비격식적)

ⓒ I will never appoint a man I can not trust. (가장 많이 사용)

Q3 관계대명사를 사용하여 「상록수는 잎사귀가 항상 푸른 나무다.」를 모두 영어로 말하고 차이점을 말해봅시다.

A3 「상록수는 잎사귀가 항상 푸른 나무다.」

ⓐ An evergreen is a tree **whose leaves** are always green.

ⓑ An evergreen is a tree **the leaves of which** are always green.(격식적)

ⓒ An evergreen is a tree **of which the leaves** are always green.(?)

▻ whose는 선행사가 사람이거나 사물일 때 모두 쓰이는 소유격 관계대명사다.

▻ 성경영어에서와 같이 ⓐwhose가 일반적 표현, ⓑ의 the leaves of which는 격식적 표현.

▻ ⓒ의 of which the leaves와 같은 형태는 현대영어에서는 쓰이지 않는다.

DAY 24. 관계대명사 I

Q4 관계대명사가 전치사의 목적이 될 때 「전치사 + 관계대명사」로 말할 수 있는 경우와 말할 수 없는 경우가 있다. 다음 우리말들을 모두 영어로 말해보고 각각 차이점을 설명해 봅시다. ⇨ Day 8. two-word verb II

(1) 이 분이 **당신이 말한 그 사람**이다.

(2) 이 분이 바로 **당신이 찾고 있는 그 사람**이다.

(3) **당신이 신세진 사람**을 결코 버려서는 안 된다.

A4 (1) 이 분이 **당신이 말한 그 사람**이다.

ⓐ This is the person **to whom** you **spoke**.(격식적)

ⓑ This is the person **who / whom** you **spoke to**.

ⓒ This is the person you **spoke to**.

▻ ~에 대해 말하다 **speak to**는 two-word verb가 아니다. 즉 speak와 to는 각각 독립적의미를 갖는 별개의 단어다. 그래서 「**자동사 + 전치사**」가 글자 그대로의 의미를 갖는다.

▻ 이런 경우에는 **speak to**의 전치사 to를 speak와 분리시켜 관계대명사 앞에 전치시킬 수 있다. 그래서 ⓐ처럼 말할 수 있다. 격식적 표현이다.

▻ 세상영어에서는 ⓑ처럼 비격식적으로 말하기도 한다. 하지만 전치사가 후치되어 논리적이지 못하다.

▻ 따라서 관계대명사가 전치사의 목적일 때에는 주로 관계대명사를 생략하고 ⓒ로 말하는 것이 가장 일반적인 표현이다.

(2) 이 분이 바로 **당신이 찾고 있는 그 사람**이다.

ⓐ This is the very person **for whom** you have been looking.(×)

ⓑ This is the very person **who / whom** you have been looking **for**.

ⓒ This is the very person you have been looking **for**.

▻ 「~을 찾다: **look for**」에서 단어는 비록 두 개지만 의미는 하나의 덩어리이다. 즉 「자동사 + 전치사」가 각각의 의미를 버리고 새로운 하나의 의미로 바뀌었다. 이러한 동사를 two- word verb라고 한다. ⇨ Day 8. two-word verb II

▻ 이런 경우에는 격식, 비격식 여부를 떠나서 look과 for를 분리시킬 수 없다. 따라서 전치사 for를 관계대명사 앞에 전치시킬 수 없다. 그러므로 ⓐ처럼 말할 수 없다.

▻ ⓑ처럼 비격식적으로 말하기도 하지만 전치사 다음에 (대)명사가 오지 않아서 비논리적이다. 그러므로 관계대명사가 전치사의 목적일 때에는 관계대명사를 생략하고 ⓒ로 말하는 것이 가장 일반적이다.

그런데 'belong to(~에 속하다)'의 경우에는 세상영어와 달리 성경영어에서는 two-word verb로 간주하지 않는다. 그러므로 전치사 to가 관계대명사 앞에 올 수 있게 된다. ⇨ Day 8. two-word verb II

○ Are they not the ones who are slandering the noble name of him **to whom** you **belong**?(JAS 2:7)
그들은 너희에게 대하여 일컫는 바 그 아름다운 이름을 비방하지 아니하느냐(약 2:7)

(3) **당신이 신세진 사람**을 결코 버려서는 안 된다.

ⓐ You should not forsake a man **to whom** you are indebted.

ⓑ You should not forsake a man **whom** you are indebted to.

ⓒ You should not forsake a man you are indebted to.

▻ ~에 신세지다 **be indebted to**는 의미의 결합이 아니다. two-word verb와 같은 성질이 아니므로 전치사 to를 분리시킬 수 있다.

▻ ⓐ처럼 말하면 격식적이고 ⓑ는 비격식적이지만 전치사 to 다음에 명사나 대명사가 없어서 비논리적이다.

▻ 관계대명사를 생략한 ⓒ가 가장 일반적인 세상영어라 할 수 있다.

Q5 선행사가 사람일 때와 마찬가지로 선행사가 사물일 경우에도 관계대명사가 전치사의 목적이 될 때 「전치사 + 관계대명사」로 말할 수 있는 경우와 없는 경우가 있다. 다음

우리말들을 각각 영어로 말하면 어떤 차이가 있을까? ⇨ Day 8. two-word verb II

(1) 여기가 **콜럼버스가 마침내 도착했던 항구**다.
(2) 이것이 **우리가 마침내 도달한 결론**이다.
(3) 우리가 **기대해온 결혼식 날**이 드디어 왔구나!

A5 (1) 여기가 **콜럼버스가 마침내 도착했던 항구**다.

ⓐ This is the port **at which** Columbus finally arrived.(격식적)

ⓑ This is the port **which** Columbus finally arrived **at**.

ⓒ This is **the port Columbus** finally arrived **at**.

▻ arrive at은 「자동사 + 전치사」가 글자 그대로 「자동사 + 전치사」의 의미. arrive와 at을 분리시켜 at which로 할 수 있다.

▻ ⓐ의 at which~는 격식적 표현. ⓑ는 전치사가 후치된 결과이어서 다소 비논리적이다. 따라서 비격식적 표현에서는 관계대명사를 생략해서 ⓒ로 말하는 것이 가장 일반적이다.

(2) 이것이 **우리가 마침내 도달한 결론**이다.

ⓐ This is the conclusion **at which** we finally arrived.(×)

ⓑ This is the conclusion **which** we finally arrived **at**.

ⓒ This is the conclusion we finally arrived **at**.

▻ 여기서 arrive at은 **「자동사 + 전치사」**가 합쳐져 「어떠한 결론에 이르다」라는 하나의 추상적 개념으로 바뀌었다. two-word verb이다.

▻ 따라서 arrive와 at을 분리시켜 ⓐ과 같이 at which로 말할 수 없다. ⓑ처럼 말해야 한다. 비격식적 표현에서는 관계대명사를 생략해서 ⓒ으로 말하는 것이 가장 일반적이다.

(3) 우리가 **기대해온 결혼식 날**이 드디어 왔구나!

ⓐ The wedding day **to which** we have been **looking forward** has come!(×)

ⓑ The wedding day **which** we have been **looking forward to** has come!

ⓒ The wedding day we have been **looking forward to** has come!

▻ look forward to는 **「자동사 + 부사 + 전치사」** 즉 세단어가 합쳐져 하나의 의미가 된 말이다. 따라서 (2)의 two-word verb와 마찬가지로 to를 분리시켜 ⓐ처럼 to which로 전치할 수 없다. to를 떼어 놓을 수 없으므로 ⓑ와 같이 말해야한다. ⇨ Day 9. two-word verb III

▻ 비격식적 표현에서는 관계대명사를 생략하는 것이 보통이다. 따라서 ⓒ로 말하는 것이 가장 일반적이다.

Check-up 세상영어

※ 관계대명사를 사용하여 다음 우리말을 영어로 말하시오.

1. 그를 아는 사람들은 그가 아주 고집이 세다는 것에 동의한다.

2. 나를 도울 거라고 내가 절대적으로 믿고 있는 사람이 나를 속이는 법이다.

3. 두 명 이상 아이를 낳는 여성들이야말로 진정으로 우리나라를 사랑하는 사람들이다.
   - 아이를 낳다 give birth to

4. 당신은 목이 긴 여자를 좋아 하십니까 아니면 눈이 큰 여자를 좋아하십니까?

5. 내 친구는 아버지가 사업가이신 한 청년과 다음 달 결혼할 것이다.

6. 내가 이름을 모르는 사람들과 함께 대화하기를 좋아하지 않는다.

7. 이 영화는 아내가 갑자기 자기 기억력을 상실한 한 남자의 이야기이다.
   - 기억력을 상실하다 lose one's memory

8. 인도 여성들은 아직도 자기가 결코 전에 보지도 못한 남자와 결혼한다.

9. 내가 전화에서 말한 사람의 이름을 모른다.

10. 내가 영어를 배운 교수님이 최근 영문법 책을 내셨다.
    - ~에게 영어를 배우다: be taught English by~, learn English from~

11. 한 여성이 일생 낳을 것으로 기대되는 아이들의 평균 숫자가 1.19명으로 떨어졌다.

12. 내 앞에 앉아 있는 여자는 큰 모자를 쓰고 있었다. 그래서 콘서트에서 모자 이외에는 아무것도 볼 수 없었다.

13. 그녀가 약혼한 남자는 그녀보다 두 살 어리다.
□ 약혼하다 be engaged to

14. 내가 뽑은 사람과 함께 일하는 사람은 미래에 한밑천 잡을 것이다.
□ 한밑천 잡다 make a fortune

15. 요즈음 자기가 진정 사랑하는 남자와 결혼하기 보다는 돈 많은 남자와 결혼하기를 원하는 여자들이 더 많다.

16. 그는 한국이 낳은 가장 위대한 과학자들 중 한 사람임에 틀림이 없다.

17. 그녀는 내가 결혼하고 싶은 바로 그 여자입니다.

18. 나를 항상 기쁘게 만드는 사람은 당신입니다.

19. 네가 진정 얘기하고 싶은 것은 도대체 무엇이냐?

20. 내가 잘못이라고 말하는 사람이 누구인가?

21. 상식을 가진 사람이라면 누가 그런 미신을 믿을 수 있을까?

22. 사슴과 같이 눈이 큰 동물들은 대체로 순해서 사람에게 해를 끼치지 않는다.

23. 그는 내가 의미를 이해할 수 없는 많은 전문 용어들을 쓴다.
□ 전문 용어 a technical term

24. 봄에는 산에 들에 이름 모를 꽃들이 피어난다.
□ 산에 들에 in the mountains and on the fields

25. 내가 다니는 회사는 나를 오늘 해외로 발령 냈다.
□ ~을 해외로 발령 내다 post O overseas

26. 북한은 자기가 부인하고 있지만 분명히 존재하고 있는 핵무기를 하루빨리 제거해야한다.

27. 정치계에서는 내가 어제 적이라고 생각한 사람이 오늘 친구가 되고, 내가 오늘 친구라고 믿었던 사람이 내일 적이 된다.

28. 사도신경에는 사전에도 없는 내가 뜻을 알 수 없는 단어가 하나 있다.

29. 살다보면 전혀 일어나리라고는 예상치 못 했던 사고가 나기 마련이다.

30. 대부분의 사람들이 영생에 대해 생각하는 유일한 시간은 장례를 치르는 때이다.
   ▫ 영생 eternal life / 장례를 치르는 때 at funerals

Answer to Check-Up

1. Those **who** know him agree that he is very eccentric.
2. He **(who)** I absolutely trust will help me will deceive me.
3. The very women **who** give birth to more than two babies/ over two babies/ two or more babies are those **who** really love our country.
4. Do you like a woman **whose neck** is long or a woman **whose eyes** are big?
5. My friend will marry a young man **whose father** is business man next month.
6. I don't like to talk with someone **whose name** I don't know.
7. This movie is about the story of a man **whose wife** suddenly loses her memory.
8. Indian women still marry the men **(who / whom)** they have never seen before.
9. ◦ I don't know the name of the person (the man) to **whom** I spoke on the phone. (격식적)
   ◦ I don't know the name of the person (the man) **(who / whom)** I spoke to on the phone. (비격식적)
10. ◦ The professor **by whom** I was taught English has recently published an English grammar book.(격식적)
    ◦ The professor **(who / whom)** I was taught English **by** has recently published an English grammar book.(비격식적)
11. ◦ The average number of babies **to whom** a woman is expected to **give birth** over her life time fell to 1.19.(격식적)
    ◦ The average number of babies **(who / whom)** a woman is expected **to give birth to** over her life time fell to 1.19.(비격식적)
12. ◦ The woman **behind whom** I was sitting was wearing a big hat. so I could see nothing but the hat in the concert.(격식적)
    ◦ The woman **(who / whom)** I was sitting **behind** was wearing a big hat. so I could see nothing but the hat in the concert.(비격식적)

13. ◦ The man **to whom** she is engaged is two years younger than she(her).(격식적)
    ◦ The man **(who / whom)** she is engaged **to** is two years younger than she(her). (비격식적)
14. He **who** works with the one **(who / whom)** I chose will make a fortune in the future.
15. In these days there are more women **who** want to marry the men **who** have a lot of money than those **who** want to marry the men **(who / whom)** they really love.
16. He must be one of the greatest scientists **(that)** Korea has ever produced.
17. She is the very woman **(that)** I want to marry.
18. It is you **that (who)** always make me joyful(happy).
19. **What** on earth is it (that) you really want to say?
20. **Who** is it **that** says I am wrong?
21. **Who that** has a common sense can believe such a superstition?
22. The animals like deer **whose eyes (the eyes of which) are big** are generally so meek(docile) that they don't do harm to people.
23. He uses a lot of technical terms **whose meaning (the meaning of which)** I couldn't understand.
24. In spring, the flowers **whose names (the names of which)** I (we, you) don't know begin to bloom in the mountains and on the fields.
25. ◦ The firm **for which** I work has posted me overseas today.(격식적)
    ◦ The firm **(which)** I work **for** has posted me overseas today.
26. North Korea must get rid of the nuclear weapons **(that) it denies clearly exist** as soon as possible.
27. In the political circles, he **(who)** I thought was an enemy yesterday becomes a friend today and he **(who)** I believe is a friend today will become an enemy tomorrow.
28. There is a word **that** is not listed in the dictionary, **whose meaning** I cannot understand in the Apostles' Creed.
29. An accident will come **that** is not expected to happen at all in life.
30. The only time **(that)** most people think about eternal life is at funerals.

DAY 24. 관계대명사 I

Reading & Listening 성경영어

▸▸ who / whose / whom

① He holds victory in store for the upright, he is a shield to those **whose walk** is blameless.(PR 2:7)

- hold victory in store for ~에게 완전한 지혜(승리)를 예비하다

그는 정직한 자를 위하여 완전한 지혜를 예비하시며 행실이 온전한 자에게 방패가 되시나니(잠 2:7)

② **He who** loves a pure heart and **whose speech** is gracious will have the king for his friend.(PR 19:1)

- He는 who~와 whose speech~의 공통 선행사

마음의 정결을 사모하는 자의 입술에는 덕이 있으므로 임금이 그의 친구가 되느니라(잠 19:1)

③ It is I **who** made the earth and created mankind upon it. My own hands stretched out the heavens; I marshaled their starry hosts.(ISA 45:12)

- it ~ that 강조구문에서 강조하는 말이 I(사람)이기 때문에 that 대신 who 사용
- marshal 정렬시키다, starry 별이 많은

내가 땅을 만들고 그 위에 사람을 창조하였으며 내가 내 손으로 하늘을 펴고 하늘의 모든 군대에게 명령하였노라(사 45:12)

④ Then he said to his servants, 'The wedding banquet is ready, but **those I invited** did not deserve to come. Go to the street corners and invite to the banquet **anyone you find**.' So the servants went out into the streets and gathered **all the people they could find**, both good and bad, and the wedding hall was filled with guests.(MT 22:8-10)

- those I invited ~ ← those whom I invited~ / anyone you find ~ ← anyone whom you find ~
- all the people they could find ~ ← all the people that they could find ~

이에 종들에게 이르되 혼인잔치는 준비되었으나 청한 사람들은 합당하지 아니하니 네거리 길에 가서 사람을 만나는 대로 혼인잔치에 청하여 오라 한대 종들이 길에 나가 악한 자나 선한 자나 만나는 대로 모두 데려오니 혼인잔치에 손님이 가득한지라(마 22:8-10)

⑤ If you love those **who** love you, what credit is that to you? Even 'sinners' love those **who** love them. And if you do good to those **who** are good to you, what credit is that to you? Even 'sinners' do that.(LK 6:32-33)

- what credit is that to you? 칭찬받을 것이 무엇이냐

너희가 만일 너희를 사랑하는 자만을 사랑하면 칭찬받을 것이 무엇이냐 죄인들도 사랑하는 자는 사랑하느니라 너희가 만일 선대하는 자만을 선대하면 칭찬 받을 것이 무엇이냐 죄인들도 이렇게 하느니라(눅 6:32-33)

⑥ I will show you what he is like **who** comes to me and hears my words and puts them into practice. He is like a man building a house, **who** dug down deep and laid the foundation on rock. When a flood came, the torrent struck that house but could not shake it, because it was well built. But the one **who** hears my words and does not put them into practice is like a man **who** built a house on the ground without a foundation. The moment the torrent struck that house, it collapsed and its destruction was complete.(LK 6:47-49)

- put O into practice 행하다 실천하다 / The moment S V ~하자마자
- the torrent 탁류, 급류 cf. torrents 억수, torrents of rain 억수같은 비

내게 나아와 내 말을 듣고 행하는 자마다 누구와 같은 것을 너희에게 보이리라 집을 짓되 깊이 파고 주추를 반석위에 놓은 사람과 같으니 큰물이 나서 탁류가 그 집에 부딪히되 잘 지었기 때문에 능히 요동하지 못하게 하였거니와 듣고 행하지 아니하는 자는 주추 없이 흙 위에 집 지은 사람과 같으니 탁류가 부딪히매 집이 곧 무너져 파괴됨이 심하니라(눅 6:46-49)

⑦ "I baptize with water," John replied, "but among you stands one you do not know. He is **the one who** comes after me, the thongs of **whose sandals** I am not worthy to untie."(JN 1:26-27)

- the one은 who comes~와 whose sandals~의 공통 선행사
- stands one you do not know ← stands one whom you do not know
- thong 가죽 끈 / be worthy to RV ~할 만하다(자격이 있다)

요한이 대답하되 나는 물로 세례를 베풀거니와 너희 가운데 너희가 알지 못하는 한 사람이 섰으니 곧 내 뒤에 오시는 그이라 나는 그의 신발 끈을 풀기도 감당하지 못하겠노라 하더라(요 1:26-27)

⑧ Jesus answered, "It is the one **to whom** I will give this piece of bread when I have dipped it in the dish." Then dipping the piece of bread, he gave it to Judas Iscariot, son of Simon.(JN 13:26)

예수께서 대답하시되 내가 떡 한 조각을 적셔다 주는 자가 그니라 하시고 곧 한 조각을 적셔서 가룟 시몬의 아들 유다에게 주시니(요 13:26)

⑨ If anyone says, " I love God," yet hates his brother, he is a liar. For **anyone who** does not love his brother, **whom** he has seen, cannot love God, **whom** he has not seen.(1JN 4:20-21)

누구든지 하나님을 사랑하노라 하고 그 형제를 미워하면 이는 거짓말하는 자니 보는 바 그 형제를 사랑하지 아니하는 자는 보지 못하는바 하나님을 사랑할 수 없느니라(요일 4:20-21)

▸▸ that / - / that

⑩ Then the LORD made a woman from **the ribs he had taken** out of the man, and he brought her to the man. The man said, "This is now bone of my bones and flesh of my flesh; she shall be called 'woman,' for she was taken out of man.(GE 2:22-23)

□ the ribs he had ~ ← the ribs that he had ~

여호와 하나님이 아담에게서 취하신 그 갈빗대로 여자를 만드시고 그를 아담에게로 이끌어 오시니 아담이 이르되 이는 내 뼈 중의 뼈요 살 중의 살이라 이것을 남자에게서 취하였은즉 여자라 부르리라 하니라(창 2:22-23)

⑪ The woman said to the serpent, "We may eat fruit from the trees in the garden, but God did say, 'You must not eat fruit from the tree **that** is in the middle of the garden, and you must not touch it, or you will die.'"(GE 3:2-3)

여자가 뱀에게 말하되 동산 나무의 열매를 우리가 먹을 수 있으나 동산 중앙에 있는 나무의 실과는 하나님의 말씀에 너희는 먹지도 말고 만지지도 말라 너희가 죽을까 하노라 하셨느니라(창 3:2-3)

⑫ His father Isaac asked him, "Who are you?" "I am your son," he answered, "your firstborn, Esau." Isaac trembled violently and said, "Who was it, then **that** hunted game and brought it to me? I ate it just before you came and I blessed him - and indeed he will be blessed!"(GE 27:32-33)

□ game 사냥감, Who was it, then that ~ 강조하는 말 Who(← it was who then that ~)

그의 아버지 이삭이 그에게 이르되 너는 누구냐 그가 대답하되 나는 아버지의 아들 곧 아버지의 맏아들 에서로소이다 이삭이 심히 크게 떨며 이르되 그러면 사냥한 고기를 내게 가져온 자가 누구냐 네가 오기 전에 내가 다 먹고 그를 위하여 축복하였은즉 그가 반드시 복을 받을 것이니라(창 27:32-33)

⑬ I devoted myself to study and to explore by wisdom all **that** is done under heaven. What a heavy burden God has laid on men! I have seen all the things **that** are done under the sun; all of them are meaningless, a chasing after the wind.(ECC 1:13-14)

마음을 다하며 지혜를 써서 하늘 아래에서 행하는 모든 일을 연구하며 살핀즉 이는 괴로운 것이니 하나님이 인생들에게 주사 수고하게 하신 것이라 내가 해 아래에서 행하는 모든 일을 보았노라 보라 모두 다 헛되어 바람을 잡으려는 것이로다(전 1:13-14)

⑭ Moreover, no man knows when his hour will come: As fish are caught in a cruel net, or birds are taken in a snare, so men are trapped by evil times **that** fall unexpectedly upon them.(ECC 9:12)

분명히 사람은 자기의 시기도 알지 못하나니 물고기가 재앙의 그물에 걸리고 새들이 올무에 걸림 같이 인생도 재앙의 날이 그들에게 홀연히 임하면 거기에 걸리느니라(전 9:12)

⑮ The kingdom of heaven is like yeast **that** a woman took and mixed into a large amount of flour until it worked all through the dough.(MT 13:33)

천국은 마치 여자가 가루 서 말 속에 갖다 넣어 전부 부풀게 한 누룩과 같으니라(마 13:33)

⑯ Enter through the narrow gate. For wide is the gate and broad is the road **that** leads to destruction, and many enter through it. But small is the gate and narrow the road **that** leads to life, and only a few find it.(MT 7:13-14)

좁은 문으로 들어가라 멸망으로 인도하는 문은 크고 그 길이 넓어 그리로 들어가는 자가 많고 생명으로 인도하는 문은 좁고 길이 협착하여 찾는 자가 적음이라(마 7:13-14)

⑰ Therefore go and make disciples of all nations, baptizing them in the name of the Father and of the Son and of the Spirit, and teaching them to obey **everything I have commanded** you.(MT 28:19-20)

- everything I have~ ← everything that I have~

그러므로 너희는 가서 모든 족속으로 제자를 삼아 아버지와 아들과 성령의 이름으로 세례를 주고 내가 너희에게 분부한 모든 것을 가르쳐 지키게 하라(마 28:19-20)

⑱ Then they asked him, "What must we do to do **the works God requires**?" Jesus answered, "The work of God is this: to believe in **the one he has sent**."(JN 6:28-29)

- the works God requires~ ← the works that God requires~
- the one he has sent~ ← the one whom(that) he has sent~

그들이 묻되 우리가 어떻게 하여야 하나님의 일을 하오리이까 예수께서 대답하여 이르시되 하나님께서 보내신 이를 믿는 것이 하나님의 일이니라(요 6:28-29)

⑲ It is not for you to know **the times or the dates the Father has set** by his own authority. But you will receive power when the Holy Spirit comes on you and you will be my witnesses in Jerusalem, and in all Judea and Samaria and to the ends of the earth.(AC 1:7-8)

- the times or the dates the Father has~ ← the times or the dates that the Father has~
- set O by his own authority ~을 자기 권한에 두다

때와 시기는 아버지께서 자기의 권한에 두셨으니 너희가 알 바 아니요 오직 성령이 너희에게 임하시면 너희가 권능을 받고 예루살렘과 온 유대와 사마리아와 땅 끝까지 이르러 내 증인이 되리라(행 1:7-8)

⑳ But now that you have been set free from sin and have become slaves to God, **the benefit you reap** leads to holiness, and the result is eternal life. For the wages of sin is death, but the gift of God is eternal life in Christ Jesus our Lord.(RO 6:22-23)

□ the benefit you reap ← the benefit that you reap

그러나 이제는 너희가 죄에게서 해방되고 하나님께 종이 되어 거룩함에 이르는 열매를 얻었으니 이 마지막은 영생이라 죄의 삯은 사망이요 하나님의 은사는 그리스도 예수 우리 주 안에 있는 영생이니라(롬 6:22-23)

▸▸ which

㉑ When he reached a certain place, he stopped for the night because the sun had set. Taking one of the stones there, he put it under his head and lay down to sleep. He had a dream **in which** he saw a stairway resting on the earth, with its top reaching to heaven, and the angels of God were ascending and descending on it.(GE 28:11-12)

한 곳에 이르러는 해가 진지라 거기서 유숙하려고 그 곳의 한 돌을 가져다가 베개로 삼고 거기 누워 자더니 꿈에 본즉 사닥다리가 땅 위에 섰는데 그 꼭대기가 하늘에 닿았고 또 본즉 하나님의 사자들이 그 위에서 오르락내리락하고(창 28:11-12)

㉒ Then Moses cried out to the LORD, "What am I to do with this people? They are almost ready to stone me." The LORD answered Moses, "Walk on ahead of the people. Take with you some of the elders and take in your hand the staff **with which** you struck the Nile and go. I will stand there before you by the rock at Horeb. Strike the rock, and water will come out of it for the people to drink." So Moses did this in the sight of the elders of Israel.(EX 17:4-6)

□ in the sight of~ 이 보는 앞에서 / the elders 장로들

모세가 여호와께 부르짖어 이르되 내가 이 백성에게 어떻게 하리이까 그들이 조금 있으면 내게 돌을 던지겠나이다 여호와께서 모세에게 이르시되 백성 앞을 지나서 이스라엘 장로들을 데리고 나일강을 치던 네 지팡이를 손에 잡고 가라 내가 호렙산에 있는 그 반석 위 거기서 네 앞에 서리니 너는 그 반석을 치라 그것에서 물이 나오리니 백성이 마시리라 모세가 이스라엘 장로들의 목전에서 그대로 행하니라(출 17:4-6)

㉓ At once the man was cured; he picked up his mat and walked. The day **on which** this took place was a Sabbath. and so the Jews said to the man who had been healed, "It is the Sabbath; the law forbids you to carry your mat."(JN 5:9-10)

□ take place 일어나다, 발생하다

그 사람이 곧 나아서 자리를 들고 걸어 가니라 이 날은 안식일이니 유대인들이 병 나은 사람에게 이르되 안식일인데 네가 자리를 들고 가는 것이 옳지 아니하니라(요 5:9-10)

Writing & Speaking 성경영어

① 아름다운 열매를 맺지 아니하는 나무마다 찍혀 불에 던져지느니라(마 7:19)

Every tree **that** does not bear good fruit is cut down and thrown into the fire.(MT 7:19)

② 수고하고 무거운 짐 진 자들아 다 내게로 오라 내가 너희를 쉬게 하리라(마 11:28)

Come to me, all **who** are weary and burdened, and I will give you rest.(MT 11:28)

③ 할 수 있거든이 무슨 말이냐 믿는 자에게는 능히 하지 못할 일이 없느니라(막 9:23)

ㅁ 능히 하지 못할 일이 없다 Everything is possible

If you can? Everything is possible for him **who** believes.(MK 9:23)

④ 우리가 소망으로 구원을 얻었으매 보이는 소망이 소망이 아니니 보는 것을 누가 바라리요(롬 8:24)

For in this hope we were saved. But hope **that** is seen is no hope at all. Who hopes for what he already has?(RO 8:24)

⑤ 내게 능력 주시는 자 안에서 내가 모든 것을 할 수 있느니라(빌 4:13)

I can do everything through him **who** gives me strength.(PHP 4:13)

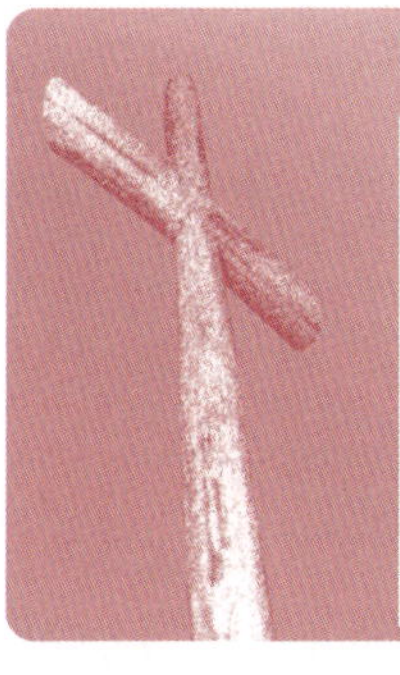

Today's Golden Rule

○ Why, you do not even know what will happen tomorrow. What is your life? You are a mist **that** appears for a little while and then vanishes.(JAS 4:14)

내일 일을 너희가 알지 못하는도다 너희 생명이 무엇이냐 너희는 잠깐 보이다가 없어지는 안개니라(약 4:14)

Day 25. 관계대명사 II

Verse to Remember

□ 관계대명사(Relative Pronoun) II:

A. what B. 복합관계대명사(Compound Relative Pronoun): whoever, whatever

A. what

▸ 관계대명사 what은 「the thing + that~」이 합쳐진 말이다.

▸ 선행사 the thing을 포함하고 있는 관계대명사이므로 일반 관계대명사 who, that, which와 달리 what 자체를 '~것'이라고 해석하며 명사절이 된다.

▸ 따라서 관계대명사 what절은 주어, 보어, 목적어가 된다.

1. 주어

① **What** has been will be again, **what** has been done will be done again; there is nothing new under the sun.(ECC 1:9)

이미 있었던 것이 후에 다시 있겠고 이미 한 일을 후에 다시 할지라 해 아래에는 새것이 없나니(전 1:9)

② **What** you have said in the dark will be heard in the daylight, and **what** you have whispered in the ear in the inner rooms will be proclaimed from the roofs.(LK 12:3)

□ proclaim 포고하다, 선언하다

이러므로 너희가 어두운데서 말한 모든 것이 광명한 데서 들리고 너희가 골방에서 귀에 대고 말한 것이 지붕 위에서 전파되리라(눅 12:3)

2. 보어

① Circumcision is nothing and uncircumcision is nothing. Keeping God's commands is **what** counts.(1CO 7:19)

할례 받는 것은 아무것도 아니요 할례 받지 아니하는 것도 아무것도 아니로되 오직 하나님의 계명을 지킬 따름이니라(고전 7:19)

② But by the grace of God I am **what** I am, and his grace to me was not without effect.(1CO 15:10)

그러나 내가 나 된 것은 하나님의 은혜로 된 것이니 내게 주신 그의 은혜가 헛되지 아니하여(고전 15:10)

3. 목적어

(1) 동사의 목적

① So in everything, do to others **what** you would have them do to you. This sums up the Law and the Prophets.(MT 7:12)

- what you would have them do to you 남에게 대접을 받고자 하는 것: have 사역동사, them 목적어, do to you 원형부정사

무엇이든지 남에게 대접을 받고자 하는 대로 너희도 남을 대접하라 이것이 율법이요 선지자니라(마 7:12)

② A man reaps **what** he sows.(GAL 6:7)

사람이 무엇으로 심든지 그대로 거두리라(갈 6:7)

③ When you ask, you do not receive, because you ask with wrong motives, that you may spend **what** you get on your pleasures.(JAS 4:3)

- spend O on ~을(O) ~하는데 쓰다

구하여도 받지 못함은 정욕으로 쓰려고 잘못 구하기 때문이라(약 4:3)

(2) 전치사의 목적

① He who is kind to the poor lends to the LORD, and he will reward him for **what** he has done.(PR 19:17)

가난한 자를 불쌍히 여기는 것은 여호와께 꾸어 드리는 것이니 그의 선행을 그에게 갚아 주시리라(잠 19:17)

② So we fix our eyes not on **what** is seen, but on **what** is unseen. For what is seen is temporary but what is unseen is eternal.(2CO 4:18)

우리가 주목하는 것은 보이는 것이 아니요 보이지 않는 것이니 보이는 것은 잠깐이요 보이지 않는 것은 영원함이라(고후 4:18)

③ By faith we understand that the universe was formed at God's command, so that what is seen was not made out of **what** was visible.(HEB 11:3)

믿음으로 모든 세계가 하나님의 말씀으로 지어진 줄을 우리가 아나니 보이는 것은 나타난 것으로 말미암아 된 것이 아니니라(히 11:3)

B. 복합 관계대명사

▸ 복합관계대명사는 anyone이나 anything등과 같은 선행사가 관계대명사 안에 포함되어 있는 말이다. 따라서 복합관계대명사는 명사절 또는 부사절이 된다.
▸ 명사절일 때에는 주로 주절이나, 목적절을 이끌며 강조의 의미가 들어있다. 부사절일 때에는 주절과 comma로 구분되고 양보의 뜻을 갖는다.
▸ 성경영어에서는 복합관계사가 부사절(양보의 의미)일 때 조동사 may를 쓰지 않는다.
⇨ Day 34. 부사절 - 조건, 양보

1. whoever

(1) 명사절: anyone who ~하는 사람은 누구든지(강조)
(2) 부사절: no matter who ~하는 사람은 누구라 할지라도(양보)

(1) 명사절

① **Whoever** wants to save his life will lose it, but **whoever** loses his life for me will find it.(MT 16:25)

누구든지 제 목숨을 구원하고자 하면 잃을 것이요 누구든지 나를 위하여 제 목숨을 잃으면 찾으리라(마 16:25)

② **Whoever** wants to become great among you must be your servant, and **whoever** wants to be first must be your slave.(MT 20:26-27)

너희 중에 누구든지 크고자 하는 자는 너희를 섬기는 자가 되고 너희 중에 누구든지 으뜸이 되고자 하는 자는 너희의 종이 되어야 하리라(마 20:26-27)

(2) 부사절

① **Whoever** believes in me, as the Scripture has said, streams of living water will flow from within him.(JN 7:38)

ㅁ from within him 그 배에서, 그의 몸속 안으로 부터

나를 믿는 자는 성경에 이름과 같이 그 배에서 생수의 강이 흘러나오리라(요 7:38)

② **Whoever** has my commands and obeys them, he is the one who loves me. He who loves me will be loved by my Father, and I too will love him and show myself to him.(JN 14:21)

나의 계명을 지키는 자라야 나를 사랑하는 자니 나를 사랑하는 자는 내 아버지께 사랑을 받을 것이요 나도 그를 사랑하여 그에게 나를 나타내리라(요 14:21)

2. whatever

(1) 명사절: anything(everything) that ~하는 것은 무엇이든지(강조)
(2) 부사절: no matter what ~하는 것은 무엇일지라도(양보)

(1) 명사절

① **Whatever** you bind on earth will be bound in heaven, and **whatever** you loose on earth will be loosed in heaven.(MT 18:18)

ㅁ bind 매다, 묶다 ↔ loose 풀다, 끄르다

무엇이든지 너희가 땅에서 매면 하늘에서도 매일 것이요 무엇이든지 땅에서 풀면 하늘에서도 풀리리라(마 18:18)

② I will do **whatever** you ask in my name, so that the Son may bring glory to the Father. You may ask me for anything in my name, and I will do it.(JN 14:13-14)

너희가 내 이름으로 무엇을 구하든지 내가 행하리니 이는 아버지로 하여금 아들로 말미암아 영광을 받으시게 하려 함이라 내 이름으로 무엇이든지 내게 구하면 내가 행하리라(요 14:13-14)

(2) 부사절

○ Whether you eat or drink or **whatever** you do, you must do all for the glory of God.(1CO 10:31)

너희가 먹든지 마시든지 무엇을 하든지 다 하나님의 영광을 위하여 하라(고전 10:31)

Q&A 세상영어

Q1 세상영어에서 자주 쓰이는 관계대명사 what의 관용적 표현들을 말해봅시다.

A1 [관계대명사 what의 관용적 표현]

(1) what S be동사: 주어의 현재, 또는 과거 인격

ⓐ The Bible has made me **what I am today**. 성경이 나를 **오늘의 나**로 만들었다.

ⓑ He is quite different from **what he used to be**. 그는 **과거의 그**와 아주 다르다.

(2) what S have동사: 주어가 가진 것(주어의 재산)

○ A man should not be judged by **what he has**, but by what he is.
사람은 **그가 가진 것**이 아니라 그의 인격으로 평가되어야 한다.

(3) what you(we, they) call / what is called: 소위, 이른바

○ He was, **what you call / what is called**, a problem child in his school days.
그는 학창시절 **소위** 문제아였다.

(4) what is 형용사er: 더욱 ~한 것은

○ The new smart phone is cheaper, and **what's more**, it's better.
새 스마트 폰은 더 싸다. **여기에다** 성능까지 더 좋다.

(5) A is to B what C is to D: A가 B인 것은 C가 D인 관계와 같다

○ Reading is to the mind **what exercise is to the body**.
독서가 정신과의 관계는 **운동이 신체와의 관계**와 같다.

(6) what with A and what with B: A다 B다 해서

ⓐ **What with wind and what with rain**, their outdoor wedding was put off.
바람도 불고 비도 와서 그들의 야외 결혼식이 연기되었다.

ⓑ What with the high prices and what with the bad times, we find it hard to get along. 물가도 오르고 불경기이고 해서 살아가기가 어렵다.

Q2 「He saved what (little) money he earned.」에서 「what~」은 어떤 의미인가?

A2 [관계형용사 what]

▻ 「the little(few) 명사 that ~」을 줄여서 말하면 「what little(few) 명사~」가 된다.

▻ 「얼마 안 되지만 ~ 한 명사 전부」라는 의미로 문법적으로 말하면 what은 관계형용사가 된다.

▻ 따라서 위 예문은 「그는 얼마 안 되지만 그가 번 돈 전부를 저축했다.」란 말이다.

ⓐ We often get frustrated by what few friends we have.
몇 명 안 되지만 우리가 가진 친구들 때문에 종종 우리는 실망한다.

ⓑ What few flower trees I grow gives me pleasure.
몇 그루 안 되지만 내가 기르고 있는 꽃나무들이 내게 기쁨을 준다.

DAY 25. 관계대명사 II

Q3 (1) 「I will give the Bible to whoever wants it.」에서 전치사 to 다음에는 목적격인 'whomever'로 말해야 할 것 같은데 왜 'whoever'로 말할까?
(2) 또한 「I will give the Bible to whomever I like.」에서는 왜 'whomever'일까?

A3 (1) I will give the Bible to whoever wants it.

▻ 여기서 전치사 to는 단어 whoever 하나에만 영향을 미치는 것이 아니라 명사절 「whoever wants it.」 전체 에 영향을 끼친다. 그런데 명사절에서 동사 want앞에는 주어가 와야 한다. 따라서 목적격 whomever가 아니라 주격 whoever를 써야 한다.

▻ 「성경을 원하는 사람이면 누구든지 그 사람에게 성경책을 주겠다.」라는 의미가 된다.

(2) I will give the Bible to whomever I like.

▻ 여기서는 전치사 to 때문에 whomever가 된 것이 아니라, 「whomever I like」에서 타동사 like의 목적어로써 목적격인 whomever가 온 것이다.

▻ 「내가 좋아하는 사람이면 누구든지 그 사람에게 성경책을 주겠다.」는 뜻이다.

Check-up 세상영어

※ **관계대명사 'what'을 사용하여 다음 우리말을 영어로 말하시오.**

1. 사람을 동물과 다르게 하는 것은 그가 언어를 사용할 수 있다는 것이다.

2. 내게 재미있는 것이 항상 다른 사람들에게도 재미있지는 않다.

3. 다이어트에 관한 새로운 정보는 많은 사람들이 생각하고 있는 것이 잘못이란 것을 우리에게 보여주고 있다.

4. 나는 내 자식들이 내게 불평하는 것을 도무지 이해할 수 없다.

5. 요즈음 너무 바빠서 내가 하고 싶은 것을 할 시간이 없다.

6. 네게 말해 주었던 것을 그 남자에게도 말했다.

7. 너를 위해 네가 해주기를 바라는 것을 할께.

8. 내가 옳다고 믿는 것을 했기 때문에 결코 내 행동에 대해 후회하지 않는다.

9. 사람은 그가 말한 것이 아니라 그가 행한 것으로 판단 받아야 한다.

10. 내 고향은 지금 내가 태어났을 때와 아주 다르다.

11. 죽고 나면 얼마 되지는 안지만 가진 재산 전부를 가난한 사람들에게 나눠주고 싶다.

12. 날이 저물고 있다. 설상가상으로 비까지 오기 시작한다.

13. 아브라함 링컨이 미국을 오늘날의 미국으로 만들었다.

14. 그가 그의 부인과의 관계는 바늘이 실과의 관계와 같다.

15. 오고 싶은 사람은 누구든지 환영이다.

16. 그가 성실하기 때문에 그 남자와 결혼하는 사람은 누구든지 행복할 것이다.

17. 그녀는 자기가 만나는 사람은 누구든지 그에게 선행을 베푼다.

18. 나는 이제 더 이상 그녀가 누구와 만나든지 상관 안한다.

19. 무슨 일이 일어나도 나는 반드시 약속을 지킨다.

20. 네가 좋아한다고 누구든지 결혼해서는 안 된다.

21. 내가 무슨 제안을 하든지 그는 항상 찬성이다.

22. 네가 읽고 싶은 책이 어느 책이든지 그것을 너에게 빌려 주마.

23. 네가 가장 좋아하는 것이면 어느 것이든지 가져라.

24. 네가 어느 방법으로 그걸 하더라도 결과는 똑같다.

25. 당신이 가진 것에 대해 감사하라. 그리고 아주 사소한 것들에 대해 감사하라.

26. 싸이는 이른바 세계적인 K-Pop 아이돌 스타다.

27. 잎사귀들과 나무와의 관계는 폐가 우리 신체와의 관계와 같다.

DAY 25. 관계대명사 II

Answer to Check-Up

1. What makes man differ from animal is that he can use language.
2. What is interesting to me isn't always interesting to others.
3. New information about diet shows us that what many people think is incorrect.
4. I cannot understand at all what my children complain to me.

5. ◦ These days I am so busy that I can't find time to do **what** I want to (do).
   ◦ These days I am too busy to find time to do **what** I want to (do).
6. I also told him **what** I had told you.
7. I'll do **what** you want me to do for you.
8. I don't regret for my act (**what** I did), because I did **what** I believe is right.
9. A man should be judged by **what** he does, not by **what** he says.
10. My home town is now quite different from **what** it was when I was born.
11. I hope to share **what little fortune (money)** I have with the poor after my death.
12. It is getting dark, and **what** is worse, it begins to rain.
13. Abraham Lincoln has made the U.S **what** it is today.
14. He is to his wife **what** the needle is to the thread.
15. ◦ **Whoever** wants to come will be welcome.
    ◦ **Whoever** wants to come, he will be welcome.
16. ◦ **Whoever** will marry him will be happy because he is sincere(faithful).
    ◦ **Whoever** will marry him, she will be happy because he is sincere(faithful).
17. She does good to **whomever** she meets.
18. I don't care any more **whomever** she will meet.
19. **Whatever** happens, I am sure to keep my promise.
20. You must not marry **whomever** you like.
21. ◦ He always agrees to **whatever** I suggest.
    ◦ **Whatever** I suggest, he always agrees to it.
22. I will lend it to you, **whichever** book you want to read.
23. Take **whichever** you like best.
24. It has the same result, **whichever way** you do it.
25. Be grateful for **what you have** and grateful for every simple things.
26. PSY is **what is called / what we call** a world-famous K-Pop idol star.
27. Leaves are to a tree **what** lung is to our body.

Reading & Listening 성경영어

▸▸ what

① For six years you are to sow your fields and harvest the crops, but during the seventh year let the land lie unplowed and unused. Then the poor among your people may get food from it, and the wild animals may eat **what** they leave.(EX 23:10-11)

- you are to sow your fields and harvest the crops 너의 땅에 파종하여 소산을 거두어야 한다
- lie unplowed and unused 갈지 말고 묵혀 두다

너는 여섯 해 동안은 너의 땅에 파종하여 그 소산을 거두고 일곱째 해에는 갈지 말고 묵혀 두어서 네 백성의 가난한 자들이 먹게 하라 그 남은 것은 들짐승이 먹으리라(출 23:10-11)

② He has made everything beautiful in its time. He has also set eternity in the hearts of men; yet they cannot fathom **what** God has done from beginning to end. (ECC 3:11)

- set eternity in the hearts 영원을 마음에 심다 / fathom 측량하다, 헤아리다

하나님이 모든 것을 지으시되 때를 따라 아름답게 하셨고 또 사람들에게는 영원을 사모하는 마음을 주셨느니라 그러나 하나님이 하시는 일의 시종을 사람으로 측량할 수 없게 하셨도다(전 3:11)

③ Why spend money on **what** is not bread, and your labor on **what** does not satisfy? Listen, listen to me, and eat **what** is good, and your soul will delight in the richest of fare.(ISA 55:2)

- Why spend~? ← Why do you spend~? / eat what is good ← you will eat what is good
- spend A(시간, 노력) on B : A(시간, 노력)를 B에 쓰다 / the richest of fare 가장 좋은 음식

너희가 어찌하여 양식 아닌 것을 위하여 은을 달아 주며 배부르게 못할 것을 위하여 수고하느냐 내게 듣고 들을 지어다 그리하면 너희가 좋은 것을 먹을 것이며 너희 마음이 기름진 것으로 즐거움을 얻으리라(사 55:2)

④ So he got up, took the child and his mother during the night and left for Egypt, where he stayed until the death of Herod. And so was fulfilled **what** the Lord had said through the prophet: "Out of Egypt I called my son."(MT 2:14-15)

- leave for ~으로 떠나다

요셉이 일어나서 밤에 아기와 그의 어머니를 데리고 애굽으로 떠나가 헤롯이 죽기까지 거기 있었으니 이는 주께서 선지자를 통하여 말씀하신바 애굽으로부터 내 아들을 불렀다 함을 이루려 하심이니라(마 2:14-15)

⑤ "Is it right for us to pay taxes to Caesar or not?" He saw through their duplicity and said to them, "Show me a denarius. Whose portrait and inscription are on it?" "Caesar's," they replied. He said to them, "Then give to Caesar **what** is Caesar's, and to God **what** is God's."(LK 20:22-25)

- duplicity 사기, 이중성, see through 간파하다

우리가 가이사에게 세를 바치는 것이 옳으니이까 옳지 않으니이까 하니 예수께서 그 간계를 아시고 이르시되 데나리온 하나를 내게 보이라 누구의 형상과 글이 여기 있느냐 대답하되 가이사의 것이니이다 이르시되 그런즉 가이사의 것은 가이사에게 하나님의 것은 하나님께 바치라 하시니(눅 20:22-25)

⑥ I have much more to say to you more than you can now bear. But when he, the Spirit of truth, comes, he will guide you into all truth. He will not speak on his own; he will speak only **what** he hears, and he will tell you **what** is yet to come. (JN 16:12-13)

내가 아직도 너희에게 이를 것이 많으나 지금은 너희가 감당하지 못하리라 그러나 진리의 성령이 오시면 그가 너희를 모든 진리 가운데로 인도하시리니 그가 스스로 말하지 않고 오직 들은 것을 말하며 장래 일을 너희에게 알리시리라(요 16:12-13)

⑦ When all the people saw him walking and praising God, they recognized him as the same man who used to sit begging at the temple gate called Beautiful, and they were filled with wonder and amazement at **what** had happened to him.(AC 3:9-10)

모든 백성이 그 걷는 것과 하나님을 찬송함을 보고 그가 본래 성전 미문에 앉아 구걸하던 사람인 줄 알고 그에게 일어난 일로 인하여 심히 놀랍게 여기며 놀라니라(행 3:9-10)

⑧ But Peter and John replied, "Judge for yourselves whether it is right in God's sight to obey you rather than God. For we cannot help speaking about **what** we have seen and heard." After further threats they let them go. They could not decide how to punish them, because all the people were praising God for **what** had happened.(AC 4:19-21)

베드로와 요한이 대답하여 이르되 하나님 앞에서 너희의 말을 듣는 것이 하나님의 말씀을 듣는 것보다 옳은가 판단하라 우리는 보고 듣는 것을 말하지 아니할 수 없다 하니 관리들이 백성들 때문에 그들을 어떻게 처벌할지 방법을 찾지 못하고 다시 위협하여 놓아 주었으니 이는 모든 사람이 그 된 일을 보고 하나님께 영광 돌림이라(행 4:19-21)

⑨ I know that nothing good lives in me, that is, in my sinful nature. For I have the desire to do **what** is good, but I cannot carry it out. For **what** I do is not the good I want to do; no, the evil I do not want to do – this I keep on doing. Now if I do **what** I do not want to do, it is no longer I who do it, but it is sin living in me that does it.(RO 7:18-20)

□ in my sinful nature 내 육신에 / it is no longer I who do it: it ~ who 강조용법, 강조하는 말은 I

내 속 곧 내 육신에 선한 것이 거하지 아니하는 줄을 아노니 원함은 내게 있으나 선을 행하는 것은 없노라 내가 원하는 바 선은 행하지 아니하고 도리어 원하지 아니하는 바 악을 행하는도다 만일 내가 원하지 아니하는 그것을 하면 이를 행하는 자는 내가 아니요 내 속에 거하는 죄니라(롬 7:18-20)

⑩ Those who live according to the sinful nature have their minds set on **what** that nature desires; but those who live in accordance with the Spirit have their minds set on **what** the Spirit desires. The mind of sinful man is death, but the mind controlled by the Spirit is life and peace.(RO 8:5-6)

□ have their minds set on ~에 마음을 두다

육신을 좇는 자는 육신의 일을, 영을 좇는 자는 영의 일을 생각하나니 육신의 생각은 사망이요 영의 생각은 생명과 평안이니라(롬 8:5-6)

⑪ No temptation has seized you except **what** is common to man. And God is faithful; he will not let you be tempted beyond **what** you can bear. But when you are tempted, he will also provide a way out so that you can stand up under it.(1CO 10:13)

사람이 감당할 시험밖에는 너희가 당한 것이 없나니 오직 하나님은 미쁘사 너희가 감당하지 못할 시험 당함을 허락하지 아니하시고 시험 당할 즈음에 또한 피할 길을 내사 너희로 능히 감당하게 하시느니라(고전 10:13)

⑫ **What** I am saying is that as long as the heir is a child, he is no different from a slave, although he owns the whole estate. He is subject to guardians and trustees until the time set by his father.(GAL 4:1-2)

□ as long as ~하는 한, heir 유업을 이을 자, 상속자, guardian 후견인,
□ trustee (돈, 재산 등) 청지기, 보관인

내가 또 말하노니 유업을 이을 자가 모든 것의 주인이나 어렸을 동안에는 종과 다름이 없어서 그 아버지가 정한 때까지 후견인과 청지기아래 있나니(갈 4:1-2)

⑬ Now faith is being sure of **what** we hope for and certain of **what** we do not see. This is **what** the ancients were commended for.(HEB 11:1-2)

□ were commended for ~으로 칭찬받다

믿음은 바라는 것들의 실상이요 보이지 않는 것들의 증거니 선진들이 이로써 증거를 얻었느니라(히 11:1-2)

⑭ Dear friend, do not imitate **what** is evil but **what** is good. Anyone who does **what** is good is from God. Anyone who does **what** is evil has not seen God.(3JN 1:11)

- what is evil 악한 것, 악 / what is good 선한 것, 선

사랑하는 자여 악한 것을 본받지 말고 선한 것을 본받으라 선을 행하는 자는 하나님께 속하고 악을 행하는 자는 하나님을 뵈옵지 못하였느니라(요삼 1:11)

▸▸ 복합관계대명사

⑮ **Whoever** welcomes this little child in my name welcomes me; and **whoever** welcomes me welcomes the one who sent me. For he who is least among you all – he is the greatest.(LK 9:48)

누구든지 내 이름으로 이 어린아이를 영접하면 곧 나를 영접함이요 또 누구든지 나를 영접하면 곧 나 보내신 이를 영접함이라 너희 모든 사람 중에 가장 작은 그이가 큰 자니라(눅 9:48)

⑯ **Whoever** believes in him is not condemned, but **whoever** does not believe stands condemned already because he has not believed in the name of God's one and only Son.(JN 3:18)

- stands condemned already : 벌써 심판을 받다
- God's one and only Son : 하나님의 독생자

그를 믿는 자는 심판을 받지 아니하는 것이요 믿지 아니하는 자는 하나님의 독생자의 이름을 믿지 아니하므로 벌써 심판을 받은 것이니라(요 3:18)

⑰ Everyone who drinks this water will be thirsty again, but **whoever** drinks the water I give him will become in him a spring of water welling up to eternal life.(JN 4:13-14)

이 물을 먹는 자마다 다시 목마르려니와 내가 주는 물을 먹는 자는 영원히 목마르지 아니하리니 내가 주는 물은 그 속에서 영생하도록 솟아나는 샘물이 되리라(요 4:13-14)

⑱ I tell you the truth, **whoever** hears my word and believes him who sent me has eternal life and will not be condemned; he has crossed over from death to life(JN 5:24)

- whoever believes him who sent me 나 보내신 이를 믿는 자
- will not be condemned 심판을 받지 않는다

내가 진실로 너희에게 이르노니 내말을 듣고 또 나 보내신 이를 믿는 자는 영생을 얻었고 심판에 이르지 아니하나니 사망에서 생명으로 옮겼느니라(요 5:24)

⑲ I tell you the truth, **whoever** accepts anyone I send accepts me; and **whoever** accepts me accepts the one who sent me.(JN 13:20)

내가 진실로 너희에게 이르노니 내가 보낸 자를 영접하는 자는 나를 영접하는 것이요 나를 영접하는 자는 나를 보내신 이를 영접하는 것이니라(요 13:20)

⑳ If you remain in me, and my words remain in you, ask **whatever** you wish and it will be given you. This is to my Father's glory, that you bear much fruit, showing yourselves to be my disciples.(JN 15:7-8)

너희가 내 안에 거하고 내 말이 너희 안에 거하면 무엇이든지 원하는 대로 구하라 그리하면 이루리라 너희가 열매를 많이 맺으면 내 아버지께서 영광을 받으실 것이요 너희는 내 제자가 되리라(요 15:7-8)

㉑ Remember this: **Whoever** sows sparingly will also reap sparingly, and **whoever** sows generously will also reap generously. Each man should give what he has decided in his heart to give, not reluctantly or under compulsion, for God loves a cheerful giver.(2CO 9:6-7)

- sparingly 부족 되게, reluctantly 인색하게, under compulsion 억지로

이것이 곧 적게 심는 자는 적게 거두고 많이 심는 자는 많이 거둔다 하는 말이로다 각각 그 마음에 정한 대로 할 것이요 인색함으로나 억지로 하지 말지니 하나님은 즐겨 내는 자를 사랑하시느니라(고후 9:6-7)

㉒ **Whatever** you do, work at it with all your heart, as working for the Lord, not for men, since you know that you will receive an inheritance from the Lord as a reward.(COL 3:23-24)

- since는 원인, 이유를 나타내는 부사절, 너희가 that 이하를 알고 있으므로

무슨 일을 하든지 마음을 다하여 주께 하듯 하고 사람에게 하듯 하지 말라 이는 유업의 상을 주께 받을 줄 앎이니(골 3:23-24)

㉓ **Whoever** would love life and see good days must keep his tongue from evil, and his lips from deceitful speech. He must turn from evil and do good; he must seek peace and pursue it.(1PE 3:10-11)

- must keep his tongue from evil 혀를 금하여 악한 말을 그치며

생명을 사랑하고 좋은 날 보기를 원하는 자는 혀를 금하여 악한 말을 그치며 그 입술로 거짓을 말하지 말고 악에서 떠나 선을 행하고 화평을 구하며 그것을 따르라(벧전 3:10-11)

㉔ Above all, love each other deeply, because love covers over a multitude of sins. Offer hospitality to one another without grumbling. Each one should use **whatever gift** he has received to serve others, faithfully administering God's grace in its various forms.(1PE 4:8-10)

- whatever gift he has received=any gift that he has received
- administering God's grace 하나님의 은혜를 베풀면서, administer 베풀다

무엇보다도 뜨겁게 서로 사랑할지니 사랑은 허다한 죄를 덮느니라 서로 대접하기를 원망 없이 하고 각각 은사를 받은 대로 하나님의 여러 가지 은혜를 맡은 선한 청지기같이 서로 봉사하라(벧전 4:8-10)

Writing & Speaking 성경영어

① 그는 시냇가에 심은 나무가 철을 따라 열매를 맺으며 그 잎사귀가 마르지 아니함 같으니 그가 하는 모든 일이 다 형통하리로다(시 1:3)

- 시냇가에 심은 나무 a tree planted by streams of water
- 그 잎사귀가 마르지 않는다 whose leaf does not wither

He is like a tree planted by streams of water, which yields fruit in season and whose leaf does not wither. **Whatever** he does prospers.(PS 1:3)

② 너의 행사를 여호와께 맡기라 그리하면 네가 경영하는 것이 이루어지리라(잠 16:3)

- ~을 ~에게 맡기다 commit O to 사람 / 네가 경영하는 것 your plans

Commit to the LORD **whatever** you do, and your plans will succeed.(PR 16:3)

③ 너는 구제할 때에 오른손이 하는 것을 왼손이 모르게 하여 네 구제함을 은밀하게 하라 은밀한 중에 보시는 너의 아버지께서 갚으시리라(마 6:3-4)

When you give to the needy, do not let your left hand know **what** your right hand is doing, so that your giving may be in secret. Then your Father, who sees **what** is done in secret, will reward you.(MT 6:3-4)

④ 누구든지 사람 앞에서 나를 시인하면 나도 하늘에 계신 내 아버지 앞에서 그를 시인할 것이요 누구든지 사람 앞에서 나를 부인하면 나도 하늘에 계신 내 아버지 앞에서 그를 부인 하리라(마 10:32-33)

- 시인하다 acknowledge ↔ 부인하다 disown

Whoever acknowledges me before men, I will also acknowledge him before my Father in heaven. But **whoever** disowns me before men, I will disown him before my Father in heaven.(MT 10:32-33)

⑤ 누구든지 자기를 높이는 자는 낮아지고 누구든지 자기를 낮추는 자는 높아지리라(마 23:12)

- 자기 자신을 높이다 exalt oneself ↔ 자기 자신을 낮추다 humble oneself

Whoever exalts himself will be humbled, and **whoever** humbles himself will be exalted.(MT 23:12)

⑥ 너희가 기도하면서 구하는 것은 무엇이든지, 이미 그것을 받은 줄로 믿어라. 그리하면 너희에게 그대로 이루어질 것이다.(막 11:24)

Whatever you ask for in prayer, believe that you have received it, and it will be yours.(MK 11:24)

⑦ 믿고 세례를 받은 사람은 구원을 얻을 것이요 믿지 않는 사람은 정죄를 받으리라(막 16:16)

□ 세례를 받다 be baptized / 정죄를 받다 be condemned

Whoever believes and is baptized will be saved, but **whoever** does not believe will be condemned.(MK 16:16)

⑧ 네게 구하는 자에게 주며 네 것을 가져가는 자에게 다시 달라하지 말며 남에게 대접을 받고자 하는 대로 너희도 남을 대접하라(눅 6:30-31)

Give to everyone who asks you, and if anyone takes **what belongs to you**, do not demand it back. Do to others as you would have them do to you.(LK 6:30-31)

⑨ 지극히 작은 것에 충성된 자는 큰 것에도 충성되고 지극히 작은 것에 불의한 자는 큰 것에도 불의하니라(눅 16:10)

□ 지극히 작은 것 very little / ~에 충성되다 be trusted with, ~에 불의하다 be dishonest with

Whoever can be trusted with very little can also be trusted with much, and **whoever** is dishonest with very little will also be dishonest with much.(LK 16:10)

⑩ 아버지 저들을 사하여 주옵소서 지기들이 하는 것을 알지 못함이니이다(눅 23:34)

Father, forgive them, for they do not know **what** they are doing.(LK 23:34)

⑪ 진리를 따르는 자는 빛으로 오나니 이는 그 행위가 하나님 안에서 행한 것임을 나타내려 함이라(요 3:21)

Whoever lives by the truth comes into the light, so that it may be seen plainly that what he has done has been done through God.(JN 3:21)

⑫ 나는 부활이요 생명이니 나를 믿는 사람은 죽어도 살겠고 무릇 살아서 나를 믿는 자는 영원히 죽지 아니하리니(요 11;25-26)

□ 죽어도 even though he dies

I am the resurrection and the life. He who believes in me will live, even though he dies; and **whoever** lives and believes in me will never die.(JN 11:25-26)

Today's Golden Rule

○ A man reaps **what** he sows.(GAL 6:7)

사람이 무엇으로 심든지 그대로 거두리라(갈 6:7)

Day 26. 관계 부사

Verse to Remember

□ 관계부사(Relative Adverb):

A. 관계부사: where, when, why, how

B. 복합 관계부사: wherever, whenever, however

A. 관계 부사

[선행사의 종류와 관계부사]

1. 장소 where (that) ~ 2. 시간 when (that)~

3. the reason why (that) ~ 4. the way (that) ~ / how~

▸ 선행사의 종류에 상관없이 관계부사 대신 that을 사용할 수 있다.

1. where

① 선행사가 the place일 때 「the place where~」는 마치 한 단어처럼 여겨져 의미의 중복으로 보지 않는다.

② 「the place where~」에서 선행사 the place를 생략하고 「where~」로 말할 수 있다.

③ 선행사가 the place가 아닐 때에는 선행사를 생략할 수 없다.

① After they had heard the king, they went on their way, and the star they had seen in the east went ahead of them until it stopped over **the place where** the child was.(MT 2:9)

박사들이 왕의 말을 듣고 갈 새 동방에서 보던 그 별이 문득 앞서 인도하여 가다가 아기 있는 곳 위에 머물러 서 있는지라(마 2:9)

② Mary Magdalene and Mary the mother of Joses saw **where** he was laid.(MK 15:47)

막달라 마리아와 요세의 어머니 마리아가 예수 둔 곳을 보더라(막 15:47)

③ Then the eleven disciples went to Galilee, to **the mountain where** Jesus had told them to go. When they saw him, they worshiped him; but some doubted.(MT 28:16-17)

열한 제자가 갈릴리에 가서 예수께서 지시하신 산에 이르러 예수를 뵈옵고 경배하나 아직도 의심하는 사람이 있더라(마 28:16-17)

2. when

▸ 선행사가 주어일 때 선행사와 관계부사 when을 분리한다. ⇨ Day 40. 특수구문 2
▸ 관계부사 when 대신, at which / on which 등으로 말하기도 한다.

① So you also must be ready, because the Son of Man will come at an hour **when** you do not expect him.(MT 24:44)

이러므로 너희도 준비하고 있으라 생각하지 않은 때에 인자가 오리라(마 24:44)

② Yet **a time** is coming and has now come **when** the true worshipers will worship the Father in spirit and truth, for they are the kind of worshipers the Father seeks.(JN 4:23)

아버지께 참되게 예배하는 자들은 영과 진리로 예배할 때가 오나니 곧 이 때라 아버지께서는 자기에게 이렇게 예배하는 자들을 찾으시느니라(요 4:23)

③ At once the man was cured; he picked up his mat and walked. The day **on which** this took place was a Sabbath. and so the Jews said to the man who had been healed, "It is the Sabbath; the law forbids you to carry your mat."(JN 5:9-10)

□ take place 일어나다, 발생하다 / forbid O to 부정사 ~가 ~하는 것을 막다

그 사람이 곧 나아서 자리를 들고 걸어 가니라 이 날은 안식일이니 유대인들이 병 나은 사람에게 이르되 안식일인데 네가 자리를 들고 가는 것이 옳지 아니하니라(요 5:9-10)

3. why

▸ 선행사가 the reason일 때 「the reason + why ~ (?)」로 말하지 않는다. 의미의 중복이기 때문이다. 선행사를 생략하고 「why ~」로 말한다.
▸ 또한 의미의 중복을 피하기 위해 「The reason ~ is because ~ (?)」로 말하지 않고 「The reason ~ is that ~」으로 말한다.

① This is **why** I speak to them in parables: "Though seeing, they do not see; though hearing, they do not hear or understand."(MT 13:13)

그러므로 내가 그들에게 비유로 말하는 것은 그들이 보아도 보지 못하며 들어도 듣지 못하며 깨닫지 못함이니라(마 13:13)

② But he said, "I must preach the good news of the kingdom of God to the other towns also, because that is **why** I was sent."(LK 4:43)

예수께서 이르시되 내가 다른 동네들에서도 하나님의 나라 복음을 전하여야 하리니 나는 이 일을 위해 보내심을 받았노라 하시고(눅 4:43)

③ He who belongs to God hears what God says. **The reason** you do not hear **is that** you do not belong to God.(JN 8:47)

하나님께 속한 자는 하나님의 말씀을 듣나니 너희가 듣지 아니함은 하나님께 속하지 아니하였음이라(요 8:47)

4. how

선행사가 the way일 때, 「the way + how ~ (?)」로 말하지 않고 「the way ~」 또는 「how ~」로 말해야 한다. 즉 선행사나 관계부사 둘 중 하나만을 말한다.

① Train a child in **the way** he should go, and when he is old, he will not turn from it.(PR 22:6)

마땅히 행할 길을 아이에게 가르치라 그리하면 늙어도 그것을 떠나지 아니하리라(잠 22:6)

② This, then, is **how** you should pray: Our Father in heaven, hallowed be your name. your Kingdom come, your will be done on earth, as it is in heaven.(MT 6:9-10)

□ hallow 거룩하게 하다

그러므로 너희는 이렇게 기도하라 하늘에 계신 우리 아버지여, 이름이 거룩히 여김을 받으시오며 나라가 임하시오며 뜻이 하늘에서 이루어진 것같이 땅에서도 이루어 지이다(마 6:9-10)

③ This is **how** we know what love is: Jesus Christ laid down his life for us. And we ought to lay down our lives for our brothers.(1JN 3:16)

□ lay down one's life 목숨을 버리다

그가 우리를 위하여 목숨을 버리셨으니 우리가 이로써 사랑을 알고 우리도 형제들을 위하여 목숨을 버리는 것이 마땅하니라(요일 3:16)

B. 복합 관계 부사

1. wherever: ~하는 곳에 어디든지 = no matter where S V
2. whenever: ~할 때마다 / 할 때는 언제든지 = no matter when S V
3. however: 아무리 ~ 하든지 = no matter how S V ⇨ Reading & Listening 22

▸ 복합관계부사는 장소, 시간, 방법 등과 같은 선행사가 관계부사 속에 포함되어있는 말이다.
▸ 부사절을 이끌며 양보의 뜻을 갖는다.

1. wherever

① **Wherever** there is a carcass, there the vultures will gather.(MT 24:28)

- carcass 주검, 시체 / vulture 독수리

주검이 있는 곳에는 독수리들이 모일 것이니라(마 24:28)

② The wind blows **wherever** it pleases. You hear its sound, but you cannot tell where it comes from or where it is going. So it is with everyone born of the Spirit.(JN 3:8)

- please ~하고 싶어 하다 / where it comes from or where it is going은 tell의 목적어로 명사절

바람이 임의로 불매 네가 그 소리는 들어도 어디서 와서 어디로 가는지 알지 못하나니 성령으로 난 사람은 다 그러하니라(요 3:8)

2. whenever

① **Whenever** the evil spirits saw him, they fell down before him and cried out, "You are the Son of God."(MK 3:11)

더러운 귀신들도 어느 때든지 예수를 보면 그 앞에 엎드려 부르짖어 이르되 당신은 하나님의 아들이니이다 하니(막 3:11)

② Consider it pure joy, my brothers, **whenever** you face trials of many kinds, because you know that the testing of your faith develops perseverance.(JAS 1:2-3)

- Consider it에서 it은 whenever you face trials of many kinds을 가리키지만 whenever절은 주절과 분리된 부사절로 양보의 의미
- the testing of your faith 너희 믿음의 시련

내 형제들아 너희가 여러 가지 시험을 만나거든 온전히 기쁘게 여기라 이는 너희 믿음의 시련이 인내를 만들어 내는 줄 너희가 앎이라(약 1:2-3)

Q&A 세상영어

Q1 **선행사가 '장소'일 경우 관계사를 사용하여 다음 우리말들을 모두 영어로 말하고 그 차이점을 말해봅시다.**

(1) 여기가 **미국 대통령이 사는 곳**이다.
(2) 여기가 그 위대한 **음악가가 태어난 곳**이다.
(3) 여기가 **미국 대통령이 일하는 백악관**이다.
(4) 여기가 그 위대한 **음악가가 태어난 집**이다.
(5) 캐나다는 **노년에 여행하고 싶은 나라**다.
(6) 저기가 **내가 졸업한 초등학교**다.

A1 **[관계부사 where로 말하기]**

- 관계부사 where는 at which, on which, in which의 의미로 쓰인다. 즉 where 속에는 장소의 전치사 at, on, in이 들어 있는 것이다.
- 선행사가 the place일 때 「the place where ~」는 마치 한 단어처럼 여겨져 의미의 중복으로 보지 않는다.
- 선행사가 the placo일 때 비격식적 표현에서는 선행사 또는 관계부사 where를 생략해서 말한다.

A. 선행사가 the place일 때

(1) 여기가 **미국 대통령이 사는 곳**이다.

ⓐ This's **the place where** the US president lives.(일반적 표현)

▷ 선행사가 the place일 때 **the place where**는 의미의 중복으로 엄밀히 말하면 격식적 표현방식이지만 실제 **the place where**는 한 단어로 받아들여지므로 구어체에서도 자주 쓰인다.

ⓑ This's the place **in which** the US president lives.(격식적 표현)

ⓒ This's the place **which** the US president lives **in**.(비격식적 표현)

▻ 전치사 in이 후치되어 있어서 논리적인 말이 아니다.

ⓓ This's **where** the US president lives.(비격식적 표현)

ⓔ This's the place **that** the US president lives.(비격식적 표현)

▻ 관계부사 where자체에는 전치사가 포함되어 있어서 전치사 in을 쓰지 않는다.
▻ 또한 that은 비격식적 표현에서 관계부사 대신 말한다.

ⓕ This's **the place** the US president lives.(비격식적 표현)

▻ where를 생략하고 the place로 말한다. 여기서 the place는 where이므로 전치사를 생략한다.

(2) 여기가 그 위대한 **음악가가 태어난 곳**이다.

ⓐ This's **the place where** the great musician was born.(일반적 표현)

▻ **the place where**는 한 단어로 받아들여지므로 의미의 중복이 아니다.

ⓑ This's the place **in which** the great musician was born.(격식적 표현)

ⓒ This's the place **which** the great musician was born **in**.(비격식적 표현)

▻ 전치사 in이 후치되어 있어서 논리적인 말이 아니다.

ⓓ This's **where** the great musician was born.(비격식적 표현)

ⓔ This's the place **that** the great musician was born.(비격식적 표현)

▻ 관계부사 where자체에는 전치사가 포함되어 있어서 전치사 in을 쓰지 않는다.
▻ 관계부사 where 대신 that으로 말한다.

ⓕ This's **the place** the great musician was born.(비격식적 표현)

▻ 선행사가 the place일 때 the place를 where처럼 생각해서 전치사를 생략한다.

B. 선행사가 the place가 아닐 때

(3) 여기가 **미국 대통령이 집무하는 백악관**이다.

ⓐ This's the White House **where** the US president works.(일반적 표현)

ⓑ This's the White House **at which** the US president works.(격식적 표현)

ⓒ This's the White House **which** the US president works **at**.(비격식적 표현)

▻ 전치사 at이 후치되어 있어서 논리적인 말이 아니다.

ⓓ This's the White House **that** the US president works.(비격식적 표현)

ⓔ This's the White House the US president works **at**.(비격식적 표현)

▻ 선행사가 the place가 아니므로 관계부사 where가 생략될 때 전치사 at까지 생략할 수 없다.

(4) 여기가 그 위대한 음악가가 태어난 집이다.

ⓐ This's the house where the great musician was born.(일반적 표현)

ⓑ This's the house in which the great musician was born.(격식적 표현)

ⓒ This's the house which the great musician was born in.(비격식적 표현)

▻ 전치사 in이 후치되어 있어서 논리적인 말이 아니다.

ⓓ This's the house that the great musician was born.(비격식적 표현)

ⓔ This's the house the great musician was born in.(비격식적 표현)

▻ 선행사가 the place가 아니므로 관계부사 where가 생략될 때 전치사 in까지 생략할 수 없다.

C. 선행사를 '장소'가 아닌 '사물'로 보아야 하는 경우

▸ 관계부사 where는 주로 in which 또는 at which의 의미로 쓰인다. 즉 where 속에는 전치사 in, 또는 at이 포함되어 있는 것이다. 그 밖의 '장소 전치사'를 말하려면 관계부사 where 하나만으로는 그 의미를 표현할 수 없게 된다.

▸ 그러므로 이때에는 '전치사 + which'로 말해야 의미가 통한다. 관계부사 where 하나만으로 말할 수 없게 된다.

(5) 캐나다는 노년에 여행하고 싶은 나라다.

ⓐ Canada is the country where I want to make a journey in my old age.(?)

ⓑ Canada is the country to which I want to make a journey in my old age.(격식적)

ⓒ Canada is the country which I want to make a journey to in my old age.(비격식)

▻ 전치사 to가 후치되어 있어서 논리적인 말이 아니다.

ⓓ Canada is the country I want to make a journey to in my old age.(비격식적 표현)

▻ 목적격 관계대명사 which가 생략되었다.

(6) 저기가 내가 졸업한 초등학교다.

ⓐ That is the elementary school where I graduated.(?)

ⓑ That is the elementary school from which I graduated.(격식적 표현)

ⓒ That is the elementary school which I graduated from.(비격식적 표현)

▻ 전치사 from이 후치되어 있어서 논리적인 말이 아니다.

ⓓ That is the elementary school I graduated from.(비격식적 표현)

▻ 목적격 관계대명사 which가 생략되었다.

Q2 선행사가 '시간'일 경우 관계사를 사용하여 다음 우리말을 모두 영어로 말하고 그 차이점을 말해봅시다.

(1) 우리가 다시 만날 시간을 잊어버렸다.
(2) 12월 25일은 예수님이 탄생하신 날이다.
(3) 8월 15일은 우리나라가 일본식민지에서 독립한 날이다.
(4) 우리나라에서 눈이 가장 많이 오는 달은 1월이다.

A2 [관계부사 when으로 말하기]

- 관계부사 when은 at which, on which, in which 등의 의미로 쓰인다. 즉 when 속에 시간 전치사 at, on, in이 들어있는 것이다.
- 비격식적 표현에서는 선행사 대신 주로 관계부사 when을 생략하며 이 때 전치사 at, on, in 등도 함께 생략된다.

(1) 나는 우리가 다시 만날 시간을 잊어버렸다.

ⓐ I forget the time **when** we will meet again.(일반적 표현)
ⓑ I forget the time **at which** we will meet again.(격식적)
ⓒ I forget the time **which** we will meet again **at**.(비격식적)
▷ 전치사 at이 후치되어 있어서 논리적인 말이 아니다.
ⓓ I forget the time **that** we will meet again.(비격식적)
ⓔ I forget **the time** we will meet again.(비격식적)
▷ 관계부사 when이 생략될 때 전치사까지 함께 생략된다.

(2) 12월 25일은 예수님이 탄생하신 날이다.

ⓐ December 25th is the day **when** Jesus was born.(일반적 표현)
ⓑ December 25th is the day **on which** Jesus was born.(격식적)
ⓒ December 25th is the day **which** Jesus was born **on**.(비격식적)
▷ 전치사 on이 후치되어 있어서 논리적인 말이 아니다.
ⓓ December 25th is the day **that** Jesus was born.(비격식적)
ⓔ December 25th is **the day** Jesus was born.(비격식적)

DAY 26. 관계 부사

▻ 관계부사 when이 생략될 때 전치사까지 생략하는 것이 보통이다.

(3) 8월 15일은 우리나라가 **일본식민지에서 독립한 날**이다.

ⓐ August 15th is the day **when** we were independent of Japanese colony.(일반적

ⓑ August 15th is the day **on which** we were independent of Japanese colony.(격식적)

ⓒ August 15th is the day **which** we were independent of Japanese colony **on**.(비격식)

▻ 전치사 on이 후치되어 있어서 논리적인 말이 아니다.

ⓓ August 15th is the day **that** we were independent of Japanese colony.(비격식적)

ⓔ August 15th is **the day** we were independent of Japanese colony.(비격식적)

▻ 관계부사 when이 생략될 때 전치사까지 생략하는 것이 보통이다.

(4) 우리나라에서 **눈이 가장 많이 오는 달**은 1월이다.

ⓐ The month is January **when** we have the most snow.(일반적 표현)

ⓑ The month **in which** we have the most snow is January.(격식적)

ⓒ The month **which** we have the most snow **in** is January.(비격식적)

▻ 전치사 in이 후치되어 있어서 논리적인 말이 아니다.

ⓓ The month **that** we have the most snow is January.(비격식적)

ⓔ **The month** we have the most snow is January.(비격식적)

▻ 관계부사 when이 생략될 때 전치사까지 생략하는 것이 보통이다.

Q3 선행사가 '이유'일 경우 관계사를 사용하여 다음 우리말을 모두 영어로 말하고 그 차이점을 말해봅시다.

◦ **날씨가 점점 따뜻해지는 이유**를 말해 주실 수 있나요?

A3 [관계부사 why로 말하기]

- 관계부사 why의 선행사는 오직 the reason 뿐이다.
- 「the reason why~」는 의미의 중복으로 격식적인 말이 된다.
- 「why~」 또는 「the reason~」으로 말한다.

ⓐ Can you tell me **the reason why** the weather is getting warmer?(격식적)

ⓑ Can you tell me **the reason for which** the weather is getting warmer?(?격식적)

▻ why를 for which로 말할 수 있으나 지나친 의미의 중복으로 문법적으로만 가능한 말이다.

ⓒ Can you tell me **the reason that** the weather is getting warmer?(비격식적)

ⓓ Can you tell me **why** the weather is getting warmer?(비격식적)

ⓔ Can you tell me **the reason** the weather is getting warmer?(비격식적)

▻ 의미의 중복을 피하기 위해 선행사 the reason이나 관계부사 why를 생략한다.

ⓕ Can you tell me **the reason** the weather is getting warmer **for**?(×)

▻ 선행사가 the reason일 때는 관계부사 why를 생략될 경우 전치사 for도 함께 생략된다.

ⓖ Can you tell me **the cause that (why)** the weather is getting warmer?(×)

▻ why의 선행사는 오직 the reason 하나뿐이다.

Q4 선행사가 '방법'일 경우 관계사를 사용하여 다음 우리말을 모두 영어로 말하고 그 차이점을 설명하시오.

◦ **암탉이 밤중에 잠을 자는 방법 (어떻게 잠을 자는지)**을 아시나요?

A4 [관계부사 how로 말하기]

관계부사 how의 선행사는 오직 the way뿐 이지만, 선행사와 관계부사를 동시에 붙여서 「the way + how ~」로 말하지 않는다.

ⓐ Do you know **the way how** a hen sleeps at night? (×)

▻ 'the way how'의 형식으로는 말하지 않는다.

ⓑ Do you know **the way in which** a hen sleeps at night? (격식적)

▻ how를 in which로 말할 수 있으나 아주 격식적 표현이다.

ⓒ Do you know **the way that** a hen sleeps at night? (비격식적)

ⓓ Do you know **how** a hen sleeps at night? (비격식적)

ⓔ Do you know **the way** a hen sleeps at night? (비격식적)

ⓕ Do you know **the method** a hen sleeps at night? (×)

▻ how의 선행 명사는 오로지 the way 하나뿐이다.

Check-up 세상영어

※ 관계부사(관계대명사)를 사용하여 다음 우리말을 영어로 말하시오.

1. **헤르만 헷세가 태어난 나라**는 독일이지만 **말년을 보낸 곳**은 스위스의 외딴 마을이었다.

2. 알래스카라고 모두 **일 년 내내 눈이 내리는 곳**은 아니다.

3. 예수님이 **태어나신 곳**은 궁전이 아니라 구유였다.
   - 구유 a manger cf) a stable 마구간

4. 내가 노후에 **살고 싶은 곳**은 외딴 산골이다.

5. 진달래가 **피는 계절**은 이른 봄이다.
   - 진달래 the azalea

6. 그녀는 그 남자와 뉴욕에서 **살았던 지난 10년** 동안 가장 행복했다.

7. 18세기는 영국에서 산업혁명이 **일어났던 시기**였다.

8. 최선을 다하는 한 네가 **성공할 날**이 반드시 올 것이다.

9. 모든 화석 연료가 태양에너지로 **바뀔 날**이 곧 올 것이다.
   - 화석 연료 fossil fuel

10. **진화론이 잘못된 이유**는 이 이론은 생명의 기원을 설명할 수 없다는 것이다.

11. 유대인들이 예수를 **십자가에 못 박은 이유**는 그들이 마침내 예수가 이 세상의 왕이 아니라는 것을 깨달았기 때문이었다.

12. 그녀는 나를 항상 화나게 만든다. 나를 괴롭히는 것은 그녀가 말하는 것(내용)이 아니라 **그녀의 말투**(그녀가 말하는 방법)이다.

13. 나는 요즈음 젊은이들이 **생각하고 행동하는 방식**을 도무지 이해할 수 없다.

14. 세상일들이 반드시 **네가 원하는 대로** 되는 게 아니다.

15. 당신은 고양이가 **어떻게 세수를** 하는지 보신 적이 있나요?

16. 일부 끽연가들은 **그들이 원하는 곳이면 어디서든지** 흡연할 권리가 있다고 주장한다.

17. 노숙자들은 자기들이 **자고 싶은 곳이면 어디든지 그곳에서** 잠을 잔다.
 ㅁ 노숙자 homeless people

18. **폭우가 내릴 때마다** 내 사무실 지붕이 샌다.

19. 네가 **편할 때 언제든지** 와라. 한잔 하자. 내가 한 턱 낼게.

20. **아무리 열심히 해도** 몇 년 내에 영어를 정복할 수는 없다.

21. 나는 **아무리 피곤해도** 잠을 잘 잘 수 없다. 불면증에 걸렸다.
 ㅁ 불면증 insomnia

22. 우리가 **아무리 조심한다 해도** 교통사고는 날마다 일어나기 마련이다.

23. 우리가 **아무리 바쁘더라도** 건강을 유지하기 위해 적어도 하루 6시간은 자야한다.

DAY 26. 관계 부사

Answer to Check-Up

1. ◦ **The country where (that)** Hermann Hesse was born was Germany but **the place (where / that)** he spent his old age was a remote village in Switzerland.
 ◦ **The country** Hermann Hesse was born **in** was Germany but **the place (where / that)** he spent his old age was a remote village in Switzerland.
2. All of Alaska is not **the place (where / that)** snow falls all year round.
3. **The place (where / that)** Jesus was born was not a palace but a manger.

4. **The place (where / that)** I want to live for my old age is an isolated mountain.
5. **The season (when / that)** the azalea blooms is early spring.
6. She was her happiest for **the past ten years (when / that)** she lived with him in New York.
7. The 18th century was **the period (when / that)** the Industrial Revolution took place in Britain.
8. **The day** will surely come **when** you will succeed, so(as) long as you do your best.
9. **The day** will soon come **when** all the fossil fuels are replaced by solar energy.
10. **The reason** the theory of evolution is wrong **is that** it can not explain the origin of life.
11. **The reason** the Jews crucified Jesus **was that** they finally realized he was not king of this world.
12. She always makes me angry. What annoys me is not what she says but **the way (that)** she says it.(but **how** she says it.)
13. I don't understand at all **the way (that)** young people think and act these days.
    = I don't understand at all **how** young people think and act these days .
14. Things always don't go **the way (that)** you want them to (go).
    = Things always don't go **how** you want them to (go).
15. Have you ever seen **the way (that)** a cat cleans its face?
    = Have you ever seen **how** a cat cleans its face?
16. Some smokers insist that they have the right to smoke **wherever (no matter where)** they want.
17. Homeless people sleep **wherever (no matter where)** they want to.
18. The roof of my office leaks **whenever (no matter when)** there is a heavy rain.
19. Come to me **whenever (no matter when)** it's convenient to you. Let's have a drink. I'll treat you.
20. **However hard (no matter how hard)** you study, you cannot master English in a few year.
21. **However tired (no matter how tired)** I am, I cannot sleep well. I suffer from insomnia.
22. **However careful (no matter how careful)** we are, we will have a traffic accident everyday.
23. **However busy (no matter how busy)** we are, we should sleep at least six hours a day to keep healthy.

Reading & Listening 성경영어

▸▸ where

① Early the next morning Abraham got up and returned to **the place where** he had stood before the LORD. He looked down toward Sodom and Gomorrah, toward all the land of the plain, and he saw dense smoke rising from the land, like smoke from a furnace.(GE 19:27-28)

ㅁ furnace 옹기가마, 용광로 / dense (밀도, 농도 등이) 짙은, 자욱한

아브라함이 그 아침에 일찍이 일어나 여호와 앞에 서 있던 곳에 이르러 소돔과 고모라와 그 온 지역을 향하여 눈을 들어 연기가 옹기가마의 연기같이 치솟음을 보았더라(창 19:27-28)

② One day, after Moses had grown up, he went out to **where** his own people were and watched them at their hard labor. He saw an Egyptian beating a Hebrew, one of his own people. Glancing this way and that and seeing no one, he killed the Egyptian and hid him in the sand.(EX 2:11-12)

ㅁ Glancing this way and that 이리 저리(좌우로) 살피면서

모세가 장성한 후에 한번은 자기 형제들에게 나가서 그들이 고되게 노동하는 것을 보더니 어떤 애굽 사람이 어떤 히브리 사람 곧 자기 형제를 치는 것을 본지라 좌우로 살펴 사람이 없음을 보고 그 애굽 사람을 쳐 죽여 모래에 감추니라(출 2:11-12)

③ A strong wind was blowing and the waters grew rough. When they had rowed three or three and a half miles, they saw Jesus approaching the boat, walking on the water; and they were terrified. But he said to them, "It's I; don't be afraid." Then they were willing to take him into the boat, and immediately the boat reached the shore **where** they were heading.(JN 6:18-21)

ㅁ row노를 젓다 / the waters grow rough 파도가 일다

큰 바람이 불어 파도가 일어나더라 제자들이 노를 저어 십여 리쯤 가다가 예수께서 바다 위로 걸어 배에 가까이 오심을 보고 두려워하거늘 이르시되 내니 두려워하지 말라 하신대 이에 기뻐서 배로 영접하니 배는 곧 그들이 가려던 땅에 이르렀더라(요 6:18-21)

④ And if I go and prepare a place for you, I will come back and take you to be with me that you also may be where I am. You know the way to **the place where** I am going.(JN 14:3-4)

DAY 26. 관계 부사

가서 너희를 위하여 처소를 예비하면 내가 다시 와서 너희를 내게로 영접하여 나 있는 곳에 너희도 있게 하리라 내가 어디로 가는지 그 길을 너희가 아느니라(요 14:3-4)

▸▸ when

⑤ Remember your creator in the days of your youth, before the days of trouble come and **years** approach **when** you will say, "I find no pleasure in them"-(ECC 12:1)

너는 청년의 때에 너의 창조주를 기억하라 곧 곤고한 날이 이르기 전에, 나는 아무 낙이 없다고 할 해들이 가깝기 전에(전 12:1)

⑥ Then Herod called the Magi secretly and found out from them **the exact time** the star had appeared. He sent them to Bethlehem and said, "Go and make a careful search for the child. As soon as you find him, report to me, so that I too may go and worship him."(MT 2:7-8)

▫ the exact time 다음 관계부사 when이 생략 ⇨ Q_2 & A_2

이에 헤롯이 가만히 박사들을 불러 별이 나타난 때를 자세히 묻고 베들레헴으로 보내며 이르되 가서 아기에 대하여 자세히 알아보고 찾거든 내게 고하여 나도 가서 그에게 경배하게 하라(마 2:7-8)

⑦ While he was still on the way, his servants met him with the news that his boy was living. When he inquired as to the time **when** his son got better, they said to him, "The fever left him yesterday at the seventh hour." Then the father realized that this was the exact time **at which** Jesus had said to him, "Your son will live." So he and all his household believed.(JN 4:51-53)

내려가는 길에서 그 종들이 오다가 만나서 아이가 살아있다 하거늘 그 낫기 시작한 때를 물은 즉 어제 일곱 시에 열기가 떨어졌다 하는지라 그의 아버지가 예수께서 네 아들이 살아있다 말씀하신 그 때인 줄 알고 자기와 그 온 집안이 다 믿으니라(요 4:51-53)

▸▸ why

⑧ Bear in mind that the LORD has given you the Sabbath; that is **why** on the sixth day he gives you bread for two days. Everyone is to stay where he is on the seventh day; no one is to go out.(EX 16:29)

볼지어다 여호와가 너희에게 안식일을 줌으로 여섯째 날에는 이틀 양식을 너희에게 주는 것이니 너희는 각기 처소에 있고 일곱째 날에는 아무도 그의 처소에서 나오지 말지니라(출 16:29)

⑨ This is the one I meant when I said, 'A man who comes after me has surpassed me because he was before me.' I myself did not know him, but **the reason** I came baptizing with water **was that** he might be revealed to Israel.(JN 1:30-31)

내가 전에 말하기를 내 뒤에 오는 사람이 있는데 나보다 앞선 것은 그가 나보다 먼저 계심이라 한 것이 이 사람을 가리킴이라 나도 그를 알지 못하였으나 내가 와서 물로 세례를 베푸는 것은 그를 이스라엘에 나타내려 함이라 하니라(요 1:30-31)

⑩ But he said to me, "My grace is sufficient for you, for my power is made perfect in weakness." Therefore I will boast all the more gladly about my weakness, so that Christ's power may rest on me. That's **why**, for Christ's shake, I delight in weaknesses, in insults, in hardships, in persecutions, in difficulties. For when I am weak, then I am strong.(2CO 12 9-10)

□ delight in ~을 기뻐하다

나에게 이르시기를 내 은혜가 네게 족하도다 이는 내 능력이 약한 데서 온전하여짐이라 하신지라 그러므로 도리어 크게 기뻐함으로 나의 여러 약한 것들에 대하여 자랑하리니 이는 그리스도의 능력이 내게 머물게 하려함이라(고후 12 9-10)

⑪ How great is the love the Father has lavished on us, that we should be called children of God! And that's what we are! **The reason** the world does not know us **is that** it did not know him.(1JN 3:1)

□ lavish 아낌없이 주다

보라 아버지께서 어떠한 사랑을 우리에게 베푸사 하나님의 자녀라 일컬음을 받게 하셨는가, 우리가 그러하도다 그러므로 세상이 우리를 알지 못함은 그를 알지 못함이라(요일 3:1)

▸▸ how

⑫ You are my hiding place; you will protect me from trouble and surround me with songs of deliverance. I will instruct you and teach you in **the way** you should go; I will counsel you and watch over you.(PS 32:7-8)

주는 나의 은신처이오니 환난에서 나를 보호하시고 구원의 노래로 나를 두르시리이다 (셀라) 내가 네 갈 길을 가르쳐 보이고 너를 주목하여 훈계하리로다(시 32:7-8)

⑬ If that is **how** God clothes the grass of the field, which is here today and tomorrow is thrown into the fire, will he not much more clothe you, O you of little faith?(MT 6:30)

오늘 있다가 내일 아궁이에 던져지는 들풀도 하나님이 이렇게 입히시거든 하물며 너희일까보냐 믿음이 작은 자들아(마 6:30)

⑭ They were looking intently up into the sky as he was going, when suddenly two men dressed in white stood beside them. "Men of Galilee," they said, "why do you stand here looking into the sky? This same Jesus, who has been taken from you into heaven, will come back in **the same way** you have seen him go into heaven."(AC 1:10-11)

□ in the same way~에서 하늘로 가신 이는 주어 you가 아니라 목적어인 him(예수)이다. 즉 목적어가 원형 부정사 go의 의미상 주어가 된다.

올라가실 때에 제자들이 자세히 하늘을 쳐다보고 있는데 흰 옷 입은 두 사람이 그들 곁에 서서 이르되 갈릴리 사람들아 어찌하여 하늘을 쳐다보느냐 너희 가운데서 하늘로 올려지신 이 예수는 하늘로 가심을 본 그대로 오시리라 하였느니라(행 1:10-11)

⑮ The man who says, "I know him," but does not do what he commands is a liar, and the truth is not in him. But if anyone obeys his word, God's love is truly made complete in him. This is **how** we know we are in him: Whoever claims to live in him must walk as Jesus did.(1JN 2:5-6)

그를 아노라 하고 그의 계명을 지키지 아니하는 자는 거짓말하는 자요 진리가 그 속에 있지 아니하되 누구든지 그의 말씀을 지키는 자는 하나님의 사랑이 참으로 그 속에서 온전하게 되었나니 이로써 우리가 그의 안에 있는 줄을 아노라 그의 안에 산다고 하는 자는 그가 행하시는 대로 자기도 행할지니라(요일 2:5-6)

▸▸ 복합 관계부사

⑯ As soon as they got out of the boat, people recognized Jesus. They ran throughout that whole region and carried the sick on mats to **wherever** they heard he was. And **wherever** he went – into villages, towns or countryside – they placed the sick in the marketplaces. They begged him to let them touch even the edge of his cloak, and all who touched him healed.(MK 6:54-56)

배에서 내리니 사람들이 곧 예수 이신 줄을 알고 그 온 지방으로 달려 돌아다니며 예수께서 어디 계시다는 말을 듣는 대로 병든 자를 침상 째로 들고 나오니 아무데나 예수께서 들어가시는 지방이나 도시나 마을에서 병자를 시장에 두고 예수께 그 옷 가에라도 손을 대게하시기를 간구하니 손을 대는 자는 다 성함을 얻으니라(막 6:54-56)

⑰ She did what she could. She poured perfume on my body beforehand to prepare for my burial. I tell you the truth, **wherever** the gospel is preached throughout the world, what she has done will also be told in memory of her.(MK 14:8-9)

그는 힘을 다하여 내 몸에 향유를 부어 내 장례를 미리 준비하였느니라 내가 진실로 너희에게 이르노니 온 천하에 어디든지 복음이 전파되는 곳에는 이 여자의 행한 일도 말하여 그를 기억하리라(막 14:8-9)

⑱ When we put bits into the mouths of horses to make them obey us, we can turn the whole animal. Or take ships as an example. Although they are so large and are driven by strong winds, they are steered by a very small rudder **wherever** the pilot wants to go.(JAS 3:3-4)

□ put bits into the mouth 입에 재갈을 물리다 / rudder(배의) 키, 방향타 / pilot 사공

우리가 말들의 입에 재갈을 물리는 것은 우리에게 순종하게 하려고 그 온 몸을 제어하는 것이라 또 배를 보라 그렇게 크고 광풍에 밀려가는 것들을 지극히 작은 키로서 사공의 뜻대로 운행하나니(약 3:3-4)

⑲ I have set my rainbow in the clouds, and it will be the sign of the covenant between me and the earth. **Whenever** I bring clouds over the earth and the rainbow appears in the clouds, I will remember my covenant between me and you and all living creatures of every kind.(GE 9:13-15)

내가 무지개를 구름 속에 두었나니 이것이 나와 세상 사이의 언약의 증거니라 내가 구름으로 땅을 덮을 때에 무지개가 구름 속에 나타나면 내가 나와 너희와 및 육체를 가진 모든 생물 사이의 내 언약을 기억하리니(창 9:13-15)

⑳ When Jesus saw the crowd around him, he gave orders to the other side of the lake. Then a teacher of the law came to him and said, "Teacher, I will follow you **wherever** you go."(MT 8:18-19)

□ a teacher of the law 한 서기관

예수께서 무리가 자기를 에워싸는 것을 보시고 건너편으로 가기를 명하시니라 한 서기관이 나아와 예수께 아뢰되 선생님이여 어디로 가시든지 저는 따르리이다(마 8:18-19)

㉑ A man in the crowd answered, "Teacher, I brought you my son, who is possessed by a spirit that has robbed him of speech. **Whenever** it seizes him, it throws him to the ground. He foams at the mouth, gnashes his teeth and becomes rigid. I ask your disciples to drive out the spirit, but they could not."(MK 9:17-18)

□ foam at the mouth 게거품을 뿜다 /gnash (이를) 갈다

무리중 하나가 대답하되 선생님 말 못하게 귀신들린 내 아들을 선생님께 데려왔나이다 귀신이 어디든지 그를 잡으면 거꾸러져 거품을 흘리며 이를 갈며 그리고 파리해지는지라 내가 선생님의 제자들에게 내쫓아 달라 하였으나 그들이 능히 하지 못하더이다(막 9:17-18)

㉒ For **no matter how** many promises God has made, they are "Yes" in Christ. And so through him the "Amen" is spoken by us to the glory of God.(2CO 1:20)

하나님의 약속은 얼마든지 그리스도 안에서 예가 되니 그런즉 그로 말미암아 우리가 아멘 하여 하나님께 영광을 돌리게 되느니라(고후 1:20)

Writing & Speaking 성경영어

① 내가 가는 길을 그가 아시나니 그가 나를 단련하신 후에는 내가 순금같이 되어 나오리라(욥 23:10)

ㅁ (제안 따위가) 나오다 come forth

He knows **the way that** I take; when he has tested me, I will come forth as gold.(JOB 23:10)

② 그가 여기 계시지 않고 그가 말씀하시던 대로 살아 나셨느니라 와서 그가 누우셨던 곳을 보라(마 28:6)

He is not here; he has risen, just as he said. Come and see **the place where** he lay.(MT 28:6)

③ 더러운 귀신들도 어느 때든지 예수를 보면 그 앞에 엎드려 부르짖어 이르되 당신은 하나님의 아들이니이다(막 3:11)

ㅁ 더러운 귀신들 the evil spirits / 엎드리다 fall down

Whenever the evil spirits saw him, they fell down before him and cried out, "You are the Son of God."(MK 3:11)

④ 내가 목숨을 버리는 것은 그것을 내가 다시 얻기 위함이니 이로 말미암아 아버지께서 나를 사랑하시느니라(요 10:17)

ㅁ 목숨을 버리다 lay down one's life / 다시 얻다 take O up again

The reason my Father loves me **is that** I lay down my life – only to take it up again.(JN 10:17)

Today's Golden Rule

○ He knows **the way that** I take; when he has tested me, I will come forth as gold.(JOB 23:10)

내가 가는 길을 그가 아시나니 그가 나를 단련하신 후에는 내가 순금같이 되어 나오리라(욥 23:10)

Day 27. 제한과 비제한

Verse to Remember

□ 제한과 비제한(Restrictive & Non-Restrictive):

A. 관계사(Relative) B. because C. when

A. 관계사(Relative)

1. 제한

▸ 선행사와 관계사(주절과 종속절) 사이에 comma가 없다.
▸ 관계사가 이끄는 형용사 절이 주절(선행사)을 의미적으로 제한한다.
▸ 관계사 그 자체를 해석하지 않는다.

(1) 관계대명사

▸▸ 선행사가 부정대명사일 때 ⇨ Q_1 & A_1 / Day 23. 부정대명사

① **Those who** sow in tears will reap with songs of joy. **He who** goes out weeping, carrying seed to sow, will return with songs of joy, carrying sheaves with him.(PS 126:5-6)

□ sow in tears 눈물을 흘리며 씨를 뿌리다 / sheaf 곡식의 단 pl. sheaves

눈물을 흘리며 씨를 뿌리는 자는 기쁨으로 거두리로다 울며 씨를 뿌리러 나가는 자는 반드시 기쁨으로 그 곡식 단을 가지고 돌아오리로다(시 126:5-6)

② Ask, and it will be given to you; Seek and you'll find; Knock and the door will be opened to you. For **everyone who** asks receives; **he who** seeks finds; and to **him who** knocks, the door will be opened.(MT 7:7-8)

구하라 그리하면 너희에게 주실 것이요 찾으라 그리하면 찾아낼 것이요 문을 두드리라 그리하면 너희에게 열릴 것이니 구하는 이마다 얻을 것이요 찾는 이가 찾을 것이요 두드리는 이에게 열릴 것이니라(마 7:7-8)

③ **The one who** sows to please his sinful nature, from that nature will reap destruction; **the one who** sows to please the Spirit, from the spirit will reap eternal life.(GAL 6:8)

자기의 육체를 위하여 심는 자는 육체로부터 썩어질 것을 거두고 성령을 위하여 심는 자는 성령으로부터 영생을 거두리라(갈 6:8)

④ Dear friend, do not imitate what is evil but what is good. **Anyone who** does what is good is from God. **Anyone who** does what is evil has not seen God(3JN 1:11).

사랑하는 자여 악한 것을 본받지 말고 선한 것을 본받으라 선을 행하는 자는 하나님께 속하고 악을 행하는 자는 하나님을 뵈옵지 못하였느니라(요삼 1:11)

▸▸ 선행사를 서수, 최상급, every, the only, the same, the very… 등이 수식할 때

① Man does not live on bread alone, but on **every word that** comes from the mouth of God.(MT 4:4)

사람이 떡으로만 살 것이 아니요 하나님의 입으로 나오는 모든 말씀으로 살 것이라(마 4:4)

② **The first thing** Andrew did was to find his brother Simon and tell him, "We have found the Messiah"(that is the Christ).(JN 1:41)

▫ The first thing Andrew did~ ← The first thing that Andrew did~

그가 먼저 자기의 형제 시몬을 찾아 말하되 우리가 메시아를 만났다 하고(메시아는 번역하면 그리스도라)(요 1:41)

③ I have testimony weightier than that of John. For **the very work that** the Father has given me to finish, and which I am doing, testifies that the Father has sent me.(JN 5:36)

▫ the very work은 관계대명사 that과 which의 공통 선행사 ⇨ D. 공통 선행사

내게는 요한의 증거보다 더 큰 증거가 있으니 아버지께서 내게 주사 이루게 하시는 역사 곧 내가 하는 그 역사가 아버지께서 나를 보내신 것을 나를 위하여 증언하는 것이요(요 5:36)

④ For in Christ Jesus neither circumcision nor uncircumcision has any value. **The only thing that** counts is faith expressing itself through love.(GAL 5:6)

그리스도 예수 안에서는 할례나 무할례나 효력이 없으되 사랑으로써 역사하는 믿음뿐이니라(갈 5:6)

▸▸ 선행사가 의문사 who일 때

○ For everyone born of God overcomes the world. This is the victory that has overcome the world, even our faith. **Who** is it **that** overcomes the world? Only he who believes that Jesus is the Son of God.(1JN 5:4-5)

▫ it ~ that 강조용법, that은 관계대명사 주격 / 강조하는 말은 의문사 who

ㅁ it is who that ~이 의문문의 어순으로 되어 → who is it that~?

무릇 하나님께로부터 난 자마다 세상을 이기느니라 세상을 이기는 승리는 이것이니 우리의 믿음이니라 예수께서 하나님의 아들이심을 믿는 자가 아니면 세상을 이기는 자가 누구냐(요일 5:4-5)

(2) 관계부사

▸▸ the place where~ / the time when~ ⇨ Day 26. 관계부사

① After they had heard the king, they went on their way, and the star they had seen in the east went ahead of them until it stopped over **the place where** the child was.(MT 2:9)

박사들이 왕의 말을 듣고 갈새 동방에서 보던 그 별이 문득 앞서 인도하여 가다가 아기 있는 곳 위에 머물러 서 있는지라(마 2:9)

② While he was still on the way, his servants met him with the news that his boy was living. When he inquired as to **the time when** his son got better, they said to him, "The fever left him yesterday at the seventh hour."(JN 4:51-52)

내려가는 길에 그 종들이 오다가 만나서 아이가 살아있다 하거늘 그 낫기 시작한 때를 물은 즉 어제 일곱 시에 열기가 떨어졌다 하는지라(요 4:51-52)

2. 비제한

- 선행사와 관계사(주절과 종속절) 사이에 comma(또는 hyphen)가 있다.
- 우리말 순서처럼 주절(선행사)을 먼저 해석하고 그 다음 관계사와 관계사가 이끄는 절을 해석한다.
- 종속절(관계사절)과 주절은 comma로 분리되어 있어 각각 독립된 의미를 갖는다.

(1) 관계대명사

▸▸ 선행사가 사람: who / whose / whom

① When you pray, go into your room, close the door and pray to your Father, who is unseen. Then your Father, **who** sees what is done in secret, will reward you. (MT 6:6)

너는 기도할 때에 네 골방에 들어가 문을 닫고 은밀한 중에 계신 네 아버지께 기도하라 은밀한 중에 보시는 네 아버지께서 갚으시리라(마 6:6)

② David was the father of Solomon, **whose mother** had been Uriah's wife.(MT1:6)

다윗은 우리아의 아내에게서 솔로몬을 낳고(마 1:6)

③ And a voice came from heaven: "You are my Son, **whom** I love; with you I am well pleased."(MK 1:11)

하늘로부터 소리가 나기를 너는 내 사랑하는 아들이라 내가 너를 기뻐하노라 하니라 (막 1:11)

④ The LORD is my rock, my fortress and my deliverer; my God is my rock, **in whom** I take refuge. He is my shield and the horn of my salvation, my stronghold.(PS 18:2)

- my fortress 나의 요새 / my deliverer 나를 건지시는 이, deliver 인도하다, 구해내다
- the horn of my salvation 나의 구원의 뿔 / stronghold 산성, 요새

여호와는 나의 반석이시오 나의 요새시오 나를 건지시는 이시오 나의 하나님이시오 내가 그 안에 피할 나의 바위시오 나의 방패시오 나의 구원의 뿔이시오 나의 산성이시로다(시 18:2)

▸▸ 선행사가 사물: which / whose / which ⇨ Day 24. 관계대명사 I

① If that is how God clothes the grass of the field, **which** is here today and tomorrow is thrown into the fire, will he not much more clothe you, O you of little faith?(MT 6:30)

오늘 있다가 내일 아궁이에 던져지는 들풀도 하나님이 이렇게 입히시거든 하물며 너희일까보냐 믿음이 작은 자들아(마 6:30)

② The virgin will be with child and will give birth to a son, and they will call him Immanuel – **which** means "God with us."(MT 1:23)

보라 처녀가 잉태하여 아들을 낳을 것이요 그 이름은 임마누엘이라 하리라 하셨으니 이를 번역한 즉 하나님이 우리와 함께 계시다 함이라(마 1:23)

③ Joseph is a fruitful vine, a fruitful vine near a spring, **whose** branches climb over a wall.(GE 49:22)

- vine 포도나무, branch 가지

요셉은 가지 곧 샘 곁의 무성한 가지라 그 가지가 담을 넘었도다(창 49:22)

④ For we are God's workmanship, created in Christ Jesus to do good works, **which** God prepared in advance for us to do.(EPH 2:10)

우리는 그리스도의 만드신 바라 그리스도 예수 안에서 선한 일을 위하여 지으심을 받은 자니 이 일은 하나님이 전에 예비하사 우리로 그 가운데서 행하게 하려 하심이니라 (엡 2:10)

(2) 관계부사

- 관계부사 where, when은 비제한으로 말할 수 있지만 관계부사 why, how는 비제한으로 말할 수 없다.
- when을 비제한으로 말할 때, 주절은 주로 진행시제가 된다. ⇨ Day 32. 시간 부사절

▸▸ where

① So he got up, took the child and his mother during the night and left for Egypt, **where** he stayed until the death of Herod. And so was fulfilled what the Lord had said through the prophet: "Out of Egypt I called my son."(MT 2:14-15)

□ leave for ~으로 떠나다

요셉이 일어나서 밤에 아기와 그의 어머니를 데리고 애굽으로 떠나가 헤롯이 죽기까지 거기 있었으니 이는 주께서 선지자를 통하여 말씀하신바 애굽으로부터 내 아들을 불렀다 함을 이루려 하심이니라(마 2:14-15)

② Very early in the morning, while it was still dark, Jesus got up, left the house and went off to a solitary place, **where** he prayed.(MK 1:35)

새벽 아직도 밝기 전에 예수께서 일어나 나가 한적한 곳으로 가사 거기서 기도하시더니(막 1:35)

▸▸ when

③ As long as it is day, we must do the work of him who sent me. Night **is coming**, **when** no one can work.(JN 9:4)

□ when의 선행사는 night

때가 아직 낮이매 나를 보내신 이의 일을 우리가 하여야 하리라 밤이 오리니 그 때는 아무도 일 할 수 없느니라(요 9:4)

④ They **were looking** intently **up** into the sky as he was going, **when** suddenly two men dressed in white stood beside them. "Men of Galilee," they said, "why do you stand here looking into the sky? This same Jesus, who has been taken from you into heaven, will come back in the same way you have seen him go into heaven." (AC 1:10-11)

올라가실 때에 제자들이 자세히 하늘을 쳐다보고 있는데 흰 옷 입은 두 사람이 그들 곁에 서서 이르되 갈릴리 사람들아 어찌하여 하늘을 쳐다보느냐 너희 가운데서 하늘로 올려지신 이 예수는 하늘로 가심을 본 그대로 오시리라 하였느니라(행 1:10-11)

B. because

1. 제한

- because는 주절 뒤에 오며 because 앞에 comma가 없다.
- 주절은 이미 알려진 내용인데 비해 because가 핵심 내용이며 새로운 정보다.
- because는 주절의 의미상 전제가 된다.

▸▸ 주절이 부정일 때

① They said to the woman, "We **no longer** believe **just because of** what you said; now we have heard for ourselves, and we know that this man really is the Savior of the world."(JN 4:42)

그 여자에게 말하되 이제 우리가 믿는 것은 네 말로 인함이 아니니 이는 우리가 친히 듣고 그가 참으로 세상의 구주 신 줄 앎이라 하였더라(JN 4:42)

▻ 우리가 믿는다. 그런데 그것이 네가 말한 것 때문이 아니다

② "Why wasn't this perfume sold and the money given to the poor? It was worth a year's wages." He **did not** say this **because** he cared about the poor but **because** he was a thief; as keepers of the money bag, he used to help himself to what was put into it.(JN 12:5-6)

□ care about 걱정하다, 염려하다 / help himself to ~을 훔치다, 착복하다

이 향유를 어찌 삼백 데나리온에 팔아 가난한자들에게 주지 아니하였느냐 하니 이렇게 말함은 가난한 자들을 생각함이 아니요 그는 도둑이라 돈궤를 맡고 거기 넣는 것을 훔쳐 감이러라(요 12:5-6)

▻ 말을 안 한 것이 아니라 이렇게 말을 했다. 그 이유가 가난한 자들을 생각해서가 아니다. 이렇게 말한 이유는 그가 도둑놈이었기 때문이라는 것이다.

▸▸ 주절이 긍정일 때

③ And when you pray, do not keep on babbling like pagans, for they think they will be heard **because of** their many words.(MT 6:7)

또 기도할 때에 이방인과 같이 중언부언하지 말라 그들은 말을 많이 하여야 들으실 줄 생각하느니라(마 6:7)

▻ 말을 많이 하지 않으면 들리지 않을 것이라는 전제가 있다.

④ A woman giving birth to a child has pain **because** her time has come; but when her baby is born she forgets the anguish **because of** her joy that a child is born into the world.(JN :16:21)

□ give birth to 해산하다, 아이를 낳다

여자가 해산하게 되면 그 때가 이르렀으므로 근심하나 아기를 낳으면 세상에 사람 난 기쁨으로 말미암아 그 고통을 다시 기억하지 아니하느니라(요 :16:21)

▻ 해산의 때가 이르지 않으면 고통도 없다.' / '기쁨이 없다면 그 고통을 잊어버릴 수 없다.'는 전 제가 있다.

2. 비제한

▸ because는 주절과 comma로 분리되며 because는 주절 앞이나 뒤에 올 수 있다.
▸ 주절과 because는 둘 다 새로운 정보가 되며 각각 독립적 의미를 갖는다.

▸▸ 주절(S V), + because

① When you ask, you do not receive, **because** you ask with wrong motives, that you may spend what you get on your pleasures.(JAS 4:3)

□ ask with wrong motives 잘못 구하다

구하여도 얻지 못하는 것은 정욕으로 쓰려고 잘못 구하기 때문이라(약 4:3)

② Dear friends, let us love one another, for love comes from God. Everyone who loves has been born of God and knows God. Whoever does not love does not know God, **because** God is love.(1JN 4:7-8)

□ be born of God 하나님에게서 태어나다

사랑하는 자들아 우리가 서로 사랑하자 사랑은 하나님께 속한 것이니 사랑하는 자마다 하나님께로 나서 하나님을 알고 사랑하지 아니하는 자는 하나님을 알지 못하나니 하나님은 사랑이심이라(요일 4:7-8)

▸▸ Because~, 주절(S V)

③ Then Jesus told him, "**Because** you have seen me, you have believed; blessed are those who have not seen and yet have believed."(JN 21:29)

예수께서 이르시되 너는 나를 본고로 믿느냐 보지 못하고 믿는 자들은 복 되도다 하시니라(요 21:29)

④ **Because** he himself suffered when he was tempted, he is able to help those who are being tempted.(HEB 2:18)

그가 시험을 받아 고난을 당하셨은즉 시험 받는 자들을 능히 도우실 수 있느니라(히 2:18)

C. when

1. 제한

- ▸ when절은 주절 뒤에 오며 when절 앞에 comma가 없다.
- ▸ 주절은 이미 알려진 내용인데 비해 when절이 핵심 내용이며 새로운 정보다.
- ▸ when절은 주절의 의미상 전제가 된다.

① But you will receive power **when** the Holy Spirit comes on you and you will be my witnesses in Jerusalem, and in all Judea and Samaria and to the ends of the earth.(AC 1:8)

오직 성령이 너희에게 임하시면 너희가 권능을 받고 예루살렘과 온 유대와 사마리아와 땅 끝까지 이르러 내 증인이 되리라(행 1:8)

▻ 성령이 임할 때에만 권능을 받는다. 그렇지 않으면 권능을 받지 못한다는 전제가 들어있다.

② In the case of a will, it is necessary to prove the death of the one who made it, because a will is in force **only when** somebody has died; it never takes effect while the one who made it is living.(HEB 9:16-17)

▫ will 유언 / be in force 유효하다, 효력을 발휘하다

유언은 유언한 자가 죽어야 되나니 유언은 그 사람이 죽은 후에야 유효한즉 유언한 자가 살아 있는 동안에는 효력이 없느니라(히 9:16-17)

▻ 유언을 한 자가 죽지 않을 때에는 유언의 효력이 없다는 전제가 들어있다.

2. 비제한

- ▸ when절은 주절과 comma로 분리되며 when절은 주로 주절 앞에 온다.
- ▸ 주절과 when절은 둘 다 새로운 정보가 되며 각각 독립적 의미를 갖는다.

● **When** you pray, go into your room, close the door and pray to your Father, who is unseen. Then your Father, who sees what is done in secret, will reward you.(MT 6:6)

너는 기도할 때에 네 골방에 들어가 문을 닫고 은밀한 중에 계신 네 아버지께 기도하라 은밀한 중에 보시는 네 아버지께서 갚으시리라(마 6:6)

▻ 비제한이므로 '기도하지 않을 때에는 방에 들어가지 말라'는 의미의 전제는 들어있지 않다.

Q&A 세상영어

Q1 관계 대명사, 관계부사로 말할 때, 제한과 비제한의 의미차이가 생기는 예들을 말해 봅시다.

A1 A. 제한과 비제한의 의미차이가 생기는 경우

ⓐ I have two children **who** go to church.(제한)
교회에 다니는 자식이 둘 있다.

▻ 자식이 모두 몇 명인지는 모르지만 교회에 다니는 자식은 둘이란 의미.

ⓑ I have two children, **who** go to church.(비제한)
자식이 둘 있는데 이들은 교회에 다닌다.

▻ 자식이 모두 두 명인데 이들이 모두 교회에 다닌다.

ⓒ I will wear no clothes **that** will distinguish me from common people.(제한)
나는 나를 보통사람과 구별시켜 주는 옷은 입지 않을 것이다.

▻ 옷을 입는다. 하지만 이 옷은 보통사람들이 입는 옷과 다르지 않다.

ⓓ I will wear no clothes, **which** will distinguish me from common people.(비제한)
나는 옷을 입지 않을 것인데 이것이 나를 일반 사람과 구별시켜 줄 것이다.

▻ which의 선행사는 앞 문장 전체. 발가벗을 것이다.

B. 제한으로만 말하는 경우

▸▸ 선행사가 부정대명사일 때

ⓐ **He (Everyone, Anyone, Those, All) who** would pass a state examination have to study at least more than twelve hours a day.
국가고시에 합격하려는 사람은(누구나, 누구라도, 사람들은, 사람들 모두는) 적어도 하루 12시간 이상 공부 하지 않으면 안 된다.

ⓑ **He (Everyone, Anyone, Those, All), who** would pass a state examination have to study at least more than twelve hours a day.(?)

▷ '사람은 (누구나, 누구라도, 사람들은, 사람들 모두는) 국가시험에 합격하고 싶어 하는데'라는 의미가 되어 말자체가 성립하지 않는다.

ⓒ **He (Everyone, Anyone, Those, All) who** like(s) sports is(are) not always healthy.
운동을 좋아하는 사람이라고 항상 건강한 것은 아니다.

ⓓ **He (Everyone, Anyone, Those, All), who** like(s) sports is(are) not always healthy.(?)

▷ '사람은 누구나 운동을 좋아한다'라는 말은 성립되지 않는다.

C. 비제한으로만 말 하는 경우

(1) 시간 순서에 따라 주절 다음에 관계사 절이 일어날 때

ⓐ My father bought me a bicycle, **which** was stolen yesterday.
아버지가 나에게 자전거 한대를 사주셨는데 어제 그것을 잃어버렸다.

ⓑ My father bought me a bicycle **which** was stolen yesterday.(?)

ⓒ My mother made me a birthday cake, **which** my brother ate up all.
어머니가 나에게 생일 케이크를 만들어 주셨는데 동생이 그것을 모두 먹어치웠다.

ⓓ My mother made me a birthday cake **which** my brother ate up all.(?)

(2) 앞 문장 전체가 선행사일 때

ⓐ I walk for an hour every morning, **which** keeps me in health.
매일 아침마다 한 시간씩 걷는데 이것이 나를 건강하게 한다.

ⓑ I walk for an hour every morning **which** keeps me in health.(?)

ⓒ I tried to persuade him, **which** turned out to be of no use.
그를 설득하려 했지만 그것은 결국 수포로 돌아갔다.

ⓓ I tried to persuade him **which** turned out to be of no use.(?)

ⓔ She is fond of snakes, **which** surprises me.
그녀는 뱀을 좋아하는데 이것이 나를 놀라게 한다.

ⓕ She is fond of snakes **which** surprises me.(?)

Q2 because, when으로 말할 때, 제한과 비제한의 의미차이가 생기는 예들을 말해 봅시다.

A2 [주절이 부정일 때]

제한과 비제한의 의미가 정반대

ⓐ I didn't marry her **because** she was rich.(제한)
그녀가 부자라서 그녀와 결혼한 것은 아니다.
▻ 그녀와 결혼 했다.

ⓑ I **didn't** marry her, **because** she was rich.(비제한)
그녀가 부자라서 그녀와 결혼하지 못했다.
▻ 그녀와 결혼 하지 않았다.

ⓒ He **didn't** marry her **because** he loved her.(제한)
그는 그녀를 사랑했기 때문에 결혼한 것은 아니다.
▻ 그녀와 결혼 했다.

ⓓ He **didn't** marry her, **because** he loved her.(비제한)
그는 그녀를 사랑했기 때문에 결혼하지 않았다.
▻ 그녀와 결혼하지 않았다.

ⓔ I **didn't** see her **when** I was in the U.S.(제한)
내가 미국에 있을 때에 그녀를 만난 것은 아니다.
▻ 그녀를 만났다.

ⓕ I **didn't** see her, **when** I was in the U.S.(비제한)
내가 미국에 있을 때에 그녀를 만나지 못했다.
▻ 그녀를 만나지 못했다.

[주절이 긍정일 때]

제한과 비제한의 표면적인 의미차이는 생기지 않는다.

(1) because

ⓐ I will marry her **because** she believes in Jesus.(제한)
그녀가 예수를 믿기 때문에 나는 그녀와 결혼할 것이다.
▻ 그녀가 예수를 믿지 않으면 결혼하지 않을 것이란 전제가 들어있다.

DAY 27. 제한과 비제한

ⓑ I will marry her, **because** she believes in Jesus.(비제한)
= **Because** she believes in Jesus, I will marry her.(비제한)

▻ 전제가 들어 있지 않다.

ⓒ She got the job **because** she was the best candidate.(제한)
그녀가 가장 좋은 후보자였기 때문에 직업을 얻었다.

▻ 그녀가 최고의 후보자가 아니었다면 직업을 얻지 못했을 것이란 전제가 들어있다.

ⓓ She got the job, **because** she was the best candidate.(비제한)
= **Because** she was the best candidate, she got the job.(비제한)

▻ 전제가 들어 있지 않다.

ⓔ She ate nothing for dinner **because** she was on a diet.(제한)
그녀는 다이어트 하는 중이기 때문에 저녁에 아무것도 안 먹는다.

▻ 그녀가 다이어트 중이 아니었다면 무언가를 먹었을 것이란 전제가 들어있다.

ⓕ She ate nothing for dinner, **because** she was on a diet.(비제한)
= **Because** she was on a diet, she ate nothing for dinner.(비제한)

▻ 전제가 들어 있지 않다.

(2) when

ⓐ My teeth smart **when** I eat something cold.(제한)
차가운 음식을 먹을 때 이가 시리다.

▻ 차가운 음식을 먹지 않을 때에는 이가 시리지 않다는 전제가 들어있다.

ⓑ My teeth smart, when I eat something cold.(비제한)
= **When** I eat something cold, my teeth smart.(비제한)

▻ 전제가 들어 있지 않다.

ⓒ He was just a bench warmer on the soccer team **when** he was young.(제한)
그는 어렸을 때 축구팀에서 단지 후보 선수였다.

▻ 지금은 후보 선수가 아니라는 전제가 들어있다.

ⓓ He was just a bench warmer on the soccer team, **when** he was young.(비제한)
=**When** he was young, He was just a bench warmer on the soccer team.(비제한)

▻ 전제가 들어 있지 않다.

Check-up 세상영어

I. Compare the followings:

1. ⓐ The bear gave birth to a cub **which** was very healthy.
   ⓑ The bear gave birth to a cub, **which** was very healthy.
2. ⓐ He said nothing **which** made me angry.
   ⓑ He said nothing, **which** made me angry.
3. ⓐ He did not go to church **because** he was afraid of his father.
   ⓑ He did not go to church, **because** he was afraid of his father.
4. ⓐ I did not see a deer **when** I climbed the mountain.
   ⓑ I did not see a deer, **when** I climbed the mountain.

II. In the followings, one of the pair is not correct. Can you explain why?

1. ⓐ She copied my report **which** made me angry.
   ⓑ She copied my report, **which** made me angry.
2. ⓐ She likes to eat dog meat **which** surprises me.
   ⓑ She likes to eat dog meat, **which** surprises me.
3. ⓐ He travelled to Europe **where** he stayed for a month.
   ⓑ He travelled to Europe, **where** he stayed for a month.
4. ⓐ He stayed in Africa for a week **when** he was affected with malaria.
   ⓑ He stayed in Africa for a week, **when** he was affected with malaria.
5. ⓐ He **who** smokes always doesn't die young.
   ⓑ He, **who** smokes always doesn't die young.
6. ⓐ Everyone **who** travels to Africa must have an injection against malaria.
   ⓑ Everyone, **who** travels to Africa must have an injection against malaria.
7. ⓐ Yesterday I went fishing at the river, **where** I saw a lot of cranes.
   ⓑ Yesterday I went fishing at the river **where** I saw a lot of cranes.

8. ⓐ She stayed in Rome for three years, **when** she studied fashion and design.
ⓑ She lived in Rome for three years **when** she studied fashion and design.

III. Translate the followings into English.

1. 우리는 **일반석을 타고 여행했는데 일반석은** 일등석 보다 싸지만 더 혼잡했다.

2. 나는 **일주일에 두세 번 배드민턴을 하는데 이것이** 나의 건강을 지켜준다.

3. 그는 자기가 나를 **어제 스키장에서 보았다고 말하고 있는데 그것은** 새빨간 거짓말이다.
   ▫ 스키장 ski resort / 새빨간 거짓말 a downright lie

4. 항구는 **피난민들로 혼잡했는데 그들 대부분은** 부상을 입고 있었다.

5. **브라운은 타이어가 매우 낡았는데** 비포장도로를 타겠다고 고집했다.

6. 그는 대한해협을 **수영으로 건너갔는데 이것은** 전에 결코 이뤄지지 않았던 일이었다.
   ▫ 대한해협 the Straits of Korea / 수영으로 건너다 swim across

7. 그는 **내가 말한 것을 전혀 믿지 않는데 이것이** 나를 무척 괴롭힌다.

8. 그는 **헝겊 청바지를 입고 지난주 결혼식에 갔는데, 이것이 다른 성도들을 놀라게 했는데, 사람들 대부분은** 정장을 하고 있었다.
   ▫ 헝겊조각 청바지 patched blue jeans / 정장하다 be in full uniform

9. 어제 슈퍼마켓에서 **달걀 열개를 샀는데 그중 네 개**가 상한 것이었다.

10. 나는 **일곱 살 때에 시골로 이사 갔는데 거기서** 초등학교에 입학했다.

11. 그녀는 캐나다에서 **3년 동안 살았는데, 그때에** 스키 타는 법을 배웠다.

12. 나는 **목욕하고 있었기 때문에** 문을 열 수가 없었다.

13. 나는 그가 **담배 때문이 아니라 심한 스트레스 때문에** 암에 걸렸다고 믿는다.

14. **너를 보고 싶어서 여기 온 것이** 아니다.

Answer to Check-Up I

1. ⓐ 곰이 건강한 새끼 한 마리를 낳았다. ⇒ 모두 몇 마리를 낳았는지는 알 수 없다.
   ⓑ 곰이 새끼 한 마리를 낳았는데 그 놈은 건강했다. ⇒ 모두 한 마리를 낳았다.
2. ⓐ 그는 나를 화나게 하는 말은 전혀 하지 않았다 .⇒ 말을 하기는 했다.
   ⓑ 그는 아무 말도 안했는데 그것이 나를 화나게 했다. ⇒ 말 자체를 안 했다.
3. ⓐ 그는 교회 다녔다. 그런데 아버지가 두려워서 다닌 것은 아니었다.
   ▻ ⓐ는 because절 앞에 comma가 없으므로 제한이다. 교회에 다녔다.
   ⓑ 아버지가 두려워서 교회에 다니지 않았다.
   ▻ ⓑ는 because절 앞에 comma가 있으므로 비제한이다. 교회에 다니지 않았다.
4. ⓐ 노루(사슴)를 보았는데 등산할 때 본 것은 아니다.
   ▻ ⓐ는 when절 앞에 comma가 없으므로 제한이다. 노루(사슴)를 보았다.
   ⓑ 등산할 때 노루(사슴)를 보지 못했다.
   ▻ ⓑ는 when절 앞에 comma가 있으므로 비제한이다. 노루(사슴)를 보지 못했다.

Answer to Check-Up II

1. ⓐ 관계대명사 제한은 말이 안 된다. ⓑ 관계대명사 비제한만 가능하다.
   ⓐ She copied my report which made me angry.(?)
   ▻ 나를 화나게 하는 리포트란 말은 있을 수 없다.
   ⓑ 그녀는 내 리포트를 베꼈는데 그것이 나를 화나게 했다.
2. ⓐ 관계대명사 제한은 말이 안 된다. ⓑ관계대명사 비제한만 가능하다.
   ⓐ She likes to eat dog meat which surprises me.(?)
   ▻ 나를 놀라게 하는 개고기가 따로 존재하는 것이 아니다.
   ⓑ 그녀는 개고기를 무척 좋아하는데 이것이 나를 놀라게 한다.
3. ⓐ 관계부사 제한은 말이 안 된다. ⓑ관계부사 비제한만 가능하다.
   ⓐ He travelled to Europe where he stayed for a month.(?)
   ▻ 시간의 순서대로 여행하고 그 다음 머문 것이다.
   ⓑ 그는 유럽으로 여행했는데 거기서 한 달간 머물렀다.
4. ⓐ 관계부사 제한은 말이 안 된다. ⓑ 관계부사 비제한만 가능하다.
   ⓐ He stayed in Africa for a week when he was affected with malaria.(?)
   ▻ '말라리아에 걸린 일주일?'이란 말은 성립이 안 된다.
   ⓑ 그는 아프리카에 일주일 머물렀는데 그 때 말라리아에 걸렸다.
5. ⓐ 관계대명사 제한만 말이 된다. ⓑ 관계대명사 비제한으로 말할 수 없다.
   ⓐ 담배를 피우는 사람이 항상 일찍 죽는 것은 아니다.

ⓑ He, who smokes always doesn't die young.(?)

▻ '사람이면 누구나 담배를 피운다'(He, who smokes)라고 말할 수 없다.

6. ⓐ 관계대명사 제한만 말이 된다. ⓑ 관계대명사 비제한으로 말할 수 없다.

ⓐ 아프리카로 여행하는 사람은 누구나 말라리아 예방주사를 맞아야 한다.

ⓑ Everyone, who travels to Africa must have an injection against malaria.(?)

▻ 사람이면 누구나 아프리카로 여행하는 것은 아니다.

7. ⓐ 관계부사 비제한만 가능하다. ⓑ 관계부사 제한은 말이 안 된다.

ⓐ 어제 나는 강에 낚시하러 갔는데 거기서 많은 학을 보았다.

ⓑ Yesterday I went fishing at the river where I saw a lot of cranes.(?)

▻ '내가 많은 학을 본 강'이란 말은 자연스럽지 못하다. 있을 수 없다.

8. ⓐ 관계부사 비제한만 가능하다. ⓑ 관계부사 제한은 말이 안 된다.

ⓐ 그녀는 로마에 3년간 머물렀는데 그 때에 패션과 디자인을 공부했다.

ⓑ She lived in Rome for three years when she studied fashion and design.(?)

▻ '패션과 디자인을 공부했던 3년간'이란 말은 성립할 수 없다.

Answer to Check-Up III

1. We travelled economy class (second class), **which** is cheaper than first class but more crowded.
2. I play badminton a couple of times a week, **which** keeps me in good health.
3. He says that he saw me at the library yesterday, **which** is a downright lie.
4. The port was crowded with refugees, **most of whom** were wounded.
5. Brown, **whose tires** were very old insisted to take an unpaved road.
6. He swam across the Straits of Korea, **which** had never been done before.
7. He doesn't believe what I said at all, **which** annoys me very much.
8. He went to the wedding ceremony in patched blue jeans last week, **which** surprised the other believers, **most of whom** were in full uniform.
9. I bought ten eggs at the supermarket yesterday, **four of which** were rotten.
10. **When** I was seven years old, I moved to the country, **where** I entered the elementary school.
11. She lived in Canada for three years, **when** she learned how to ski.
12. I couldn't open the door, **because** I was bathing.
    = **Because** I was bathing, I couldn't open the door.
13. I believe that he did not get cancer **because of** smoking, but **because of** too much stress.
14. I don't come here **because** I'd like to see you.

Reading & Listening 성경영어

▸▸ **비제한 관계대명사 who / whose / whom**

① When this man heard that Jesus had arrived in Galilee from Judea, he went to him and begged him to come and heal his son, **who** was close to death. "Unless you people see miraculous signs and wonders," Jesus told him, "you will never believe." The royal official said, "Sir, come down before my child dies." Jesus replied, "You may go. Your son will live."(JN 4:47-50)

□ be close to 곧 ~할 것 같다

그가 예수께서 유대로부터 갈릴리로 오셨다는 것을 듣고 가서 청하되 내려오셔서 내 아들의 병을 고쳐 주소서 하니 그가 거의 죽게 되었음이라 예수께서 이르시되 너희는 표적과 기사를 보지 못하면 도무지 믿지 아니하리라 신하가 이르되 주여 내 아이가 죽기 전에 내려오소서 예수께서 이르시되 가라 네 아들이 살아있다 하시니(요 4:47)

② I have been crucified with Christ and I no longer live, but Christ lives in me. he life I live in the body, I live by faith in the Son of God, **who** loved me and gave himself for me.(GAL 2:20)

이제 내가 그리스도와 함께 십자가에 못 박혔나니 그런즉 이제는 내가 사는 것이 아니요 오직 내 안에 그리스도께서 사시는 것이라 이제 내가 육체가운데 사는 것은 나를 사랑하사 나를 위하여 자기 몸을 버리신 하나님의 아들을 믿는 믿음 안에서 사는 것이라(갈 2:20)

③ John answered them all, "I baptize you with water. But one more powerful than I will come, the thongs of **whose** sandals I am not worthy to untie. He will baptize you with the Holy Spirit and with fire.(LK 3:16)

요한이 모든 사람에게 대답하여 이르되 나는 물로 너희에게 세례를 베풀거니와 나보다 능력이 많으신 이가 오시나니 나는 그의 신발 끈을 풀기도 감당하지 못하겠노라 그는 성령과 불로 너희에게 세례를 베푸실 것이요(눅 3:16)

④ For Herod himself had given orders to have John arrested, and he had him bound and put in prison. He did this because of Herodias, his brother Philip's wife, **whom** he had married. For John had been saying to Herod, "It is not lawful for you to have your brother's wife."(MK 6:17-18)

전에 헤롯이 자기가 동생 빌립의 아내 헤로디아에게 장가든 고로 이 여자를 위하여 사람을 보내어 요한을 잡아 옥에 가두었으니 이는 요한이 헤롯에게 말하되 동생의 아내를 취한 것이 옳지 않다 하였음이라(막 6:17-18)

⑤ When Jesus rose early on the first day of the week, he appeared first to Mary Magdalene, **out of whom** he had driven seven demons. She went and told those who had been with him and who were mourning and weeping. When they heard that Jesus was alive and that she had seen him, they did not believe it.(MK 16:9-11)

예수께서 안식일 후 첫날 이른 아침에 살아나신 후 전에 일곱 귀신을 쫓아내어 주신 막달라 마리아에게 먼저 보이시니 마리아가 가서 예수와 함께 하던 사람들이 슬퍼하며 울고 있는 중에 이 일을 알리매 그들은 예수께서 살아나셨다는 것과 마리아에게 보이셨다는 것을 듣고도 믿지 아니하니라(막 16:9-11)

⑥ All this I have spoken while still with you. But the Counselor, the Holy Spirit, **whom** the Father will send in my name, will teach you all things and will remind you of everything I have said to you.(JN 14:25-26)

내가 아직 너희와 함께 있어서 이 말을 너희에게 하였거니와 보혜사 곧 아버지께서 내 이름으로 보내실 성령 그가 너희에게 모든 것을 가르치고 내가 너희에게 말한 모든 것을 생각나게 하리라(요 14:25-26)

⑦ Do you not know that your body is a temple of the Holy Spirit, who is in you, **whom** you have received from God? You are not your own; you were bought at a price. Therefore honor God with your body.(1CO 6:19-20)

□ be bought at a price 값으로 산 것이 되다

너희 몸은 너희가 하나님께로부터 받은바 너희 가운데 계신 성령의 전인 줄을 알지 못하느냐 너희는 너희의 것이 아니라 값으로 산 것이 되었으니 그런즉 너희 몸으로 하나님께 영광을 돌리라(고전 6:19-20)

▸▸ 비제한 관계대명사 which / - / which

⑧ When I consider your heavens, the work of your fingers, the moon and the stars, **which** you have set in place, what is man that you are mindful of him, the son of man that you care for him?(PS 8:3-4)

주의 손가락으로 만드신 주의 하늘과 주께서 베풀어 두신 달과 별들을 내가 보오니 사람이 무엇이기에 주께서 그를 생각하시며 인자가 무엇이기에 주께서 그를 돌보시나이까(시 8:3-4)

⑨ Children, obey your parents in the Lord, for this is right. "Honor your father and mother." – **which** is the first commandment with a promise – "that it may go well with you and that you may enjoy long life on the earth."(EPH 6:1-3)

자녀들아 너희 부모를 주 안에서 순종하라 이것이 옳으니라 네 아버지와 어머니를 공경

하라 이것은 약속이 있는 첫 계명이니 이로써 네가 잘되고 땅에서 장수하리라(엡 6:1-3)

⑩ Do not be anxious about anything, but in everything, by prayer and petition, with thanksgiving, present your requests to God. And the peace of God, **which** transcends all understanding, will guards your hearts and your minds in Christ Jesus.(PHP 4:6-7)

아무 것도 염려하지 말고 오직 모든 일에 기도와 간구로 너희 구할 것을 감사함으로 하나님께 아뢰라 그리하면 모든 지각에 뛰어난 하나님의 평강이 그리스도 예수 안에서 너희 마음과 생각을 지키시리라(빌 4:6-7)

⑪ I have fought the good fight, I have finished the race, I have kept the faith. Now there is in store for me the crown of righteousness, **which** the Lord, the righteous Judge, will award to me on that day and not only to me, but also to all who have longed for his appearing.(2TI 4:7-8)

□ there is in store for me the crown 나에게 면류관이 예비되다

나는 선한 싸움을 싸우고 나의 달려갈 길을 마치고 믿음을 지켰으니 이제 후로는 나를 위하여 의의 면류관이 예비되었으므로 주 곧 의로우신 재판장이 그날에 내게 주실 것이며 내게만 아니라 주의 나타나심을 사모하는 모든 자에게도니라(딤후 4:7-8)

⑫ My dear brothers, take note of this: Everyone should be quick to listen, slow to speak and slow to become angry, for man's anger does not bring about the righteous life that God desires. Therefore, get rid of all moral filth and the evil that is so prevalent and humbly accept the word planted in you, **which** can save you.(JAS 1:19-21)

내 사랑하는 형제들아 너희가 알지니 사람마다 듣기는 속히 하고 말하기는 더디 하며 성내기도 더디 하라 사람이 성내는 것이 하나님의 의를 이루지 못함이라 그러므로 모든 더러운 것과 넘치는 악을 내버리고 너희 영혼을 능히 구원할 바 마음에 심어진 말씀을 온유함으로 받으라(약 1:19-21)

▸▸ 비제한 관계부사

⑬ Some fell on rocky places, **where** it did not have much soil. It sprang up quickly, because the soil was shallow. But when the sun came up, the plants were scorched, and they withered because they had no root.(MK 4:5-6)

□ shallow 얕은 / scorch 눋게 하다 그슬리다 / wither 시들다

더러는 흙이 얕은 돌밭에 떨어지매 흙이 깊지 아니하므로 곧 싹이 나오나 해가 돋은 후에 타서 뿌리가 없으므로 말랐고(막 4:5-6)

⑭ If your hand causes you to sin, cut it off. It is better for you to enter life maimed than with two hands to go into hell, **where** the fire never goes out.(MK 9:43)

□ maimed 장애인으로 , maim ~을 불구가 되게 하다

만일 네 손이 너를 범죄하게 하거든 찍어버리라 장애인으로 영생에 들어가는 것이 두 손을 가지고 지옥 곧 꺼지지 않는 불에 들어가는 것보다 나으니라(막 9:43)

▸▸ 제한 because / when

⑮ Never again will I curse the ground **because of** man, even though every inclination of his heart is evil from childhood. And never again will I destroy all living creatures, as I have done.(GE 8:21)

□ Never again will I~ ← I will never again~ 부정어 부사 Never강조로 어순도치

□ Never again will I curse the ground because of man 저주해도 사람 때문에 저주하지는 않는다.

내가 다시는 사람으로 말미암아 땅을 저주하지 아니하리니 이는 사람의 마음이 계획하는 바가 어려서부터 악함이라 내가 전에 행한 것같이 모든 생물을 다시 멸하지 아니하리니(창 8:21)

⑯ I rejoice greatly in the Lord that at last you have renewed your concern for me. Indeed, you have been concerned, but you had no opportunity to show it. I am not saying this **because** I am in need, for I have learned to be content whatever the circumstances.(PHL 4:10-11)

내가 주 안에서 크게 기뻐함은 너희가 나를 생각하던 것이 이제 다시 싹이 남이니 너희가 또한 이를 위하여 생각은 하였으나 기회가 없었느니라 내가 궁핍하므로 말하는 것이 아니니라 어떠한 형편에든지 나는 자족하기를 배웠노라(빌 4:10-11)

⑰ He said to them, "Listen to this dream I had: we **were binding** sheaves of grain out in the field **when** suddenly my sheaf rose and stood upright, while your sheaves gathered around mine and bowed down to it."(GE 37:6-7)

요셉이 그들에게 이르되 청하건대 내가 꾼 꿈을 들으시오 우리가 밭에서 곡식 단을 묶더니 내 단은 일어서고 당신들의 단은 내 단을 둘러서서 절하더이다(창 37:6-7)

▻ 주절이 진행시제 일 때에는 주절부터 '~하고 있을 때'라고 새기고 그다음 when절을 해석한다. ⇨ Day 32. 시간 부사절 when

⑱ The people were amazed **when** they saw the mute speaking, the crippled made well, the lame walking, the blind seeing. And they praise the God of Israel.(MT 15:31)

□ saw the crippled(O) made well(O.C) ; (목적어와 목적보어는 수동관계) 장애인이 온전하게 되고

말 못하는 사람이 말하고 장애인이 온전하게 되고 다리 저는 사람이 걸으며 맹인이 보는 것을 보고 놀랍게 여겨 이스라엘의 하나님께 영광을 돌리니라(마 15:31)

Writing & Speaking 성경영어

① 그는 시냇가에 심은 나무가 철을 따라 열매를 맺으며 그 잎사귀가 마르지 아니함 같으니 그가 하는 모든 일이 다 형통하리로다(시 1:3)

He is like a tree planted by streams of water, **which** yields fruit in season and **whose leaf** does not wither. Whatever he does prospers.(PS 1:3)

② 너는 구제할 때에 오른손이 하는 것을 왼손이 모르게 하여 네 구제함을 은밀하게 하라 은밀한 중에 보시는 너의 아버지께서 갚으시리라(마 6:3-4)

When you give to the needy, do not let your left hand know what your right hand is doing, so that your giving may be in secret. Then your Father, **who** sees what is done in secret, will reward you.(MT 6:3-4)

③ 너희를 위하여 보물을 땅에 쌓아 두지 말라 거기는 좀과 동록이 해하며 도둑이 구멍을 뚫고 도둑질하느니라 오직 너희를 위하여 보물을 하늘에 쌓아 두라 거기는 좀이나 동록이 해하지 못하며 도둑이 구멍을 뚫지도 못하고 도둑질도 못하느니라(마 6:19-20)

Do not store up for yourselves treasures on earth, **where** moth and rust destroy, and **where** thieves break in and steal. But store up for yourselves treasures in heaven, **where** moth and rust do not destroy, and **where** thieves do not break in and steal.(MT 6:19-20)

④ 너희는 내가 일러준 말로 이미 깨끗하여졌으니(요 15:3)

You are already clean **because of** the word I have spoken to you.(JN 15:3)

⑤ 술 취하지 말라 이는 방탕한 것이니 오직 성령으로 충만함을 받으라(엡 5:18)

□ 방탕 debauchery

Don't get drunk on wine, **which** leads to debauchery. Instead, be filled with the Spirit.(EPH 5:18)

⑥ 너희 중에 누구든지 지혜가 부족하거든 모든 사람에게 후히 주시고 꾸짖지 아니하시는 하나님께 구하라 그리하면 주시리라(약 1:5)

If any of you lacks wisdom, he should ask God, **who** gives generously to all without finding fault, and it will be given to him.(JAS 1:5)

⑦ 누구든지 하나님을 사랑하노라 하고 그 형제를 미워하면 이는 거짓말하는 자니 보는바 그 형제를 사랑하지 아니하는 자는 보지 못하는바 하나님을 사랑할 수 없느니라(요일 4:20-21)

If anyone says, " I love God," yet hates his brother, he is a liar. For anyone **who** does not love his brother, **whom** he has seen, cannot love God, **whom** he has not seen.(1JN 4:20-21)

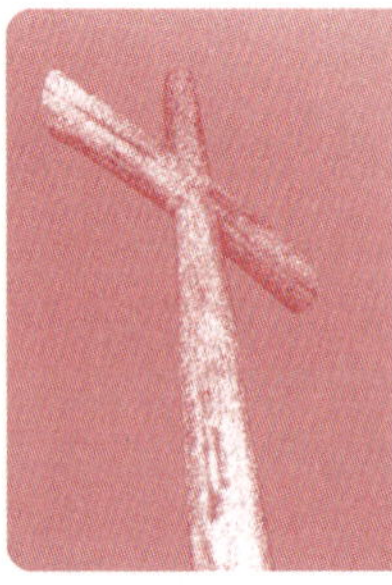

Today's Golden Rule

● And when you pray, do not keep on babbling like pagans, for they think they will be heard **because of** their many words.(MT 6:7)

또 기도할 때에 이방인과 같이 중언부언하지 말라 그들은 말을 많이 하여야 들으실 줄 생각하느니라(마 6:7)

Day 28. 형용사

Verse to Remember
□ 형용사(Adjective):
A. 성상(性狀) 형용사 B. 수량(數量) 형용사 C. 수사(numeral)

A. 성상 형용사

성질이나 상태를 나타내는 형용사: eternal, tall, old, kind, red, English 등

1. 수식

① A **wise** son brings joy to his father, but a **foolish** son grief to his mother.(PR 10:1)
지혜로운 아들은 아비를 기쁘게 하거니와 미련한 아들은 어미의 근심이니라(잠 10:1)

② **New** wine must be poured into **new** wineskins.(LK 5:38)
새 포도주는 새 부대에 넣어야 할 것이니라(눅 5:38)

▸▸ ~thing + 형용사

③ What has been will be again, what has been done will be done again; there is **nothing new** under the sun.(ECC 1:9)
이미 있었던 것이 후에 다시 있겠고 이미 한 일을 후에 다시 할지라 해 아래에는 새것이 없나니(전 1:9)

④ Dear friends, do not be surprised at the painful trial you are suffering, as though **something strange** were happening to you.(1PE 4:12)
사랑하는 자들아 너희를 시련하려고 오는 불 시험을 이상한 일 당하는 것같이 이상히 여기지 말고(벧전 4:12)

▸▸ 수식적 용법으로만 쓰이는 형용사 ⇨ Q_1 & A_1

⑤ Look at the birds of the air. they do not sow or reap or store away in barns, and yet your **heavenly** Father feeds them. Are you not much more valuable than they?(MT 6:26)

공중의 새를 보라 심지도 않고 거두지도 않고 창고에 모아들이지도 아니하되 너희 하늘 아버지께서 기르시나니 너희는 이것들보다 귀하지 아니하냐(마 6:26)

⑥ **Godly** sorrow brings repentance that leads to salvation and leaves no regret, but **worldly** sorrow brings death.(2CO 7:10)

하나님의 뜻대로 하는 근심은 후회할 것이 없는 구원에 이르게 하는 회개를 이루는 것이요 세상 근심은 사망을 이루는 것이니라(고후 7:10)

⑦ Jesus said to them, "My Father is always at his work to this **very** day, and I, too, am working."(JN 5:17)

예수께서 그들에게 이르시되 내 아버지께서 이제까지 일하시니 나도 일한다(요 5:17)

⑧ God so loved the world that he gave his one and **only** Son, that whoever believes in him shall not perish but have eternal life.(John 3:16)

하나님이 세상을 이처럼 사랑하사 독생자를 주셨으니 이는 그를 믿는 자마다 멸망하지 않고 영생을 얻게 하려 하심이라(요 3:16)

2. 서술

(1) 주격 보어

① Do not love sleep or you will grow **poor**; stay **awake** and you will have food to spare.(PR 20:13)

너는 잠자기를 좋아하지 말라 네가 빈궁하게 될까 두려우니라 네 눈을 뜨라 그리하면 양식에 족하리라(잠 20:13)

② Love is **patient**, love is **kind**. It does not envy, it does not boast, it is not **proud**. (1CO 13:4)

사랑은 오래 참고 사랑은 온유하며 투기하는 자가 되지 아니하며 사랑은 자랑하지 아니하며 교만하지 아니하며(고전 13:4)

(2) 목적격 보어

① If you hold to my teaching, you are really my disciples. Then you will know the truth, and the truth will set you **free**.(JN 8:31-32)

- set you(O) free(O.C)~ 너희를 자유롭게(형용사)하다

너희가 내 말에 거하면 참으로 내 제자가 되고 진리를 알지니 진리가 너희를 자유롭게 하리라(요 8:31-32)

② The prayer offered in faith will make the sick person **well**; the Lord will raise him up.(JAS 5:15)

- make the sick person(O) well(O.C)~ 병든 자를 낫게(형용사)하다
- The prayer offered in faith 믿음의 기도 ; offered는 과거분사로 The prayer 수식

믿음의 기도는 병든 자를 구원하리니 주께서 그를 일으키시리라(약 5:15)

③ If I send them home **hungry**, they will collapse on the way, because some of them have come a long distance.(MK 8:3)

만일 내가 그들을 굶겨 집으로 보내면 길에서 기진하리라 그 중에는 멀리서 온 사람들도 있느니라(막 8:3)

▸▸ 서술적 용법으로만 쓰이는 형용사 ⇨ Q_1 & A_1

④ I consider that our present sufferings are **not worth** comparing with the glory that will be revealed in us.(RO 8:18)

생각건대 현재의 고난은 장차 우리에게 나타날 영광과 비교할 수 없도다(롬 8:18)

⑤ Don't get **drunk** on wine, which leads to debauchery.(EPH 5:18)

- debauchery 방탕, 타락

술 취하지 말라 이는 방탕한 것이니(EPH 5:18)

⑥ So then, let us not be like others, who are **asleep**, but let us be **alert** and self-controlled.(1THE 5:6)

그러므로 우리는 다른 이들과 같이 자지 말고 오직 깨어 정신을 차릴지라(살전 5:6)

3. the + 형용사

(1) 복수 명사

① He heals **the brokenhearted** and binds up their wounds.(PS 147:3)

- brokenhearted 상심한, 비탄에 잠긴

(여호와께서) 상심한 자들을 고치시며 그들의 상처를 싸매시는도다(시 147:3)

② He who is kind to **the poor** lends to the LORD, and he will reward him for what he has done.(PR 19:17)

가난한 자를 불쌍히 여기는 것은 여호와께 꾸어 드리는 것이니 그의 선행을 그에게 갚아 주시리라(잠 19:17)

③ Blessed are **the poor in spirit**, for theirs is the kingdom of heaven.
Blessed are **the meek**, for they will inherit the earth.
Blessed are **the merciful**, for they will be shown mercy.
Blessed are **the pure in heart**, for they will see God.(MT 5:3,5,7,8)

심령이 가난한 자는 복이 있나니 천국이 그들의 것임이요
온유한 자는 복이 있나니 그들이 땅을 기업으로 받을 것임이요
긍휼히 여기는 자는 복이 있나니 그들이 긍휼히 여김을 받을 것임이요
마음이 청결한 자는 복이 있나니 그들이 하나님을 볼 것임이요(마 5:3,5,7,8)

(2) 추상 명사

① The good man brings good things out of **the good** stored up in his heart, and the evil man brings evil things out of **the evil** stored up in his heart. For out of the overflow of his heart his mouth speaks.(LK 6:45)

선한 사람은 마음에 쌓은 선에서 선을 내고 악한 자는 그 쌓은 악에서 악을 내나니 이는 마음의 가득한 것을 입으로 말함이니라(눅 6:45)

② Therefore, if anyone is in Christ, he is a new creation; **the old** has gone, **the new** has come.(2CO 5:17)

그런즉 누구든지 그리스도 안에 있으면 새로운 피조물이라 이전 것은 지나갔으니 보라 새것이 되었도다(고후 5:17)

B. 수량 형용사

▸ 수량 형용사의 종류

수(數):	a great number of	many(=a lot of, plenty of)	a few	only a few	(very) few
양(量):	a great deal of	much(=a lot of, plenty of)	a little	only a little	(very) little

(1) 수(number)

① The Lord's hand was with them, and **a great number of** people believed and turned to the Lord.(AC 11:21)

주의 손이 그들과 함께 하시매 수많은 사람들이 믿고 주께 돌아오더라(행 11:21)

② "Put out into deep water, and let down the nets for a catch."(LK 5:4)
When they had done so, they caught such **a large number** of fish that their net began to break.(LK 5:6)

깊은 데로 가서 그물을 내려 고기를 잡으라(눅 5:4)
그렇게 하니 고기를 잡은 것이 심히 많아 그물이 찢어지는지라(눅 5:6)

③ **Many** are the plans in a man's heart, but it is the LORD's purpose that prevails. (PR 19:21)

▫ prevail 우세하다 / it is the LORD's purpose that~: it ~ that 강조 구문

사람의 마음에는 많은 계획이 있어도 오직 여호와의 뜻만이 완전히 서리라(잠 19:21)

④ **Many a** man claims to have unfailing love, but a faithful man who can find?(PR 20:6)

▫ a faithful man who can find?(목적어 도치) ← who can find a faithful man?

많은 사람이 각기 자기의 인자함을 자랑하나니 충성된 자를 누가 만날 수 있으랴(잠 20:6)

⑤ Enter through the narrow gate. For wide is the gate and broad is the road that leads to destruction, and many enter through it. But small is the gate and narrow the road that leads to life, and **only a few** find it.(MT 7:13-14)

좁은 문으로 들어가라 멸망으로 인도하는 문은 크고 그 길이 넓어 그리로 들어가는 자가 많고 생명으로 인도하는 문은 좁고 길이 협착하여 찾는 이가 적음이라(마 7:13-14)

⑥ The harvest is plentiful but the workers are **few**. Ask the Lord of the harvest, therefore, to send out workers into his harvest field.(MT 9:37-38)

추수할 것은 많되 일꾼이 적으니 그러므로 추수하는 주인에게 청하여 추수할 일꾼들을 보내주소서 하라(마 9:37-38)

(2) 양(quantity)

① Once when we were going to the place of prayer, we were met by a slave girl who had a spirit by which she predicted the future. She earned **a great deal of** money for her owners by fortune-telling. (AC 16:16)

우리가 기도하는 곳에 가다가 점치는 귀신들린 여종 하나를 만나니 점으로 그 주인에게 큰 이익을 주는 자라(행 16:16)

② The sleep of a laborer is sweet, whether he eats little or **much**, but the abundance of a rich man permits him no sleep.(ECC 5:12)

- the abundance of a rich man 부자는 그 부요함 때문에

노동자는 먹는 것이 많든지 적든지 잠을 달게 자거니와 부자는 그 부요함 때문에 자지 못하느니라(전 5:12)

③ Jesus said, "Have the people sit down." There was **plenty of** grass in that place, and the men sat down, about five thousand of them. Jesus then took the loaves, gave thanks, and distributed to those who were seated as much as they wanted. He did the same with the fish.(JN 6:10-11)

예수께서 이르시되 이 사람들로 앉게 하라 하시니 그 곳에 잔디가 많은지라 사람들이 앉으니 수가 오천 명쯤 되더라 예수께서 떡을 가져 축사하신 후에 앉아 있는 자들에게 나눠 주시고 물고기도 그렇게 그들이 원하는 대로 주시니라.(요 6:10-11)

④ Whoever can be trusted with **very little** can also be trusted with much, and whoever is dishonest with **very little** will also be dishonest with much.(LK 16:10)

지극히 작은 것에 충성된 자는 큰 것에도 충성되고 지극히 작은 것에 불의한 자는 큰 것에도 불의하니라(눅 6:10)

C. 수 사

1. 기수(cardinal): one, two, three, four hundred, five thousand, six million…
2. 서수(ordinal): the first, the second, the third, the fourth, the fifth, the ninth, the twelfth, the twentieth, the ninetieth
3. 분수(fractional)-분자(기수) / 분모(서수): 1/3 one third, 1/10 one tenth, 2/3 two thirds
4. 배수(multiple): twice, two times, double, three times, four times, five times…

1. 기수

○ Then Jesus was led by the Spirit into the desert to be tempted by the devil. After fasting **forty** days and **forty** nights, he was hungry.(MT 4:1-2)

그때에 예수께서 성령에게 이끌리어 마귀에게 시험받으러 광야로 가사 사십일을 밤낮으로 금식하신 후에 주리신지라(마 4:1-2)

2. 서수

① Many who are **first** will be **last**, and many who are **last** will be **first**.(MT 19:30)

먼저 된 자로서 나중 되고 나중 된 자로서 먼저 될 자가 많으니라(마 19:30)

② Love the Lord your God with all your heart and with all your soul and with all your mind. This is **the first** and greatest commandment. And **the second** is like it: Love your neighbor as yourself. All the Law and the Prophets hang on these two commandments.(MT 22:37-40)

네 마음을 다하고 목숨을 다하고 뜻을 다하여 주 너의 하나님을 사랑하라 하셨으니 이것이 크고 첫째 되는 계명이요 둘째도 그와 같으니 네 이웃을 네 자신과 같이 사랑하라 하셨으니 이 두 계명이 온 율법과 선지자의 강령이니라(마 22:37-40)

3. 분수

○ The Pharisee stood up and prayed about himself: 'God, I thank you that I am not like other men - robbers, evildoers, adulterers or even like this tax collector. I fast twice a week and give **a tenth** of all I get.(LK 18:11-12)

바리새인은 서서 따로 기도하여 이르되 하나님이여 나는 다른 사람들 곧 토색, 불의, 간음을 하는 자들과 같지 아니하고 이 세리와도 같지 아니함을 감사하나이다 나는 이레에 두 번씩 금식하고 또 소득의 십일조를 드리나이다(눅 18:11-12)

4. 배수

① Then Peter came to Jesus and asked, "Lord, **how many times** shall I forgive my brother when he sins against me? Up to **seven times**?" Jesus answered, "I tell you, not **seven times**, but **seventy-seven times** (seventy times seven-NLT)."(MT 18:21-22)

그때에 베드로가 나아와 이르되 주여 형제가 내게 죄를 범하면 몇 번이나 용서하여 주리이까 일곱 번까지 하오리이까 예수께서 이르시되 네게 이르노니 일곱 번 뿐 아니라 일곱 번을 일흔 번까지라도 할지니라(마 18:21-22)

② I tell you, Peter, before the rooster crows today, you will deny **three times** that you know me.(LK 22:34)

베드로야 내가 네게 말하노니 오늘 닭 울기 전에 네가 세 번 나를 모른다고 부인하리라(눅 22:34)

Q&A 세상영어

Q1 어떤 형용사는 명사를 수식만 할 수 있고, 또 어떤 형용사는 명사를 수식할 수 없다. 그 종류를 말하고 예를 말해봅시다.

A1 1. 수식적 용법으로만 쓰이는 형용사

(1) '명사 en' 형용사

- **drunken** driving: **음주** 운전
- a **golden** saying / golden hair: **금**언/**금**발
- a **silken** blouse: **비단** 블라우스
- a **wooden** box: **나무** 상자
- a **woolen** goods: **모직** 제품

(2) '~ er' 형용사

- my **elder** brother(sister)**형(누나)**
- the **former** president **전직** 대통령
- **inner** life: **내적** 생활
- the **outer** world: **외**계
- the **upper** lip(jaw, teeth): **윗**입술(턱, 이)

(3) 기타 형용사

- an **only** son: **외**아들
- a **mere** child: **아직 단지** 아이
- **sheer** nonsense: **정말** 난센스
- **sole** right of use: **독점** 사용권
- the **main** office: **본**사, **본**점
- the **utmost** danger: **극도의** 위험
- this **very** friend of mine: **바로** 이 내 친구
- a **downright** lie: **새빨간** 거짓말

2. 서술적 용법으로만 쓰이는 형용사

(1) 'a~' 형용사

ⓐ Man is **afraid** of death. 인간은 죽음을 **두려워한다.**

ⓑ Millions of livestock were buried **alive** because of foot and mouth disease.
수 백 만 마리의 가축들이 구제역 때문에 **생매장되었다.**

ⓒ The man and the chimpanzee are very much **alike** in a gene.
인간과 침팬지는 유전자에 있어서 **매우 똑같다.**

ⓓ Don't leave the old woman **alone**. 그 늙은 부인을 홀로 놔두지 마시오.

ⓔ You should be **ashamed** of yourself. 너는 너 자신이 **부끄러운 줄 알아야 한다.**

ⓕ Parents always worry about their children **awake** and **asleep**.
자나 깨나 부모는 항상 자식들 걱정을 한다.

ⓖ Most of the cancer patients are not **aware of** their symptoms.
암 환자들의 대부분은 그들의 증상을 **모른다.**

(2) 기타 형용사

ⓐ I am **content with** my country life. 나는 시골생활에 **만족하고 있다.**

ⓑ The old are **subject to** colds at the change of seasons. 노인들은 환절기에 감기 **걸리기 쉽다.**

ⓒ The car is **worth** ten million won at the dearest. 그 차는 비싸봤자 천 만 원 **짜리다.**

ⓓ His behavior is **not worthy of** praise. 그의 행동은 칭찬**할만한 것이 못 된다.**

3. 수식과 서술의 의미가 달라지는 형용사

(1) certain

ⓐ North Korea will never give up the nuclear weapons although **certain** conditions will be met. 비록 **어떤** 조건들이 충족된다 할지라도 북한은 결코 핵무기를 포기하지 않을 것이다.

ⓑ I am not **certain(sure)** what will happen next.
다음번에는 무슨 일이 일어날지 **확신할** 수 없다.

(2) ill

ⓐ **Ill** news runs apace. **나쁜** 소문은 빨리 퍼진다.

ⓑ He was **ill** in bed all day yesterday. 그는 어제 하루 종일 **아파서** 누워있었다.

DAY 28. 형용사

(3) late

ⓐ She reminds me of my **late** mother. 그 여자를 보면 나는 **작고한** 어머니가 생각난다.

ⓑ The young man is always **late** for church. 그 젊은이는 교회**에 항상 늦는다**.

ⓒ We moved here in **late** spring this year. 우리는 올해 **늦은** 봄 여기에 이사 왔다.

(4) right

ⓐ If you agree, raise your **right** hand. 동의하신다면, **오른** 손을 드시오.

ⓑ It is not easy to do what I think is **right**. **옳다**고 생각하는 것을 행하기가 쉽지 않다.

(5) present

ⓐ All the workers are not satisfied with the **present** working conditions.
모든 근로자들이 **현재의** 근로조건에 만족하지 않는다.

ⓑ All the workers are **present** at the strike. 모든 근로자들이 파업에 **참가하고 있다**.

Q2 '~할 만하다'라는 의미의 서술적 용법으로만 쓰이는 형용사
(1) worth, (2) worth while, (3) worthy는 각각 그 쓰임새가 어떻게 다를까?

A2 (1) be worth + 명사, 동명사

▻ worth는 형용사지만 목적어를 갖는 독특한 말이다.

▻ worth다음에는 명사나 동명사가 온다. worth는 마치 전치사와 같다.

ⓐ A: How much is your ring **worth**? 당신 반지 **얼마짜리**야?
B: It's not **worth** a hair. 한 푼도 **안 나가는 것**이야.

ⓑ Every word in the Bible is **worth** keeping in our mind everyday.
성경의 모든 말씀은 우리 마음속에 날마다 **간직할 가치가 있다**.

ⓒ This English dictionary is **worth much more** than you paid for it.
이 영어 사전은 네가 지불한 것 **이상의 가치가 있다**.

ⓓ We may not succeed, but it's **worth** a try.
우리가 성공하지 못할 수도 있지만 해볼 만한 **가치는 있어**.

(2) be worth while + to 부정사 / 동명사

▻ worth의 목적어가 while이다. 여기서 while은 '시간, 노력'이란 뜻의 명사이다.

▻ while은 네가 시간과 노력을 들일 만하다는 의미이므로 **your** while로도 쓴다.

▻ while다음에는 'to 부정사'나 동명사가 오며('to 부정사'가 더 일반적) 이들은 주어가 된다.

▻ worth와 while이 한단어로 붙어있는 worthwhile도 있다. worthwhile은 이 자체가 형용사이며 '~할 만하다'란 뜻이다. 실제는 worth while과 구별 없이 사용된다.

ⓐ It is **worth (your) while to read(reading) the Bible** over and over again.
성경을 몇 번이고 반복해서 읽는 것은 네가 시간과 노력을 들일만 하다.

ⓑ It is not **worth (your) while to watch every soap opera** in TV.
TV에 나오는 멜로드라마를 모두 본다는 것은 네가 수고를 들일만한 일이 못된다.

ⓒ It is **worthwhile to take a travel in Africa** in your life.
인생에서 아프리카 여행은 해볼 만하다.

(3) be worthy of + 명사, 동명사 = be worthy to 부정사

▻ worth가 서술적용법으로만 쓰인다면 worthy는 '**a worthy** man(인격자)에서처럼 명사를 수식하는 형용사이다.

▻ be worth와 같이 서술적 표현으로 하려면 'be worthy of 또는 be worthy to 부정사'로 말한다.

ⓐ She is a woman **worthy to become** your wife. 그녀는 너의 아내가 될 만한 여자다.

ⓑ His behavior is **worthy of** praise. = His behavior is **worthy to be praised**.
그의 행동은 칭찬 받을 만하다.

ⓒ Some TV programs are so suggestive that they are **not worthy of** a family.
몇몇 TV program들은 너무 선정적이어서 한 가족이 함께 보기엔 합당치 않다.

Q3 Korea의 형용사에는 (1) Korea's (2) Korean 그리고 (3) Korea가 있다. 이들은 각각 어떤 의미 차이가 있을까?

A3 (1) Korea's: 단순히 「한국의」란 의미. 「Korea's + 명사」는 「명사 of Korea」 또는 「명사 in Korea」로 바꾸어 말할 수 있다.

- **Korea's** four seasons **한국의** 4계절
- **Korea's** weather **한국의** 날씨
- **Korea's** holidays **한국의** 명절
- **Korea's** Independence day 광복절

DAY 28. 형용사

- Chusok, **Korea's** thanksgiving day 추석, **한국의** 추수감사절
- **Korea's** first astronaut **한국의** 최초 우주인
- **Korea's** islands **한국의** 섬들
- **Korea's** economy **한국** 경제
- **South Korea's** military power **한국의** 군사력

(2) Korean: 「한국이란 나라의 특성을 지닌, 한국적인, 한국 고유의」란 의미로 수식하는 명사의 특성을 나타낸다.

- **Korean** history **한국** 역사
- the **Korean** War **한국** 전쟁
- the **Korean** Peninsular **한**반도
- a **Korean** American **한국계** 미국인
- **Korean** restaurant **한국** 음식점
- **Korean** dishes(food) **한국** 음식
- **Korean** Broadcasting System **한국** 방송
- the **Korean** language **한국**어
- **Korean** Pop 케이 팝
- **Korean** genseng **고려** 인삼
- **Korean** clothes **한**복

(3) Korea: 위의 (1), (2)에 해당되지 않을 때 Korea를 사용하는데 이는 주로 단체 이름과 같은 고유명사에 쓰이며 우리말로는 '대한' 또는 '한국' 등으로 번역된다.

- **Korea** Advanced Institute of Science and Technology **한국**과학기술원
- **Korea** Development Institute **한국**개발원
- the **Korea** National Red Cross **대한** 적십자사
- the **Korea** Series **한국** 시리즈(야구)
- **Korea** Sports Council **대한** 체육회
- the **Korea** Football Association **대한** 축구협회
- **Korea** Disabled people's Development Institute **한국** 장애인 개발원
- **Korea** town 미국 도시의 **한국인** 거주지 / ◦ **Korea** Strait **대한**해협

Check-up 세상영어

※ Translate the followings into English.

1. 티끌모아 태산(속담)

2. 백지장도 맞들면 낫다.(속담)

3. 그에겐 **어딘가 수상한데**가 있다.

4. 올해 우리나라에 눈이 **많이** 내렸다.

5. 나는 이 주일에 한번(격주로) 교회에 가지만 내 아내는 적어도 **일주일에 세 번** 교회에 간다.

6. 우리 시계들을 라디오 시보에 맞춰야한다. 지금 **정각** 10시다. 당신 시계는 5분 **늦고** 내 시계는 3분 **빠르구나**.
   - 라디오 시보 the radio time signal

7. 내 고향 시골 장은 아직도 **5일마다** 서지만 사실 **살만한 물건**은 **거의** 없었다.

8. 그녀는 **임신 3개월의** 부인이지만 이번 주말 **2000미터 높이의** 산을 오를 예정이다.

9. 물은 **섭씨** 0도에서 얼고 **섭씨** 100도에서 끓는다.

10. 우리 한국인들은 개고기가 **건강식**이라 굳게 믿고 있다.

11. 비행기 일등석보다 일반석을 타는 것이 훨씬 **경제적**이다.
    - 일반석 economy class

12. 요즈음 물가는 **비싼데**, 내 봉급은 너무 **작아서** 내 가족을 부양하는 것이 너무 힘들다.

13. 올해 김장용 무, 배추가 너무 **싸서** 농민들은 수확을 포기하지 않으면 안 된다.
  - 김장 Kimchi-making for the winter, 무 radish, 배추 cabbage

14. 남편이 오랜 항해에서 무사히 집으로 **돌아왔기** 때문에 그녀는 **행복해** 보인다.

15. 인간은 **평등하게** 창조되었지만 **평등하게** 살아가는 것 같지는 않다. 보라 **수백만의** 북한 사람들이 굶어죽어 가고 있다.

16. 일본사람들은 생선을 **날것으로** 먹기를 좋아하지만 우리나라 사람들은 **구워서** 먹기를 좋아한다.

17. 내 아내와 나는 **30대 초반**에 결혼했다.

18. 그 여배우의 갑작스런 자살 소식은 **청천하늘에** 날벼락 같은 얘기였다.

19. **교통이 꽉 막히는** 걸 보니까 오늘 아침 교통사고가 있었나보다.

20. 오늘은 월요일이 아니므로 **교통이 막히지 않아서 조금 늦게** 출발해도 좋다.

21. 정말이지 커피를 좀 **더 진하게** 타주세요. 어제는 아주 **묽었거든요**.

22. 이 김치 냉장고는 용량이 50kg인데 **가로**가 50인치, **세로**가 25인치, **높이** 40인치이다.

23. 그는 일 년에 **30만** 달러를 받는데, 우리 돈 **약 3억 6천만** 원에 달한다.

24. 손안의 새 한 마리는 숲속의 새 두 마리 **가치**가 있다.

25. 동백나무는 실내에서 **기를만하다**. 겨울에 꽃이 **볼만하기** 때문이다.
  - 동백나무 a camellia (tree)

Answer to Check-Up

1. **Many a little** makes a mickle.
2. **Many** hands make **light** work.
3. There is something **strange** about him.
4. We had **much** snow in our country this year.

5. I go to church **every other week (every two weeks)**, but my wife at least three **times a week.**
6. We should set our watches by the radio time signal. It is ten o'clock **sharp**. Your watch is five minutes **slow** and mine is three minutes **fast**.
7. A fair in my country is still opened **every five days (every fifth day)**. but there are in fact, **few** items **worth** buying (**worthy of** buying / **worth while** to buy).
8. Though she is a **three-month-pregnant** woman, she'll go up a **two thousand - meter-high** mountain this weekend.
9. Water freezes at 0 degrees **Celsius (Centigrade)** and boils at 100 degrees Celsius.
10. We Koreans firmly believe that dog meat is a **healthful** food.
11. It is much more **economical** to take economy class of an airplane than first class.
12. Prices are **high** (in) these days but my salary is so **small** (my pay is so **low**) that it is very difficult to support my family.
13. Radishes and cabbages for Kimchi-making for the winter are so **cheap** that the farmers have to give up reaping them this year.
14. She seems **happy** because her husband came home **safe** from the long voyage.
15. Men are created **equal** but they are not likely to live **equal**, Look! **millions of** North Koreans are now starving to death.
16. The Japanese like to eat a fish **raw**, but we Koreans like to eat it **broiled (roasted)**.
17. My wife and I got married in our **early thirties**.
18. The news of the actress' sudden suicide was like a bolt from **the blue**.
19. As the traffic is so **heavy (congested)**, (As the street is so **busy**), an accident may have happened this morning.
20. As it is not Monday. the traffic is so **light** that you may start **a little later**.
21. Do make the coffee a little (a bit) **stronger**. It was terribly **weak** yesterday.
22. This Kimchi refrigerator, containing fifty kilo grams, is fifty inches **wide**, twenty five inches **long**, and forty inches **high**.
23. He is paid **three hundred-thousand** dollars a year, which amounts to **about three hundred-sixty million** won.
24. A bird in the hand is **worth** two in the bush.
25. A camellia (tree) is **worth (worthy of)** growing indoors, because the flowers are **worth (worthy of)** seeing in winter.
    = It is **worth (your) while** to grow a camellia (tree) indoors, because it is **worth (your) while** to see the flowers in winter.

Reading & Listening 성경영어

▸▸ 수 식

① "**Whose** portrait is this? And **whose** inscription?" "Caesar's," they replied. Then he said to them, "Give to Caesar what is to Caesar's, and to God what is God's. (MT 22:20-21)

ㅁ portrait 형상, 초상화 / inscription (새겨진)글, 비명 / what is to Caesar's 가이사의 것

이 형상과 이 글은 누구의 것이냐 이르되 가이사의 것이니이다 이에 이르시되 그런즉 가이사의 것은 가이사에게, 하나님의 것은 하나님께 바치라(마 22:20-21)

② Then the man who had received the one talent came. 'Master,' he said, 'I knew that you are a **hard** man, harvesting where you have not sown and gathering where you have not scattered seed. So I was afraid and went out and hid your talent in the ground. See, here is what belongs to you.'(MT 25:24-25)

한 달란트 받은 자는 와서 이르되 주인이여 당신은 굳은 사람이라 심지 않은 데서 거두고 헤치지 않은 데서 모으는 줄을 내가 알았으므로 두려워하여 나가서 당신의 달란트를 땅에 감추어 두었었나이다 보소서 당신의 것을 가지셨나이다(마 25:24-25)

③ Then he told them, "Now draw some out and take it to the master of the banquet." They did so, and the master of the banquet tasted the water that had been turned into wine. He did not realize where it had come from, though the servants who had drawn the water knew. Then he called the bridegroom aside and said, "Everyone brings out the **choice** wine first and then the **cheaper** wine after the guests have had too much to drink; but you have saved the best till now."(JN 2:8-10)

이제는 떠서 연회장에게 갖다 주라 하시매 갖다 주었더니 연회장은 물로 된 포도주를 맛보고도 어디서 났는지 알지 못하되 물 떠온 하인들은 알더라 연회장이 신랑을 불러 말하되 사람마다 먼저 좋은 포도주를 내고 취한 후에 낮은 것을 내거늘 그대는 지금까지 좋은 포도주를 두었도다 하니라(요 2:8-10)

④ After he said this, he was taken up before their **very** eyes, and a cloud hid him from their sight. They were looking intently up into the sky as he was going, when suddenly two men dressed in white stood beside them. "Men of Galilee," they said, "why do you stand here looking into the sky? This same Jesus, who has been taken from you into heaven, will come back in the same way you have seen him go into heaven."(AC 1:9-11)

이 말씀을 마치시고 그들이 보는데 올려져 가시니 구름이 그를 가리어 보이지 않게 하더라 올라가실 때에 제자들이 자세히 하늘을 쳐다보고 있는데 흰 옷 입은 두 사람이 그들 곁에 서서 이르되 갈릴리 사람들아 어찌하여 서서 하늘을 쳐다보느냐 너희 가운데서 하늘로 올려 지신 이 예수는 하늘로 가심을 본 그대로 오시리라(행 1:9-11)

⑤ The following day he arrived in Caesarea. Cornelius was expecting them and had called together his relatives and **close** friends. As Peter entered the house, Cornelius met him and fell at his feet in reverence.(AC 10:24-25)

이튿날 가이사랴에 들어가니 고넬료가 그의 친척들과 가까운 친구들을 모아 기다리더니 마침 베드로가 들어 올 때에 고넬료가 맞아 발 앞에 엎드리어 절하니(행 10:24-25)

⑥ I know that nothing **good** lives in me, that is, in my sinful nature. For I have the desire to do what is good, but I cannot carry it out.(RO 7:18)

내 속 곧 내 육신에 선한 것이 거하지 아니하는 줄을 아노니 원함은 내게 있으나 선을 행하는 것은 없노라(롬 7:18)

⑦ Slaves, obey your **earthly** masters with respect and fear, and with sincerity of heart, just as you would obey Christ. Obey them not only to win their favor when their eye is on you, but like slaves of Christ, doing the will of God from your heart.(EPH 6:5-6)

종들아 두려워하고 떨며 성실한 마음으로 육체의 상전에게 순종하기를 그리스도께 하듯 하라 눈가림만 하여 사람을 기쁘게 하는 자처럼 하지 말고 그리스도의 종들처럼 마음으로 하나님의 뜻을 행하고(엡 6:5-6)

▸▸ 서 술

⑧ Do not eat the meat **raw or cooked** in water, but roast it over the fire – head, legs and inner parts. Do not leave any of it till morning; if some is left till morning, you must burn it. This is how you are to eat it: with your cloak tucked into your belt, your sandals on your feet and your staff in your hand. Eat it in haste; it is the LORD's Passover.(EX 12:9-11)

□ inner parts 내장 / cloak 외투 / tuck (셔츠, 냅킨 따위를) 속으로 밀어 넣다 / sandal 신발 / staff 지팡이

날것으로나 물에 삶아서 먹지 말고 머리와 다리와 내장을 다 불에 구워 먹고 아침까지 남겨두지 말며 아침까지 남은 것은 곧 불사르라 너희는 그것을 이렇게 먹을지니 허리에 띠를 띠고 발에 신을 신고 손에 지팡이를 잡고 급히 먹으라 이것이 여호와의 유월절

이니라(출 12:9-11)

⑨ When you pass through the waters, I will be with you; and when you pass through the rivers, they will not sweep over you. When you walk through the fire, you will not be burned; the flames will not set you **ablaze**.(ISA 43:2)

□ sweep over 침몰시키다 / set O ablaze ~을 불태우다

네가 물 가운데로 건너갈 때에 내가 너와 함께 할 것이라 강을 건널 때에 물이 너를 침몰하지 못할 것이며 네가 불 가운데로 지날 때에 타지도 아니할 것이요 불꽃이 너를 사르지도 못하리니(사 43:2)

⑩ "Watch and pray so that you will not fall into temptation. The spirit is willing, but the body is weak" Once more he went away and prayed the same thing. When he came back, he again found them sleeping, because their eyes were **heavy**. They did not know what to say to him.(MK 14:38-40)

□ fall into temptation 시험에 들다

시험에 들지 않게 깨어있어 기도하라 마음에는 원이로되 육신이 약하도다 하시고 다시 나아가 동일한 말씀으로 기도하시고 다시 오사 보신즉 그들이 자니 이는 그들의 눈이 심히 피곤함이라 그들이 예수께 무엇으로 대답할 줄을 알지 못하더라(막 14:38-40)

⑪ Once more he visited Cana in Galilee, where he had turned the water into wine. And there was a certain royal official whose son lay sick at Capernaum. When this man heard that Jesus had arrived in Galilee from Judea, he went to him and begged him to come and heal his son, who was **close** to dead.(JN 4:46-47)

예수께서 다시 갈릴리 가나에 이르시니 전에 물로 포도주를 만든 곳이라 왕의 신하가 있어 그의 아들이 가버나움에서 병들었더니 그가 예수께서 유대로부터 갈릴리로 오셨다는 것을 듣고 청하되 내려 오셔서 내 아들의 병을 고쳐 주소서 하니 그가 거의 죽게 되었음이라(요 4:46-47)

⑫ There were many lamps in the upstairs room where we were meeting. Seated in a window was a young man named Eutychus, who was sinking into deep sleep as Paul talked on and on. When he was sound **asleep**, he fell to the ground from the third story and was picked up **dead**. Paul went down, threw himself on the young man and put his arms around him. "Don't be alarmed," he said. "He's **alive**!"(AC 20:8-10)

□ sound(ad.) 깊이, 푹, sound asleep 푹 잠들어 / sound sleep 숙면

우리가 모인 윗 다락에 등불을 많이 켰는데 유두고라 하는 청년이 창에 걸터앉아 있다가 깊이 졸더니 바울이 강론하기를 더 오래 하매 졸음을 이기지 못하여 삼층에서 떨어지거늘 일으켜보니 죽었는지라 바울이 내려가서 그 위에 엎드려 그 몸을 안고 말하되 떠들지 말라 생명이 그에게 있다(행 20:8-10)

⑬ What I am saying is that as long as the heir is a child, he is no different from a slave, although he owns the whole estate. He is **subject** to guardians and trustees until the time set by his father.(GAL 4:1-2)

- be subject to ~을 받아야만 한다 / heir 유업을 이을 자, 상속자
- guardian 후견인, trustee (돈, 재산 등) 청지기, 보관인

내가 또 말하노니 유업을 이을 자가 모든 것의 주인이나 어렸을 동안에는 종과 다름이 없어서 그 아버지가 정한 때까지 후견인과 청지기아래 있나니(갈 4:1-2)

▸▸ worth, worthwhile, worthy

⑭ But one of his disciples, Judas Iscariot, who was later to betray him, objected, "Why wasn't this perfume sold and the money given to the poor? It was **worth** a year's wages."(JN 12:4-5)

제자중 하나로서 예수를 잡아 줄 가룟 유다가 말하되 이 향유를 어찌하여 삼백 데나리온에 팔아 가난한 자들에게 주지 아니하였느냐(요 12:4-5)

⑮ Now if we are children, then we are heirs – heirs of God and co-heirs with Christ, if indeed we share in his sufferings in order that we may also share in his glory. I consider that our present sufferings are not **worth** comparing with the glory that will be revealed in us.(RO 8:17-18)

자녀이면 또한 상속자 곧 하나님의 상속자요 그리스도와 함께한 상속자니 우리가 그와 함께 영광을 받기위하여 고난도 함께 받아야 할 것이니라 생각건대 현재의 고난은 장차 우리에게 나타날 영광과 비교할 수 없도다(롬 8:18)

⑯ Furthermore, since they did not think it **worthwhile to retain** the knowledge of God, he gave them over to a depraved mind, to do what ought not to be done.(RO 1:28)

- retain 유지하다, 보유하다 / deprave 타락시키다, 부패시키다

또한 그들이 마음에 하나님 두기를 싫어하매 하나님께서 그들을 그 상실한 마음대로 내버려 두사 합당하지 못한 일을 하게하셨으니(롬 1:28)

⑰ John wore clothing made of camel's hair, with a leather belt around his waist, and he ate locusts and wild honey. And this was his message: "After me will come one more powerful than I, the thongs of whose sandals I am not **worthy** to stoop down and untie. I baptize you with water, but he will baptize you with Holy Spirit."(MK 1:6-8)

- the thongs 가죽 끈 / stoop down 몸을 꾸부리다/ untie 풀다

요한은 낙타 털옷을 입고 허리에 가죽 띠를 띠고 메뚜기와 석청을 먹더라 그가 전파하여 이르되 나보다 능력 많으신 이가 내 뒤에 오시나니 나는 굽혀 그의 신발 끈을 풀기도 감당하지 못하겠노라 나는 너희에게 물로 세례를 베풀었거니와 그는 너희에게 성령으

로 세례를 베푸시리라(막 1:6-8)

⑱ So he got up and went to his father. But he was still a long way off, his father saw him and filled with compassion for him; he ran to his son, threw his arms around him and kissed him. The son said to him, 'Father, I have sinned against heaven and against you. I am no longer **worthy** to be called your son.'(LK 15:21)

이에 일어나서 아버지께로 돌아가니라 아직도 거리가 먼데 아버지가 그를 보고 측은히 여겨 달려가 목을 안고 입을 맞추니 아들이 이르되 아버지 내가 하늘과 아버지께 죄를 지었사오니 지금부터는 아버지의 아들이라 일컬음을 감당하지 못하겠나이다(눅 15:21)

⑲ And we pray this in order that you may live a life **worthy of** the Lord and may please him in every way: bearing fruit in every good work, growing in the knowledge of God, being strengthened with all power according to his glorious might so that you may have great endurance and patience, and joyfully giving thanks to the Father, who has qualified you to share in the inheritance of the saints in the kingdom of light.(COL 1:10-12)

주께 합당하게 행하여 범사에 기쁘시게 하고 모든 선한 일에 열매를 맺게 하시며 하나님을 아는 것에 자라게 하시고 그의 영광의 힘을 따라 모든 능력으로 능하게 하시며 기쁨으로 모든 견딤과 오래 참음에 이르게 하시고 우리로 하여금 빛 가운데서 성도의 기업의 부분을 얻기에 합당하게 하신 아버지께 감사하게 하시기를 원하노라(골 1:10-12)

▸▸ the + 형용사

⑳ The race is not to **the swift** or the battle to **the strong**, nor does the food come to **the wise** or wealth to **the brilliant**, or favor to **the learned**; but time and chance happen to them all.(ECC 9:11)

빠른 경주자들이라고 선착하는 것이 아니며 용사들이라고 전쟁에 승리하는 것이 아니며 지혜자들이라고 음식물을 얻는 것도 아니며 명철자들이라고 재물을 얻는 것도 아니며 지식인들이라고 은총을 입는 것이 아니니 이는 시기와 기회는 그들 모두에게 임함이니라(전 9:11)

㉑ The Spirit of the Lord is on me, because he has anointed me to preach good news to **the poor**. He has sent me to proclaim freedom for the prisoners and recovery of sight for **the blind**, to release **the oppressed**, to proclaim the year of the Lord's favor.(LK 4:18-19)

주의 성령이 내게 임하셨으니 이는 가난한 자에게 복음을 전하게 하시려고 내게 기름을 부으시고 나를 보내사 포로 된 자에게 자유를, 눈먼 자에게 다시 보게 함을 전파하며

눌린 자를 자유롭게 하고 주의 은혜의 해를 전파하게 하려 하심이라(눅 4:18-19)

㉒ It is not **the healthy** who need a doctor, but **the sick**. I have not come to call **the righteous**, but sinners to repentance.(LK 5:31-32)

- but sinners to repentance ← but I **have come to call** sinners to repentance.
- to repentance 회개시키러, repent 회개하다, 후회하다

건강한 자에게는 의사가 쓸 데 없고 병든 자에게 라야 쓸 데 있나니 내가 의인을 부르러 온 것이 아니요 죄인을 불러 회개시키러 왔노라(눅 5:31-32)

▸▸ 수량 형용사

㉓ And a woman was there who had been subject to bleeding for twelve years. She had suffered **a great deal** under the care of **many** doctors and had spent all she had, yet instead of getting better she grew worse.(MK 5:25-26)

- be subject to ~에 걸리다, ~의 지배를 받다

열 두 해를 혈루증으로 앓아 온 한 여자가 있어 많은 의사에게 많은 괴로움을 받았고 가진 것도 다 허비하였으되 아무 효험이 없고 도리어 더 중하여졌던 차에(막 5:25-26)

㉔ For the time will come when men will not put up with sound doctrine. Instead, to suit their own desires, they will gather around them **a great number of** teachers to say what their itching ears want to hear. They turn their ears away from the truth and turn aside to myth.(2TI 4:3-4)

- put up with 참다, sound doctrine 올바른 교훈, suit ~에 어울리다, itch 가렵다

때가 이르리니 사람이 바른 교훈을 받지 아니하며 귀가 가려워서 자기의 사욕을 따를 많은 스승을 두고 또 그 귀를 진리에서 돌이켜 허탄한 이야기를 따르리라(딤후 4:3-4)

▸▸ 분수

㉕ This stone that I have set up as a pillar will be God's house, and of all that you give me I will give you **a tenth**.(GE 28:22)

- of all that you give me 내게 주신 모든 것에서

내가 기둥으로 세운 이 돌이 하나님의 집이 될 것이요 하나님께서 내게 주신 모든 것에서 십분의 일을 내가 반드시하나님께 드리겠나이다(창 28:22)

㉖ Joseph said to the people, "Now that I have bought you and your land today for Pharaoh, here is seed for you so you can plant the ground. But the crop comes in, give **a fifth** of it to Pharaoh. The other **four-fifths** you may keep as seed for the fields and as food for yourselves and your households and your children."(GE 47:23-24)

DAY 28. 형용사

□ plant the ground 땅에 심다

요셉이 백성에게 이르되 오늘 내가 바로를 위하여 너희 몸과 너희 토지를 샀노라 여기 종자가 있으니 너희는 그 땅에 뿌리라 추수의 오분의 일을 바로에게 상납하고 오분의 사는 너희가 가져서 토지의 종자로도 삼고 너희의 양식으로도 삼고 너희 가족과 어린 아이의 양식으로도 삼으라(창 47:23-24)

▸▸ 기수 / 서수 / 배수

㉗ The length of our days is **seventy** years – or **eighty**, if we have the strength; yet their span is but trouble and sorrow, for they quickly pass, and we fly away.(PS 90:10)

우리의 연수가 칠십이요 강건하면 팔십이라도 그 연수의 자랑은 수고와 슬픔뿐이요 신속히 가니 우리가 날아가나이다(시 90:10)

㉘ And the God said, "Let there be light," and there was light. God saw that the light was good. and he separated the light from the darkness. God called the light "day,"and the darkness he called "night." And there was evening, and there was morning- **the first day**.(GE 1:3-5)

하나님이 이르시되 빛이 있으라 하시니 빛이 있었고 빛이 하나님이 보시기에 좋았더라 하나님이 빛과 어둠을 나누사 하나님이 빛을 낮이라 부르시고 어둠을 밤이라 부르시니라 저녁이 되고 아침이 되니 이는 첫째 날이니라(창 1:3-5)

㉙ **The third time** he said to him, "Simon son of John, do you love me?" Peter was hurt because Jesus asked him **the third time**, "Do you love me?" He said , 'Lord, you know all things; you know that I love you.' Jesus said, "Feed my sheep."(JN 21:17)

세 번째 이르시되 요한의 아들 시몬아 네가 나를 사랑하느냐 하시니 주께서 세 번째 네가 나를 사랑하느냐 하시므로 베드로가 근심하여 이르되 주님 모든 것을 아시오매 내가 주님을 사랑하는 줄을 주님께서 아시나이다 예수께서 이르시되 내 양을 먹이라(요 21:17)

㉚ **Three times** I pleaded with the Lord to take it away from me. But he said to me, "My grace is sufficient for you, for my power is made perfect in weakness." Therefore I will boast all the more gladly about my weakness, so that Christ's power may rest on me.(2CO 12:8-9)

□ plead with O to 부정사 ~에게 ~할 것을 간청하다

이것이 내게서 떠나가게 하기 위하여 내가 세 번 주께 간구하였더니 나에게 이르시기를 내 은혜가 네게 족하도다 이는 내 능력이 약한 데서 온전하여 짐이라 하신지라 그러므로 도리어 크게 기뻐함으로 나의 여러 약한 것들에 대하여 자랑하리니 이는 그리스도의 능력이 내게 머물게 하려 함이라(고후 12:8-9)

Writing & Speaking 성경영어

① 손을 게으르게 놀리는 자는 가난하게 되고 손이 부지런한 자는 부하게 되느니라(잠 10:4)

Lazy hands make a man **poor**, but **diligent** hands bring wealth.(PR 10:4)

② 자기 십자가를 지고 나를 따르지 않는 자도 내게 합당하지 아니하니라(마 10:38)

Anyone who does not take his cross and follow me is not **worthy of** me.(MT 10:38)

③ 맹인이 보며 못 걷는 사람이 걸으며 나병환자가 깨끗함을 받으며 귀먹은 사람이 들으며 죽은 자가 살아나며 가난한 자에게 복음이 전파된다 하라(눅 7:22)

The blind receive their sight, **the lame** walk, those who have leprosy are cured, **the deaf** hear, **the dead** are raised, and the good news is preached to **the poor**.(LK 7:22)

④ 우리가 세상에 아무 것도 가지고 온 것이 없으매 또한 아무것도 가지고 가지 못하리니 우리가 먹을 것과 입을 것이 있은 즉 족한 줄로 알 것이니라(딤전 6:7-8)

For we brought nothing into the world, and we can take nothing out of it. But if we have food and clothing, we will be **content** with that.(1TI 6:7-8)

⑤ 위엣 것을 생각하고 땅엣 것을 생각지 말라(골 3:2)

- ~을 생각하다 set one's mind on ~

Set your minds on things above, not on **earthly** things.(COL 3:2)

⑥ 하늘에 오르사 전능하신 하나님 우편에 앉아 계시다가 저리로서 산 자와 죽은 자를 심판하러 오시리라(사도신경)

- 저리로서, 하나님의 권능을 위임받아 from thence / 산 자, 살아있는 사람들 the quick

He ascended into heaven and sat on the right hand of God the Father Almighty; from thence He shall come to judge **the quick** and **the dead** (The Apostles' Creed)

Today's Golden Rule

● Whoever can be trusted with **very little** can also be trusted with **much**, and whoever is dishonest with **very little** will also be dishonest with **much**.(LK 16:10)

지극히 작은 것에 충성된 자는 큰 것에도 충성되고 지극히 작은 것에 불의한 자는 큰 것에도 불의하니라(눅 6:10)

Day 29. 비 교

Verse to Remember

□ 비교(Comparison):

A. 원급 비교 B. 비교급 비교 C. 최상급 비교

A. 원 급

A as 형용사 as B: A는 B만큼 형용사하다(동등 비교)

① Then he said to the man, "Stretch out your hand." So he stretched it out and it was completely restored, just as sound as the other.(MT 12:13)

이에 그 사람에게 이르시되 손을 내밀라 하시니 그가 내밀매 다른 손과 같이 회복되어 성하더라(마 12:13)

② I tell you the truth, if you have faith as small as a mustard seed, you can say to this mountain, 'Move from here to there' and it will move. Nothing will be impossible for you.(MT 17:20)

□ a mustard seed 겨자씨

진실로 너희에게 이르노니 만일 너희에게 믿음이 겨자씨 한 알 만큼만 있어도 이 산을 명하여 여기서 저기로 옮겨지라 하면 옮겨질 것이요 또 너희가 못 할 것이 없으리라(마 17:20)

③ "Take a guard," Pilate answered. "Go, make the tomb as secure as you know how." So they went and made the tomb secure by putting a seal on the stone and posting the guard.(MT 27:65-66)

□ put a seal on ~에 봉인하다 / post the guard 파수꾼을 세우다

빌라도가 이르되 너희에게 경비병이 있으니 가서 힘대로 굳게 지키라 하거늘 그들이 경비병과 함께 가서 돌을 인봉하고 무덤을 굳게 지키니라(마 27:65-66)

④ As he was praying, the appearance of his face changed, and his clothes became as bright as a flash of lightning.(LK 9:29)

□ appearance 모양 / flash 섬광, 번뜩임

기도하실 때에 용모가 변화되고 그 옷이 희어져 광채가 나더라(눅 9:29)

B. 비교급

(1) A 형용사er / more 형용사 than B: A는 B보다 더 형용사하다

① After me will come one who is **more powerful than** I, whose sandals I am not fit to carry.(MT 3:11)

□ 선행사 one은 관계대명사 who~ , whose~의 공통 선행사 ⇨ Day 24.

내 뒤에 오시는 이는 나보다 능력이 많으시니 나는 그의 신을 들기도 감당하지 못하겠노라(마 3:11)

② How hard it is for the rich to enter the kingdom of God! Indeed it is **easier** for a camel to go through the eye of a needle **than** for a rich man to enter the kingdom of God.(LK 18:24-25)

재물이 있는 자는 하나님의 나라에 들어가기가 어떻게 어려운지 약대가 바늘귀로 들어가는 것이 부자가 하나님의 나라에 들어가는 것보다 쉬우니라(눅 18:24-25)

③ It is **more blessed** to give **than** to receive.(AC 20:35)

주는 것이 받는 것보다 복이 있다(행 20:35)

▸▸ **불규칙 변화**: far - farther - farthest(거리) / far - further - furthest(정도)

④ Going a little **farther**, he fell with his face to the ground and prayed,"My Father, if it is possible, may this cup be taken from me. Yet not as I will, but as you will."(MT 26:39)

조금 나아가사 얼굴을 땅에 대시고 엎드려 기도하여 이르시되 내 아버지여 만일 할 만하시거든 이 잔을 내게서 지나가게 하옵소서 그러나 나의 원대로 마옵시고 아버지의 원대로 하옵소서(마 26:39)

⑤ But Peter and John replied, "Judge for yourselves whether it is right in God's sight to obey you rather than God. For we cannot help speaking about what we have seen and heard." After **further** threats they let them go. They could not decide how to punish them, because all the people were praising God for what had happened.(AC 4:19-21)

□ cannot help ~ ing ~하지 않을 수 없다

베드로와 요한이 대답하여 이르되 하나님 앞에서 너희의 말을 듣는 것이 하나님의 말씀을 듣는 것보다 옳은가 판단하라 우리는 보고 들은 것을 말하지 아니할 수 없다하니 관리들이 백성들 때문에 그들을 어떻게 처벌할지 방법을 찾지 못하고 다시 위협하여 놓아 주었으니 이는 모든 사람이 그 된 일을 보고 하나님께 영광 돌림이라(행 4:19-21)

(2) 비교급 관용표현

▸▸ **the 비교급(A) + the 비교급(B): A하면 할수록 그만큼 더 B하다**

① But **the more** they were oppressed, **the more** they multiplied and spread; so the Egyptians came to dread the Israelites and worked them ruthlessly.(EX 1:12-13)

ㅁ oppress 학대하다, 억압하다 / multiply 늘다, 증가하다 / dread ~을 두려워하다 / work 일시키다

그러나 학대를 받을수록 더욱 번성하여 퍼져나가니 애굽 사람이 이스라엘 자손으로 말미암아 근심하여 이스라엘 자손에게 일을 엄하게 시켜(출 1:12-13)

② At this, the man's ears were opened, his tongue was loosened and he began to speak plainly. Jesus commanded them not to tell anyone. But **the more** he did so, **the more** they kept talking about it.(MK 7:35-36)

그의 귀가 열리고 혀가 맺힌 것이 곧 풀려 말이 분명하여졌더라 예수께서 그들에게 경고하사 아무에게도 이르지 말라 하시되 경고하실수록 그들이 더욱 멀리 전파하니(막 7:35-36)

▸▸ **all the 비교급 (because~): ~하기 때문에 그만큼 더 '형용사'하다」**

③ Joseph had a dream, and when he told it to his brothers, they hated him **all the more**. He said to them, "Listen to this dream I had: we were binding sheaves of grain out in the field when suddenly my sheaf rose and stood upright, while your sheaves gathered around mine and bowed down to it." His brothers said to him, "Do you intend to reign over us? Will you actually rule us?" And they hated him **all the more because of** his dream and what he said.(GE 37:5-8)

ㅁ 주절이 진행시제 일 때에는 주절부터 '~하고 있을 때'라고 새기고 그 다음 when절을 해석한다.

요셉이 꿈을 꾸고 자기 형들에게 말하매 그들이 그를 더욱 미워하였더라 요셉이 그들에게 이르되 청하건대 내가 꾼 꿈을 들으시오 우리가 밭에서 곡식 단을 묶더니 내 단은 일어서고 당신들의 단은 내 단을 둘러서서 절하더이다. 그의 형들이 그에게 이르되 네가 참으로 우리의 왕이 되겠느냐 참으로 우리를 다스리게 되겠느냐 하고 그의 꿈과 그의 말로 말미암아 그를 더욱 미워하더니(창 37:5-8)

▸▸ **A is no more B than C is D = A is not B any more than C is D: C가 D가 아닌 것같이 A는 B가 아니다**

④ I have given them your word and the world has hated them, for they are **not** of the world **any more than** I am of the world.(JN 17:14)

내가 아버지 말씀을 그들에게 주었사오매 세상이 그들을 미워하였사오니 이는 내가 세

상에 속하지 아니함 같이 그들도 세상에 속하지 아니함으로 인함이니이다(요 17:14)

▸▸ no longer~: 더 이상 ~이 아니다

⑤ I have been crucified with Christ and I **no longer** live, but Christ lives in me.(GAL 2:20)

내가 그리스도와 함께 십자가에 못박혔나니 그런즉 이제는 내가 사는 것이 아니요 오직 내안에 그리스도께서 사시는 것이라(갈 2:20)

▸▸ would rather A than B: B하느니 차라니 A하는 게 낫다

⑥ Better is one day in your courts than a thousand elsewhere; I **would rather** be a door keeper in the house of my God **than** dwell in the tents of the wicked.(PS 84:10)

▫ one day in your courts 주의 궁정에서 한 날

주의 궁정에서 한 날이 다름 곳에서 천 날보다 나은즉 악인의 장막에 거함보다 내 하나님 문지기로 있는 것이 좋사오니(시 84:10)

▸▸ A rather than B (= A and not B): B가 아니라 A

⑦ By faith Moses, when he had grown up, refused to be known as the son of Pharaoh's daughter. He chose to be mistreated along with the people of God **rather than** to enjoy the pleasure of sin for a short time.(HEB 11:24-25)

믿음으로 모세는 장성하여 바로의 공주의 아들이라 칭함받기를 거절하고 도리어 하나님의 백성과 함께 고난 받기를 잠시 죄악의 낙을 누리는 것보다 더 좋아하고(히 11:24-25)

▸▸ A, how much more B!: A인데 한데, 하물며 B하지 않겠는가! 당연히 B다
⇨ Q & A / Day 39. 특수 구문 - 강조

⑧ If you, then, though you are evil, know how to give good gifts to your children, **how much more** will your Father in heaven give good gifts to those who ask him!(MT 7:11)

너희가 악한 자라도 좋은 것으로 자식에게 줄줄 알거든 하물며 하늘에 계신 너희 아버지께서 구하는 자에게 좋은 것으로 주시지 않겠느냐(마 7:11)

▹ 악한자도 자식에게는 좋은 것을 주는데 하물며 하늘에 계신 하나님이 좋은 것을 주시지 않겠는가, 반드시 좋은 것을 주신다는 **긍정의 의미**를 **강조한 표현**

C. 최상급

(1) the 형용사est

① I took you from the ends of the earth, from its **farthest** corners I called you. I said, 'You are my servant'; I have chosen you and have not rejected you.(ISH 41:9)

□ far–farther–farthest(거리) :멀리 – 더 멀리 – 가장 멀리

내가 땅 끝에서 부터 너를 붙들며 땅 모퉁이에서 부터 너를 부르고 네게 이르기를 너는 나의 종이라 내가 너를 택하고 싫어하여 버리지 아니하였다 하였노라(사 41:9)

② I tell you the truth, until heaven and earth disappear, not **the smallest** letter, not **the least** stroke of a pen will by any means disappear from the law until everything is accomplished.(MT 5:18)

□ stroke 일획, 일격 / not ~ by any means =never 결코 ~아니다

진실로 너희에게 이르노니 천지가 없어지기 전에는 율법의 일점 일획도 결코 없어지지 아니하고 다 이루리라(마 5:18)

③ It is like a mustard seed, which is the **smallest** seed you plant in the ground. Yet when planted, it grows and becomes **the largest** of all garden plants, with such big branches that the birds of the air can perch in its shade.(MK 4:31-32)

겨자씨 한 알과 같으니 땅에 심길 때에는 땅위의 모든 씨보다 작은 것이로되 심긴 후에는 자라서 모든 풀보다 커지며 큰 가지를 내나니 공중의 새들이 그 그늘에 깃들일 만큼 되느니라(막 4:31-32)

(2) 비교급으로 표현하는 최상급

① Now the serpent was **more** crafty **than any** of the wild animals the God has made.(GE 3:1)

여호와 하나님의 지으신 들짐승 중에 뱀이 가장 간교하더라(창 3:1)

② Love the Lord your God with all your heart and with all your soul and with all your mind and with all your strength. The second is this: Love your neighbor as yourself. There is **no commandment greater than** these.(MK 12:30-31)

네 마음을 다하고 목숨을 다하고 뜻을 다하고 힘을 다하여 주 너의 하나님을 사랑하라 하신 것이요 둘째는 이것이니 네 이웃을 네 자신과 같이 사랑하라 하신 것이라 이 보다 더 큰 계명이 없느니라(막 12:30-31)

Q&A 세상영어

Q1 다음 성경영어에 나오는 색깔부분 much more는 각각 어떤 의미 차이가 있을까?

(1) Look at the birds of the air. they do not sow or reap or store away in barns, and yet your heavenly Father feeds them. Are you not **much more** valuable than they?(MT 6:26)

(2) If that is how God clothes the grass of the field, which is here today and tomorrow is thrown into the fire, will he not **much more** clothe you, O you of little faith?(MT 6:30)

(3) If you, then, though you are evil, know how to give good gifts to your children, **how much more** will your Father in heaven give good gifts to those who ask him!(MT 7:11)

A1 [much + more 형용사]

여기서 much는 형용사 비교급인 more 형용사를 강조하는 말

(1) Look at the birds of the air. they do not sow or reap or store away in barns, and yet your heavenly Father feeds them. Are you not **much more valuable** than they?(MT 6:26)

공중의 새를 보라 심지도 않고 거두지도 않고 창고에 모아들이지도 아니하되 너희 하늘 아버지께서 기르시나니 **너희는 이것들보다 귀하지 아니하냐**(마 6:26)

▷ valuable의 비교급은 **more** valuable이고 이 비교급을 강조하는 말이 **much**이다. 다시 말하면 **much**는 **more** valuable이란 형용사 비교급을 강조하고 있다. 즉 **more** valuable은 '더 귀중한'이란 뜻. 여기에 much가 의미를 강조해서 **much more** valuable은 '**더욱** 더 귀중한'이란 말이 된다.

- Consider the ravens: They do not sow or reap, they have no storeroom or barn; yet God feeds them. And **how much more valuable** you are than birds!(LK 12:24)

까마귀를 생각하라 심지도 아니하고 거두지도 아니하며 골방도 없고 창고도 없으되 하나님이 기르시나니 **너희는 새보다 얼마나 더 귀하냐**(눅 12:24)

▻ (1)에서와 같이 much는 more valuable이란 형용사 비교급을 강조하는 말이다. 이를 다시 강조하기 위해 **how 감탄문**으로 말한 것이다. 그러니까 You are **much more valuable** than birds!를 감탄문으로 한 말이 **How much more valuable** you are than birds!이다.

[A, much more B] ⇨ Day 39. 특수 구문 - 강조

A이기도 한데(A의 예를 보면 잘 알 수 있듯이), B는 당연하다(B는 당연하지 않은가)

(2) If that is how God clothes the grass of the field, which is here today and tomorrow is thrown into the fire, will he not **much more** clothe you, O you of little faith?(MT 6:30)

오늘 있다가 내일 아궁이에 던져지는 들풀도 하나님이 이렇게 입히시거든 **하물며 너희 일까보냐** 믿음이 작은 자들아(마 6:30)

▻ 여기서의 **much more**는 much의 비교급 more를 much가 강조해서 나온 말이다 '더욱(much) 더 많이(more)'가 된다. **much more**는 실제로 말할 때에 'A(S + V), **much more** B(S + V)'의 형태 로 쓰인다. 이 말을 글자 그대로 새기면 'A(S + V)이기도 한데, 더욱 더 B(S + V)하다'가 된다.

▻ 다시 말하면 'A(앞 문장)이기도 한데 **하물며** B(뒤 문장)가 아니겠는가! B는 너무나 당연한 일이 아닌가!' 그러니까 A(앞 문장)는 **much more** 다음에 오는 B를 강조하기 위한 예가 된다.

▻ 본문의 말씀은 부정의문문이다. 이것 자체만으로도 강한 긍정의 의미이다. '물론 들풀보다 중요한 너희들을 입히시지 않겠는가?' 라는 부정의문문은 '당연히 입히신다.'라는 긍정을 강조한 말이다. 그런데 이것도 부족하다 싶어서 예수님은 **much more**로 다시 또 강조해서 이렇게 말씀하고 계신다.

- Will he not **much more** clothe you, O you of little faith?
  이 어리석은 자들아 내가 정말로 알기 쉽게 예를 들어 강조해서 말 하건데 하물며 하나님이 들풀보다 더 귀한 너희들을 입히시지 않겠는가! 이 믿음 없는 인간들아!

[how much more]

(3) If you, then, though you are evil, know how to give good gifts to your children, **how much more** will your Father in heaven give good gifts to those who ask him!(MT 7:11)

너희가 악한 자라도 좋은 것으로 자식에게 줄줄 알거든 **하물며** 하늘에 계신 너희 아버지께서 구하는 자에게 좋은 것으로 주시지 않겠느냐(마 7:11)

▻ **how much more**는 'A(S + V), **much more** B(S + V)'에서 much more로 강조된 B(뒤 문장)의 의미를 'how 감탄문'으로 말해 다시 한 번 강조에 강조를 보탠 것이다. 즉 'A(앞 문장)이기도 한데 **하물며 얼마나** B(뒤 문장)가 **아니겠는가**! 즉 B는 **얼마나** 당연한 일인가!'란 의미이다.

▻ A(앞 문장)는 'If S + V'의 조건절 형태로 B의 이해를 돕기 위해 예를 들어 제시한 말이며, 실제로 강조하고자하는 B(S + V)는 **how much more** S + V!의 감탄문 형태이다.

Q2 다음 우리말들을 much(still) more, how much more / much (still) less, how much less 등을 사용하여 영어로 말해보자.

(1) 나는 그녀를 위해 내 목숨도 바칠 수 있는데, 하물며 내 시간과 돈을 쓸 수 없겠는가!
(2) 그는 영어로 소설도 쓸 수 있는데, 하물며 영어로 읽을 수 없겠는가!
(3) 나는 아파트 한 채도 감당할 능력이 없는데, 하물며 별장을 감당할 수 있겠는가!
(4) 그녀는 불어로 읽을 수도 없는데 하물며 쓸 수 있겠는가!

A2

- A (S + V) 긍정문, much (still) more B (S + V)
- A (S + V) 긍정문, how much more B (S + V)

(1) 나는 그녀를 위해 내 목숨도 바칠 수 있는데 하물며 내 시간과 돈을 쓸 수 없겠는가!

◦ I can lay down my life for her, much(still) more (I can) spend my time and money.
= If I can lay down my life for her, how much more can I spend my time and money!

▷ 그녀를 위해 기꺼이 시간과 돈을 쓸 수 있다 사실 강조.

(2) 그는 영어로 소설도 쓸 수 있는데 하물며 영어로 읽을 수 없겠는가!

◦ He can write a novel in English, much(still) more (he can) read (in English).
= If he can write a novel in English, how much more can he read (in English)!

▷ 영어로 말할 수 있다는 것을 강조

- A (S + V) 부정문, much(still) less B (S + V)
- A (S + V) 부정문, how much less B (S + V)

(3) 나는 아파트 한 채도 감당할 능력이 없는데 하물며 별장을 감당할 수 있겠는가!

◦ I can't afford an apartment, much (still) less (can I afford) a villa.
= If I can't afford an apartment, how much less can I afford a villa!

▷ 감당할 수 없다는 부정의 의미 강조.

(4) 그녀는 불어로 읽을 수도 없는데 하물며 쓸 수 있겠는가!

◦ She can't read in French, much(still) less (can she) write (in it).
= If She can't read in French, how much less can she write (in it)!

▷ 불어를 쓸 수 없다는 부정의 의미 강조.

Q3 다음 두 말 ⓐ, ⓑ / ⓒ, ⓓ는 각각 같은 의미인가 다른 의미인가?

(1) ⓐ He can run, **not to mention walking**.
ⓑ He can run, **much more (he can) walk**.

(2) ⓒ I haven't been to Jejudo, **much less Samoa** in South Pacific.
ⓓ I haven't been to Jejudo, **not to mention Samoa** in South Pacific.

A3 (1) not to mention과 much(still)more

▻ 일반적으로 세상영어에서는 much more/still more, much less /still less 대신 앞 문장이 긍정이든 부정이든 상관없이 '~은 말할 필요도 없이, ~은 고사하고'의 뜻으로 not to mention, without mentioning, to say nothing of, not to speak of, let alone 등을 쓴다.

▻ 그런데 이들을 사용할 때 주의해야 할 점이 있다. 이런 말들은 much(still) more, much(still) less와 단순한 동의어라고 착각하기 쉬운데 사실은 그 의미의 초점이 정반대가 된다는 점이다.

▻ 예를 들면 'A(S + V), **much more B**(S + V)'의 구문에서는 앞서 살펴본 것처럼 강조하는 부 분이 **much more B**(S + V)이다. 이에 비해 **not to mention B**(S + V)는 강조하는 말이 아니라 예로 든 말 이 이며 실제 강조하고자 하는 의미의 초점은 A(S + V)가 된다.

ⓐ He can run, **not to mention walking**. 그는 걷는 것은 말할 필요도 없이 뛸 수도 있다.

▻ 강조하는 말: can run

ⓑ He can run, **much more (he can) walk**. 그는 뛸 수도 있는데 하물며 걸을 수야 없겠는가!
= He can run, **how much more can he walk**!

▻ 강조하는 말: can walk

(2) not to mention과 much(still) less

▻ much(still) more에서와 같이 not to mention은 much(still) less 과 정반대 의미가 된다.

ⓒ I haven't been to Jejudo, **much less Samoa** in South Pacific.
= I haven't been to Jejudo, **how much less** have I been to Samoa in South Pacific!
제주도도 못 가보았는데 하물며 **남태평양의 사모아 섬을 가보았겠는가!**

▻ 강조하는 말: 사모아 섬에 못 가봤다.

ⓓ I haven't been to Jejudo, **not to mention Samoa** in South Pacific.
남태평양의 사모아 섬은 고사하고 **제주도도 못 가봤다.**

▻ 강조하는 말: 제주도에도 못 가봤다.

Q4 영어의 배수, 분수표현은 우리말과 어떻게 다른가? 다음 우리말들을 각각 영어로 말하시오.

(1) 그는 나보다 돈을 **열 배 / 세 배 / 두 배** 더 많이 번다.
(2) 그는 내가 버는 돈의 **절반, 1/3, 1/10** 밖에 못 번다.
(3) 그는 내가 버는 돈의 절반, **1/3, 1/10**을 **더** 번다.

A4 (1) A는 B보다 돈을 **열 배 / 세 배 / 두 배 더** 많이 번다.

A 동사 **배수 형용사er than** B: A는 B의 **~배 더** 형용사하다.
= A 동사 **배수 as 원급 형용사 as** B: A는 B의 **~배 만큼** 형용사하다.

ⓐ 그는 나보다 돈을 **열 배** 더 많이 번다.
- He makes **ten times more** money **than** I do.(배수 비교급 than)
  = He makes **ten times as much** money **as** I do.(배수 as 원급 as)

ⓑ 그는 나보다 돈을 **세 배 더** 많이 번다.
- He makes **three times more** money **than** I do.(배수 비교급 than)
  = He makes **three times as** much money **as** I do.(배수 as 원급 as)

ⓒ 그는 나보다 돈을 **두 배 더** 많이 번다.

▸▸ **원급**

- He makes **two times as much** money **as** I do.
  = He makes **twice as much** money **as** I do.
  = He makes **as much** money **again as** I do.

▸▸ **비교급**

- He makes **two times more** money **than** I do.
  cf) He makes twice / double more money than I do.(×)

▷ '두 배'를 말할 때: twice / double은 비교급과 같이 쓸 수 없다. 비교급과 같이 쓸 수 있는 말은 two times 뿐이다.

(2) A는 B가 버는 돈의 **절반, 1/3, 1/10** 밖에 못 번다.

A 동사 **분수 as 형용사 원급 as** B: A는 B의 **분수만큼** 형용사하다.

DAY 29. 비교

ⓐ 그는 나보다 돈을 절반 밖에 못 번다.
◦ He makes only half as much money as I do.

ⓑ 그는 나보다 돈을 1/3 밖에 못 번다.
◦ He makes only one-third as much money as I do.

ⓒ 그는 나보다 돈을 1/10 밖에 못 번다.
◦ He makes only one-tenth as much money as I do.

(3) A는 B가 버는 돈의 절반, 1/3, 1/10을 더 번다.

A 동사 **분수** as **형용사 원급** again as B: A는 B의 **분수만큼 더** 형용사하다.
= A 동사 **분수** **형용사er** than B: A는 B보다 **분수 더** 형용사하다.

ⓐ 그는 나보다 돈을 절반 더 번다.
◦ He makes half as much money again as I do.
= He makes half more money than I do.
= He makes one and a half times more money than I do.

ⓑ 그는 나보다 돈을 1/3 더 번다.
◦ He makes one-third as much money again as I do.
= He makes one-third more money than I do.

ⓒ 그는 나보다 돈을 1/10을 더 번다.
◦ He makes one-tenth as much money again as I do.
= He makes one-tenth more money than I do.

Q5 다음 최상급으로 쓰인 두 말은 각각 어떤 의미의 차이가 있는가?

ⓐ She says, "I am the happiest in the world."

ⓑ She says, "I am (my) happiest when I read the Bible."

A5

어떤 것을 비교하여 말할 때 비교의 대상이 서로 다를 경우도 있지만 동일 대상을 비교할 때도 있다. 이 두 가지 비교는 다음과 같은 구조상, 의미상 차이가 있다.

(1) 서로 다른 대상과의 비교: the + 최상급 형용사

ⓐ She says, "I am **the happiest** in the world."
그녀는 (다른 사람과 비교해서) 자기가 세상에서 **가장 행복하다**고 말한다.

(2) 동일 대상 비교: (소유격) 최상급 형용사

ⓑ She says, "I am **(my) happiest** when I read the Bible."
그녀는 (자기 자신과 비교해서) 성경 읽을 때가 세상에서 **가장 행복하다**고 말한다.

ⓒ This mountain is **the highest (one)** in our country.
이 산은 (다른 산과 비교해 볼 때) 우리나라에서 **가장 높은 산**이다.

ⓓ This mountain is **(its) highest** at this point.
이 산은 (여러 봉우리들 중에서) 여기가 **가장 높다**.

ⓔ Mt. Geumgang is **the most beautiful** in our country.
금강산은 (다른 산들과 비교해 볼 때) 우리나라에서 **가장 아름답다**.

ⓕ Mt. Geumgang **is (its) most beautiful** in autumn.
금강산은 (같은 금강산이라도 역시) 가을에 **가장 아름답다**.

ⓖ She smiled **the most pleasant** at the party.
그녀는 (다른 여자들과 비교하여) 파티에서 **가장 밝은 미소**를 지었다.

ⓗ She smiled **her most pleasant** when she was married.
그녀는 결혼할 때 (자기 자신이 지을 수 있는 미소 중) **가장 밝은 미소**를 지었다.

Check-up 세상영어

※ Translate the followings into English.

1. 그 남자는 당신이 생각하는 것만큼 그렇게 부자가 아니다.

2. 그녀는 자기 아버지만큼 그렇게 부지런하지 못하다.

3. 내일 암 닭 한 마리보다 오늘 달걀 하나가 더 낫다.(격언)

4. 현재 우리나라 여성의 평균 수명이 남성보다 약 5년 더 길다.
   ▫ 평균 수명 average life span (expectancy)

5. 종교를 가진 사람들이 그렇지 않은 사람들보다 훨씬 더 오래 사는 이유는 무엇인가?

6. 대체로 남성 운전자들이 여성에 비해 교통사고를 더 많이 낸다.

7. 사람이 많이 가질수록 더 많이 갖기를 원한다.

8. 나이를 먹을수록 우리의 기억력은 점점 희미해진다.

9. 때마침 잘 오셨습니다. 김 선생님이란 분이 당신을 기다리고 있어요.

10. 그는 나보다 돈이 두 배나 많지만 친구는 나의 절반 밖에 없다.

11. 그의 아파트는 나보다 한배 반 넓지만 식구는 절반 밖에 안 된다.

12. 그는 한 달 5백만 원 수입이 있는데 그것은 나보다 2백만 원 더 번다는 것을 뜻한다.

13. 서울의 인구는 강원도보다 약 다섯 배나 많다.

14. 중국은 인구가 10억이 넘는다. 세계에서 가장 많다. 중국의 인구는 우리나라의 약 20배다.

15. 지난해 남한 전체 토지 자산 가치(땅값 총액)는 캐나다보다 2.3배나 높았다.(캐나다의 2.3배에 달한다.) 그런데 남한 전체면적은 캐나다의 100분의 1에 불과하다.
   - 남한 전체 토지 자산 가치 The value of the whole (of) South Korea in terms of land prices
   - 전체면적 gross area

16. 그가 내 이름을 기억하고 있는데 하물며 내 얼굴을 알아보지 못할까!

17. 그 소년은 덧셈, 뺄셈도 할 수 없는데, 하물며 곱셈, 나눗셈을 할 수 있겠는가!

18. 아무도 다른 사람에게서 그들의 재산을 빼앗을 권리가 없는데 하물며 목숨을 빼앗을 수 있겠는가!

19. 한국 여성은 한복을 입었을 때 가장 아름다워 보인다.

20. 사람은 10대 때에 가장 힘이 세고 가장 키가 크다.

21. 기껏해야 지금부터 50년 후 우리는 더 이상 이 세상에 존재하지 않는다.

Answer to Check-Up

1. He is not so (as) rich as you imagine.
2. She is not so (as) diligent as his father.
3. Better an egg today than a hen tomorrow.
4. Now the average life span (expectancy) of women is about five years longer than that of men in our country.
5. What is the reason that those who believe in religion live much longer than those who do not believe?
6. On the whole (Generally speaking), men drivers have more (traffic) accidents than women drivers.
7. The more one has, the more one wants (to have).
8. The older we grow, the weaker our memory becomes (goes).
9. You couldn't have come at a more convenient time. A Mr. Kim has been waiting for you.

DAY 29. 비교

10. ◦ He has **two times (twice, double) as much money as** I have, but **only half as many friends as** I do.
◦ He has **two times more money than** I have, but **only half as many friends as** I do.
◦ He has **as much money again as** I have, but **only half as many friends as** I do.
11. ◦ His apartment is **half (one and a half times) larger** than mine, but his family is only **half as large as** mine.
◦ His apartment is **half as large again as** mine, but his family is only **half as large as** mine.
12. He has an income of five million won a month, which means that he earns **two million won more than** I do.
13. The population of Seoul is **about five times larger than** that of Gangwon Province.
◦ The population of Seoul is **about five times as large as** that of Gangwon Province.
14. ◦ China has a population of **more than one billion**. It has **the largest** in the world. The population of China is **about twenty times larger than** that of our country.
◦ China has a population of more than one billion. It has the largest in the world. The population of China is about **twenty times as large as** that of our country.
15. The value of the whole (of) South Korea in terms of land prices was **2.3 times higher than (2.3 times as high as)** that of Canada last year. And the gross area of South Korea is **only one hundredth as large as** that of Canada.
16. He remembers my name, **much (still)** more recognizes my face.
◦ He remembers my name, **how much more** does he recognize my face!
17. ◦ The boy cannot add and subtract the figures, **much (still) less** can multiply and divide them.
◦ The boy cannot add and subtract the figures, **how much less** can he multiply and divide them!
18. ◦ No one has a right to deprive others of their properties, **much (still)** less their lives.
◦ No one has a right to deprive others of their properties, **how much less** does he have a right to deprive them of their lives!
19. Korean women look **their most beautiful** when (they are) dressed in Korean clothes.
20. A man is **(his) strongest and (his) tallest** in his teens.
21. Fifty years from now **at (the) most**, we **no longer** exist in this world.

Reading & Listening 성경영어

▶▶ **원급 비교**

① Then the LORD said to Moses, "I will rain down bread from heaven for you. The people are to go out each day and gather enough for that day. In this way I will test them and see whether they will follow my instructions. On the sixth day they are to prepare what they bring in, and that is to be **twice as much as** they gather on the other days."(EX 16:4-5)

▫ rain down 비처럼 쏟아 붓다

그때에 여호와께서 모세에게 이르시되 보라 내가 너희를 위하여 하늘에서 양식을 비 같이 내리리니 백성이 나가서 일용할 것을 날마다 거둘 것이라 이같이 하여 그들이 내 율법을 준행하나 아니하나 내가 시험하리라 여섯째 날에는 그들이 그 거둔 것을 준비할지니 날마다 거둔 것의 갑절이 되리라(출 16:4-5)

② After six days Jesus took with him Peter, James and John the brother of James, and led them up a high mountain by themselves. There he was transfigured before them. His face shone like the sun, and his clothes became **as white as** the light.(MT 17:1-2)

▫ be transfigured 변형되다

엿새 후에 예수께서 베드로와 야고보와 그 형제 요한을 데리시고 따로 높은 산에 올라가셨더니 그들 앞에서 변형되사 그 얼굴이 해 같이 빛나며 옷이 빛과 같이 희어졌더라(마 17:1-2)

③ Jesus said, "Have the people sit down." There was plenty of grass in that place, and the men sat down, about five thousand of them. Jesus then took the loaves, gave thanks, and distributed to those who were seated **as much as** they wanted. He did the same with the fish.(JN 6:10-11)

예수께서 이르시되 이 사람들로 앉게 하라 하시니 그 곳에 잔디가 많은지라 사람들이 앉으니 수가 오천 명쯤 되더라 예수께서 떡을 가져 축사하신 후에 앉아 있는 자들에게 나눠 주시고 물고기도 그렇게 그들이 원하는 대로 주시니라(요 6:10-11)

④ By faith Abraham, even though he was past age – and Sarah herself was barren – was enabled to become a father because he considered him faithful who had

DAY 29. 비교

made the promise. And so from this one man, and he as good as dead, came descendants as numerous as the stars in the sky and as countless as the sand on seashore.(HEB 11:11-12)

▫ barren 불임의, 불모의 / descendant 자손 / countless 셀 수 없이 많은

믿음으로 사라 자신도 나이가 많아 단산하였으나 잉태할 수 있는 힘을 얻었으니 이는 약속하신 이를 미쁘신 줄 알았음이라 이러므로 죽은 자와 같은 한 사람으로 말미암아 하늘의 허다한 별과 또 해변의 무수한 모래와 같이 많은 후손이 생육하였느니라(히 11:11-12)

▸▸ 비교급 비교

⑤ The Midianites, the Amalekites and all the other eastern peoples had settled in the valley, thick as locusts. Their camels could no more be counted than the sand on the seashore.(JDG 7:12)

▫ the sand on the seashore 다음에 be counted가 생략

미디안과 아말렉과 동방의 모든 사람들이 골짜기에 누웠는데 메뚜기의 많은 수와 같고 그들의 낙타의 수가 많아 해변의 모래가 많음 같은지라(삿 7:12)

⑥ Surely you desire truth in the inner parts; you teach me wisdom in the inmost place. Cleanse me with hyssop, and I will be clean; wash me and I will be whiter than snow.(PS 51:7)

▫ inmost 맨 안쪽의, 가장 내부의, hyssop 우슬초

보소서 주께서는 중심이 진실함을 원하시오니 내게 지혜를 은밀히 가르치시리이다 우슬초로 나를 정결하게 하소서 내가 정하리이다 나의 죄를 씻어 주소서 내가 눈보다 희리이다(시 51:7)

⑦ Better a patient man than a warrior, a man who controls his temper than one who takes a city.(PR 16:32)

노하기를 더디 하는 자는 용사보다 낫고 자기의 마음을 다스리는 자는 성을 빼앗는 자보다 나으니라(잠 16:32)

⑧ "Which of the two do you want me to release to you?" asked the governor. "Barabbas," they answered."What shall I do, then, with Jesus who is called Christ?" Pilate asked. They all answered, "Crucify him!" "Why? What crime has he committed?" asked Pilate. But they shouted all the louder, "Crucify him!"(MT 27:21-23)

총독이 대답하여 이르되 둘 중의 누구를 너희에게 놓아 주기를 원하느냐 이르되 바라바로소이다 빌라도가 이르되 그러면 그리스도라 하는 예수를 내가 어떻게 하랴 그들이 다 이르되 십자가에 못 박혀야 하겠나이다 하는지라 빌라도가 이르되 어찜이냐 무

슨 악한 일을 하였느냐 그들이 더욱 소리 질러 이르되 십자가에 못 박혀야 하겠나이다 하는지라(MT 27:21-23)

⑨ And a woman was there who had been subject to bleeding for twelve years. She had suffered a great deal under the care of many doctors and had spent all she had, yet instead of getting **better** she grew **worse**.(MK 5:25-26)

- be subject to ~에 걸리다, ~의 지배를 받다

열 두 해를 혈루증으로 앓아 온 한 여자가 있어 많은 의사에게 많은 괴로움을 받았고 가진 것도 다 허비하였으되 아무 효험이 없고 도리어 더 중하여졌던 차에(막 5:25-26)

⑩ Some fell on rock, and when it came up, the plants withered because they had no moisture. Other seed fell among thorns, which grew up with it and choked the plants. Still other seed fell on good soil. It came up and yield a crop, **a hundred times more than** was sown.(LK 8:6-8)

- sow, sowed, sown 씨를 뿌리다

더러는 바위 위에 떨어지매 싹이 났다가 습기가 없으므로 말랐고 더러는 가시떨기 속에 떨어지매 가시가 함께 자라서 기운을 막았고 더러는 좋은 땅에 떨어지매 나서 백 배의 결실을 하였느니라(눅 8:6-8)

⑪ As they approached the village to which they were going, Jesus acted as if he were going **farther**. But they urged him strongly, "Stay with us, for it is nearly evening; the day is almost over." So he went in to stay with them. When he was at the table with them, he took bread, gave thanks, broke it and began to give it to them.(LK 24:28-30)

그들이 가는 마을에 가까이 가매 예수는 더 가려 하는 것 같이 하시니 그들이 강권하여 이르되 우리와 함께 유하사이다 때가 저물어가고 날이 이미 기울었나이다 하니 이에 그들과 함께 유하러 들어가시니라 그들과 함께 음식 잡수실 때에 떡을 가지사 축사하시고 떼어 그들에게 주시니(눅 24:28-30)

⑫ When they had finished eating, Jesus said to Simon Peter, "Simon son of John, do you truly love me **more than** these?" "Yes, Lord," he said, "you know that I love you." Jesus said, "Feed my lambs."(JN 21:15)

그들이 조반을 먹은 후에 예수께서 시몬 베드로에게 이르시되 요한의 아들 시몬아 네가 이 사람들보다 나를 더 사랑하느냐 하시니 이르되 주님 그러하나이다 내가 주님을 사랑하는 줄 주님께서 아시나이다 이르시되 내 어린 양을 먹이라 하시고(요 21:15)

⑬ "My food," said Jesus, "is to do the will of him who sent me and to finish his work. Do you not say, '**Four months more** and then the harvest?' I tell you, open your eyes and look at the fields! They are ripe for harvest."(JN 4:34-35)

예수께서 이르시되 나의 양식은 나를 보내신 이의 뜻을 행하며 그의 일을 온전히 이루

는 것이니라 너희는 넉 달이 지나야 추수할 때가 이르겠다 하지 아니하느냐 그러나 나는 너희에게 이르노니 너희 눈을 들어 밭을 보라 희어져 추수하게 되었도다(요 4:34-35)

⑭ When the Samaritans came to him, they urged him to stay with them, and he stayed two days. And because of his words **many more** became believers. They said to the woman, "We no longer believe just because of what you said; now we have heard for ourselves, and we know that this man really is the Savior of the world."(JN 4:40-42)

사마리아인들이 예수께 와서 자기들과 함께 유하시기를 청하니 거기서 이틀을 유하시매 예수의 말씀으로 말미암아 믿는 자가 더욱 많아 그 여자에게 말하되 우리가 믿는 것은 네 말로 인함이 아니니 이는 우리가 친히 듣고 그가 참으로 세상의 구주신 줄 앎이라 하였더라(요 4:40-42)

⑮ Jesus said to them, "My Father is always at his work to this very day, and I, too, am working." For this reason the Jews tried **all the harder** to kill him; not only was he breaking the Sabbath, but he was even calling God his own Father, making himself equal with God.(JN 5:17-18)

예수께서 그들에게 이르시되 내 아버지께서 이제까지 일하시니 나도 일한다 하시매 유대인들이 이로 말미암아 더욱 예수를 죽이고자 하니 이는 안식일을 범할 뿐만 아니라 하나님을 자기의 친 아버지라 하여 자기를 하나님과 동등으로 삼으심이러라(요 5:17-18)

⑯ "What are we going to do with these men?" they asked. "Everybody living in Jerusalem knows they have done an outstanding miracle, and we cannot deny it. But to stop this thing from spreading any **further** among the people, we must warn these men to speak **no longer** to any one in this name."(AC 4:16-17)

이 사람들을 어떻게 할까 그들로 말미암아 유명한 표적 나타난 것이 예루살렘에 사는 모든 사람에게 알려졌으니 우리도 부인할 수 없는지라 이것이 민간에 더 퍼지지 못하게 그들을 위협하여 이 후에는 이 이름으로 아무에게도 말하지 말게 하자 하고(행 4:16-17)

⑰ I thank God that I speak in tongues more than all of you. But in church I **would rather** speak five intelligible words to instruct others **than** ten thousand words in tongues.(1CO 14:18-19)

- in tongues 방언으로

내가 너희 모든 사람보다 방언을 더 말하므로 하나님께 감사하노라 그러나 교회에서 네가 남을 가르치기 위하여 깨달은 마음으로 다섯 마디 말을 하는 것이 일만 마디 방언으로 말하는 것보다 나으리라(고전 14:18-19)

⑱ See to it that no one takes you captive through hollow and deceptive philosophy, which depends on human tradition and the basic principles of the world rather than on Christ.(COL 2:8)

□ take O captive ~을 사로잡다 / See to it that ~하도록 조처를 취하다(배려하다, 주선하다)

누가 철학과 헛된 속임수로 너희를 사로잡을까 주의하라 이것은 사람의 전통과 세상의 초등학문을 따름이요 그리스도를 따름이 아니니라(골 2:8)

▸▸ 비교로 표현하는 최상급

⑲ I know that there is nothing better for men than to be happy and do good while they live.(ECC 3:12)

사람들이 사는 동안에 기뻐하며 선을 행하는 것보다 더 나은 것이 없는 줄을 내가 알았고(전 3:12)

⑳ I tell you the truth: Among those born of women there has not risen anyone greater than John the Baptist; yet he who is least in the kingdom of heaven is greater than he.(MT 11:11)

내가 진실로 너희에게 말하노니 여자가 낳은 자 중에 세례 요한 보다 큰 이가 일어남이 없도다 그러나 천국에서는 극히 작은 자라도 그보다 크니라(마 11:11)

㉑ Greater love has no one than this, that he lay down his life for his friends. You are my friends if you do what I command. I no longer call you servants, because a servant does not know his master's business. Instead, I have called you friends, for everything that I learned from my Father I have made known to you.(JN 15:13-15)

□ lay down one's life ~의 목숨을 버리다, Greater love는 has의 목적어로 도치

사람이 친구를 위하여 자기 목숨을 버리면 이보다 더 큰 사랑이 없나니 너희는 내가 명하는 대로 행하면 곧 나의 친구라 이제부터는 너희를 종이라 하지 아니하리니 종은 주인이 하는 것을 알지 못함이라 너희를 친구라 하였노니 내가 내 아버지께 들은 것을 다 너희에게 알게 하였음이라(요 15:13-15)

㉒ For the word of God is living and active. Sharper than any double-edged sword, it penetrates even to dividing soul and spirit, joints and marrow; it judges the thoughts and attitudes of the heart.(HEB 4:12)

□ a double-edged sword (양 날)검 / joints and marrow 관절과 골수

하나님의 말씀은 살았고 운동력이 있어 좌우에 날선 어떤 검보다도 예리하여 혼과 영과 및 관절과 골수를 찔러 쪼개기까지 하며 또 마음의 생각과 뜻을 감찰하나니(히 4:12)

Writing & Speaking 성경영어

① 내가 네게 큰 복을 주고 네 씨로 크게 성하여 하늘의 별과 같고 바다의 모래와 같으리니 (창 22:17)

- 씨, 후손 descendant

I will surely bless you and make your descendants **as numerous as** the stars in the sky and the sand on the seashore.(GE 22:17)

② 주의 궁정에서의 한 날이 다른 곳에서의 천 날보다 나은즉 악인의 장막에 사는 것 보다 내 하나님의 성전 문지기로 있는 것이 좋사오니(시 84:10)

- 하느니 차라리 A 하는 편이 낫다 would rather A than B, B
- 악인의 장막 the tents of the wicked / 성전 문지기 a door keeper

Better is one day in your courts **than** a thousand elsewhere; I **would rather** be a door keeper in the house of my God **than dwell** in the tents of the wicked.(PS 84:10)

③ 너희는 세상의 소금이니 소금이 만일 그 맛을 잃으면 무엇으로 짜게 하리요 후에는 아무 쓸데없어 다만 밖에 버리워 사람에게 밟힐 뿐이니라(마 5:13)

- 버리워 사람에게 밟힐 뿐 except to be thrown out and trampled

You are the salt of the earth; If salt has lost its taste, how shall its saltiness be restored? It is **no longer** good for anything, except to be thrown out and trampled by men.(MT 5:13)

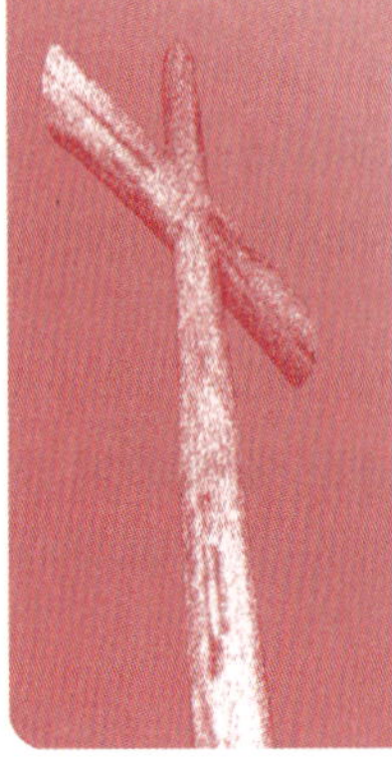

Today's Golden Rule

● I tell you the truth, if you have faith **as small as** a mustard seed, you can say to this mountain, 'Move from here to there' and it will move. Nothing will be impossible for you.(MT 17:20)

진실로 너희에게 이르노니 만일 너희에게 믿음이 겨자씨 한 알 만큼만 있어도 이 산을 명하여 여기서 저기로 옮겨지라 하면 옮겨질 것이요 또 너희가 못 할 것이 없으리라 (마 17:20)

Day 30. 부 사

Verse to Remember

□ 부사(Adverb):

A. 말의 끝에 오는 부사 B. 말의 중간에 오는 부사 C. 말의 앞에 오는 부사
D. 수식하는 말 앞(뒤)에 오는 부사 E. 부사(구)의 순서

A. 말의 끝에 오는 부사

일반적으로 능동문에서 부사가 동사를 수식할 때 말의 맨 끝에 온다.

(1) 자동사 수식

▸▸ S + 자동사 + **부사**

① Then Peter remembered the word Jesus had spoken: "Before the rooster crows, you will disown me three times." And he went outside and wept **bitterly**.(MT 26:75)

□ weep, wept, wept 통곡하다

이에 베드로가 예수의 말씀에 닭 울기 전에 네가 세 번 나를 부인하리라 하심이 생각나서 밖에 나가서 심히 통곡하니라(마 26:75)

② News about him spread **quickly** over the whole region of Galilee.(MK 1:28)

예수의 소문이 곧 온 갈릴리 사방에 퍼지더라(막 1:28)

③ Whoever sows **sparingly** will also reap **sparingly**, and whoever sows **generously** will also reap **generously**.(2CO 9:6)

□ sparingly 적게, 부족하게 ↔ generously 많이

적게 심는 자는 적게 거두고 많이 심는 자는 많이 거둔다(고후 9:6)

④ Jesus Christ is the same **yesterday** and **today** and **forever**.(HEB 13:8)

예수 그리스도는 어제나 오늘이나 영원토록 동일하시느니라(히 13:8

(2) 타동사 수식

▸▸ S + 타동사 + 목적어 + **부사**

① So Solomon did evil in the eyes of the LORD; he did not follow the LORD **completely**, as David his father had done.(1KI 11:6)

솔로몬이 여호와의 눈앞에서 악을 행하여 그의 아버지 다윗이 여호와를 온전히 따름 같이 따르지 아니하고(왕상 11:6)

▻ 아버지 다윗은 여호와를 온전히 따랐지만 아들 솔로몬은 따르지 않았다.

② Then Herod called the Magi **secretly** and found out from them the exact time the star had appeared.(MT 2:7)

▫ Magi [meidʒai] 동방의 박사들

이에 헤롯이 가만히 박사들을 불러 별이 나타난 때를 자세히 묻고(마 2:7)

③ Now that you have purified yourselves by obeying the truth so that you have sincere love for your brothers, love one another **deeply**, from the heart.(1PE 1:22)

▫ have sincere love for ~ 거짓이 없이 ~을 사랑하다

너희가 진리를 순종함으로 너희 영혼을 깨끗하게 하여 거짓이 없이 형제를 사랑하기에 이르렀으니 마음으로 뜨겁게 서로 사랑하라(벧전 1:22)

(3) 타동사 수식하는 전치사적 부사(Prepositional Adverb) ⇨ Day 7. two-word verb I

▸▸ 목적어가 명사일 때: 타동사 + **부사** + 명사 / 타동사 + 명사 + **부사**

① Jesus, once more deeply moved, came to the tomb. It was a cave with a stone laid across the entrance. "Take **away** the stone," he said. "But, Lord," said Martha, the sister of the dead man, "by this time there is a bad odor, for he has been there four days."(JN 11:38-39)

▫ take away 옮기다, 치우다 / by this time 이 때 쯤에는, a bad odor 냄새, 악취

이에 예수께서 다시 속으로 비통히 여기시며 무덤에 가시니 무덤이 굴이라 돌로 막았거늘 예수께서 이르시되 돌을 옮겨 놓으라 하시니 그 죽은 자의 누이 마르다가 이르되 주여 죽은 지가 나흘이 되었으매 벌써 냄새가 나나이다(요 11:38-39)

② They asked her, "Woman, why are you crying?" "They have taken my Lord **away**," she said, "and I don't know where they have put them."(JN 20:13)

천사들이 이르되 여자여 어찌하여 우느냐 이르되 사람들이 내 주님을 옮겨다가 어디 두었는지 내가 알지 못함이니이다(요 20:13)

▸▸ 목적어가 대명사일 때: 타동사 + 대명사 + 부사

③ If your hand causes you to sin, cut it off. It is better for you to enter life maimed than with two hands to go into hell, where the fire never goes out.(MK 9:43)

□ cut off~ 찍어버리다 / enter life maimed 장애인으로 영생에 들어가다

만일 네 손이 너를 범죄하게 하거든 찍어버리라 장애인으로 영생에 들어가는 것이 두 손을 가지고 지옥 곧 꺼지지 않는 불에 들어가는 것보다 나으니라(막 9:43)

④ Humble yourselves, therefore, under God's mighty hand, that he may lift you up in due time.(1PE 5:6)

□ lift up ~을 들어 올리다 / mighty hand 능하신 손

그러므로 하나님의 능하신 손아래서 겸손하라 때가 되면 너희를 높이시리라(벧전 5:6)

B. 말의 중간에 오는 부사

(1) 말하는 사람의 논평을 나타내는 부사
(2) 시간의 빈도를 나타내는 부사
(3) 수동형 / 진행형 동사를 수식하는 부사
(4) 「타동사 + 긴 목적어」를 수식하는 부사
(5) 「자동사 + 전치사 + 목적어」를 수식하는 부사

(1) 말하는 사람의 논평을 나타내는 부사

▸▸ S + 논평부사 + 동사: 논평 부사는 동사를 수식하는 것이 아니라 말 전체를 수식 하며, 말하는 사람의 논평(의견)을 나타낸다. ⇨ Q_1 & A_1

① Then the LORD said, "I will surely return to you about this time next year, and Sarah your wife will have a son." Now Sarah was listening at the entrance to the tent, which was behind him.(GE 18:10)

그가 이르시되 내년 이맘때 내가 반드시 네게 돌아오리니 네 아내 사라에게 아들이 있으리라 하시니 사라가 그 뒤 장막 문에서 들었더라(창 18:10)

▷ 동사를 수식하는 방법의 surely가 아니라 돌아오는 것(return to you)이 확실하다는 뜻

② Then the LORD said to Abraham, "Why did Sarah laugh and say, 'Will I really have a child, now that I am old?'"(GE 18:13)

여호와께서 아브라함에게 이르시되 사라가 왜 웃으며 이르기를 내가 늙었거늘 어떻게 아들을 낳으리요 하느냐(창 18:13)

▻ 동사를 수식하는 방법의 really가 아니라, '아들을 낳는 것(have a child)이 확실하냐'는 뜻

③ I tell you the truth, this generation will **certainly** not pass away until all these things have happened. Heaven and earth will pass away, but my words will never pass away.(MT 24:34-35)

내가 진실로 너희에게 말하노니 이 세대가 지나가기 전에 이 일이 다 일어나리라 천지는 없어지겠으나 내 말은 없어지지 아니하리라(마 24:34-35)

▻ certainly는 not의 영향을 받는 것이 아니라 부정적 사실 자체에 대한 논평이다. 즉 「사라지지 않을 것이다: will not pass away」란 사실이 확실하다(certainly)는 의미

(2) 빈도 부사

▸ 종류: always, often, usually, sometimes, occasionally, hardly, seldom, never 등

▸ 위치: ①,② **빈도부사** + 일반 동사 ③ 조동사 + **빈도부사** + 본동사 ④ be동사 + **빈도부사**

① Yet the news about him spread all the more, so that crowds of people came to hear him and to be healed of their sicknesses. But Jesus **often** withdrew to lonely places and prayed.(LK 5:15-16)

예수의 소문이 더욱 퍼지매 수많은 무리가 말씀도 듣고 자기 병도 고침을 받고자 하여 모여 오되 예수는 물러가사 한적한 곳에 가서 기도하시니라(눅 5:15-16)

② Love does not delight in evil but rejoice with the truth. It **always** protects, **always** trusts, **always** hopes, **always** perseveres.(1CO 13:6-7)

불의를 기뻐하지 아니하며 진리와 함께 기뻐하고 모든 것을 참으며 모든 것을 믿으며 모든 것을 바라며 모든 것을 견디느니라(고전 13:6-7)

③ I am the bread of life. He who comes to me will **never** go hungry, and he who believes in me will **never** be thirsty.(JN 6:35)

▫ go hungry (굶)주리다 / be thirsty 목마르다

내가 곧 생명의 떡이니 내게 오는 자는 결코 주리지 아니할 터이요 나를 믿는 자는 영원히 목마르지 아니하리라(요 6:35)

④ Jesus said to them, "My Father is **always** at his work to this very day, and I, too, am working."(JN 5:17)

예수께서 그들에게 이르시되 내 아버지께서 이제까지 일하시니 나도 일한다(요 5:17)

(3) 수동태(진행형)를 수식하는 부사

▸▸ be + **부사** + pp(← 타동사 + 목적어 + **부사**)

① And a voice from heaven said, "This is my Son, whom I love; with him I am **well** pleased."(MT 3:17)

하늘로부터 소리가 있어 말씀하시되 이는 내 사랑하는 아들이요 내 기뻐하는 자라 하시니라(마 3:17)

② He looked around at them all, and then said to the man, "Stretch out your hand." He did so, and his hand was **completely** restored.(LK 6:10)

무리를 둘러보시고 그 사람에게 이르시되 네 손을 내밀라 하시니 그가 그리하매 그 손이 회복된지라(눅 6:10)

③ Then the woman, seeing that she could not go unnoticed, came trembling and fell at his feet. In the presence of all the people, she told why she had touched him and how she had been **instantly** healed. Then he said to her, "Daughter, your faith had healed you. Go in peace."(LK 8:47-48)

▫ seeing that ~을 알았기 때문에 /go unnoticed 숨기다 / In the presence of ~의 면전에서

여자가 스스로 숨기지 못할 줄 알고 떨며 나아와 엎드리어 그 손 댄 이유와 곧 나은 것을 모든 사람에게 말하니 예수께서 이르시되 딸아 네 믿음이 너를 구원하였으니 평안히 가라 하시더라(눅 8:47-48)

▸▸ be + **부사** + Ving

④ When his parents saw him, they were astonished. His mother said to him, "Son, why have you treated us like this? Your father and I have been **anxiously** searching for you.(LK 2:48)

그의 부모가 놀라며 그의 어머니는 이르되 아이야 어찌하여 우리에게 이렇게 하였느냐 보라 네 아버지와 내가 근심하여 너를 찾았노라(눅 2:48)

(4) 타동사의 목적어가 길 때

▸▸ S + 타동사 + **부사(구)** + O / S + **부사(구)** + 타동사 + O ← S 타동사 + O + **부사(구)**

① I tell you, Peter, before the rooster crows today, you will deny **three times** that you know me.(LK 22:34)

베드로야 내가 네게 말하노니 오늘 닭 울기 전에 네가 세 번 나를 모른다고 부인하리라(눅 22:34)

② You **diligently** study the Scriptures because you think that by them you possess eternal life. These are the Scriptures that testify about me.(JN 5:39)

□ the Scriptures that testify about me 내게 대하여 증언하는 것

너희가 성경에서 영생을 얻은 줄 생각하고 성경을 연구하거니와 이 성경이 곧 내게 대하여 증언하는 것이로다(요 5:39)

▻ 여기서 because는 주절을 제한하고 있다. 따라서 문법적으로 목적어는 the Scriptures로 길지 않지만 의미적으로는 because절과 연결되어 있다. 따라서 타동사를 수식하는 부사 diligently가 동사 앞에 온 것이다.

③ The Spirit **clearly** says that in later times some will abandon the faith and follow deceiving spirits and things taught by demons. Such teachings come through hypocritical liars, whose consciences have been seared as with a hot iron.(1TI 4:1-2)

□ sear 낙인찍다 / a hot iron 뜨거운 인두 / as 다음에 consciences가 생략

그러나 성령이 밝히 말씀하시기를 후일에 어떤 사람들이 믿음에서 떠나 미혹하는 영과 귀신의 가르침을 따르리라 하셨으니 자기 양심이 화인을 맞아서 외식함으로 거짓말하는 자들이라(딤 4:1-2)

▻ clearly는 동사 say를 수식하는 방법의 부사다. say의 목적어가 길어서 clearly를 문장 맨 끝에 놓을 수 없다. 즉 clearly는 말하는 사람의 논평을 말하는 것이 아니라 「어떻게 말하느냐 하면 밝히(분명하게) 말하고 있다」는 뜻이다.

(5) 「자동사 + 전치사 + O」를 수식하는 부사

▸▸ 자동사 + **부사** + 전치사 + O

① Moreover, no man knows when his hour will come: As fish are caught in a cruel net, or birds are taken in a snare, so men are trapped by evil times that fall **unexpectedly** upon them.(ECC 9:12)

분명히 사람은 자기의 시기도 알지 못하나니 물고기가 재앙의 그물에 걸리고 새들이 올무에 걸림 같이 인생도 재앙의 날이 그들에게 홀연히 임하면 거기에 걸리느니라(전 9:12)

② "Listen **carefully** to what I am about to tell you: The Son of Man is going to be betrayed into the hands of men."(LK 9:44)

이 말을 너희 귀에 담아 두라 인자가 장차 사람들의 손에 넘겨지리라(눅 9:44)

③ Jesus looked **directly** at them and asked, "Then what is the meaning of that which is written: 'The stone the builders rejected has become the capstone?'(LK 20:17)

그들을 보시며 이르시되 그러면 기록된바 건축자들의 버린 돌이 모퉁이의 머릿돌이 되었느니라 함이 어쩜이냐(눅 20:17)

C. 말의 처음에 오는 부사

(1) 장소, 방법, 시간의 의미를 강조할 때

① Where your treasure is, **there** your heart will be also.(MT 6:21)

네 보물 있는 그곳에는 네 마음도 있느니라(마 6:21)

② Heal the sick, raise the dead, cleanse those who have leprosy, drive out demons. **Freely** you have received, **freely** give.(MT 10:8)

병든 자를 고치며 죽은 자를 살리며 나병환자를 깨끗하게 하며 귀신을 쫓아내되 너희가 거저 받았으니 거저 주라(마 10:8)

③ "Go," said Jesus, "your faith has healed you." **Immediately** he received his sight and followed Jesus along the road.(MK 10:52)

예수께서 이르시되 가라 네 믿음이 너를 구원하였느니라 하시니 그가 곧 보게 되어 예수를 길에서 따르니라(막 10:52)

(2) 말 전체를 수식할 때

① And when they climbed into the boat, the wind died down. Then those who were in the boat worshiped him, saying, "**Truly** you are the Son of God."(MT 14:32-33)

배에 함께 오르매 바람이 그치는지라 배에 있는 사람들이 예수께 절하며 이르되 진실로 하나님의 아들이로소이다 하더라(마 14:32-33)

② On hearing his words, some of the people said, "**Surely** this man is the Prophet." Others said, "He is the Christ." Still others asked, "How can the Christ come from Galilee?(JN 7:40-41)

□ on Ving ~하자마자

이 말씀을 들은 무리 중에서 어떤 사람은 이 사람이 참으로 그 선지자라 하며 어떤 사람은 그리스도라 하며 어떤 이들은 그리스도가 어찌 갈릴리에서 나오겠느냐(요 7:40-41)

③ **Clearly** no one is justified before God by the law, because, "The righteous will live by faith."(GAL 3:11)

또 하나님 앞에서 아무도 율법으로 말미암아 의롭게 되지 못할 것이 분명하니 이는 의인은 믿음으로 살리라 하였음이라(갈 3:11)

(3) 말을 인도하는 부사 there

① And God said, "Let there be light," and there was light.(GE 1:3)

하나님이 이르시되 빛이 있으라 하시니 빛이 있었고(창 1:3)

② For where two or three come together in my name, there am I with them.(MT 18:20)

두세 사람이 내 이름으로 모인 곳에는 나도 그들 중에 있느니라(마 18:20)

D. 수식하는 말 앞(뒤)에 오는 부사

▸▸ just

① The centurion replied, "Lord, I do not deserve to have you come under my roof. But just say the word, and my servant will be healed."(MT 8:8)

백부장이 대답하여 이르되 주여 내 집에 들어오심을 나는 감당하지 못하겠사오니 다만 말씀으로만 하옵소서 그러면 내 하인이 낫겠사옵나이다(마 8:8)

② When she heard about Jesus, she came up behind him in the crowd and touched his cloak, because she thought, "If I just touch his cloak, I will be healed."(MK 5:27-28)

예수의 소문을 듣고 무리 가운데 끼어 뒤로 와서 그의 옷에 손을 대니 이는 내가 그의 옷에만 손을 대어도 구원을 받으리라 생각함일러라(막 5:27-28)

③ Then he said to the man, "Stretch out your hand." So he stretched it out and it was completely restored, just as sound as the other.(MT 12:13)

□ sound 정상적인, 건전한

이에 그 사람에게 이르시되 손을 내밀라 하시니 그가 내밀매 다른 손과 같이 회복되어 성하더라(마 12:13)

④ Then jesus said to the centurion, "Go! It will be done just as you believed it would." And his servant was healed at that very hour.(MT 8:13)

예수께서 백부장에게 이르시되 가라 네 믿은 대로 될지어다 하시니 그 즉시 하인이 나으니라(마 8:13)

▸▸ only / but

① Enter through the narrow gate. For wide is the gate and broad is the road that leads to destruction, and many enter through it. But small is the gate and narrow the road that leads to life, and **only** a few find it.(MT 7:13-14)

좁은 문으로 들어가라 멸망으로 인도하는 문은 크고 그 길이 넓어 그리로 들어가는 자가 많고 생명으로 인도하는 문은 좁고 길이 협착하여 찾는 자가 적음이라(마 7:13-14)

② Just then a woman who had been subject to bleeding for twelve years came up behind him and touched the edge of his cloak. She said to herself, "If I **only** touch his cloak, I will be healed."(MT 9:20-21)

열두 해 동안이나 혈루증으로 앓는 여자가 예수의 뒤로 와서 그 겉옷 가를 만지니 이는 제 마음에 그 겉옷만 만져도 구원을 받겠다 함이라(마 9:20-21)

③ Who is it that overcomes the world? **Only** he who believes that Jesus is the Son of God.(1JN 5:5)

- Who is it that~ (강조하는 말: who) ~하는 자가 누구냐?

예수께서 하나님의 아들이심을 믿는 자가 아니면 세상을 이기는 자가 누구냐(요일 5:5)

④ A deacon must be the husband of **but** one wife and must manage his children and his household well.(1TI 3:12)

- deacon 집사

집사들은 한 아내의 남편이 되어 자녀와 자기 집을 잘 다스리는 자일지니(1TI 3:12)

▸▸ even

① The sluggard buries his hand in the dish; he will not **even** bring it back to his mouth.((PR 19:24)

- The sluggard 게으른 자 / bring back~ 되돌리다

게으른 자는 자기의 손을 그릇에 넣고서도 입으로 올리기를 괴로워하느니라(잠 19:24)

② He replied, "You of little faith, why are you so afraid?" Then he got up and rebuked the winds and the waves, and it was completely calm. The men were amazed and asked, "What kind of man is this? **Even** the winds and the waves obey him!"(MT 8:26-27)

예수께서 이르시되 어찌하여 무서워하느냐 믿음이 작은 자들아 하시고 곧 일어나사 바람과 바다를 꾸짖으시니 아주 잔잔하게 되거늘 그 사람들이 놀랍게 여겨 이르되 이 이가 어떠한 사람이기에 바람과 바다도 순종하는가 하더라(마 8:26-27)

③ Be faithful, **even** to the point of death, and I will give you the crown of life.(REV 2:10)

ㅁ even 내내, even to the point of death 죽도록(내내)

죽도록 충성하라 그리하면 내가 생명의 관을 네게 주리라(계 2:10)

▸▸ right

① At once the girl hurried in to the king with the request: "I want you to give me **right** now the head of John the Baptist on a platter."(MK 6:25)

그가 곧 왕에게 급히 들어가 구하여 이르되 세례 요한의 머리를 소반에 얹어 곧 내게 주기를 원하옵나이다(막 6:25)

② Some men came carrying a paralytic on a mat and tried to take him into his house to lay him before Jesus. When they could not find a way to do this because of the crowd, they went up on the roof and lowered him on his mat through the tiles into the middle of the crowd, **right** in front of Jesus.(LK 5:18-19)

ㅁ paralytic 중풍환자, paralyze 마비시키다

한 중풍병자를 사람들이 침상에 메고 와서 예수 앞에 들여 놓고자 하였으나 무리 때문에 메고 들어갈 길을 얻지 못한지라 지붕에 올라가 기와를 벗기고 병자를 침상 째 무리 가운데로 예수 앞에 달아내리니(눅 5:18-19)

▸▸ alone(수식하는 말 뒤에)

① Man does not live on bread **alone**, but on every word that comes from the mouth of God.(MT 4:4)

사람이 떡으로만 살 것이 아니요 하나님의 입으로 나오는 모든 말씀으로 살 것이라(마 4:4)

② "Why does this fellow talk like that? He's blaspheming! Who can forgive sins but God **alone**?"(MK 2:7)

ㅁ blaspheme 신성모독하다 / but ~을 제외하고

이 사람이 어찌 이렇게 말하는가 신성 모독이로다 오직 하나님 한 분 외에는 누가 능히 죄를 사하겠느냐(막 2:7)

③ The wife's body does not belong to her **alone** but also to her husband. In the same way, the husband's body does not belong to him **alone** but also to his wife.(1CO 7:4)

아내는 자기 몸을 주장하지 못하고 오직 그 남편이 하며 남편도 그와 같이 자기 몸을 주장하지 못하고 오직 그 아내가 하나니(고전 7:4)

E. 부사(구)의 순서

(1) 장소 + 시간

① If that is how God clothes the grass of the field, which is **here today** and tomorrow is thrown into the fire, will he not much more clothe you, O you of little faith?(MT 6:30)

오늘 있다가 내일 아궁이에 던져지는 들풀도 하나님이 이렇게 입히시거든 하물며 너희 일까보냐 믿음이 작은 자들아(마 6:30)

② One day Peter and John were going up **to the temple at the time of prayer** – at three in the afternoon.(AC 3:1)

제 구 시 기도시간에 베드로와 요한이 성전에 올라갈 새(행 3:1)

(2) 장소 + 방법 + 시간

○ This is what you are to offer **on the altar regularly each day**: two lambs a year old. Offer one in the morning and the other at twilight.(EX 29:38-39)

□ twilight 해질 무렵, 황혼, 땅거미

네가 제단 위에 드릴 것은 이러하니라 매일 일 년 된 어린 양 두 마리니 한 어린양은 아침에 드리고 한 어린 양은 저녁때에 드릴지며(출 29:38-39)

(3) 작은장소 + 큰장소 / 작은시간 + 큰시간

① After Jesus was born **in Bethlehem in Judea**, during the time of King Herod, Magi from the east came to Jerusalem and asked, "Where is the one who has been born King of the Jews? We saw his star in the east and have come to worship him."(MT 2:1-2)

헤롯 왕 때에 예수께서 유대 베들레헴에서 나시매 동방으로부터 박사들이 예루살렘에 이르러 말하되 유대인의 왕으로 나신 이가 어디계시냐 우리가 동방에서 그의 별을 보고 그에게 경배하러 왔노라 하니(마 1:1-2)

② After the Sabbath, **at dawn on the first day of the week**, Mary Magdalene and the other Mary went to look at the tomb.(MT 28:1)

안식일이 다 지나고 안식 후 첫날이 되려는 새벽에 막달라 마리아와 다른 마리아가 무덤을 보려고 갔더니(마 28:1)

Q&A 세상영어

Q1 다음 두 말에서 surely의 의미 차이를 말하시오.

ⓐ We are improving our performance slowly but **surely**.

ⓑ My son will **surely** keep his promise someday.

A1 ⓐ We are improving our performance slowly but **surely**.

우리는 더디지만 **확실하게** 우리의 업무실적을 향상시키고 있다.

▻ 여기서 surely는 동사를 수식하는 방법의 부사다. 즉 어떻게 개선시키고 있느냐하면 확실하게 향상시키고 있다는 말이다.

ⓑ My son will **surely** keep his promise someday.

내 아들은 언젠가 그의 약속을 지킬 것이 확실하다.

▻ 여기서 surely는 동사를 수식하는 부사가 아니라 말 전체에 대한 말하는 사람의 논평, 견해 등을 나타내는 부사다.

▻ 그러므로 이 말은 I' m sure my son will keep his promise someday.의 의미이다.

▸▸ **주요 논평부사: certainly, clearly, surely, definitely, easily, possibly, suddenly, probably, resolutely, stupidly, obviously, wisely 등**

(1) clearly

ⓐ I can't pronounce your English name **clearly**.

나는 당신의 영어 이름을 **분명하게** 발음할 수 없어요.

▻ clearly는 동사를 수식하는 부사다. 발음하기 어려워서 '분명하게 발음할 수 없다'

ⓑ The new evidence is **clearly** against the accuser.

새로운 증거가 원고에게 불리한 것은 **분명하다**.

▻ clearly는 동사를 수식하는 부사가 아니다. 방법으로서의 clearly가 아니라, 새로운 증거가 나왔는데 그것이 원고에게 불리하다는 점이 분명하다는 말 전체에 대한 논평이다.

(2) easily

ⓐ Sweet potatoes digest more **easily** than other foods.
고구마는 다른 음식들보다 **쉽게** 소화된다.

▻ easily는 동사를 수식하는 부사다. '어떻게 소화 되는가' 라는 방법의 부사로 easily다.

ⓑ Investors can **easily** buy and sell stocks of public corporations through stock exchanges. 투자자들은 증권거래소를 통해 공공기관의 주식들을 사고파는 것이 **쉽다**.

□ public corporation주식회사, stock exchanges 증권거래소

▻ easily는 동사를 수식하는 부사가 아니다. 방법으로서의 easily가 아니라, '사고파는 것이 쉽다'는 말하는 사람의 논평이다.

(3) definitely

ⓐ He had the impudence to refuse my proposal **definitely**.
그는 무례하게도 나의 제안을 **단호하게**(딱잘라) 거절했다.

▻ 동사 수식, 방법의 부사

ⓑ You'll **definitely** find nothing easy in going through the world.
네가 세상을 살아가는데 쉬운 게 아무것도 없다는 것을 알게 될 거라는 점은 **분명하다**.

▻ 말 전체 수식, 논평의 부사

(4) wisely

ⓐ You should know how to spend money **wisely**. 너는 **지혜롭게** 돈을 쓸 줄 알아야한다.

▻ 동사 수식, 방법의 부사

ⓑ He **wisely** separated grain from the chaff.
그는 가치 있는 것과 없는 것을 골라냈는데 이것이 **지혜롭다**.

□ grain 곡물, 낟알, chaff 왕겨, 찌꺼기

▻ 말 전체 수식, 논평의 부사

(5) stupidly

ⓐ She is solving mathematical problems **stupidly**.
그녀는 수학문제를 **어리석게(어리석은 방법으로)** 풀고 있다.

▻ 동사 수식, 방법의 부사

ⓑ She **stupidly** endured her illness to save the money.
그녀가 돈을 모으기 위해 아픈 것을 참았다는 사실은 **어리석다**.

▻ 말 전체 수식, 논평의 부사

Q2 다음 A, B의 대화에서 B가 한 말 'Certainly not'의 의미는 무엇인가?

A: Do you believe what the politician said during the election campaign?

B: **Certainly not**.

A2 (1) Certainly not

A: Do you believe what the politicians said during their election campaigns?

너는 선거운동기간 정치인들이 말한 것을 믿니?

B: **Certainly not**. 물론 믿지 않지.(믿지 않는 것이 확실하다)

▻ B의 의미: 「선거 운동기간 중 그 정치인이 한말을 믿지 않는다.」는 부정적 사실이 확실하다는 뜻.

▻ 여기서 논평의 부사는 부정문 자체에 대한 말하는 사람의 논평이다. 따라서 논평의 부사를 부정어 not보다 먼저 말해야한다. 만일 부정어 not을 먼저 말하면 그 다음 자신의 논평부사를 스스로 부정하는 모순이 발생하게 되어 말 자체가 성립되지 않는다.

(2) Clearly(Definitely, Obviously) not

ⓐ Does the old lady know how to use this smart phone?

그 나이 많은 여성이 이 스마트폰 사용할 줄 알까?

ⓑ **Clearly(Definitely, Obviously) not. / Probably(Possibly) not**.

분명 모른다.(모르는 것이 분명하다) / 아마도 모를 것이다.

Not Clearly(Definitely, Obviously).(×) / Not Probably(Possibly).(×)

(3) probably not

◦ I have already won the award and will **probably not** win it once more.

나는 이미 그 상을 수상했다 그래서 그 상을 한 번 더 받는 일은 없을 것이다.

▻ 말 전체 수식, 논평의 부사

[not + 방법 부사 / 논평 부사 + not]

동일한 부사가 논평이 아니라 방법의 부사로 쓰일 때는 부사 자체를 부정해서 'not + 방법 부사' 로 말 할 수 있다. '논평부사 + not'과 의미적 차이를 보인다.

(1) not clearly / clearly not

ⓐ His job is **not clearly** known to everyone.

그가 하는 일은 우리 모두에게 **분명하게** 알려지지 않았다.

▻ 동사 수식, 방법의 부사

ⓑ His idea is **clearly not** a peculiar one.

그의 생각이 독특하지 못하다는 것은 **분명하다**.

▻ 말 전체 수식, 논평의 부사

(2) not definitely / definitely not

ⓐ He did **not** say **definitely** that he would run for the presidential election.

그는 이번 대통령 선거에 출마할 것이라고 **확실하게** 말하지 않았다.

▻ 동사 수식, 방법의 부사

ⓑ He **definitely** will **not** win in the general election.

그가 이번 총선(국회의원 선거)에서 이기지 못할 것이 **확실하다**.

▻ 말 전체 수식, 논평의 부사

(3) not obviously / obviously not

ⓐ The Chinese government has **not** yet announced its position **obviously** on the current affairs.

중국 정부는 아직까지 현 사태에 대해 그들의 입장을 **명확하게** 밝히지 않고 있다.

▻ 동사 수식, 방법의 부사

ⓑ He **obviously** has **not** changed in the last three years.

그는 지난 3년 동안 변하지 않은 것이 **분명하다**.

▻ 말 전체 수식, 논평의 부사

(4) not easily / easily not

ⓐ The territorial dispute between two countries will **not** be **easily** solved in a day. 양국간 영토분쟁은 하루아침에 **쉽사리** 해결되지 않을 것이다.

▻ 동사 수식, 방법의 부사

ⓑ Japan **easily** will **not** admit (that) Japanese government drafted comfort women under Japanese colonial rule.

일본은 **의심할 바 없이** 일본정부가 식민통치하에 위안부를 징집했다는 사실을 인정하지 않을 것이다.

▻ 말 전체 수식, 논평의 부사

Check-up 세상영어

I. Choose the proper word in the followings.

(1) ⓐ His speech is (much, very) interesting to me.
ⓑ The game is (much, very) exciting.
ⓒ I am (much, very) interested in his speech.
ⓓ He looks (much, very) younger than I.

(2) ⓐ Some people always comes (lately, late) for church.
ⓑ She's really put on the weight (lately, late).
ⓒ I'll call you back three days (later, late).

(3) ⓐ I saw her on my way home a week (ago, before).
ⓑ He sold his car that he had bought only one month(ago, before).

(4) ⓐ She tried (hard, hardly) to learn the verse by heart.
ⓑ It was so cold this morning that the river was frozen (hard, hardly).
ⓒ The noise in the street was so loud that I could (hard, hardly) hear what she said.

(5) ⓐ Papers are piled (high, highly) on my desk.
ⓑ Nicotine in a cigarette is (high, highly) addictive.

(6) ⓐ Christmas is coming (near, nearly).
ⓑ The area's average property prices have (near, nearly) doubled in the past five years.

(7) ⓐ My wife usually doesn't drink coffee at night, and (either, neither) do I.
ⓑ A: "I don't want to go shopping in the department store."
B: "I don't (either, neither)."

(8) ⓐ I think they sell (dear, dearly) in the department store.
ⓑ She probably doesn't know I love her (dear, dearly).

II. Translate the followings into English.

1. 발 없는 말이 **천리**를 간다(속담)

2. 비가 **억수같이** 쏟아지고 있다.

3. 창밖을 보아라. 눈이 **펑펑** 내리고 있다.

4. 그는 글을 모른다. 그래서 지금 책을 **거꾸로** 들고 있다.

5. 나는 오늘 아침 서둘러서 나오느라 양말을 **뒤집어** 신었다.

6. 노인들은 **가끔** 예배시간 동안에 꾸벅 꾸벅 존다.
   □ 꾸벅 꾸벅 졸다 doze

7. 그는 아침에 **늦게** 출근하지만 저녁 6시 **정각에**(6시에 칼같이) 퇴근한다.

8. 일본은 독도가 자기네 것이라고 우기지만 모든 면에서 **분명히** 독도는 우리 땅이다.

9. 나는 인터넷을 하느라 **거의 뜬 눈으로** 밤을 새웠다.

10. 그 남자는 **단지 사랑하기 때문에** 그녀와 결혼한 것이 아니었다.

11. 그녀는 **오직** 쇼핑만을 하기 위해 해외에 자주 나간다.
   □ 쇼핑하다 shop, do one' s shopping

12. **다행스럽게도** 태풍이 해안을 덮치기 **직전에** 그 진로를 바꾸었다.
   □ 해안을 덮치다 hit the coast

13. 수학에서는 당신은 **아주 작은 실수조차하지** 말아야 한다.

14. 그녀는 엄격한 채식주의자다. 그녀는 **우유조차** 마시지 않는다.

Answer to Check-Up I

(1) ⓐ very ⓑ very ⓒ much ⓓ much

▷ very: 형용사 원급, 현재분사 수식 / much: 형용사 비교급, 과거분사 수식

(2) ⓐ late 늦게 ⓑ lately 최근에 ⓒ later 나중에

(3) ⓐ ago(과거시제에 사용) ⓑ before(완료시제에 사용)

(4) ⓐ hard 열심히 ⓑ hard 딱딱하게, 꽁꽁 ⓒ hardly 거의 ~않다

(5) ⓐ high 높이 ⓑ highly 매우

(6) ⓐ near 가까이 ⓑ nearly 거의

(7) ⓐ neither 역시 ~ 아니다(부정문에서 말 처음에 온다)

ⓑ either 역시 ~ 아니다(부정문에서 말의 끝에 온다)

(8) ⓐ dear 비싸게 ⓑ dearly 무척, 몹시

Answer to Check-Up II

1. Ill news runs **apace**.
2. It is raining **cats and dogs**.
3. Look out the window. Snow is coming(falling) down **thick and fast**.
4. He is illiterate, so that he holds his book **upside down** now.
5. I was so busy this morning that I wore my socks **inside out**.
6. The old **sometimes** doze during the service.
7. He goes **late** for his office in the morning but leaves it at 6 o'clock **sharp** in the evening.
8. Japan insists (claims, asserts) that Dokdo belongs to her. But in every respect, Dokdo is **obviously (evidently, definitely, clearly, undoubtedly)** our territory.
9. I was **widely awake** all night, surfing the Internet.
10. He did not marry her **only because** he loved her.
11. She often goes abroad **only** to do her shopping.
12. **Fortunately**, the typhoon shifted its course **just before** hitting the coast.
13. In mathematics, you should not make **even your smallest mistake**.
14. She is a strict vegetarian. She doesn't drink **even milk**.

Reading & Listening 성경영어

▸▸ 말의 끝에 오는 부사 (구)

① If I rise on the wings of the dawn, If I settle on the far side of the sea, even there your hand will guide me, your right hand will hold me **fast**.(PS 139:9-10)

- fast 꽉, 꼭, 굳게

내가 새벽 날개를 치며 바다 끝에 가서 거주할지라도 거기서도 주의 손이 나를 인도하시며 주의 오른 손이 나를 붙드시리이다(시 139:9-10)

② The Pharisee stood up and prayed about himself: 'God, I thank you that I am not like other men – robbers, evildoers, adulterers or even like this tax collector. I fast **twice a week** and give a tenth of all I get.(LK 18:11-12)

바리새인은 서서 따로 기도하여 이르되 하나님이여 나는 다른 사람들 곧 토색, 불의, 간음을 하는 자들과 같지 아니하고 이 세리와도 같지 아니함을 감사하나이다 나는 이레에 두 번씩 금식하고 또 소득의 십일조를 드리나이다(눅 18:11-12)

③ But Barnabas took him and brought him to the apostles. He told them how Saul on his journey had seen the Lord and that the Lord had spoken to him, and how in Damascus he had preached **fearlessly** in the name of Jesus. So Saul stayed with them and moved about **freely** in Jerusalem, speaking **boldly** in the name of the Lord.(AC 9:27-28)

바나바가 데리고 사도들에게 가서 그가 길에서 어떻게 주를 보았는지와 주께서 그에게 말씀하신 일과 다메섹에서 그가 어떻게 예수의 이름으로 담대히 말하였는지를 전하니라 사울이 제자들과 함께 있어 예루살렘에 출입하며 또 주의 이름으로 담대히 말하고(행 9:27-28)

④ Do not rebuke an older man **harshly**, but exhort him as if he were your father. Treat younger man as brothers, older women as mothers, and younger women as sisters, with absolute purity.(1TI 5:1-2)

- exhort 권고(충고, 경고, 훈계)하다

늙은이를 꾸짖지 말고 권하되 아버지에게 하듯 하며 젊은이에게는 형제에게 하듯 하고 늙은 여자에게는 어머니에게 하듯 하며 젊은 여자에게는 온전히 깨끗함으로 자매에게 하듯 하라(딤전 5:1-2)

▸▸ 말의 중간에 오는 부사

⑤ I will **surely** bless you and make your descendants as numerous as the stars in the sky and the sand on the seashore. Your descendants will take possession of the cities of their enemies, and through your offspring all nations on earth will be blessed, because you have obeyed me.(GE 22:17-18)

□ descendant 씨, 후손 / take possession of~ = possess

내가 네게 큰 복을 주고 네 씨로 크게 성하여 하늘의 별과 같고 바다의 모래와 같으리니 네 씨가 그 대적의 성문을 차지하리라 또 네 씨로 말미암아 천하 만민이 복을 받으리니 이는 네가 나의 말을 준행하였음이니라(창 22:17-18)

⑥ As the time approached for him to be taken up to heaven, Jesus **resolutely** set out for Jerusalem.(LK 9:51)

□ set out for ~을 향하여 출발하다

예수께서 승천하실 기약이 차가매 예루살렘을 향하여 올라가기로 굳게 결심하시고(눅 9:51)

⑦ But with loud shouts they **insistently** demanded that he be crucified, and their shouts prevailed. So Pilate decided to grant their demand. He released the man who had been thrown into prison for insurrection and murder, the one they asked for, and surrendered Jesus to their will.(LK 23:23-25)

□ demand that S R.V ~ (가정법 현재) ⇨ Day 12. / Day 14.

그들이 큰 소리로 재촉하여 십자가에 못 박기를 구하니 그들의 소리가 이긴지라 이에 빌라도가 그들이 구하는 대로 하기를 언도하고 그들이 요구하는 자 곧 민란과 살인으로 말미암아 옥에 갇힌 자를 놓아주고 예수는 넘겨주어 그들의 뜻대로 하게 하니라(눅 23:23-25)

⑧ One Sabbath, when Jesus went to eat in the house of a prominent Pharisee, he was being **carefully** watched.(LK 14:1)

안식일에 예수께서 한 바리새인 지도자의 집에 떡 잡수시러 들어가시니 그들이 엿보고 있더라(눅 14:1)

⑨ The priests and the captain of the temple guard and the Sadducees came up to Peter and John while they were speaking to the people. They were **greatly** disturbed because the apostles were teaching the people and proclaiming in Jesus the resurrection of the dead.(AC 4:1-2)

사도들이 백성에게 말할 때에 제사장들과 성전 맡은 자와 사두개인들이 이르러 예수 안에 죽은 자의 부활이 있다고 백성을 가르치고 전함을 싫어하여(행 4:1-2)

⑩ All Scripture is God-breathed and is useful for teaching, rebuking, correcting and training in righteousness, so that the man of God may be **thoroughly** equipped for every good work.(2TI 3:16-17)

- God-breathed 하나님의 감동으로 된 / be equipped for ~을 갖추다
- so that 이하는 결과 / be thoroughly equipped for 철저히 갖추다

모든 성경은 하나님의 감동으로 된 것으로 교훈과 책망과 바르게 함과 의로 교육하기에 유익하니 이는 하나님의 사람으로 온전케 하며 모든 선한 일을 행하기에 온전케 하려 함이니라(딤후 3:16-17)

⑪ But if anyone obeys his word, God's love is **truly** made complete in him. This is how we know we are in him: Whoever claims to live in him must walk as Jesus did.(1JN 2:5-6)

- ~ is truly made complete in him~ 참으로 그 속에서 온전하게 되다

누구든지 그의 말씀을 지키는 자는 하나님의 사랑이 참으로 그 속에서 온전하게 되었나니 이로써 우리가 그의 안에 있는 줄을 아노라 그의 안에 산다고 하는 자는 그가 행하시는 대로 자기도 행할지니라(요일 2:5-6)

⑫ Jesus entered Jerusalem and went to the temple. He looked **around** at everything, but since it was already late, he went out to Bethany with the Twelve.(MK 11:11)

예수께서 예루살렘에 이르러 성전에 들어가사 모든 것을 둘러 보시고 때가 이미 저물매 열 두 제자를 데리시고 베다니에 나가시니라(막 11:11)

⑬ When he came near the place where the road goes down the Mount of Olives, the whole crowd of disciples began **joyfully** to praise God in loud voices for all the miracles they had seen: "Blessed is the king who comes in the name of the Lord!" "Peace in heaven and glory in the highest!"(LK 19:37-38)

이미 감람산 내리막길에 가까이 오시매 제자의 온 무리가 자기들이 본 바 모든 능한 일로 인하여 기뻐하며 큰 소리로 하나님을 찬양하여 이르되 찬송하리로다 주의 이름으로 오시는 왕이여 하늘에는 평화요 가장 높은 곳에는 영광이로다(눅 19:37-38)

⑭ As they approached the village to which they were going, Jesus acted as if he were going farther. But they urged him strongly, "Stay with us, for it is **nearly** evening; the day is **almost** over." So he went in to stay with them. When he was at the table with them, he took bread, gave thanks, broke it and began to give it to them.(LK 24:28-30)

그들이 가는 마을에 가까이 가매 예수는 더 가려 하는 것 같이 하시니 그들이 강권하여 이르되 우리와 함께 유하사이다 때가 저물어가고 날이 이미 기울었나이다 하니 이에 그들과 함께 유하러 들어가시니라 그들과 함께 음식 잡수실 때에 떡을 가지사 축사하

시고 떼어 그들에게 주시니(눅 24:28-30)

⑮ They were looking **intently** up into the sky as he was going, when suddenly two men dressed in white stood beside them. "Men of Galilee," they said, "why do you stand here looking into the sky? This same Jesus, who has been taken from you into heaven, will come back in the same way you have seen him go into heaven." (AC 1:10-11)

올라가실 때에 제자들이 자세히 하늘을 쳐다보고 있는데 흰 옷 입은 두 사람이 그들 곁에 서서 이르되 갈릴리 사람들아 어찌하여 하늘을 쳐다보느냐 너희 가운데서 하늘로 올려지신 이 예수는 하늘로 가심을 본 그대로 오시리라 하였느니라(행 1:10-11)

⑯ When he saw Peter and John about to enter, he asked them for money. Peter looked **straight** at him, as did John. Then Peter said, "Look at us!" So the man gave them his attention, expecting to get something from them. Then Peter said, "Silver and gold I do not have, but what I have I give you. In the name of Jesus Christ of Nazareth, walk."(AC 3:3-6)

그가 베드로와 요한이 성전에 들어가려 함을 보고 구걸하거늘 베드로가 요한과 더불어 주목하여 이르되 우리를 보라 하니 그가 그들에게서 무엇을 얻을까 하여 바라보거늘 베드로가 이르되 은과 금은 내게 없거니와 내게 있는 이것을 네게 주노니 나사렛 예수 그리스도의 이름으로 걸으라(행 3:3-6)

▸▸ 말의 처음에 오는 부사

⑰ **Surely** you desire truth in the inner parts; you teach me wisdom in the inmost place. Cleanse me with hyssop, and I will be clean; wash me and I will be whiter than snow.(PS 51:7)

▫ inmost 맨 안쪽의, 가장 내부의 / hyssop 우슬초

보소서 주께서는 중심이 진실함을 원하시오니 내게 지혜를 은밀히 가르치시리이다 우슬초로 나를 정결하게 하소서 내가 정하리이다 나의 죄를 씻어 주소서 내가 눈보다 희리이다(시 51:7)

⑱ When evening came, Jesus was reclining at the table with the Twelve. And while they were eating, he said, "I tell you the truth, one of you will betray me." They were very sad and began to say to him one after another, "**Surely** not I, Lord?" (MT 26:20-21)

저물 때에 예수께서 열두 제자와 함께 앉으셨더니 그들이 먹을 때에 이르시되 내가 진실로 너희에게 이르노니 너희 중의 한 사람이 나를 팔리라 하시니 그들이 몹시 근심하여 각각 여짜오되 주여 나는 아니지요(마 26:20-21)

▻ Surely는 「not I」 전체를 수식하는 말로 「내가 아닌 것이 **확실하지요**?」

⑲ **There** they offered Jesus wine to drink, mixed with gall; but after tasting it, he refused to drink it.(MT 27:34)

쓸개 탄 포도주를 예수께 주어 마시게 하려 하였더니 예수께서 맛보시고 마시려하지 아니하시더라(마 27:34)

⑳ **Suddenly** Jesus met them. "Greetings," he said. They came to him, clasped his feet and worshiped him. Then Jesus said to them, "Do not be afraid. Go and tell my brothers to go to Galilee; **there** they will see me."(MT 28:9-10)

▫ clasp 꼭 쥐다, 붙들다

예수께서 그들을 만나 이르시되 평안하냐 하시거늘 여자들이 나아가 그 발을 붙잡고 경배하니 이에 예수께서 이르시되 무서워하지 말라 가서 내 형제들에게 갈릴리로 가라 하라 거기서 나를 보리라 하시니라(마 28:9-10)

㉑ And a woman was there who had been subject to bleeding for twelve years, but no one could heal her. She came up behind him and touched the edge of his cloak, and **immediately** her bleeding stopped.(LK 8:43-44)

이에 열두 해를 혈루증으로 앓는 중에 아무에게도 고침을 받지 못하던 여자가 예수의 뒤로 와서 그의 옷 가에 손을 대니 혈루증이 즉시 그쳤더라(눅 8:43-44)

㉒ Then Peter said, "Silvr or gold I do not have, but what I have I give you. I n the name of Jesus Christ of Nazareth, walk." Taking him by the right hand, he helped him up, and **instantly** the man's feet and ankles became strong.(AC 3:6-7)

베드로가 이르되 은과 금은 내게 없거니와 내게 있는 이것을 네게 주노니 나사렛 예수 그리스도의 이름으로 일어나 걸으라 하고 오른 손을 잡아 일으키니 발과 발목이 곧 힘을 얻고(행 3:6-7)

㉓ **Immediately**, something like scales fell from Saul's eyes, and he could see again. He got up and was baptized. and after taking some food, he regained his strength. Saul spent several days with the disciples in Damascus. At once he began to preach in the synagogue that Jesus is the Son of God.(AC 9:18-20)

▫ scale 비늘

즉시 사울의 눈에서 비늘 같은 것이 벗어져 다시 보게 된지라 일어나 세례를 받고 음식을 먹으매 강건하여지니라 사울이 다메섹에 있는 제자들과 함께 며칠 있을 새 즉시로 각 회당에서 예수가 하나님의 아들이심을 전파하니(행 9:18-20)

▸▸ 수식하는 말 앞에 오는 부사

㉔ Why then did you bring me out of the womb? I wish I had died before any eye saw me. If only I had never come into being, or had been carried **straight** from the womb to the grave!(JOB 10:18-19)

- I wish I had died~ ← I'm sorry I didn't die~ / if only 가정법 = I wish 가정법
- come into being 탄생하다, 생겨나다

주께서 나를 태에서 나오게 하셨음은 어찌함이니이까 그렇지 아니하셨더라면 내가 기운이 끊어져 아무 눈에도 보이지 아니하였을 것이라 있어도 없던 것 같이 되어서 태에서 바로 무덤으로 옮겨졌으리이다(욥 10:18-19)

㉕ And if anyone gives **even** a cup of cold water to one of these little ones because he is my disciple, I tell you the truth, he will certainly not lose his reward.(MT 10:42)

또 누구든지 제자의 이름으로 이 작은 자중 하나에게 냉수 한 그릇이라도 주는 자는 내가 진실로 너희에게 이르노니 그 사람이 결단코 상을 잃지 아니하리라 하시니라(마 10:42)

㉖ Now learn this lesson from the fig tree: As soon as its twigs get tender and its leaves come out, you know that summer is near. Even so, when you see all these things, you know that it is near, **right** at the door.(MT 24:32-33)

- twig 잔가지 / 여기서 it는 the Son of Man(인자)

무화과나무의 비유를 배우라 그 가지가 연하여지고 잎사귀를 내면 여름이 가까운 줄을 아나니 이와 같이 너희도 이 모든 일을 보거든 인자가 가까이 곧 문 앞에 이른 줄 알라(마 24:32-33)

㉗ Those who had arrested Jesus took him to Caiaphas, the high priest, where the teachers of the law and the elders had assembled. But Peter followed him at a distance, **right** up to the courtyard of the high priest. He entered and sat down with the guards to see the outcome.(MT 26:57-58)

예수를 잡은 자들이 그를 끌고 대제사상 가야바에게로 가니 거기 서기관과 장로들이 모여 있더라 베드로가 멀찍이 예수를 따라 대제사장의 집 뜰에 까지 가서 그 결말을 보려고 안에 들어가 하인들과 함께 앉아 있더라(마 26:57-58)

㉘ People were overwhelmed with amazement. "He has done everything well," they said. "He **even** makes the deaf hear and the mute speak."(MK 7:37)

- the deaf 못 듣는 사람 / the mute 말 못하는 사람

사람들이 심히 놀라 이르되 그가 모든 것을 잘하였도다 못 듣는 사람도 듣게 하고 말 못하는 사람도 말하게 한다 하니라(막 7:37)

㉙ "Don't be alarmed," he said. "You are looking for Jesus the Nazarene, who was crucified. He has risen! He is not here. See the place where they laid him. But go, tell his disciples and Peter, 'He is going ahead of you into Galilee. There you will see him, **just** as he told you."'(MK 16:7)

청년이 이르되 놀라지 말라 너희가 십자가에 못 박히신 나사렛 예수를 찾는구나 그가 살아나셨고 여기 계시지 아니하니라 보라 그를 두었던 곳이니라 가서 그의 제자들과 베드로에게 이르기를 예수께서 너희보다 먼저 갈릴리로 가시나니 전에 너희에게 말씀하신 대로 너희가 거기서 뵈오리라 하라(막 16:7)

㉚ When the Samaritans came to him, they urged him to stay with them, and he stayed two days. And because of his words many more became believers. They said to the woman, "We no longer believe **just** because of what you said; now we have heard for ourselves, and we know that this man really is the Savior of the world."(JN 4:40-42)

사마리아인들이 예수께 와서 자기들과 함께 유하시기를 청하니 거기서 이틀을 유하시매 예수의 말씀으로 말미암아 믿는 자가 더욱 많아 그 여자에게 말하되 우리가 믿는 것은 네 말로 인함이 아니니 이는 우리가 친히 듣고 그가 참으로 세상의 구주신 줄 앎이라 하였더라(요 4:40-42)

㉛ When he had finished speaking, Jesus left and hid himself from them. **Even** after Jesus had done all these miraculous signs in their presence, they still would not believe in him.(JN 12:36-37)

예수께서 이 말씀을 하시고 그들을 떠나가서 숨으시니라 이렇게 많은 표적을 그들 앞에서 행하셨으나 그를 믿지 아니하니(요 12:36-37)

㉜ There were many lamps in the upstairs room where we were meeting. Seated in a window was a young man named Eutychus, who was sinking into a deep sleep as Paul talked on and on. When he was **sound** asleep, he fell to the ground from the third story and was picked up dead.(AC 20:8-9)

□ sound ad. 깊이, 푹, sound asleep 푹 잠들어/ sound sleep 숙면

우리가 모인 윗 다락에 등불을 많이 켰는데 유두고라 하는 청년이 창에 걸터앉아 있다가 깊이 졸더니 바울이 강론하기를 더 오래 하매 졸음을 이기지 못하여 삼층에서 떨어지거늘 일으켜보니 죽었는지라(행 20:8-9)

㉝ In the case of a will, it is necessary to prove the death of the one who made it, because a will is in force **only** when somebody has died; it never takes effect while the one who made it is living.(HEB 9:16-17)

유언은 유언한 자가 죽어야 되나니 유언은 그 사람이 죽은 후에야 유효한즉 유언한 자가 살아 있는 동안에는 효력이 없느니라(히 9:16-17)

Writing & Speaking 성경영어

① 그의 노염은 잠깐이요 그의 은총은 평생이로다 저녁에는 울음이 깃들지라도 아침에는 기쁨이 오리로다(시 30:5)

For his anger lasts **only** a moment, but his favor lasts a life time; weeping may remain for a night, but rejoicing comes in the morning.(PS 30:5)

② 이미 도끼가 나무뿌리에 놓였으니 좋은 열매를 맺지 아니하는 나무마다 찍혀 불에 던져지리라(마 3:10)

The ax is **already** at the root of the trees, and every tree that does not produce good fruit will be cut down and thrown into the fire.(MT 3:10)

③ 나더러 주여 주여 하는 자 마다 다 천국에 들어갈 것이 아니요 다만 하늘에 계신 내 아버지의 뜻대로 행하는 자라야 들어가리라(마 7:21)

'Not everyone who says to me, 'Lord, Lord,' will enter the kingdom of heaven, but **only** he who does the will of my Father who is in heaven.(MT 7:21)

④ 천지는 없어질지언정 내 말은 없어지지 아니하리라(마 24:35)

Heaven and earth will pass away, but my words will **never** pass away.(MT 24:35)

⑤ 그러므로 믿음은 들음에서 나며 들음은 그리스도의 말씀으로 말미암았느니라(롬 10:17)

□ ~으로 말미암다 be heard through~

Consequently, faith comes from hearing the message, and the message is heard through the word of Christ.(RO 10:17)

⑥ 남편들아 아내 사랑하기를 그리스도께서 교회를 사랑하시고 그 교회를 위하여 자신을 주심같이 하라(엡 5:25)

Husbands, love your wives, **just** as Christ loved the church and gave himself up for her.(EPH 5:25)

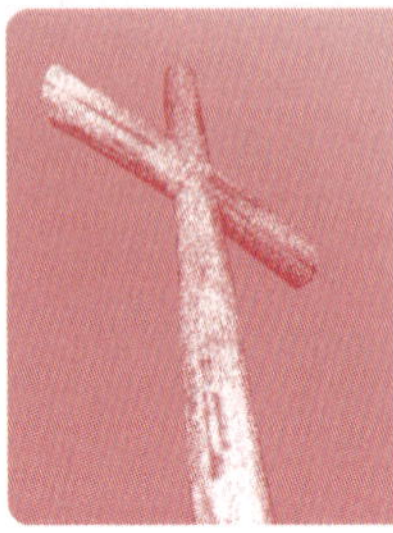

Today's Golden Rule

● I am the bread of life. He who comes to me will **never** go hungry, and he who believes in me will **never** be thirsty.(JN 6:35)

내가 곧 생명의 떡이니 내게 오는 자는 결코 주리지 아니할 터이요 나를 믿는 자는 영원히 목마르지 아니하리라(요 6:35)

Day 31. 부사절 I

Verse to Remember
□ 부사절(Adverbial clause) I: A. 장소(place) B. 시간(time)

A. 장 소

1. where

① **Where** your treasure is, there your heart will be also.(MT 6:21)

□ your heart will be also 네 마음도 있느니라

네 보물 있는 그곳에는 네 마음도 있느니라(마 6:21)

② Again, I tell you that if two of you on earth agree about anything you ask for, It will be done for you by my Father in heaven. For **where** two or three come together in my name, there am I with them.(MT 18:19-20)

□ there am I with them 나도 있느니라

진실로 다시 너희에게 이르노니 너희 중의 두 사람이 땅에서 합심하여 무엇이든지 구하면 하늘에 계신 내 아버지께서 그들을 위하여 이루게 하시리라. 두세 사람이 내 이름으로 모인 곳에는 나도 그들 중에 있느니라.(마 18:19-20)

③ **Where** there is a dead body, there the vultures will gather.(LK 17:37)

□ vulture 독수리

주검 있는 곳에는 독수리가 모이느니라(눅 17:37)

④ So the other disciples told him, "We have seen the Lord!" But he said to them, "Unless I see the nail marks in his hands and put my finger **where** the nails were, and put my hand into his side, I will not believe it."(JN 20:25)

□ the side 옆구리

다른 제자들이 그에게 이르되 우리가 주를 보았노라 하니 도마가 이르되 내가 그의 손의 못 자국을 보며 내 손가락을 그 못 자국에 넣으며 내 손을 그 옆구리에 넣어 보지 않고는 믿지 아니하겠노라(요 20:25)

B. 시 간

1. when: ~할 때, ~하는데 그때(시점)
2. as: ~할 때, ~함에 따라서(동적 변화)
3. while: ~하는 동안, ~하는 한편
4. as soon as S + V: ~하자마자
5. before/after: ~하기 전에, ~한 후에
6. until: ~할 때까지 / ~하고서야 비로소 ~하다(주절이 부정문)
7. as long as S + V: ~하는 동안(시간) / ~하는 한(조건)

1. when

① **When** times are good, be happy; but **when** times are bad, consider: God has made the one as well as the other. therefore, a man cannot discover anything about his future.(ECC 7:14)

□ the one as well as the other 곤고한 날(후자, the other) 뿐만 아니라 형통한 날(전자, the one)

형통한 날에는 기뻐하고 곤고한 날에는 되돌아 보아라 이 두 가지를 하나님이 병행하게 하사 사람이 그의 장래 일을 능히 헤아려 알지 못하게 하셨느니라(전 7:14)

② **When** you give to the needy, do not let your left hand know what your right hand is doing, so that your giving may be in secret. Then your Father, who sees what is done in secret, will reward you.(MT 6:3-4)

□ the needy 가난한 사람들 / what your right hand is doing 오른손이 하는 것

너는 구제할 때에 오른손이 하는 것을 왼손이 모르게 하여 네 구제함을 은밀하게 하라 은밀한 중에 보시는 너의 아버지께서 갚으시리라(마 6:3-4)

③ But you will receive power **when** the Holy Spirit comes on you; and you will be my witnesses in Jerusalem, and in all Judea and Samaria, and to the ends of the earth.(AC 1:8)

오직 성령이 너희에게 임하시면 너희가 권능을 받고 예루살렘과 온 유대와 사마리아와 땅 끝까지 이르러 내 증인이 되리라(행 1:8)

④ **When** you were slaves to sin, you were free from the control of righteousness.(RO 6:20)

너희가 죄의 종이 되었을 때에는 의에 대하여 자유로웠느니라(롬 6:20)

▸▸ S + 진행시제 + (,) when S + V : ~할 (그) 때에(주절) (,) ~하다(when 절)
⇨ Q_1 & A_1 / Day 27. 제한과 비제한

⑤ He said to them, "Listen to this dream I had: we **were binding** sheaves of grain out in the field **when** suddenly my sheaf rose and stood upright, while your sheaves gathered around mine and bowed down to it."(GE 37:6-7)

요셉이 그들에게 이르되 청하건대 내가 꾼 꿈을 들으시오 우리가 밭에서 곡식 단을 묶더니 내 단은 일어서고 당신들의 단은 내 단을 둘러서서 절하더이다(창 37:6-7)

⑥ As long as it is day, we must do the work of him who sent me. Night **is coming, when** no one can work.(JN 9:4)

때가 아직 낮이매 나를 보내신 이의 일을 우리가 하여야 하리라 밤이 오리니 그 때는 아무도 일 할 수 없느니라(요 9:4)

⑦ They **were looking** intently **up** into the sky as he was going, **when** suddenly two men dressed in white stood beside them.(AC 1:10)

□ intently 전념하여, 열심히

올라가실 때에 제자들이 자세히 하늘을 쳐다보고 있는데 흰옷 입은 두 사람이 그들 곁에 서서(AC 1:10)

2. as

① **As** Jesus went on from there, he saw a man named Matthew sitting at the tax collector's booth. "Follow me," he told him, and Matthew got up and followed him(MT 9:9)

□ booth 노점, 칸막이 방

예수께서 그곳을 떠나 지나가시다가 마태라 하는 사람이 세관에 앉아있는 것을 보시고 이르시되 나를 따르라 하시니 일어나 따르니라(마 9:9)

② **As** Jesus started on his way, a man ran up to him and fell on his knees before him. "Good teacher," he asked, "what must I do to inherit eternal life?"(MK 10:17)

예수께서 길에 나가실새 한 사람이 달려와서 꿇어 앉아 묻자오되 선한 선생님이여 내가 무엇을 하여야 영생을 얻으리이까(막 10:17)

③ The seed that fell among thorns stands for those who hear, but **as** they go on their way they are choked by life's worries, riches and pleasures, and they do not mature.(LK 8:14)

□ stand for ~을 상징하다 / go on one's way 자기 길을 가다 / choke 질식시키다 / mature 익다, 성숙하다

가시떨기에 떨어졌다는 것은 말씀을 들은 자이나 지내는 중 이생의 염려와 재물과 향락에 기운이 막혀 온전히 결실하지 못하는 자요(눅 8:14)

3. while

① While I am in the world, I am the light of the world.(JN 9:5)

내가 세상에 있는 동안에는 세상의 빛이로라(요 9:5)

② But God demonstrates his own love for us in this: While we were still sinners, Christ died for us.(RO 5:8)

□ demonstrate 확증하다, 증명하다, sinner 죄인

우리가 아직 죄인 되었을 때에 그리스도께서 우리를 위하여 죽으심으로 하나님께서 우리에게 대한 자기의 사랑을 확증하셨느니라(롬 5:8)

③ "In your anger do not sin": Do not let the sun go down while you are still angry, and do not give the devil a foothold.(EPH 4:26-27)

□ a foothold 틈, 발판, 기지

분을 내어도 죄를 짓지 말며 해가 지도록 분을 품지 말고 마귀에게 틈을 주지 말라(엡 4:26-27)

4. as soon as / on Ving / the moment

= no sooner had S pp than S + V(과거)
= scarcely (hardly) had S pp when (before) S + V(과거) ⇨ Check-Up 24, 25

① All by itself the soil produces grain – first the stalk, then the head, then the full kernel in the head. As soon as the grain is ripe, he puts the sickle to it, because the harvest has come.(MK 4:28-29)

□ stalk 싹, 줄기 / head 이삭 / kernel 곡식의 낱알, 핵심 / put the sickle to ~에 낫을 대다

땅이 스스로 열매를 맺되 처음에는 싹이요 다음에는 이삭이요 그 다음에는 이삭에 충실한 곡식이라 열매가 익으면 곧 낫을 대나니 이는 추수 때가 이르렀음이라(막 4:28-29)

② On reaching Jerusalem, Jesus entered the temple area and began driving out those who were buying and selling there.(MK 11:15)

□ drive out 내쫓다

그들이 예루살렘에 들어가니라 예수께서 성전에 들어가사 성전 안에서 매매하는 자들을 내어 쫓으시며(막 11:15)

③ But the one who hears my words and does not put them into practice is like a man who built a house on the ground without a foundation. The moment the torrent struck that house, it collapsed and its destruction was complete.(LK 6:49)

□ put O into practice 행하다 실천하다 / the torrent 탁류, 급류 cf. torrents 억수

듣고 행하지 아니하는 자는 주추 없이 흙 위에 집 지은 사람과 같으니 탁류가 부딪히매 집이 곧 무너져 파괴됨이 심하니라(눅 6:49)

5. before / after

① This is how the birth of Jesus Christ came about: His mother Mary was pledged to be married to Joseph, but **before** they came together, she was found to be with child through the Holy Spirit.(MT 1:18)

□ be pledged to be married to ~와 약혼하다(결혼하기로 약속하다) / come together 동거하다

예수 그리스도의 나심은 이러하니라 그의 어머니 마리아가 요셉과 약혼하고 동거하기 전에 성령으로 잉태된 것이 나타났더니(마 1:18)

② I tell you, Peter, **before** the rooster crows today, you will deny three times that you know me.(LK 22:34)

□ the rooster 수탉, crow[krou] 울다

베드로야 내가 네게 말하노니 오늘 닭 울기 전에 네가 세 번 나를 모른다고 부인하리라(눅 22:34)

③ **After** the Lord Jesus had spoken to them, he was taken up into heaven and sat at the right hand of God.(MK 16:19)

주 예수께서 말씀을 마치신 후 하늘로 올려지사 하나님 우편에 앉으시니라(막 16:19)

④ **Even after** Jesus had done all these miraculous signs in their presence, they still would not believe in him.(JN 12:37)

이렇게 많은 표적을 그들 앞에서 행하셨으나 그를 믿지 아니하니(요 12:36-37)

6. until

① "Get up," he said, "take the child and his mother and escape to Egypt. Stay there **until** I tell you, for Herod is going to search for the child to kill him."(MT 2:13)

헤롯이 아기를 찾아 죽이려 하니 일어나 아기와 그의 어머니를 데리고 애굽으로 피하여 내가 네게 이르기까지 거기 있으라 하시니(마 2:13)

② Suppose one of you has a hundred sheep and loses one of them. Does he not leave the ninety-nine in the open country and go after the lost sheep **until** he finds it?(LK 15:4)

너희 중에 어떤 사람이 양 백 마리가 있는데 그 중의 하나를 잃으면 아흔 아홉 마리를 들에 두고 그것을 찾아내기까지 찾아다니지 아니하겠느냐(눅 15:4)

▸▸ **부정어 A until B: B하고서야 비로서 A하다**

③ When Joseph woke up, he did what the angel of the Lord had commanded him and took Mary home as his wife. But he had **no** union with her **until** she gave birth to a son. And he gave him the name Jesus.(MT 1:24-25)

요셉이 잠에서 깨어 일어나 주의 사자의 분부대로 행하여 그의 아내를 데려왔으나 아들을 낳기까지 동침하지 아니하더니 낳으매 이름을 예수라 하니라(마 1:24-25)

④ I tell you the truth, this generation will certainly **not** pass away **until** all these things have happened. Heaven and earth will pass away, but my words will never pass away.((MT 24:34-35))

내가 진실로 너희에게 말하노니 이 세대가 지나가기 전에 이 일이 다 일어나리라 천지는 없어지겠으나 내 말은 없어지지 아니하리라((마 24:34-35))

⑤ **Not until** halfway through the Feast **did Jesus go up** to the temple courts and begin to teach. The Jews were amazed and asked, "How did this man get such learning without having studied?" Jesus answered, "My teaching is not my own. It comes from him who sent me.(JN 7:14-16)

이미 명절의 중간이 되어 예수께서 성전에 올라가사 가르치시니 유대인들이 놀랍게 여겨 이르되 이 사람은 배우지 아니하였거늘 어떻게 글을 아느냐 하니 예수께서 대답하여 이르시되 내 교훈은 내 것이 아니요 나를 보내신 이의 것이니라(요 7:14-16)

7. as long as

① **As long as** the earth endures, seed time and harvest, cold and heat, summer and winter, day and night will never cease.(GE 8:22)

ㅁ endure 지탱하다 , 지속하다 / cease 그치다, 그만두다

땅이 있을 동안에는 심음과 거둠과 추위와 더위와 여름과 겨울과 낮과 밤이 쉬지 아니하리라(창 8:22)

② What I am saying is that **as long as** the heir is a child, he is no different from a slave, although he owns the whole estate. He is subject to guardians and trustees until the time set by his father.(GAL 4:1-2)

ㅁ guardian 후견인, 보호자 / trustee 청지기, 보관인

내가 또 말하노니 유업을 이을 자가 모든 것의 주인이나 어렸을 동안에는 종과 다름이 없어서 그 아버지가 정한 때까지 후견인과 청지기 아래에 있나니(갈 4:1-2)

Q&A 세상영어

Q1 다음 성경영어에 나오는 where의 차이를 말하시오.

Ⓐ When he had called together all the people's chief priests and teachers of the law, he asked them **where** the Christ was to be born.(MT 2:4)

Ⓑ He is not here; he has risen, just as he said. Come and see **the place where** he lay.(MT 28:6)

Ⓒ Mary Magdalene and Mary the mother of Joses saw **where** he was laid.(MK 15:47)

Ⓓ One day, after Moses had grown up, he went out to **where** his own people were and watched them at their hard labor. He saw an Egyptian beating a Hebrew, one of his own people.(EX 2:11)

Ⓔ Unless I see the nail marks in his hands and put my finger **where** the nails were, and put my hand into his side, I will not believe it.(JN 20:25)

A1 Ⓐ 간접의문(명사절)을 이끄는 의문부사:

▻ 헤롯왕(he)은 그들(them)에게 그리스도가 **어디에서** 나실지 물었다.

Ⓑ 관계부사로 선행사 the place를 수식하는 형용사절:

▻ 예수께서 **누우셨던 곳**을 와서 보라.

Ⓒ 관계부사에서 선행사 the place가 생략된 명사절로 동사의 목적절:

▻ 예수께서 **누우셨던 곳**

Ⓓ 관계부사에서 선행사 the place가 생략된 명사절로 전치사의 목적절:

▻ 자기 형제들이 **있는 데(곳)**

Ⓔ 장소를 나타내는 부사절 접속사:

▻ 내가(도마) 예수의 손에 박힌 못 자국을 보고서 **못이 있던(박혔던) 곳에(으로)** 내 손가락을 넣고 예수의 옆구리에 내손을 넣어보지 않고는…

Q2 다음 색깔부분에 유의하여 다음 말들을 우리말로 새겨봅시다.

ⓐ She **was having** lunch, **when** I came in.

ⓑ She **had not been climbing** even a minute, **when** she was out of breath.

A2 [과거진행 / 과거완료(진행), + when S + V]

~하는데(주절), 그 때(when 절) ~했다

▻ 주절의 시제가 ⓐ 과거진행 또는 ⓑ 과거완료(진행)시제 일 때에는 주절을 먼저 말한 다음 **when** 절을 말해야 한다. 주절이 먼저 발생하고 그 다음 관계부사 when절이 일어나기 때문이다.

▻ when절은 관계부사의 비제한절로 주절과 comma로 분리된다. ⇨ Day 27. 제한과 비제한

ⓐ She **was having** lunch, **when** I came in.

▻ 그녀가 점심을 먹고 있는데(S + V), **그 때 내가 들어갔다**.(when 절)

ⓑ She **had not been climbing** even a minute, **when** she was out of breath.

▻ 그녀는 산에 오른 지 일 분도 못 돼서(S + V), **숨이 찼다**(when 절)

▸▸ 다음 예문들을 우리말로 새겨봅시다:

ⓒ I **was taking a bath, when** the smart phone rang.

▻ 내가 목욕을 하고 있는데(S + V), **그 때** 스마트폰이 **울렸다**.(when 절)

ⓓ I **was driving to work, when** I heard the news on the radio.

▻ 내가 출근하고 있었는데(S + V), **그 때** 그 뉴스**를 라디오에서 들었다**.(when 절)

ⓔ They **hadn't been married even a year, when** they divorced.

▻ 그들은 결혼한 지 일 년도 못되어(S + V), **이혼했다**.(when 절)

ⓕ **Hardly / Scarcely had** the game **begun when** it started raining.

▻ 경기가 시작 하자마자(S + V), **비가 내리기 시작했다**.(when 절)

Q3 so (as) far as와 so (as) long as는 어떤 의미의 차이가 있는가?

A3 so (as) far as와 so (as) long as는 우리말로 모두 '~하는 한' 으로 같은 뜻이지만 다음과 같은 의미의 차이가 있다.

[so (as) far as]

(1) ~까지(거리)

ⓐ There was nothing but water **as far as** my eyes could reach.
내 눈이 보이는데 까지 물 뿐이었다.

ⓑ I will follow you **as far as** the end of the world.
이 세상 끝까지 너를 따를 것이다.

(2) ~하는 한(범위)

Ⓐ If it is possible, **as far as** it depends on you, live at peace with everyone.(RO 12:18)
할 수 있거든 너희로서는 모든 사람과 더불어 화목하라(롬 12:18)

ⓑ He has never been abroad **so (as) far as** I know.
내가 아는 한 그는 결코 해외에 나가본 적이 없다.

[so (as) long as]

(1) ~하는 동안(기한)

Ⓐ **As long as** the earth endures, seed time and harvest, cold and heat, summer and winter, day and night will never cease.(GE 8:22)
땅이 있을 동안에는 심음과 거둠과 추위와 더위와 여름과 겨울과 낮과 밤이 쉬 지 아니하리라(창 8:22)

ⓑ **As long as** I live, I will never forget your help.
내가 살아있는 동안 너의 도움을 결코 잊지 않을 것이다.

(2) ~하는 한(조건) ⇨ Day 34. 부사절-조건

Ⓐ **As long as** it is day, we must do the work of him who sent me. Night is coming, when no one can work.(JN 9:4)
때가 아직 낮이매 나를 보내신 이의 일을 우리가 하여야 하리라 밤이 오리니 그 때는 아무도 일 할 수 없느니라(요 9:4)

ⓑ Our profits will be good **so long as** the dollar remains strong.
달러가 강세인 동안(강세인 한) 우리 이익은 날것이다.

ⓒ You can stay here **as long as** you keep quiet.
네가 조용히 하는 한 너는 여기 머물 수 있다.

Check-up 세상영어

※ Translate the followings into English.

1. **뜻이 있는 곳에** 길이 있다.(격 언)

2. 아니 땐 굴뚝에 **연기 나랴**.(속담)

3. **사람은 가난해 지면**(가난해질 때) 거지근성이 나온다.

4. 호랑이는 **죽어서** 가죽을 남기고 사람은 죽어서 이름을 남긴다.(속담)

5. **고양이가 없을 때**(없어지면) 생쥐들이 설친다.(호랑이 없는 골에 토끼가 스승이라.)

6. 학생들이 **인터넷 게임에 빠져 있는데 그 때** 선생님이 들어오셨다.
   - ~에 빠지다 indulge in, 인터넷 게임 internet gaming

7. 그가 **그녀의 집 밖에서 사랑 노래를 부르고 있는데 그 때** 창문이 열리고 물 한 양동이가 쏟아져 내렸다.
   - 물 한 양동이 a bucket of water

8. 그는 **십리도 못가서** 발병 났다.
   - 발병난다 one' s legs hurt, become footsore

9. 쇠뿔도 **단김에** 빼라.(격언)

10. **꽃들에 물을 주는 동안** 비가 내리기 시작했다. 나는 우산을 쓰고 계속해서 물을 주었다.

11. **대통령이 연설하고 있는 동안** 기자 한명이 그를 향해 신발 한 짝을 던졌다.

12. 까마귀 날자 배 떨어진다.(속담: 오비이락)

□ 까마귀 a crow / 배 a pear

13. 머지않아 봄이 올 것이다.

14. 머지않아 나는 집안에서 아기울음소리를 듣게 될 것이다.

15. 철나자 망령든다.(속담)

16. 떡줄 사람 생각도 않는데 김칫국부터 마신다.(속담)

17. 돌다리도 두들겨 보고 건너라.(속담)

18. 소 잃고 외양간 고친다.(속담)

19. 사람들은 건강을 잃고 나서야 비로소 건강의 귀중함을 깨닫는다.

20. 우리는 예수를 믿고서야 비로소 예수를 안다. 그래서 예수를 알고 난 후에 나는 예수를 믿겠다고 말하는 것은 사실이 아니다.

21. 일단 약속을 했으면 지켜야한다.

22. 손자가 태어난 지 100일이 되었다. 100일 잔치를 해야겠다.

23. 그 계획은 그가 대통령인 한 바뀌지 않을 것이다.

24. 그녀는 나를 보자마자 나를 곧 알아봤다.(3개 이상의 표현으로)

25. 나는 너무 피곤해서 잠자리에 들자마자 금방 잠이 들었다.(3개 이상의 표현으로)

Answer to Check-Up

1. **Where there is a will**, there is a way.
2. **Where there's smoke**, there's fire.

3. **When one is reduced to poverty**, the beggar will come out.
4. Tigers leave only their skin **when they die**, but a man's name lives on through his achievement.
5. **When the cat is away**, the mice will play.
6. The students **were indulging in internet gaming, when** the teacher came in.
7. He **was singing a love song outside her house, when** the window opened and a bucket of water poured down.
8. He **had not walked even ten-ri, when** his legs hurt. (**when** he became footsore.)
9. Strike **while the iron is hot**.
10. **While I was watering the flowers**, it began to rain. I put up(raised, held) my umbrella and went on watering.
11. **While the president was making his speech**, a reporter threw a shoe at him.
12. A pear drops **as soon as a crow flies from the tree**.
13. It **will not be long before** spring comes.
14. It **will not be long before** I can hear a baby crying in my house.
15. Life is half spent **before we know what it is**.
16. Don't count your chickens **before they are hatched**.
17. Think carefully **before you leap**.
18. To lock the stable door **after the horse is stolen**.
19. People **do not realize the value of health until** they lose it.
20. We **do not know Jesus until** we believe in Jesus. It is not true to say that **after** I know (have known) Jesus, I will believe in him.
21. **Once you have made a promise**, you should keep it.
22. It **is (has been) 100 days since my grandson was born**. I'll hold the party (celebration) of a hundred-day-old baby.
23. The project will not be changed **so (as) long as he is president**.
24. ◦ She recognized me at once **on** seeing me.
    ◦ She recognized me at once **the moment / as soon as** she saw me.
    ◦ **No sooner** had she seen me **than** she recognized me at once.
    ◦ **Scarcely** had she seen me **when** she recognized me at once.
    ◦ **Hardly** had she seen me **before** she recognized me at once.
25. ◦ I was so tired that **on** going to bed, I fell asleep in a moment.
    ◦ I was so tired that **the moment / as soon as** I went to bed, I fell asleep in a moment.
    ◦ I was so tired that **no sooner** had I gone to bed **than** I fell asleep in a moment.
    ◦ I was so tired that **scarcely** had I gone to bed **when** I fell asleep in a moment.
    ◦ I was so tired that **hardly** had I gone to bed **before** I fell asleep in a moment.

Reading & Listening 성경영어

▸▸ 장 소

① Bear in mind that the LORD has given you the Sabbath; that is why on the sixth day he gives you bread for two days. Everyone is to stay **where** he is on the seventh day; no one is to go out.(EX 16:29)

- Bear in mind that ~을 명심하다, 기억하다
- 'no one is to go out'에서 to go out은 부정사 형용사적 용법 서술, 의무(~해야 한다)

볼지어다 여호와가 너희에게 안식일을 줌으로 여섯째 날에는 이틀 양식을 너희에게 주는 것이니 너희는 각기 처소에 있고 일곱째 날에는 아무도 그의 처소에서 나오지 말지니라(출 16:29)

② And if I go and prepare a place for you, I will come back and take you to be with me that you also may be **where** I am. You know the way to the place where I am going.(JN 14:3-4)

- the place where I am going 내가 가는 곳, 여기서 where는 관계부사

가서 너희를 위하여 거처를 예비하면 내가 다시 와서 너희를 내게로 영접하여 나 있는 곳에 너희도 있게 하리라 내가 어디로 가는지 그 길을 너희가 아느니라(요 14:3-4)

▸▸ 시 간

③ For God knows that **when** you eat of it your eyes will be opened, and you will be like God, knowing good and evil.(GE 3:5)

- eat of ~의 일부를 먹다

너희가 그것을 먹는 날에는 너희 눈이 밝아져 하나님과 같이 되어 선악을 알 줄 하나님이 아시느니라(창 3:5)

④ **When** you pass through the waters, I will be with you; and **when** you pass through the rivers, they will not sweep over you. **When** you walk through the fire, you will not be burned; the flames will not set you ablaze.(ISA 43:2)

- sweep over 침몰시키다 / set O ablaze ~을 불태우다

네가 물 가운데로 건너갈 때에 내가 너와 함께 할 것이라 강을 건널 때에 물이 너를 침몰하지 못할 것이며 네가 불 가운데로 지날 때에 타지도 아니할 것이요 불꽃이 너를 사르지도 못하리니(사 43:2)

⑤ A strong wind was blowing and the waters grew rough. **When** they had rowed three or three and a half miles, they saw Jesus approaching the boat, walking on the water; and they were terrified. But he said to them, "It's I; don't be afraid." Then they were willing to take him into the boat, and immediately the boat reached the shore where they were heading.(JN 6:18-21)

▫ row노를 젓다 / the waters grow rough 파도가 일다

큰 바람이 불어 파도가 일어나더라 제자들이 노를 저어 십여 리쯤 가다가 예수께서 바다 위로 걸어 배에 가까이 오심을 보고 두려워하거늘 이르시되 내니 두려워하지 말라 하신대 이에 기뻐서 배로 영접하니 배는 곧 그들이 가려던 땅에 이르렀더라(요 6:18-21)

⑥ **As** Jesus went on from there, two blind men followed him, calling out, "Have mercy on us, Son of David!" When he had gone indoors, the blind men came to him, and he asked them, "Do you believe that I am able to do this?" "Yes, Lord," they replied."(MT 9:27-28)

예수께서 거기에서 떠나가실새 두 맹인이 따라오며 소리 질러 이르되 다윗의 자손이여 우리를 불쌍히 여기소서 하더니 예수께서 집에 들어가시매 맹인들이 그에게 나아오거늘 예수께서 이르시되 내가 능히 이 일 할 줄을 믿느냐 대답하되 주여 그러하오이다 하니(마 9:27-28)

⑦ **As** you are going with your adversary to the magistrate, try hard to be reconciled to him on the way, or he may drag you off to the judge, and the judge turn you over to the officer, and the officer throw you into prison.(LK 12:58)

▫ magistrate 법관, 행정장관 / judge 재판장, the judge (may) turn~ , the officer (may) throw~

네가 너를 고발하는 자와 함께 법관에게 갈 때에 길에서 화해하기를 힘쓰라 그가 너를 재판장에게 끌어가고 재판장이 너를 옥졸에게 넘겨주어 옥졸이 옥에 가둘까 염려하라(눅 12:58)

⑧ Let the word of Christ dwell in you richly **as** you teach and admonish one another with all wisdom, and **as** you sing psalms, hymns and spiritual songs with gratitude in your hearts to God.(COL 3:16)

그리스도의 말씀이 너희 속에 풍성히 거하여 모든 지혜로 피차 가르치며 권면하고 시와 찬송과 신령한 노래를 부르며 감사하는 마음으로 하나님을 찬양하고(골 3:16)

⑨ Seek the LORD **while** he may be found; call on him **while** he is near. Let the wicked forsake his way and the evil man his thoughts. Let him turn to the LORD, and he will have mercy on him, and to our God, for he will freely pardon.(ISA 55:6-7)

너희는 여호와를 만날만한 때에 찾으라 가까이 계실 때에 그를 부르라 악인은 그의 길을, 불의한 자는 그의 생각을 버리고 여호와께로 돌아오라 그리하면 그가 긍휼히 여기

시리라 우리 하나님께로 돌아오라 그가 너그럽게 용서하시리라(사 55:6-7)

⑩ **While** they were stoning him, Stephen prayed, "Lord Jesus, receive my spirit." Then he fell on his knees and cried out, "Lord, do not hold this sin against them." When he had said this, he fell asleep.(AC 7:59-60)

그들이 돌로 스데반을 치니 스데반이 부르짖어 이르되 주 예수여 내 영혼을 받으시옵소서 하고 무릎을 꿇고 크게 불러 이르되 주여 이 죄를 그들에게 돌리지 마옵소서 이 말을 하고 자니라(행 7:59-60)

⑪ In the case of a will, it is necessary to prove the death of the one who made it, because a will is in force only when somebody has died; it never takes effect **while** the one who made it is living.(HEB 9:16-17)

- In the case of a will 유언은(유언에 관하여 말하자면) cf. in case of ~의 경우에는
- take effect 효력, 효과가 있다

유언은 유언한 자가 죽어야 되나니 유언은 그 사람이 죽은 후에야 견고한즉 유언한 자가 살았을 때에는 언제든지 효력이 없느니라(히 9:16-17)

⑫ Then Herod called the Magi secretly and found out from them the exact time the star had appeared. He sent them to Bethlehem and said, "Go and make a careful search for the child. **As soon as** you find him, report to me, so that I too may go and worship him."(MT 2:7-8)

- Magi[meidʒai] 동방의 박사들

이에 헤롯이 가만히 박사들을 불러 별이 나타난 때를 자세히 묻고 베들레헴으로 보내며 이르되 가서 아기에 대하여 자세히 알아보고 찾거든 내게 고하여 나도 가서 그에게 경배하게 하라(마 2:7-8)

⑬ When they had crossed over, they landed at Gennesaret and anchored there. **As soon as** they got out of the boat, people recognized Jesus. They ran throughout that whole region and carried the sick on mats to wherever they heard he was.(MK 6:53-55)

건너가 게네사렛 땅에 이르러 대고 배에서 내리니 사람들이 곧 예수 이신 줄을 알고 그 온 지방으로 달려 돌아다니며 예수께서 어디 계시다는 말을 듣는 대로 병든 자를 침상째로 들고 나오니(막 6:53-55)

⑭ Jesus left that place and went to the vicinity of Tyre. He entered a house and did not want anyone to know it; yet he could not keep his presence secret. In fact **as soon as** she heard about him, a woman whose little daughter was possessed by an evil spirit came and fell at his feet.(MK 7:24-25)

예수께서 일어나사 거기를 떠나 두로지방으로 가서 한 집에 들어가 아무도 모르게 하시려하나 숨길 수 없더라 이에 더러운 귀신들린 어린 딸을 둔 한 여자가 예수의 소문을

듣고 곧 와서 그 발아래 엎드리니(MK 7:24-25)

⑮ **On coming** to the house, they saw the child with his mother Mary, and they bowed down and worshiped him. Then they opened their treasures and presented him with gifts of gold and of incense and of myrrh.(MT 2:11)

□ incense 유황 / myrrh 몰약

집에 들어가 아기와 그의 어머니 마리아가 함께 있는 것을 보고 엎드려 아기께 경배하고 보배 합을 열어 황금과 유황과 몰약을 예물로 드리니라(마 2:11)

⑯ Remember your creator in the days of your youth, **before** the days of trouble come and years approach when you will say, "I find no pleasure in them" – **before** the sun and the light and the moon and the stars grow dark, and the clouds return after the rain;(ECC 12:1-2)

□ when you will say~에서 when은 관계부사; 선행사는 years

너는 청년의 때에 너의 창조자를 기억하라 곧 곤고한 날이 이르기 전에, 나는 아무 낙이 없다고 할 해가 가깝기 전에 해와 빛과 달과 별들이 어둡기 전에, 비 뒤에 구름이 다시 일기 전에 그리하라(전 12:1-2)

⑰ It was **just before** the Passover Feast. Jesus knew that the time had come for him to leave this world and go to the Father. Having loved his own who were in the world, he now showed them the full extent of his love.(JN 13:1)

유월절 전에 예수께서 자기가 세상을 떠나 아버지께로 돌아가실 때가 이른 줄 아시고 세상에 있는 자기 사람들을 사랑하시되 끝까지 사랑하시니라(요 13:1)

⑱ When Jesus entered the ruler's house and saw the flute players and the noisy crowd, he said, "Go away. The girl is not dead but asleep." But they laughed at him. **After** the crowd had been put outside, he went in and took the girl by the hand, and she got up.(MT 9:23-25)

□ put outside 제쳐 놓다, 치우다

예수께서 그 관리의 집에 가사 피리 부는 자들과 떠드는 무리를 보시고 이르시되 물러가라 이 소녀가 죽은 것이 아니라 잔다 하시니 그들이 비웃더라 무리를 내어 보낸 후에 예수께서 들어가사 소녀의 손을 잡으시매 일어나는지라(마 9:23-25)

⑲ By the sweat of your brow you will eat your food **until** you return to the ground, since from it you were taken; for dust you are and to dust you will return.(GE 3:19)

□ brow[brau] 얼굴, 이마 / from it 그것에서(흙에서) / you were taken 취함을 입었음이라
□ dust you are ← you are dust / to dust you will return ← you will return to dust

네가 흙으로 돌아갈 때까지 얼굴에 땀을 흘려야 먹을 것을 먹으리니 네가 그것에서 취함을 입었음이라 너는 흙이니 흙으로 돌아갈 것이니라(창 3:19)

Writing & Speaking 성경영어

① 예수께서 세례를 받으시고 곧 물에서 올라오실새 하늘이 열리고 하나님의 성령이 비둘기같이 내려 자기위에 임하심을 보시더니(마 3:16)

As soon as Jesus was baptized, he went up out of the water. At that moment heaven was opened, and he saw the Spirit of God descending like a dove and lighting on him.(MT 3:16)

② 너는 기도할 때에 네 골방에 들어가 문을 닫고 은밀한 중에 계신 네 아버지께 기도하라 은밀한 중에 보시는 네 아버지께서 갚으시리라(마 6:6)

- 은밀한 중에(은밀히 행하여지는 것) what is done in secret

When you pray, go into your room, close the door and pray to your Father, who is unseen. Then your Father, who sees what is done in secret, will reward you.(MT 6:6)

③ 빛이 있을 동안에 다녀 어둠에 붙잡히지 않게 하라 어둠에 다니는 자는 그 가는 곳을 알지 못하느니라(요 12:35)

Walk **while** you have the light, **before** darkness overtakes you. The man who walks in the dark does not know where he is going.(JN 12:35)

④ 율법이 없는 곳에는 범법도 없느니라(롬 4:15)

- 범법 transgression

And **where** there is no law there is no transgression.(RO 4:15)

⑤ 욕심이 잉태한즉 죄를 낳고 죄가 장성한즉 사망을 낳느니라(약 1:15)

After desire has conceived, it gives birth to sin; and sin, **when** it is full-grown, gives birth to death.(JAS 1:15)

Today's Golden Rule

● **Where** your treasure is, there your heart will be also.(MT 6:21)

네 보물이 있는 그곳에는 네 마음도 있느니라(마 6:21)

Day 32. 부사절 II

Verse to Remember
□ 부사절(Adverbial clause) II: A. 목적(purpose) B. 결과(result)

A. 목 적

1. '~하기 위하여'(목적): 성경영어에서는 주로 '**so that** S **may** RV'로 말한다.
2. so를 생략하고 '**that** S **may** RV'로 말하기도 한다.
3. 격식적 표현으로는 '**in order that** S **may** RV'가 있다.
4. '~하지 않도록'(부정 목적): '**for fear that** S **will** RV / **lest** S (**should**) RV'
5. '목적'을 나타내는 부사절에는 주로 조동사 may를 사용하지만 may 이외에 will이나 can을 쓰기도 한다.

▸ 주로 (so) that 앞에는 comma가 온다.

1. so that S may RV

① When you give to the needy, do not let your left hand know what your right hand is doing, so that your giving may be in secret. Then your Father, who sees what is done in secret, will reward you.(MT 6:3-4)

- the needy 가난한 사람 / let(사역동사) + your left hand(o) + know 원형부정사(o.c)
- what is done in secret 은밀하게 행해진 것

너는 구제할 때에 오른손이 하는 것을 왼손이 모르게 하여 네 구제함을 은밀하게 하라 은밀한 중에 보시는 너의 아버지께서 갚으시리라(마 6:3-4)

② But whoever lives by the truth comes into the light, so that it may be seen plainly that what he has done has been done through God.(JN 3:21)

- so that it may be seen plainly에서 it는 가주어로, 이어지는 that절 이하를 가리킴.
- that절에서 what he has done이 주어

진리를 따르는 자는 빛으로 오나니 이는 그 행위가 하나님 안에서 행한 것임을 나타내려 함이라(요 3:21)

③ But the Lord stood at my side and gave me strength, **so that** through me the message **might** be fully proclaimed and all the Gentiles **might** hear it. And I was delivered from the lion's mouth.(2TI 4:17)

ㅁ might는 시제일치를 위한 may의 과거 / proclaim 포고하다, 공포하다 / the Gentiles 이방족속들

주께서 내 곁에 서서 나에게 힘을 주심은 나로 말미암아 선포된 말씀이 온전히 전파되어 모든 이방인이 듣게 하려 하심이니 내가 사자의 입에서 건짐을 받았느니라(딤후 4:17)

2. that S may RV

① Moreover, the Father judges no one, but has entrusted all judgement to the Son, **that** all **may** honor the Son just as they honor the Father. He who does not honor the Son does not honor the Father, who sent him.(JN 5:22-23)

ㅁ entrust O(목적어) to 사람: ~을 ~에게 맡기다

아버지께서 아무도 심판하지 아니하시고 심판을 다 아들에게 맡기셨으니 이는 모든 사람으로 아버지를 공경하는 것같이 아들을 공경하게 하려하심이라 아들을 공경하지 아니하는 자는 그를 보내신 아버지도 공경하지 아니하느니라(요 5:22-23)

② When you ask, you do not receive, because you ask with wrong motives, **that** you **may** spend what you get on your pleasures.(JAS 4:3)

ㅁ spend A(what you get) on B(your pleasures) A(시간, 노력)를 B에 쓰다

구하여도 얻지 못하는 것은 정욕으로 쓰려고 잘못 구하기 때문이라(약 4:3)

3. in order that S may RV

○ Now if we are children, then we are heirs – heirs of God and co-heirs with Christ, if indeed we share in his sufferings **in order that** we **may** also share in his glory.(RO 8:17)

ㅁ co-heirs with Christ 그리스도와 함께한 상속자 / share in 함께 나누다

자녀이면 또한 상속자 곧 하나님의 상속자요 그리스도와 함께한 상속자니 우리가 그와 함께 영광을 받기 위하여 고난도 함께 받아야 할 것이니라(롬 8:17)

4. for fear that S will RV / lest S (should) RV

① Everyone who does evil hates the light, and will not come into the light **for fear that** his deed **will** be exposed.(JN 3:20)

악을 행하는 자마다 빛을 미워하여 빛으로 오지 아니하나니 이는 그 행위가 드러날까 함이요(요 3:20)

② For Christ did not send me to baptize, but to preach the gospel – not with words of human wisdom, **lest** the cross of Christ **be emptied** of its power.(1CO 1:17)

□ be emptied of ~이 헛되다, 없어지다

그리스도께서 나를 보내심은 세례를 베풀게 하려 하심이 아니요 오직 복음을 전하게 하려 하심이로되 말의 지혜로 하지 아니함은 그리스도의 십자가가 헛되지 않게 하려 함이라(고전 1:17)

5. so that S can RV

○ Finally, be strong in the Lord and in his mighty power. Put on the full armor of God **so that** you **can** take your stand against the devil's schemes.(EPH 6:10-11)

□ take your stand against ~에 대적하다 / the full armor of God 하나님의 전신 갑주

끝으로 너희가 주 안에서와 그 힘의 능력으로 강건하여지고 마귀의 간계를 능히 대적하기 위하여 하나님의 전신 갑주를 입으라(엡 6:10-11)

B. 결 과

1. so that S (will / can) RV

- 의미: ~해서 (그 결과) that ~하다
- 주로 so that앞에 comma가 있다. so that 절에는 조동사 will이나 can을 사용하지만 조동사가 없는 경우도 있다.

① Surely the arm of the LORD is not too short to save, nor his ear too dull to hear. But your iniquities have separated you from your God; your sins have hidden his face from you, **so that** he **will** not hear.(ISA 59:1-2)

□ not too short to save 너무 짧아 구원할 수 없는 것은 아니다. 이중부정(강한 긍정의 의미)

□ iniquities 불공평, 부당 / so that he will not hear 그 결과 하나님이 듣지 못한다.

여호와의 손이 짧아 구원하지 못하심도 아니요 귀가 둔하여 듣지 못하심도 아니라 오직 너희 죄악이 너희와 너희 하나님 사이를 갈라놓았고 너희 죄가 그의 얼굴을 가리어서 너희에게서 듣지 않으시게 함이니라(사 59:1-2)

② God is able to make all grace abound to you, **so that** in all things, at all times, having all that you need, you **will** abound in every good work.(2CO 9:8)

- make (사역동사) all grace(O) abound (O.C 원형부정사): 모든 은혜를 너희에게 넘치게 하시나니

하나님이 능히 모든 은혜를 너희에게 넘치게 하시나니 이는 너희로 모든 일에 항상 모든 것이 넉넉하여 모든 착한 일을 넘치게 하게 하려 하심이라(고후 9:8)

③ For it is by grace you have been saved through faith – and this not from yourselves, it is the gift of God – not by works, **so that** no one **can** boast.(EPH 2:8-9)

- it ~ that 강조용법에서 that가 생략, 강조하는 말은 by grace

너희는 그 은혜에 의하여 믿음으로 말미암아 구원을 받았으니 이것은 너희에게서 난 것이 아니요 하나님의 선물이라 행위에서 난 것이 아니니 이는 누구든지 자랑하지 못하게 함이라(엡 2:8-9)

④ Without warning, a furious storm came up on the lake, **so that** the waves **swept over** the boat. But Jesus was sleeping.(MT 8:24)

- sweep over ~을 휩쓸다

바다에 큰 놀이 일어나 배가 물결에 덮이게 되었으되 예수께서는 주무시는지라(마 8:24)

2. so 형용사 / 부사 that S V

의미: ~(형용사 / 부사)해서 (그 결과) that ~하다

① The fish in the Nile died, and the river smelled **so bad that** the Egyptians could not drink its water.(EX 7:21)

- smell bad 악취가 나다

하수의 고기가 죽고 그 물에서는 악취가 나니 애굽 사람들이 하수 물을 마시지 못하며(출 7:21)

② On Herod's birthday the daughter of Herodias danced for them and pleased Herod **so much that** he promised with an oath to give her whatever she asked.(MT 14:6)

마침 헤롯의 생일이 되어 헤로디아의 딸이 연석 가운데서 춤을 추어 헤롯을 기쁘게 하니 헤롯이 맹세로 그에게 무엇이든지 달라는 대로 주겠다고 약속하거늘(마 14:6)

▸▸ so 주절 ~ that S + V ~

③ God **so** loved the world **that** he gave his one and only Son, **that** whoever believes in him shall not perish but have eternal life.(JN 3:16)

하나님이 세상을 이처럼 사랑하사 독생자를 주셨으니 이는 그를 믿는 자마다 멸망하지 않고 영생을 얻게 하려 하심이라(요 3:16)

3. such (a) 형용사 + 명사 that S + V

의미: ~ (형용사 + 명사) 해서 (그 결과) that ~ 하다

① "Put out into deep water, and let down the nets for a catch."(Luck 5:4)
When they had done so, they caught **such** a large number of fish **that** their net began to break.(LK 5:6)

- such a large number of fish that에서 a large number of는 수를 나타내는 형용사지만 many가 아니므로 so ~ that으로 할 수 없고 such ~ that이다. (Q & A 참조)

깊은 데로 가서 그물을 내려 고기를 잡으라(눅 5:4)
그렇게 하니 고기를 잡은 것이 심히 많아 그물이 찢어지는지라(눅 5:6)

② Barnabas wanted to take John, also called Mark, with them, but Paul did not think it wise to take him, because he had deserted them in Pamphylia and had not continued with them in the work. They had **such** a sharp disagreement **that** they parted company.(AC 15:37-39)

- part company (with) (~와) 갈라서다

바나바는 마가라 하는 요한도 데리고 가고자 하나 바울은 밤빌리아에서 자기들을 떠나 함께 일하러 가지 아니한 자를 데리고 가는 것이 옳지 않다하여 서로 심히 다투어 피차 갈라서니(행 15:37-39)

▸▸ such 주절 ~ that S + V ~

③ **Such** large crowds gathered around him **that** he got into a boat and sat in it, while all the people stood on the shore.(MT 13:2)

큰 무리가 그에게로 모여 들거늘 예수께서 배에 올라가 앉으시고 온 무리는 해변에 서 있더니(마 13:2)

Q&A 세상영어

Q1 「그것이 너무 맛이 있는 음식이어서 우리는 그것을 모두 먹어버렸다.」를 영어로 하면,

ⓐ It was such good food that we ate it all.(O)

ⓑ It was so good food that we ate it all.(×)

즉 ⓐ로 말하지만 ⓑ로 말하지 않는 이유를 설명해 봅시다.

A1 (1) such 형용사 + 명사 that ~

such와 that 사이에 「형용사 + 명사」가 올 때, many / much, few / little의 네 가지 수량 형용사를 제외하고는 어떤 형용사도 올 수 있다.

so와 that 사이에 「형용사 + 명사」가 올 때, many / much, few / little의 네 가지 수량 형용사만 가능하며 일반 형용사는 사용하지 않는다. 따라서,

ⓐ It was **such good food that** we ate it all.(O)

ⓑ It was **so good food that** we ate it all.(×)

ⓒ He has **so good manners that** he knows how to speak politely to others.(×)
→ He has **such good manners that** he knows how to speak politely to others.(O)
그는 매너가 참 좋아서 상대방에게 공손하게 말하는 법을 안다.

(2) so 수량 형용사 + 명사 that ~

ⓐ She has so **many** friends that she can't invite them all to her birthday party.
그녀는 친구가 너무 많아서 생일파티에 그들 모두를 초대할 수 없다.

ⓑ She has so **few** books that she has no trouble in storing them.
그녀는 책이 몇 권 안 되서 그들을 보관하는데 별 문제가 없다.

ⓒ She has so **much** money that she can't spend it all however long she lives.
그녀는 돈이 너무 많아서 그녀가 아무리 오래 산다 할지라도 그것을 다 쓸 수 없다.

ⓓ She has so **little** money that she can't afford a car.
그녀는 돈이 거의 없어서 차를 살 능력이 없다.

Check-up 세상영어

※ 우리말 색깔부분을 'so that' 또는 'so ~ that'으로 하여 다음을 영어로 말하시오.

1. 남에게 사랑받기 위해서는 네가 먼저 남을 사랑해야 한다.

2. 발이 너무 아팠다. 그래서 더 이상 걸을 수 없었다.

3. 나는 매일 한 시간씩 배드민턴을 한다. 그래서 요즈음 감기에 잘 걸리지 않는다.

4. 그녀는 임신 10개월이다. 그래서 오래 서있을 수 없다.

5. 그 피아노는 너무 무거워 나 혼자 옮길 수 없다. 누군가 도움을 청해야겠다.

6. 그것은 정말 멋진 휴양도시여서 누구나 그곳에서 살고 싶어 한다.

7. 요즈음 날씨가 점점 따뜻해져서 서울에는 3월 말부터 벚꽃이 피기 시작한다.

8. 오늘 아침 올림픽대로가 너무 막혀서 회사에 10분 지각했다.

9. 월요일 아침에는 교통체증에 걸리지 않기 위해 평소보다 10분 일찍 집을 떠나야 한다.

10. 늙어서 자식들에게 의존하지 않기 위해서 지금 열심히 일해서 돈을 모으지 않으면 안 된다.

11. 모임에 온 사람이 거의 없어서 우리는 모임을 연기할 수 밖 에 없었다.

12. 건강이 제일 중요하다는 것을 알면서도 요즈음 너무 바빠서 운동할 시간이 없다.

13. 오늘 아침 지하철이 너무 혼잡해서 직장까지 죽 서있어야만 했다.

14. 오늘은 황사가 너무 심해 한 치 앞을 볼 수가 없다. 가능한 한 외출을 삼가는 것이 좋겠다.

□ 황사 yellow sand

15. 최근 물가가 너무 올라 주부들은 장보기가 무섭다고 불평한다. 서민 경제를 반드시 살리겠다고 정부는 약속했는데 지금 누가 그걸 믿겠는가?

□ 서민경제 domestic economy

16. 이 책은 너무 쉬운 언어로 쓰여 있어서 어린 애들 조차 이해할 수 있다.

17. 선생님이 숙제를 너무 많이 내주셔서 하루에 할 수 없었다.

18. 그는 매너가 참 좋아서 젊은 여성들에게 인기가 높다.

19. 그녀는 눈물을 너무 많이 흘려 화장을 망쳤다.

20. 의학이 무척 발달해서 머지않아 암도 감기처럼 간단히 치유될 것이다.

□ 의학 medical science, medicine / 발달하다 make progress

21. 그 지휘자는 수준이 너무 높아 학생들의 합창에 결코 만족하지 않는다.

22. 오늘 날씨가 너무 좋아서 우리가 밖에서 운동할 수 있겠다.

23. 결혼식에 손님이 너무 많이 와서 음식이 동났다.

□ ~이 동나다 be out of ~

Answer to Check-Up

1. You first should (have to) love others so that you may be loved by them.
2. I had a very sore foot, so that I couldn't walk any longer.
3. I play badminton an hour everyday, so that I won't catch cold easily these days.
4. She is ten months pregnant, so that she can't stand long(any longer).
5. The piano is so heavy that I can't carry it alone. I'll ask someone for help.
6. It was such a nice resort city that everyone wants to live in it.
7. The weather is getting so warmer that the cherry tree begins to blossom in Seoul at the end of March.

8. The Olympic high way was **so crowded** this morning **that** I was ten minutes late for work.
9. ◦ I have to leave home ten minutes earlier than usual **so that** I won't be stuck (caught) in heavy traffic on Monday morning.
   ◦ I have to leave home ten minutes earlier than usual **for fear that I should (lest I should)** be stuck(caught) in heavy traffic on Monday morning.
10. ◦ I have to work hard and save some money now **so that I may not** depend on my children when I grow old.
   ◦ I have to work hard and save some money now **for fear that I should (lest I should)** depend on my children when I grow old.
11. **(So) few** people came to the meeting **that** we had to put it off.
12. Even though I realize that health is above everything, I am **so busy** these days **that** I have no time to take exercise.
13. The subway was **so crowded** this morning **that** I had to keep standing all the way to my work.
14. The yellow sand is **so thick** today **that** I cannot see anything at all right in front of me. I'd better not go out, if possible.
15. **The prices** have risen **so high** recently **that** the housewives complain that they are afraid of going shopping. The government has promised that it is sure to revive domestic economy, but now who should believe it?
16. This book is written in **such simple (plain) language that** even children can understand it.
17. My teacher gave me **so much homework that** I couldn't do it in a day.
18. He has **such good manners that** he is popular with young women.
19. She shed **so many tears that** she ruined her make-up.
20. Medical science has made **such great progress that** even cancer will be cured as simply as a cold soon.
21. The conductor has **such high standards that** he is never satisfied with the students' choir.
22. It is **such lovely weather that** we will be able to play outdoors.
23. There were **so many guests** at the wedding **that** we were out of food for them.

Reading & Listening 성경영어

▸▸ 목적: (,) so that S may ~ / in order that S may ~

① As he went along, he saw a man blind from birth. His disciples asked him, "Rabbi, who sinned, this man or his parents, that he was born blind?" "Neither this man nor his parents sinned," said Jesus, "but this happened **so that** the work of God **might** be displayed in his life."(JN 9:1-3)

- Neither A nor B : A도 B도 둘 다 ~이 아니다

예수께서 길을 가실 때에 날 때부터 맹인된 사람을 보신지라 제자들이 물어 이르되 랍비여 이 사람이 맹인으로 난 것이 누구의 죄로 인함이니이까 자기니이까 그의 부모니이까 예수께서 대답하시되 이 사람이나 그 부모의 죄로 인한 것이 아니라 그에게서 하나님이 하시는 일을 나타내고자 하심이라(요 9:1-3)

② Do everything without complaining or arguing, **so that** you **may** become blameless and pure, children of God without fault in a crooked and depraved generation, in which you shine like stars in the universe as you hold out the word of life-**in order that** I **may** boast on the day of Christ that I did not run or labor for nothing.(PHP 2:14-16)

- a crooked and depraved generation 어그러지고 거스르는 세대 / hold out 내밀다, 제공하다
- I did not run or labor for nothing 헛수고 한 것이 아니다(이중 부정)

모든 일을 원망과 시비가 없이 하라 이는 너희가 흠이 없고 순전하여 어그러지고 거스르는 세대 가운데서 하나님의 흠 없는 자녀로 세상에서 그들 가운데 빛들로 나타내며 생명의 말씀을 밝혀 나의 달음질이 헛되지 아니하고 수고도 헛되지 아니하므로 그리스도의 날에 내가 자랑할 것이 있게 하려 함이라(빌 2:14-16)

③ Do not neglect the spiritual gift you received through the prophecies spoken to you when the elders of the church laid their hands on you. Be diligent in these matters; give yourself wholly to them, **so that** everyone **may** see your progress.(1TI 4:14-15)

- the spiritual gift you received 네 속에 있는 은사 / lay one's hands on ~에 안수하다

네 속에 있는 은사 곧 장로의 회에서 안수 받을 때에 예언을 통하여 받은 것을 가볍게 여기지 말며 이 모든 일에 전심전력하여 너의 성숙함을 모든 사람에게 나타나게 하라(딤전 4:14-15)

④ All Scripture is God-breathed and is useful for teaching, rebuking, correcting and training in righteousness, **so that** the man of God **may** be thoroughly equipped for every good work.(2TI 3:16-17)

▫ God-breathed 하나님의 감동으로 된 / be equipped for ~을 갖추다

모든 성경은 하나님의 감동으로 된 것으로 교훈과 책망과 바르게 함과 의로 교육하기에 유익하니 이는 하나님의 사람으로 온전하게 하며 모든 선한 일을 행할 능력을 갖추게 하려 함이라(딤후 3:16-17)

⑤ Consider it pure joy, my brothers, whenever you face trials of many kinds, because you know that the testing of your faith develops perseverance. Perseverance must finish its work **so that** you **may** be mature and complete, not lacking anything.(JAS 1:2-4)

▫ Perseverance must finish its work 인내를 온전히 이루어야 한다

내 형제들아 너희가 여러 가지 시험을 당하거든 온전히 기쁘게 여기라 이는 너희 믿음의 시련이 인내를 만들어 내는 줄 너희가 앎이라 인내를 온전히 이루라 이는 너희로 온전하고 구비하여 조금도 부족함이 없게 하려 함이라(약 1:2-4)

⑥ Like new born babies, crave pure spiritual milk, **so that** by it you **may** grow up in your salvation, now that you have tasted that the Lord is good.(1PE 2:2-3)

▫ crave 사모하다, 열망하다, salvation 구원

갓난아기들 같이 순전하고 신령한 젖을 사모하라 이는 그로 말미암아 너희로 구원에 이르도록 자라게 하려함이라 너희가 주의 인자하심을 맛보았으면 그리하라(벧전 2:2-3)

⑦ Dear friends, do not be surprised at the painful trial you are suffering, as though something strange were happening to you. But rejoice that you participate in the sufferings of Christ, **so that** you **may** be overjoyed when his glory is revealed.(1PE 4:12-13)

▫ be overjoyed 미칠 듯이 기뻐하다

사랑하는 자들아 너희를 연단하려고 오는 불 시험을 이상한 일 당하는 것 같이 이상히 여기지 말고 오히려 너희가 그리스도의 고난에 참예하는 것으로 즐거워하라 이는 그의 영광을 나타내실 때에 너희로 즐거워하고 기뻐하게 하려 함이라(벧전 4:12-13)

▸▸ 목적: (,) that S may ~

⑧ Neither do people light a lamp and put it under a bowl. Instead they put it on its stand, and it gives light to everyone in the house. In the same way, let your light shine before men, **that** they **may** see your good deeds and praise your Father in heaven.(MT 5:15-16)

▫ bowl[boul]속이 깊은 그릇, 사발 / praise God 아버지께 영광을 돌리다

사람이 등불을 켜서 말 아래에 두지 아니하고 등경 위에 두나니 이러므로 집안 모든 사람에게 비치느니라 이같이 너희 빛을 사람 앞에 비취게 하여 그들로 너희 착한 행실을 보고 하늘에 계신 너희 아버지께 영광을 돌리게 하라(마 5:15-16)

⑨ And if I go and prepare a place for you, I will come back and take you to be with me **that** you also **may** be where I am. You know the way to the place where I am going.(JN 14:3-4)

- you also may be where I am 나 있는 곳에 너희도 있게 하리라

가서 너희를 위하여 처소를 예비하면 내가 다시 와서 너희를 내게로 영접하여 나 있는 곳에 너희도 있게 하리라 내가 가는 곳에 그 길을 너희도 알리라(요 14:3-4)

⑩ This is how God showed his love among us: He sent his one and only Son into the world **that** we **might** live through him. This is love: not that we loved God, but that he loved us and sent his Son as an atoning sacrifice for our sins.(1JN 4:9-10)

- an atoning sacrifice 속죄하기 위한 화목 제물, atone 속죄하다

하나님의 사랑이 우리에게 이렇게 나타난바 되었으니 하나님이 자기의 독생자를 세상에 보내심은 그로 말미암아 우리를 살리려 하심이라 사랑은 여기 있으니 우리가 하나님을 사랑한 것이 아니요 하나님이 우리를 사랑하사 우리 죄를 속하기 위하여 화목 제물로 그 아들을 보내셨음이라(요일 4:9-10)

▸▸ 목적: (,) so that S can ~

⑪ Then the LORD said to Moses, "Why are you crying out to me? Tell the Israelites to move on. Raise your staff and stretch out your hand over the sea to divide the water **so that** the Israelites **can** go through the sea on dry ground.(EX 14:15-16)

여호와께서 모세에게 이르시되 너는 어찌하여 내게 부르짖느냐 이스라엘자손에게 명하여 앞으로 나아가게 하고 지팡이를 들고 손을 바다 위로 내밀어 그것으로 갈라지게 하라 이스라엘 자손이 바다 가운데서 마른 땅으로 행하리라(출 14:15-16)

▸▸ 결과: so much 명사 that ~

⑫ "Bring the whole tithe into the storehouse, that there may be food in my house. Test me in this," says the LORD Almighty, "and see if I will not throw open the floodgates of the heaven and pour out **so much blessing that** you will not have room enough for it."(MAL 3:10)

- floodgate 수문 / the whole tithe 온전한 십일조
- see if I will not throw open ~ and pour out ~ 활짝 열어 붓지 아니하나 보라

너희의 온전한 십일조를 창고에 들여 나의 집에 양식이 있게 하고 그것으로 나를 시험하

여 내가 하늘 문을 열고 너희에게 복을 쌓을 곳이 없도록 붓지 아니하나 보라(말 3:10)

⑬ When Jesus saw that a crowd was running to the scene, he rebuked the evil spirit. "You deaf and mute spirit," he said, "I command you, come out of him and never enter him again." The spirit shrieked, convulsed him violently and came out. The boy looked **so much** like a corpse **that** many said, "He is dead." But Jesus took him by the hand and lifted him to his feet, and he stood up.(MK 9:26-27)

□ the scene 사건 현장 / shriek 비명을 지르다 / convulse 경련을 일으키게 하다 / corpse시체

예수께서 무리가 달려와 모이는 것을 보시고 그 더러운 귀신을 꾸짖어 이르시되 말 못하고 못 듣는 귀신아 내가 네게 명하노니 그 아이에게서 나오고 다시 들어가지 말라 하시매 귀신이 소리 지르며 아이로 심히 경련을 일으키게 하고 나가니 그 아이가 죽은 것 같이 되어 많은 사람이 말하기를 죽었다 하나 예수께서 그 손을 잡아 일으키시니 이에 일어서니라(막 9:25-27)

▸▸ 결과: so 형용사 that ~

⑭ There was a violent earthquake, for an angel of the Lord came down from heaven and, going to the tomb, rolled back the stone and sat on it. His appearance was like lightning, and his clothes were white as snow. The guards were **so afraid of him that** they shook and became like dead men.(MT 28:2-4)

큰 지진이 나며 주의 천사가 하늘로부터 내려와 돌을 굴려 내고 그 위에 앉았는데 그 형상이 번개 같고 그 옷은 눈같이 희거늘 지키던 자들이 그를 무서워하여 떨며 죽은 사람과 같이 되었더라(마 28:2-4)

⑮ Once when we were going to the place of prayer, we were met by a slave girl who had a spirit by which she predicted the future. She earned a great deal of money for her owners by fortune-telling. (AC 16:16) She kept this up for many days. Finally Paul became **so troubled that** he turned around and said to the spirit, "In the name of Jesus Christ I command you to come out of her!" At that moment the spirit left her.(AC 16:18)

우리가 기도하는 곳에 가다가 점치는 귀신들린 여종 하나를 만나니 점으로 그 주인에게 큰 이익을 주는 자라(행 16:16) 이같이 여러 날을 하는지라 바울이 심히 괴로워하여 돌이켜 그 귀신에게 이르되 예수 그리스도의 이름으로 내가 네게 명하노니 그에게서 나오라 하니 귀신이 즉시 나오더라(행 16:18)

▸▸ 결과: so that ~

⑯ No temptation has seized you except what is common to man. And God is faithful; he will not let you be tempted beyond what you can bear. But when you are tempted, he will also provide a way out so that you can stand up under it.(1CO 10:13)

- except what is common to man 감당할 시험밖에는
- beyond what you can bear 감당하지 못할 시험 당함

사람이 감당할 시험밖에는 너희가 당한 것이 없나니 오직 하나님은 미쁘사 너희가 감당하지 못할 시험 당함을 허락하지 아니하시고 시험 당할 즈음에 또한 피할 길을 내사 너희로 능히 감당하게 하시느니라(고전 10:13)

⑰ Now that you have purified yourselves by obeying the truth so that you have sincere love for your brothers, love one another deeply, from the heart. For you have been born again, not of perishable seed, but of imperishable, through the living and enduring word of God.(1PE 1:22-23)

- Now that (이유, 원인의 접속사) ~하므로, 영혼을 깨끗하게 하여 (그 결과) 진정 형제를 사랑하게 되었으므로

너희가 진리를 순종함으로 너희 영혼을 깨끗하게 하여 거짓이 없이 형제를 사랑하기에 이르렀으니 마음으로 뜨겁게 서로 사랑하라 너희가 거듭난 것은 썩어질 씨로 된 것이 아니요 썩지 아니할 씨로 된 것이니 살아 있고 항상 있는 하나님의 말씀으로 되었느니라(벧전 1:22-23)

▸▸ 결과: such 형용사 + 명사 that ~

⑱ About midnight Paul and Silas were praying and singing hymns to God, and the other prisoners were listening to them. Suddenly there was such a violent earthquake that the foundations of the prison were shaken. At once all the prison doors flew open, and everybody's chains came loose.(AC 16:25-26)

한 밤중에 바울과 실라가 기도하고 하나님을 찬송하매 죄수들이 듣더라 이에 갑자기 큰 지진이 나서 옥터가 움직이고 문이 곧 다 열리며 모든 사람의 매인 것이 다 벗어진지라(행 16:25-26)

⑲ We took such a violent battering from the storm that the next day they began to throw the cargo overboard. On the third day, they threw the ship's tackle overboard with their own hands. When neither sun nor stars appeared for many days and the storm continued raging, we finally gave up all hope of being saved.(AC 27:18-20)

- a violent battering from the storm 폭풍으로 심하게 흔들림, batter 연타(난타)하다
- the ship's tackle 배의 기구 / overboard 배 밖으로

우리가 풍랑으로 심히 애쓰다가 이튿날 사공들이 짐을 바다에 풀어버리고 사흘째 되는 날에 배의 기구를 그들의 손으로 내버리니라 여러 날 동안 해도 별도 보이지 아니하고 큰 풍랑이 그대로 있으매 구원의 여망마저 없어졌더라(행 27:18-20)

Writing & Speaking 성경영어

① 그 때에 귀신들려 눈멀고 말 못하는 사람을 데리고 왔거늘 예수께서 고쳐주시매 그 말 못하는 사람이 말하며 보게 된지라(마 12:22)

Then they brought him a demon-possessed man who was blind and mute , and Jesus healed him, **so that** he **could** both talk and see.(MT 12:22)

② 너희가 내 이름으로 무엇을 구하든지 내가 시행하리니 이는 아버지로 하여금 아들을 인하여 영광을 얻으시게 하려 함이라 내 이름으로 무엇이든지 내게 구하면 내가 행하리라(요 14:13-14)

- ~에게 영광을 주다 bring glory to

And I will do whatever you ask in my name, **so that** the Son **may** bring glory to the Father. You may ask me for anything in my name, and I will do it.(JN 14:13-14)

③ 아무도 자신을 속이지 말라 너희 중에 누구든지 이 세상에서 지혜 있는 줄로 생각하거든 어리석은 자가 되어라 그리하여야 지혜로운 자가 되리라(고전 3:18)

- 이 세상에서 by the standard of this age
- 그리하여야 지혜로운 자가 되리라 so that he may become wise

Do not deceive yourselves. if anyone of you thinks he is wise by the standard of this age, he should become a “fool” **so that** he **may** become wise.(1CO 3:18)

④ 너희 죄를 서로 고하며 병 낫기를 위하여 서로 기도하라 의인의 간구는 역사하는 힘이 많으니라(약 5:16)

- 병 낫기를 위하여 so that you may be healed

Confess your sins to each other and pray for each other **so that** you **may** be healed. The prayer of a righteous man is powerful and active.(JAS 5:16)

Today's Golden Rule

● God **so** loved the world **that** he gave his one and only Son, **that** whoever believes in him shall not perish but have eternal life.(JN 3:16)

하나님이 세상을 이처럼 사랑하사 독생자를 주셨으니 이는 그를 믿는 자마다 멸망하지 않고 영생을 얻게 하려 하심이라(요 3:16)

Day 33. 부사절 III

Verse to Remember
□ 부사절(Adverbial clause) III: 원인, 이유
A. because B. for C. since D. now that

A. because

- 원인, 이유를 나타내는 의미가 다른 접속사들에 비해 가장 강하며 제한, 비제한의 용법을 갖는다. ⇨ Day 27. 제한, 비제한
- because절은 직접적인 원인이나 이유를 말하며 새로운 정보가 된다. 따라서 'Why ~ ?'의 대답은 'because ~'로 해야 한다.

1. 제한

- because절은 주절 뒤에 오며, 주절과 because절 사이에 comma가 없다.
- 주절은 알려진 내용인데 비해 because절이 말하려는 핵심 내용이며 새로운 정보다.
- because절은 주절을 제한하며 주절의 내용이 성립하기 위한 전제가 된다.

▸▸ S V(주절) because (of) ~

① When you pray, do not keep on babbling like pagans, for they think they will be heard **because of** their many words.(MT 6:7)

□ keep on ~ ing 계속해서 ~하다 / babble 중언부언(떠듬거리며) 말하다 / pagan 이방인, 이교도

기도할 때에 이방인과 같이 중언부언 하지 말라 저는 말을 많이 하여야 들으실 줄 생각하느니라(마 6:7)

▷ '말을 많이 하지 않으면 안 들릴 것'이라는 전제가 들어있다.

② You do not know him, but I know him **because** I am from him and he sent me.(JN 7:28-29)

너희는 그를 알지 못하나 나는 아노니 내가 그에게서 났고 그가 나를 보내셨음이라(요 7:28-29)

▻ '내가 그에게서 나지 않았고 그가 나를 보내지 않았으면 내가 그를 모른다.'는 전제가 있다. 즉 그에게서 났고 그가 나를 보냈기 때문에 나는 그를 안다.

③ They said to the woman, "We **no longer** believe **just because of** what you said; now we have heard for ourselves, and we know that this man really is the Savior of the world."(JN 4:42)

그 여자에게 말하되 이제 우리가 믿는 것은 네 말로 인함이 아니니 이는 우리가 친히 듣고 그가 참으로 세상의 구주 신 줄 앎이라 하였더라(JN 4:42)

▻ 우리가 믿는다. 그런데 그것이 네가 말한 것 때문이 아니다.

2. 비제한

▸ because절이 주절 앞이나 뒤에 올 수 있으며, because절과 주절사이에 comma가 있다.
▸ because절과 주절은 각각 새로운 정보로써 독립된 의미를 갖는다.

▸▸ S + V(주절), **because** S V

① Therefore keep watch, **because** you do not know the day or the hour.(MT 25:13)

□ keep watch 깨어 있다

그러므로 깨어 있으라 너희는 그 날과 그 때를 알지 못하느니라(마 25:13)

② I no longer call you servants, **because** a servant does not know his master's business. Instead, I have called you friends, for everything that I learned from my Father I have made known to you.(JN 15:15)

이제부터는 너희를 종이라 하지 아니하리니 종은 주인이 하는 것을 알지 못함이라 너희를 친구라 하였노니 내가 내 아버지께 들은 것을 다 너희에게 알게 하였음이라(요 15:15)

▸▸ **Because** S V, S + V(주절)

③ **Because** Joseph her husband was a righteous man and did not want to expose her to public disgrace, he had in mind to divorce her quietly.(MT 1:19)

그의 남편 요셉은 의로운 사람이라 그를 드러내지 아니하고 가만히 끊고자 하여(마 1:19)

④ **Because** he himself suffered when he was tempted, he is able to help those who are being tempted.(HEB 2:18)

ㅁ be tempted 시험 받다

그가 시험을 받아 고난을 당하셨은즉 시험 받는 자들을 능히 도우실 수 있느니라(히 2:18)

B. for

- 이유의 정도가 because절과 같이 강하다.
- 반드시 for절 앞에는 어떤 말이 선행되어야 한다. for는 앞에 제시되어 있는 말에 대한 판단의 근거나 부연설명이기 때문이다. for에 앞서 아무런 언급도 없이 「For S + V」 식으로 말을 시작할 수 없다.
- for는 because와는 달리 and나 but과 같은 등위접속사이며 새로운 정보가 된다.

▸▸ S + V(주절), **for** S + V

① Do not boast about tomorrow, **for** you do not know what a day may bring forth.(PR 27:1)

너는 내일 일을 자랑하지 말라 하루 동안에 무슨 일이 일어날는지 네가 알 수 없음이니라(잠 27:1)

② Therefore do not worry about tomorrow, **for** tomorrow will worry about itself. Each day has enough trouble of its own.(MT 6:34)

ㅁ worry about 염려하다, 걱정하다

그러므로 내일 일을 위하여 염려하지 말라 내일 일은 내일이 염려할 것이요 한 날의 괴로움은 그 날로 족하니라(마 6:34)

▸▸ S + V(주절). **For** S + V

③ So do not worry, saying, 'What shall we eat?' or 'What shall we drink?' or 'What shall we wear?' **For** the pagans run after all these things, and your heavenly Father knows that you need them.(MT 6:31-33)

ㅁ pagan 이방인 / run after 구하다, 추구하다

그러므로 염려하여 이르기를 무엇을 먹을까 무엇을 마실까 무엇을 입을까 하지 말라

이는 다 이방인이 구하는 것이라 너희 천부께서 이 모든 것이 너희에게 있어야 할 줄을 아시느니라(마 6:31-33)

④ Enter through the narrow gate. **For** wide is the gate and broad is the road that leads to destruction, and many enter through it. But small is the gate and narrow the road that leads to life, and only a few find it.(MT 7:13-14)

- that leads to destruction, that leads to life: 각각 공통어로 수식하는 선행사는 the gate와 the road이다

좁은 문으로 들어가라 멸망으로 인도하는 문은 크고 그 길이 넓어 그리로 들어가는 자가 많고 생명으로 인도하는 문은 좁고 길이 협착하여 찾는 이가 적음이라(마 7:13-14)

C. since

- ▸ since는 because절에 비해 원인, 이유의 의미가 약하다. 주로 주절 앞에 온다.
- ▸ since절은 이미 알려진 내용이며 주절이 말하려는 핵심내용이 된다.

① By the sweat of your brow you will eat your food until you return to the ground, **since** from it you were taken; for dust you are and to dust you will return.(GE 3:19)

- brow[brau] 얼굴, 이마 / from it 그것에서(흙에서) / you were taken 취함을 입었음이라
- dust you are ← you are dust / to dust you will return ← you will return to dust

네가 흙으로 돌아갈 때까지 얼굴에 땀을 흘려야 먹을 것을 먹으리니 네가 그것에서 취함을 입었음이라 너는 흙이니 흙으로 돌아갈 것이니라(창 3:19)

② **Since** we live by the Spirit, let us keep in step with the Spirit. Let us not become conceited, provoking and envying each other.(GAL 5:25-26)

- keep in step with ~와 보조를 맞추다
- become conceited 자만에 빠지다, conceited 자만에 빠진
- provoke 감정을 일으키다 / envy 투기하다, 질투하다

만일 우리가 성령으로 살면 또한 성령으로 행할지니 헛된 영광을 구하여 서로 노엽게 하거나 서로 투기하지 말지니라(갈 5:25-26)

③ Whatever you do, work at it with all your heart, as working for the Lord, not for men, **since** you know that you will receive an inheritance from the Lord as a reward.(COL 3:23-24)

- an inheritance 유업, 상속, 유산

무슨 일을 하든지 마음을 다하여 주께 하듯 하고 사람에게 하듯 하지 말라 이는 유업의 상을 주께 받을 줄 앎이니(골 3:23-24)

④ Dear friends, **since** God so loved us, we also ought to love one another. (1JN 4:11)

사랑하는 자들아 하나님이 이같이 우리를 사랑하셨은즉 우리도 서로 사랑하는 것이 마땅하도다(요일 4:11)

4. now that

- now that 절은 주로 주절 앞에 오며, 이미 알려진 내용으로 주절이 말하려는 핵심이 된다.
- now that 절은 now가 말해주듯이 '이제 ~하므로'(이유 + 시간)의 뜻으로 원인 이유의 의미가 다른 접속사들에 비해 가장 약하다.

① If you were blind, you would not be guilty of sins; but **now that** you claim you can see, your guilt remains.(JN 9:41)

□ be guilty of sins 죄가 있다, remain (죄가) 그대로 있다

너희가 맹인이 되었더라면 죄가 없으려니와 본다고 하니 너희 죄가 그대로 있느니라(요 9:41)

② **Now that** I, your Lord and Teacher, have washed your feet, you also should wash one another's feet.(JN 13:14)

□ I, your Lord and Teacher 내가 주와 또는 선생이 되어

내가 주와 또는 선생이 되어 너희 발을 씻겼으니 너희도 서로 발을 씻기는 것이 옳으니라(요 13:14)

③ I tell you the truth, no servant is greater than his master, nor is a messenger greater than the one who sent him. **Now that** you know these things, you will be blessed if you do them.(JN 13:16-17)

□ a messenger 보냄을 받은 자, 사자, 심부름꾼

내가 진실로 너희에게 이르노니 종이 상전보다 크지 못하고 보냄을 받은 자가 보낸 자보다 크지 못하니 너희가 이것을 알고 행하면 복이 있으리라(요 13:16-17)

④ Like new born babies, crave pure spiritual milk , so that by it you may grow up in your salvation, **now that** you have tasted that the Lord is good.(1PE 2:2-3)

□ crave 사모하다, 열망하다 / salvation 구원

갓난아기들 같이 순전하고 신령한 젖을 사모하라 이는 그로 말미암아 너희로 구원에 이르도록 자라게 하려함이라 너희가 주의 인자하심을 맛보았으면 그리하라(벧전 2:2-3)

Q&A 세상영어

Q 의문사 why로 묻는 질문의 답은 because로 해야 한다. 예를 들면 'Why were you so late this morning?'이라고 물으면 'Because I was stuck in a traffic jam.'라고 대답한다. 'For(Since / Now that) I was stuck in a traffic jam.'(×)이라고 말하지 않는다. 그 이유는?

A 'Why ~ ?'의 대답: Because ~

▻ ≪Verse to Remember≫에서도 설명한 바와 같이 의문사 Why는 직접적인 원인이나 이유를 묻는 것이다. 그러므로 이에 대한 대답도 직접적인 원인이나 이유를 말하는 because이어야 한다. for와 같은 판단의 근거나 부연설명으로는 충분한 대답이 될 수 없다.

▻ 또한 대답 자체가 새로운 정보이어야 한다. 이미 알려진 내용을 말하는 since나 now that은 why의 대답으로 어울리지 않는다.

▻ 그러므로「**Why** were you so late this morning?」이라는 질문은 '오늘 아침 늦은 이유- 직접 적인 이유인 동시에 새로운 정보'를 알고 싶은 것이다. 따라서, 「**Because** I was stuck in a traffic jam.」이라고 말해야 질문을 충족시킬 수 있는 답이 될 수 있다.

ⓐ A: **Why** did you do it?
B: **Because** I wanted (to do) it.

ⓑ A: **Why** can't I go?
B: **Because** you are too young.

▻ 'it ~ that 강조용법'에서도 강조하는 말이 원인이나 이유일 때, 강조하는 말은 직접적인 이유인 동시에 이것이 새로운 정보가 되어야 한다. 따라서 because만이 'it ~ that 강조 구문'에서 '강조하는 말'로 쓰일 수 있다.

ⓒ **It** is **because** I was stuck in a traffic jam **that** I was late this morning.(O)
⇏ **It** is **for (since / now that)** I was stuck in a traffic jam **that** I was late this morning.(?)

ⓓ **It** is **because** I was the best candidate **that** I got the job.(O)
⇏ **It** is **for (since / now that)** I was the best candidate **that** I got the job.(?)

Check-up 세상영어

※ Translate the followings into English.

1. A: 그가 왜 요새 그렇게 행복해 보이나요? B: 새 직업을 얻었기 때문이에요.

2. 그가 항상 약속을 잘 지키기 때문에 그의 말을 믿을 수 있다.

3. 단지 가난하다는 이유 때문에 사람을 멸시해서는 안 된다.
   - 멸시하다 look down on, despise

4. 내가 그를 좋아하는 이유는 그가 부자이기 때문이 아니라 겸손하기 때문이다. (It ~ that 강조용법으로)

5. 그는 그녀를 사랑해서 결혼한 것은 아니었다. 솔직히 말하면 그가 그녀와 결혼한 이유는 그녀가 돈이 많기 때문이었다.

6. 나는 그녀와 결혼하지 않았다. 왜냐하면 사랑하지 않았기 때문이었다.

7. 3년 전 인도를 여행할 때 인도 음식이 입에 안 맞아서 고생을 많이 했다.
   - 인도 음식 Indian food

8. 올겨울 가뭄이 너무 심해서 올해 농사를 망치겠다.

9. 올 겨울 눈이 많이 와서 올해 풍년들겠다.

10. 네가 그 질문에 대답할 수 없으므로 우리는 다른 사람에게 물어 보는 것이 낫겠다.
    - 다른 사람 someone else

11. 다른 사람들로부터 어떤 도움도 기대할 수 없으므로 네가 최선을 다하는 수밖에는 없다.

12. 바람이 몹시 불었기 때문에 어제 나는 바다낚시를 포기해야만 했다.

13. 이제 너도 장가를 들었으니 남편으로서 네 밥벌이를 해야 되지 않겠니.

- 밥벌이하다 earn one' s living

14. 이제 장가들 나이가 되었으므로 철이 좀 나야지.

- 철이 나다 know better

15. 이제 너도 시집갔으니 떡두꺼비 같은 아들을 하나 낳아야지.

- 떡 두꺼비 같은 healthy, sturdy

Answer to Check-Up

1. A: Why does he look so happy these days?
   B: Because he's got a new job.
2. I can believe him because he always keeps his promise.
3. You should not look down on a person just because he is poor.
4. It is not because he is rich but because he is humble that I like him.
5. He did not marry her because I loved her. To be frank with you, it is because she was rich that he married her.
6. ◦ I did not marry her, because I did not love her.
   ◦ Because I did not love her, I did not marry her.
7. When I travelled to India three years ago, I had much trouble(,) because the Indian food doesn't suit me (my taste).
8. Since the weather is (has been) so dry for this winter, we shall probably have a bad harvest this year.(this year's crop will be ruined.)
9. Since we have (have had) much snow this winter, we shall probably have a good harvest this year.
10. Since you can't answer the question, we'd better ask someone else.
11. Since you can expect no help from others, You have no choice except(but) to do your best.
12. Since the wind blew hard, I had to give up fishing at the sea yesterday.
13. Now that you have got married (you have a wife), you should earn your living as a husband.
14. Now that you are old enough to have a wife, you ought to know better now.
15. Now that you have got married (you have a husband), I hope you will give birth to a healthy son.

Reading & Listening 성경영어

▸▸ because

① Joseph son of David, do not be afraid to take Mary home as your wife, **because** what is conceived in her is from the Holy Spirit. She will give birth to a son, and you are to give him the name Jesus, **because** he will save his people from their sins.(MT 1:20-21)

- what is conceived in her 그(Mary)에게 잉태된 자

다윗의 자손 요셉아 네 아내 마리아 데려오기를 무서워 말라 그에게 잉태된 자는 성령으로 된 것이라 아들을 낳으리니 이름을 예수라 하라 이는 그가 자기 백성을 그들의 죄에서 구원할 자이심이라 하니라(마 1:20-21)

② Once, having been asked by the Pharisees when the kingdom of God would come, Jesus replied, "The kingdom of God does not come with your careful observation, nor will people say, 'Here it is,' or 'There it is.', **because** the kingdom of God is within you."(LK 17:20-21)

- having been asked by the Pharisees 바리새인들이 ~ 묻거늘
- 'Here it is,' or 'There it is,' 여기 있다 저기 있다

바리새인들이 하나님의 나라가 어느 때에 임하나이까 묻거늘 예수께서 대답하여 이르시되 하나님의 나라는 볼 수 있게 임하는 것이 아니요 또 여기 있다 저기 있다고도 못하리니 하나님의 나라는 너희 안에 있느니라(눅 17:20-21)

③ You diligently study the Scriptures **because** you think that by them you possess eternal life. These are the Scriptures that testify about me.(JN 5:39)

- the Scriptures that testify about me 내게 대하여 증언하는 것

너희가 성경에서 영생을 얻은 줄 생각하고 성경을 연구하거니와 이 성경이 곧 내게 대하여 증언하는 것이로다(요 5:39)

▷ 성경에 영생이 없다고 생각하면 성경을 연구하지 않는다는 전제가 있다. 즉 성경에 영생이 있다고 생각하기 때문에 성경을 연구한다는 의미.

④ Now it was the day of Preparation, and the next day was to be a special Sabbath. **Because** the Jews did not want the bodies left on the crosses during the Sabbath, they asked Pilate to have the legs broken and the bodies taken down. The soldiers therefore came and broke the legs of the first man who had been crucified with Jesus, and then those of the other. But when they came to Jesus and found that he was already dead, they did not break his legs.(JN 19:31-33)

이 날은 준비일이라 유대인들은 그 안식일이 큰 날이므로 그 안식일에 시체들을 십자가에 두지 아니하려 하여 빌라도에게 그들의 다리를 꺾어 시체를 치워 달라 하니 군인들이 가서 예수와 함께 못 박힌 첫째 사람과 또 그 다른 사람의 다리를 꺾고 예수께 이르러서는 이미 죽으신 것을 보고 다리를 꺾지 아니하고(요 19:31-33)

⑤ He called out to them, "Friends, haven't you any fish?" "No," they answered. He said, "Throw your net on the right side of the boat and you will find some." When they did, they were unable to haul the net in **because of** the large number of fish.(JN 21:5-6)

예수께서 이르시되 얘들아 너희에게 고기가 있느냐 대답하되 없나이다 이르시되 그물을 배 오른편에 던지라 그리하면 잡으리라 하시니 이에 던졌더니 물고기가 많아 그물을 들 수 없더라(요 21:5-6)

⑥ But among you there must not be even a hint of sexual immorality, or of any kind of impurity, or of greed, **because** these are improper for God's holy people.(EPH 5:3)

- sexual immorality 음행, 성적 문란 / impurity 더러운 것, 불순 / greed 탐욕
- improper 마땅하지 않은, 부적절한

음행과 온갖 더러운 것과 탐욕은 너희 중에서 그 이름조차도 부르지 말라 이는 성도에게 마땅한 바니라(엡 5:3)

⑦ In the case of a will, it is necessary to prove the death of the one who made it, **because** a will is in force only when somebody has died; it never takes effect while the one who made it is living.(HEB 9:16-17)

- In the case of ~에 관하여 말하자면 cf. in case of ~의 경우에는
- a will 유언 / takes effect 효력, 효과가 있다

유언은 유언한 자가 죽어야 되나니 유언은 그 사람이 죽은 후에야 견고한즉 유언한 자가 살았을 때에는 언제든지 효력이 없느니라(히 9:16-17)

⑧ And without faith it is impossible to please God, **because** anyone who comes to him must believe that he exists and that he rewards those who earnestly seek him.(HEB 11:6)

- he exists 그가 계시다, reward ~에게 상을 주다

믿음이 없이는 하나님을 기쁘시게 하지 못하나니 하나님께 나아가는 자는 반드시 그가 계신 것과 또한 그가 자기를 찾는 자들에게 상주시는 이심을 믿어야 할지니라(히 11:6)

⑨ Consider it pure joy, my brothers, whenever you face trials of many kinds, **because** you know that the testing of your faith develops perseverance.(JAS 1:2-3)

□ the testing of your faith 믿음의 시련

내 형제들아 너희가 여러 가지 시험을 만나거든 온전히 기쁘게 여기라 이는 너희 믿음의 시련이 인내를 만들어 내는 줄 너희가 앎이라(약 1:2-3)

⑩ But you have an anointing from the Holy One, and all of you know the truth. I do not write to you **because** you do not know the truth, but **because** you do know it and **because** no lie comes from the truth.(1JN 2:20-21)

내가 너희에게 쓰는 것은 너희가 진리를 알지 못하기 때문이 아니라 알기 때문이요 또 모든 거짓은 진리에서 나지 않기 때문이라 (요일 2:20-21)

▻ 너희가 진리를 알지 못하기 때문에 쓰는 것이 아니다 – 즉 쓰는 이유는 진리를 알기 때문이다.

▸▸ for

⑪ Enjoy your life with your wife, whom you love, all the days of this meaningless life that God has given you under the sun - all your meaningless days. **For** this is your lot in life and in your toilsome labor under the sun.(ECC 9:9)

□ your lot 네 몫 / toilsome 힘든, 고생스러운

네 헛된 평생의 모든 날 곧 하나님이 해 아래서 네게 주신 모든 헛된 날에 사랑하는 아내와 함께 즐겁게 살지어다 그것이 네가 평생에 해 아래서 수고하고 얻은 네 몫이니라(전 9:9)

⑫ When they had gone, an angel of the Lord appeared to Joseph in a dream. "Get up," he said, "take the child and his mother and escape to Egypt. Stay there until I tell you, **for** Herod is going to search for the child to kill him."(MT 2:13)

그들이 떠난 후에 주의 사자가 현몽하여 이르되 헤롯이 아기를 찾아 죽이려 하니 일어나 아기와 그의 어머니를 데리고 애굽으로 피하여 내가 네게 이르기까지 거기 있으라 하시니(마 2:13)

⑬ Blessed are the poor in spirit, **for** theirs is the kingdom of heaven.
Blessed are the meek, **for** they will inherit the earth.
Blessed are the merciful, **for** they will be shown mercy.
Blessed are the pure in heart, **for** they will see God.(MT 5:3,5,7,8)

□ meek 온유한, merciful 긍휼히 여기는, pure 마음이 청결한

심령이 가난한 자는 복이 있나니 천국이 그들의 것임이요
온유한 자는 복이 있나니 그들이 땅을 기업으로 받을 것임이요
긍휼히 여기는 자는 복이 있나니 그들이 긍휼히 여김을 받을 것임이요

마음이 청결한 자는 복이 있나니 그들이 하나님을 볼 것임이요(마 5:3,5,7,8)

⑭ But store up for yourselves treasures on earth, where moth and rust do not destroy, and where thieves do not break in and steal. **For** where your treasure is, there your heart will be also.(MT 6:20-21)

오직 너희를 위하여 보물을 하늘에 쌓아 두라 거기는 좀이나 동록이 해하지 못하며 도둑이 구멍을 뚫지도 못하고 도둑질도 못하느니라 네 보물이 있는 그 곳에는 네 마음도 있느니라(마 6:20-21)

⑮ Because of the crowd he told his disciples to have a small boat ready for him, to keep the people from crowding him. **For** he had healed many, so that those with diseases were pushing forward to touch him.(MK 3:9-10)

□ crowd 에워싸다 / push forward 밀려오다

예수께서 무리가 에워싸 미는 것을 피하기 위하여 작은 배를 대기하도록 제자들에게 명하셨으니 이는 많은 사람들을 고치셨으므로 병으로 고생하는 자들이 예수를 만지고자하여 몰려왔음이더라(막 3:9-10)

⑯ When Jesus saw this, he was indignant. He said to them, "Let the little children come to me, and do not hinder them, **for** the kingdom of God belongs to such as these."(MK 10:14)

□ belong to ~에 속하다, such as these 이런 자, 이와 같은 그러한 자

예수께서 보고 노하시어 이르시되 어린 아이들이 내게 오는 것을 용납하고 금하지 말라 하나님의 나라가 이런 자의 것이니라 (막 10:14)

⑰ Salvation is found in no one else, **for** there is no other name under heaven given to men by which we must be saved.(AC 4:12)

□ Salvation 구원, be saved 구원을 얻다(구원 받다)

다른 이로서는 구원을 얻을 수 없나니 천하 인간에 구원을 얻을만한 다른 이름을 우리에게 주신 일이 없음이니라(행 4:12)

▸▸ since

⑱ At the place where Jesus was crucified, there was a garden, and in the garden a new tomb, in which no one had ever been laid. Because it was the Jewish day of Preparation and **since** the tomb was nearby, they laid Jesus there.(JN 19:41-42)

예수께서 십자가에 못 박히신 곳에 동산이 있고 동산 안에 아직 사람을 장사한 일이 없는 새 무덤이 있는 지라 이 날은 유대인의 준비일이요 또 무덤이 가까운 고로 예수를 거기 두니라(요 19:41-42)

⑲ Therefore, **since** we have been justified through faith, we have peace with God through our Lord Jesus Christ, through whom we have gained access by faith into this grace in which we now stand. And we rejoice in the hope of the glory of God.(RO 5:1-2)

그러므로 우리가 믿음으로 의롭다 하심을 받았으니 우리 주 예수 그리스도로 말미암아 하나님과 화평을 누리자 또한 그로 말미암아 우리가 믿음으로 서있는 이 은혜에 들어감을 얻었으며 하나님의 영광을 바라고 즐거워하느니라(롬 5:1-2)

⑳ But God demonstrates his own love for us in this: While we were sinners, Christ died for us. **Since** we have now been justified by his blood, how much more shall we be saved from God's wrath through him!(RO 5:8-9)

▫ how much more ~ 더욱 ~하다 / God's wrath (하나님의) 진노하심

우리가 아직 죄인 되었을 때에 그리스도께서 우리를 위하여 죽으심으로 하나님께서 우리에 대한 자기의 사랑을 확증하셨느니라 그러면 이제 우리가 그의 피로 말미암아 의롭다 하심을 받았으니 더욱 그로 말미암아 진노하심에서 구원을 받을 것이니(롬 5:8-9)

㉑ **Since** many are boasting in the way the world does, I too will boast. You gladly put up with fools **since** you are so wise! In fact, you even put up with anyone who enslaves you or exploits you or take advantage of you or pushes himself forward or slaps you in the face.(2CO 11:18-20)

여러 사람이 육신을 따라 자랑하니 나도 자랑하겠노라 너희는 지혜로운 자로서 어리석은 자들을 기쁘게 용납하는구나 누가 너희를 종으로 삼거나 잡아먹거나 빼앗거나 스스로 높이거나 뺨을 칠지라도 너희가 용납하는도다(고후 11:18-20)

㉒ Let the peace of Christ rule in your hearts, **since** as members of one body you were called to peace. And be thankful. Let the word of Christ dwell in you richly as you teach and admonish one another with all wisdom, and as you sing psalms, hymns and spiritual songs with gratitude in your hearts to God.(COL 3:15-16)

▫ rule in 지배하다, 널리 퍼지다

그리스도의 평강이 너희 마음을 주장하게 하라 너희는 평강을 위하여 한 몸으로 부르심을 받았나니 너희는 또한 감사하는 자가 되라 그리스도의 말씀이 너희 속에 풍성히 거하여 모든 지혜로 피차 가르치며 권면하고 시와 찬송과 신령한 노래를 부르며 감사하는 마음으로 하나님을 찬양하고(골 3:15-16)

㉓ **Since** everything will be destroyed in this way, what kind of people ought you to be? You ought to live holy and godly lives as you look forward to the day of God and speed its coming.(2PE 3:11-12)

▫ speed its coming 하나님의 날이 임하기를 간절히 사모하다, speed 서두르게 하다

이 모든 것이 이렇게 풀어지리니 너희가 어떠한 사람이 되어야 마땅하냐 거룩한 행실과 경건함으로 하나님의 날이 임하기를 바라보고 간절히 사모하라(벧후 3:11-12)

▸▸ now that

㉔ Abraham and Sarah were already old and well advanced in years, and Sarah was past the age of childbearing. So Sarah laughed to herself as she thought, "After I am worn out and my master is old, will I now have this pleasure?" Then the Lord said to Abraham, "Why did Sarah laugh and say, 'Will I really have a child, **now that** I am old?' Is anything too hard for the Lord? I will return to you at the appointed time next year and Sarah will have a son."(GE 18:11-14)

□ was past the age of childbearing 경수는 끊어졌는지라

아브라함과 사라가 나이 많아 늙었고 사라의 경수는 끊어졌는지라 사라가 속으로 웃고 이르되 내가 노쇠하였고 내 주인도 늙었으니 내게 무슨 즐거움이 있으리요 여호와께서 아브라함에게 이르시되 사라가 왜 웃으며 이르기를 내가 늙었거늘 어떻게 아들을 낳으리요 하느냐 여호와께 능치 못한 일이 있겠느냐 기한이 이를 때에 내가 네게로 돌아오리니 사라에게 아들이 있으리라(창 18:11-14)

㉕ **Now that** you have been set free from sin and have become slaves to God, the benefit you reap leads to holiness, and the result is eternal life. For the wages of sin is death, but the gift of God is eternal life in Christ Jesus our Lord.(RO 6:22-23)

□ have been set free from sin 죄로부터 해방되고

이제는 너희가 죄로부터 해방되고 하나님께 종이 되어 거룩함에 이르는 열매를 맺었으니 그 마지막은 영생이라 죄의 삯은 사망이요 하나님의 은사는 그리스도 예수 우리 주 안에 있는 영생이니라(롬 6:22-23)

㉖ **Now that** you have purified yourselves by obeying the truth so that you have sincere love for your brothers, love one another deeply, from the heart. For you have been born again, not of perishable seed, but of imperishable, through the living and enduring word of God.(1PE 1:22-23)

□ have sincere love for ~ 거짓이 없이 ~을 사랑하다

너희가 진리를 순종함으로 너희 영혼을 깨끗하게 하여 거짓이 없이 형제를 사랑하기에 이르렀으니 마음으로 뜨겁게 서로 사랑하라 너희가 거듭난 것은 썩어질 씨로 된 것이 아니요 썩지 아니할 씨로 된 것이니 살아 있고 항상 있는 하나님의 말씀으로 되었느니라(벧전 1:22-23)

Writing & Speaking 성경영어

① 또 너희 중에 누가 염려함으로 그 키를 한자나 더할 수 있느냐 그런즉 지극히 작은 것이라도 능치 못하거든 어찌 그 다른 것을 염려하느냐(눅 12:25-26)

- 지극히 작은 것 this very little thing, 그 다른 것 the rest

Who of you by worrying can add a single hour to his life? **Since** you cannot do this very little thing, why do you worry about the rest?(LK 12:25-26)

② 어찌하여 내 말을 깨닫지 못하느냐 이는 내 말을 들을 줄 알지 못함이로다(JN 8:43)

Why is my language not clear to you? **Because** you are unable to hear what I say.(JN 8:43)

③ 우리가 선을 행하되 낙심하지 말지니 포기하지 아니하면 때가 이르매 거두리라(갈 6:9)

- 낙심하지 말다 not become weary / (결실을) 거두다 reap a harvest

Let us not become weary in doing good, **for** at the proper time we will reap a harvest if we do not give up.(GAL 6:9)

④ 항상 기뻐하라 쉬지 말고 기도하라 범사에 감사하라 이는 그리스도 예수 안에서 너희를 향하신 하나님의 뜻이니라(살전 5:16-18)

Be joyful always; pray continually; give thanks in all circumstances, **for** this is God's will for you in Christ Jesus.(1TH 5:16-18)

⑤ 구하여도 얻지 못하는 것은 정욕으로 쓰려고 잘못 구하기 때문이라(약 4:3)

- 잘못 구하다 ask with wrong motives

When you ask, you do not receive, **because** you ask with wrong motives, that you may spend what you get on your pleasures.(JAS 4:3)

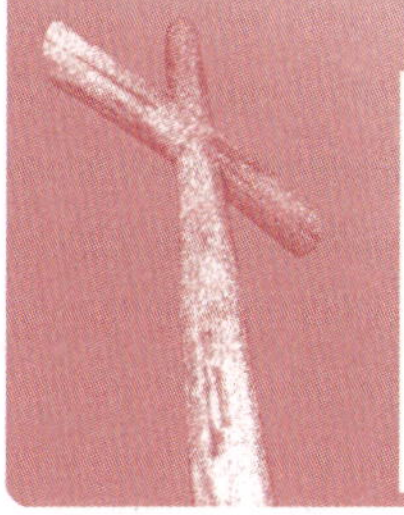

Today's Golden Rule

- Therefore do not worry about tomorrow, **for** tomorrow will worry about itself. Each day has enough trouble of its own.(MT 6:34)

그러므로 내일 일을 위하여 염려하지 말라 내일 일은 내일 염려 할 것이요 한날 괴로움은 그날에 족하니라(마 6:34)

Day 34. 부사절 IV

Verse to Remember

□ 부사절(Adverbial clause) IV:

A. 조건(condition) B. 양보(concession) C. 양태(manner)

A. 조 건

1. if　　2. unless: if ~ not

3. as long as　　4. suppose(supposing) / provided(providing) 등

1. if

▸ 의미: (~인지 아닌지 모르지만) 만일 ~라면

▸ if절이 조건절(직설법)로 쓰이면 그 의미는 '추측'이다. 긍정과 부정의 가능성이 각각 50%씩이다.

① After fasting forty days and forty nights, he was hungry. The tempter came to him and said, "**If** you are the Son of God, tell these stones to become bread."(MT 4:2-3)

시험하는 자가 예수께 나아와서 이르되 네가 만일 하나님의 아들이어든 명하여 이 돌들로 떡덩이가 되게 하라(마 4:2-3)

② **If** any one of you is without sin, let him be the first to throw a stone at her. (JN 8:7)

너희 중에 죄 없는 자가 먼저 돌로 치라(요 8:7)

③ **If** you love me, you will obey my command.(JN 14:15)

너희가 나를 사랑하면 나의 계명을 지키리라 (요 14:15)

2. unless

① I tell you the truth, no one can see the kingdom of God unless he is born again.(JN 3:3)

□ be born again 거듭나다, 다시 태어나다

진실로 네게 이르노니 사람이 거듭나지 아니하면 하나님 나라를 볼 수 없느니라(요 3:3)

② I tell you the truth, unless a kernel of wheat falls to the ground and dies, it remains only a single seed. But if it dies, it produces many seeds.(JN 12:24)

□ kernel (곡식의) 낱알, (문제의) 핵심, (과실의) 인 / a kernel of 한 알의

내가 진실로 너희에게 이르노니 한 알의 밀이 땅에 떨어져 죽지 아니하면 한 알 그대로 있고 죽으면 많은 열매를 맺느니라(요 12:24)

③ Remain in me, and I will remain in you. No branch can bear fruit by itself; it must remain in the vine. Neither can you bear fruit unless you remain in me.(JN 15:4)

□ bear fruit 과실을 맺다 / Neither can you bear fruit 그러하리라

내 안에 거하라 나도 너희 안에 거하리라 가지가 포도나무에 붙어 있지 아니하면 절로 과실을 맺을 수 없음같이 너도 내 안에 있지 아니하면 그러하리라(요 15:4)

3. as(so)long as / as far as

- as long as: ~하는 한 (조건) / ~하는 동안 (시간) ⇨ Day 31.
- as far as: ~하는 한 (조건) / ~까지 (거리)

① As long as it is day, we must do the work of him who sent me. Night is coming, when no one can work.(JN 9:4)

□ the work of him who sent me 나를 보내신 이의 일

때가 아직 낮이매 나를 보내신 이의 일을 우리가 하여야 하리라 밤이 오리니 그때는 아무도 일할 수 없느니라(요 9:4)

② Do not repay anyone evil for evil. Be careful to do what is right in the eyes of everybody. If it is possible, as far as it depends on you, live at peace with everyone.(RO 12:17-18)

□ live at peace with ~와 더불어 화목하다

아무에게도 악을 악으로 갚지 말고 모든 사람 앞에서 선한 일을 도모하라 할 수 있거든 너희로서는 모든 사람과 더불어 화목하라(롬 12:17-18)

4. suppose / provided(that)

if와 같은 말들: suppose(that), supposing(that) / provided(that), providing(that)

① **Suppose** one of you has a hundred sheep and loses one of them. Does he not leave the ninety-nine in the open country and go after the lost sheep until he finds it? (LK 15:4)

너희 중에 어떤 사람이 양 백 마리가 있는데 그 중의 하나를 잃으면 아흔 아홉 마리를 들에 두고 그것을 찾아내기까지 찾아다니지 아니하겠느냐(눅 15:4)

② Consider therefore the kindness and sternness of God: sternness to those who fell, but kindness to you, **provided that** you continue in his kindness. Otherwise, you also will be cut off.(RO 11:22)

▫ sternness 준엄하심, 엄격함, stern 엄격한, 단호한

그러므로 하나님의 인자하심과 준엄하심을 보라 넘어지는 자들에게는 준엄하심이 있으니 너희가 만일 하나님의 인자하심에 머물러 있으면 그 인자가 너희에게 있으리라 그렇지 않으면 너도 찍히는바 되리라(롬 11:22)

B. 양 보

1. (even) though / although: 비록 ~일지라도/ 하더라도
2. (even) if: 비록 ~일지라도/ 하더라도
3. whether A or B: A 이든지 B 이든지(선택)
4. 복합관계사

▸ 세상영어 양보절에는 주로 조동사 may를 쓰거나 가정법 현재시제인 동사의 원형을 사용하지만 성경 영어 양보절에는 조동사 없이 직설법시제가 쓰인다.

1. (even) though, although

(even) though, although절의 내용은 사실이다. ⇨ Q_2 & A_2

① **Though** your sins are like scarlet, they shall be as white as snow; **though** they are red as crimson, they shall be like wool.(ISA 1:18)

□ scarlet 주홍 / crimson 진홍 / wool 양털

너희의 죄가 주홍 같을지라도 눈과 같이 희어질 것이요 진홍같이 붉을지라도 양털같이 희게 되리라(사 1:18)

② I am the resurrection and the life. He who believes in me will live, **even though** he dies; and whoever lives and believes in me will never die.(JN 11;25-26)

□ resurrection 부활

나는 부활이요 생명이니 나를 믿는 자는 죽어도 살겠고 무릇 살아서 나를 믿는 자는 영원히 죽지 아니하리니(요 11;25-26)

③ Or take ships as an example. **Although** they are so large and are driven by strong winds, they are steered by a very small rudder wherever the pilot wants to go.(JAS 3:4)

□ steer 조종하다, 나아가게하다 / rudder(배의) 키, 방향타 / pilot 사공

또 배를 보라 그렇게 크고 광풍에 밀려가는 것들을 지극히 작은 키로서 사공의 뜻대로 운행하나니(약 3:4)

2. if

if절의 내용은 사실인지 아닌지 모른다. ⇨ Q_2 & A_2

① I tell you the truth, **if** you have faith as small as a mustard seed, you can say to this mountain, 'Move from here to there' and it will move. Nothing will be impossible for you.(MT 17:20)

□ as small as a mustard seed 겨자씨 한 알 만큼만(작은)

진실로 너희에게 이르노니 만일 너희에게 믿음이 겨자씨 한 알 만큼만 있어도 이 산을 명하여 여기서 저기로 옮겨지라 하면 옮겨질 것이요 또 너희가 못할 것이 없으리라(마 17:20)

② **If** I speak in the tongues of men and of angels, but have not love. I am only a resounding gong or a clanging cymbal.(1CO 13:1)

□ gong 구리, 징, 공 / cymbal 꽹과리, 심벌

내가 사람의 방언과 천사의 말을 할지라도 사랑이 없으면 소리 나는 구리와 울리는 꽹과리가 되고(고전 13:1)

3. whether A or B

① If we live, we live to the Lord; and if we die, we die to the Lord. So, **whether** we live or die, we belong to the Lord.(RO 14:8)

 ▫ live to the Lord 주를 위하여 살다

우리가 살아도 주를 위하여 살고 죽어도 주를 위하여 죽나니 그러므로 사나 죽으나 우리가 주의 것이로다(롬 14:8)

② **Whether** you eat **or** drink **or** whatever you do, you must do all for the glory of God.(1CO 10:31)

그런즉 너희가 먹든지 마시든지 무엇을 하든지 다 하나님의 영광을 위하여 하라(고전 10:31)

4. 복합 관계사

▸▸ 복합 관계대명사 ⇨ Day 25. 관계대명사 II

① **Whoever** believes in me, as the Scripture has said, streams of living water will flow from within him.(JN 7:38)

 ▫ from within him: 그의 몸속 안으로부터 즉 그 배에서

나를 믿는 자는 성경에 이름과 같이 그 배에서 생수의 강이 흘러나오리라(요 7:38)

② **Whatever you ask for in prayer**, believe that you have received it, and it will be yours.(MK 11:24)

너희가 기도하면서 구하는 것은 무엇이든지, 이미 그것을 받은 줄로 믿어라. 그리하면 너희에게 그대로 이루어질 것이다.(막 11:24)

▸▸ 복합 관계부사 ⇨ Day 26. 관계부사

③ I tell you the truth, **wherever** the gospel is preached throughout the world, what she has done will also be told in memory of her.(MK 14:9)

내가 진실로 너희에게 이르노니 온 천하에 어디든지 복음이 전파되는 곳에는 이 여자의 행한 일도 말하여 저를 기념하리라(막 14:9)

④ For **no matter how many promises** God has made, they are "Yes" in Christ. And so through him the "Amen" is spoken by us to the glory of God.(2CO 1:20)

 ▫ no matter how many promises ~ (양보절) 하나님이 아무리 많은 약속을 하셨더라도

하나님의 약속은 얼마든지 그리스도 안에서 예가 되니 그런즉 그로 말미암아 우리가 아멘하여 하나님께 영광을 돌리게 되느니라(고후 1:20)

C. 양태

1. as S + V: ~와 같이, ~처럼
2. like 명사: ~와 같이, ~처럼
3. as 명사: ~로써(자격) / ~와 같이(양태)

(1) as S + V

① So Solomon did evil in the eyes of the LORD; he did not follow the LORD completely, as David his father had done.(1KI 11:6)

솔로몬이 여호와의 눈앞에서 악을 행하여 그의 아버지 다윗이 여호와를 온전히 따름 같이 따르지 아니하고(왕상 11:6)

▷ 아버지 다윗은 여호와를 온전히 따랐지만 아들 솔로몬은 따르지 않았다.

② As far as the east is from the west, so far has he removed our transgressions from us.(PS 103:12)

동이 서에서 먼 것같이 우리의 죄과를 우리에게서 멀리 옮기셨으며(시 103:12)

③ A new command I give you: Love one another. As I have loved you, so you must love one another.(JN 13:34)

□ A new command I give you ← I give you a new command 강조를 위한 목적어 도치

새 계명을 너희에게 주노니 서로 사랑하라 내가 너희를 사랑한 것같이 너희도 서로 사랑하라(요 13:34)

④ As the body without the spirit is dead, so faith without deeds is dead.(JAS 2:26)

□ deed 행함, 행위, 행동

영혼 없는 몸이 죽은 것같이 행함이 없는 믿음은 죽은 것이니라(약 2:26)

⑤ If we walk in the light, as he is in the light, we have fellowship with one another, and the blood of Jesus, his Son purifies us from all sin.(1JN 1:7)

□ purify ~을 깨끗하게 하다

그가 빛 가운데 계신 것같이 우리도 빛 가운데 행하면 우리가 서로 사귐이 있고 그 아들 예수의 피가 우리를 모든 죄에서 깨끗하게 하실 것이요(요일 1:7)

(2) like 명사

① He is **like** a tree planted by streams of water, which yields fruit in season and whose leaf does not wither. Whatever he does prospers.(PS 1:3)

□ yield fruit 열매를 맺다 / prosper 형통하다

그는 시냇가에 심은 나무가 철을 따라 열매를 맺으며 그 잎사귀가 마르지 아니함 같으니 그가 하는 모든 일이 다 형통하리로다(시 1:3)

② When I was a child, I talked **like** a child, I thought **like** a child, I reasoned **like** a child. When I became a man, I put childish ways behind me.(1CO 13:11)

내가 어렸을 때에는 말하는 것이 어린 아이와 같고 깨닫는 것이 어린 아이와 같고 생각하는 것이 어린 아이와 같다가 장성한 사람이 되어서는 어린 아이의 일을 버렸노라(고전 13:11)

③ All men are **like** grass, and all their glory is **like** the flowers of the field; the grass withers and the flowers fall, but the word of the Lord stands forever.(1PE 1:24-25)

모든 육체는 풀과 같고 그 모든 영광이 풀의 꽃과 같으니 풀은 마르고 꽃은 떨어지되 오직 주의 말씀은 세세토록 있도다(벧전 1:24-25)

(3) as 명사

① The Son of Man did not come to be served, but to serve, and to give his life as a ransom for many.(MT 20:28, MK 10:45)

□ a ransom 대속물(몸값)

인자가 온 것은 섬김을 받으려 함이 아니라 도리어 섬기려 하고 자기 목숨을 많은 사람의 대속물로 주려 함이니라(마 20:28, 막 10:45)

② Then John gave this testimony: "I saw the Spirit come down from heaven as a dove and remain on him."(JN 1:32)

요한이 또 증언하여 이르되 내가 보매 성령이 비둘기같이 하늘로부터 내려와서 그의 위에 머물렀더라(요 1:32)

③ This is love: not that we love God, but that he loved us and sent his Son as an atoning sacrifice for our sins.(1JN 4:10)

□ an atoning sacrifice 화목재, atoning 속죄하는, 보상하는, sacrifice 산 제물

사랑은 여기 있으니 우리가 하나님을 사랑한 것이 아니요 오직 하나님이 우리를 사랑하사 우리 죄를 위하여 화목재로 그 아들을 보내셨음이니라(요일 4:10)

Q&A 세상영어

Q1 조건절 접속사 if와 in case의 차이점은 무엇일까?

A1 (1) in case (of)가 주절 앞에 올 때: if와 같은 의미

ⓐ **In case there is a fire (In case of fire)**, dial 119. 불이 나면 119로 전화해라.
= **If there is a fire**, dial 119.

(2) in case (of)가 주절 뒤에 올 때: if와 다른 의미

▻ in case는 「혹시 ~할지 모르기 때문에 그 경우에 대비해서」(because it may happen that ~)의 뜻이다.
▻ 따라서 if로 바꿔 쓸 수 없으며, 여기서 in case절은 의미의 초점이 된다.

ⓐ We'd better insure the church **in case** there is a fire.
= We'd better insure the church **in case of** fire.
불이 날 경우에 대비해서 교회에 화재 보험을 들어야한다.
≠ We'd better insure the church **if there is a fire**.(?)
불이나면 건물에 화재보험을 들어야 한다.(?)

ⓑ Take your coat **in case it snows**.
= Take your coat **in case of snow**. 눈이 올지도 모르니 외투를 입고 나가라.
≠ Take your coat **if it snows**.(?) 눈이 오면 외투를 입고 나가라.

ⓒ I will write a will **in case something happens to me**.
무슨 일이 생길지 모르니 유서를 써 두어야겠다.
≠ I will write a will **if anything happens to me**.(?)
무슨 일이 생긴다면 그때 가서 유서를 쓰겠다.

'~에 대비해서' 라는 의미의 「in case of **명사**」 에서는 명사 앞에 관사가 없다.

ⓐ You should insure your car **in case of traffic accident**.
교통사고에 대비해 자동차 보험에 들어야한다.

ⓑ I make it a rule to climb a mountain once a week **in case of disease**.
병에 대비해서 일주일에 한 번 꼭 등산을 한다.

DAY 34. 부사절 IV

명사 앞에 관사가 있는 「in the case of **a(n) 명사**」는 「~에 관하여 말하자면」의 뜻이 된다.

○ **In the case of a will**, it is necessary to prove the death of the one who made it, because a will is in force only when somebody has died;(HEB 9:16-17)

유언은 (유언에 관해서 말하자면) 유언한 자가 죽어야 되나니, 유언은 그 사람이 죽은 후에야 유효한즉(히 9:16-17)

Q2 양보절 접속사 (even) though / although와 (even) if는 어떤 의미의 차이가 있는가?

A2

- (even) though / although는 절의 내용이 사실이다.
- (even) if는 양보와 조건이 결합된 것으로 절의 내용이 사실일 수도 있고 그렇지 않을 수도 있다. 성경영어를 통해 이들의 의미차이를 새겨보자.

Ⓐ **Even though** I walk through the valley of the shadow of death, I will fear no evil, for you are with me; your rod and your staff, they comfort me.(PS 23:4)

내가 사망의 음침한 골짜기로 다닐지라도 해를 두려워하지 않을 것은 주께서 나와 함께 하심이라 주의 지팡이와 막대기가 나를 안위하시나이다(시 23:4)

▻ '사망의 음침한 골짜기를 걷는다'는 사실을 전제로 한 양보이다.

Ⓑ **Though** your sins are like scarlet, they shall be as white as snow; **though** they are red as crimson, they shall be like wool.(ISA 1:18)

너희의 죄가 주홍 같을지라도 눈과 같이 희어질 것이요 진홍같이 붉을지라도 양털 같이 희게 되리라 (사 1:18)

▻ '지은 죄가 실제 많다'는 사실을 전제로 한 양보이다.

Ⓒ I tell you the truth, **if** you have faith as small as a mustard seed, you can say to this mountain, 'Move from here to there' and it will move.(MT 17:20)

진실로 너희에게 이르노니 만일 너희에게 믿음이 겨자씨 한 알 만큼만 있어도 이 산을 명하여 여기서 저기로 옮겨지라 하면 옮겨질 것이요 (마 17:20)

▻ 겨자씨만한 믿음조차도 너희들이 가지고 있는지 없는지 모르지만~

Ⓓ **If** I speak in the tongues of men and of angels, but have not love, I am only a resounding gong or a clanging cymbal.(1CO 13:1)

내가 사람의 방언과 천사의 말을 할지라도 사랑이 없으면 소리 나는 구리와 울리는 꽹과리가 되고(고전 13:1)

▻ 사람의 방언과 천사의 말을 할 지 여부는 모르지만

Check-up 세상영어

※ Translate the followings into English.

1. 다른 사람에게 얘기하지 않겠다고 약속하면 내가 그걸 얼마주고 샀는지 네게 말해줄게.

2. 두 마리 토끼를 잡으려 쫓으면 둘 다 놓친다.(격언)
   - 둘 다 ~하지 못 한다 : 동사 + neither

3. 당신이 커피에 설탕을 넣는지 아닌지 모릅니다.

4. 고양이는 쥐를 잡는 한 색깔이 하얗든 까맣든 문제되지 않는다.

5. 내가 아는 범위에서는 그는 그 직책을 맡을만하다.

6. 그는 말이 없이 과묵하다. 남이 말을 걸지 않으면 결코 먼저 말하지 않는다.
   - 과묵한 reticent

7. 그것이 무슨 일이든지 그 일에 너의 마음과 혼을 불어 넣지 않는다면 결코 좋은 결과를 기대할 수 없다.
   - ~에 마음과 혼을 불어넣다 put your heart and soul into ~

8. 하늘이 무너져도 솟아날 구멍은 있다.(속담)

9. 비록 시험공부 준비하느라 밤을 새우겠다고 마음먹었지만 나도 모르게 잠들어버렸던 것이 틀림없다.
   - 밤을 새우다 sit up late(all night) / 나도 모르게 unawares

10. 비록 그는 미국에 가본 적이 없지만 영어를 잘하는 사람이다.

11. 나는 잊어버릴 것에 대비해서 그녀를 만났을 때 그녀의 전화번호를 적어 두었다.

DAY 34. 부사절 IV

12. 비가 올지도 모르니까 너는 우산을 가져가는 게 좋겠다.

13. 음식이 우리 몸에 영양을 주듯이 책들은 우리 마음에 영양을 준다.
 □ 영양을 주다 nourish

14. 녹이 쇠를 갉아먹듯이 근심이 마음을 갉아 먹는다.

15. 로마에서는 로마사람이 하는 대로 하라.

16. 나는 그를 개인으로는 존경하지만 지도자로는 그를 중요한 인물로 보지 않는다.

Answer to Check-Up

1. If you promise me not to tell anyone else, I'll tell you how much I paid for it.
2. If you run after two hares, you will catch neither.
3. I don't know if (whether) you take sugar in your coffee or not.
4. It doesn't matter if (whether) a cat is white or black, so long as it catches mice.
5. He is worthy of the position as far as I know.
6. He is reticent and he never speaks first unless (he is) spoken to.
7. You can never expect a good result unless you put your heart and soul into your work, whatever it is. (no matter what it may be)
8. Even if the sky falls down, there is a hole to escape through.
9. I must have fallen asleep unawares though (although / even though) I had intended to sit up all night preparing for the examination.
10. Though (although / even though) he has never been to America, he is a good speaker of English.
11. I wrote down her phone number when I met her in case I forgot it.
12. You had better take your umbrella (with you) in case it should (might) rain.
13. As food nourishes our body, so books nourish our mind.
14. As rust eats iron, so care eats heart.
15. When in Rome, do as the Romans do.
16. I look up to him as a person, but I don't think much of him as a leader.

Reading & Listening 성경영어

▸▸ 조건절: if, unless

① For **if** you forgive men when they sin against you, your heavenly Father will also forgive you. But **if** you do not forgive men their sins, your Father will not forgive your sins.(MT 6:14)

- sin against ~에게 죄를 짓다 / forgive ~에게서(사람) ~을(죄) 용서해 주다

너희가 사람의 잘못을 용서하면 너희 하늘 아버지께서도 너희 잘못을 용서하시려니와 너희가 사람의 잘못을 용서하지 아니하면 너희 아버지께서도 너희 잘못을 용서하지 아니하시리라(마 6:14)

② **If** that is how God clothes the grass of the field, which is here today and tomorrow is thrown into the fire, will he not much more clothe you, O you of little faith? So do not worry, saying, 'What shall we eat?' or 'What shall we drink?' or 'What shall we wear?'(MT 6:30-31)

- clothe 옷을 입히다 / will he not much more clothe you? 하물며 너희를 입히지 않겠느냐(강조)

오늘 있다가 내일 아궁이에 던져지는 들풀도 하나님이 이렇게 입히시거든 하물며 너희일까보냐 믿음이 작은 자들아 그러므로 염려하여 이르기를 무엇을 먹을까 무엇을 마실까 무엇을 입을까 하지말라(마 6:30-31)

③ **If** you live according to the sinful nature, you will die; but **if** by the Spirit you put to death the misdeeds of the body, you will live, because those who are led by the Spirit of God are sons of God.(RO 8:13-14)

- according to the sinful nature 육신대로
- put to death the misdeeds of the body 몸의 행실을 죽이면, put to death의 목적어는 the misdeeds of the body

너희가 육신대로 살면 반드시 죽을 것이로되 영으로써 몸의 행실을 죽이면 살리니 무릇 하나님의 영으로 인도함을 받는 그들은 곧 하나님의 아들이라(롬 8:13-14)

④ Now **if** we are children, then we are heirs – heirs of God and co-heirs with Christ, **if** indeed we share in his sufferings in order that we may also share in his glory.(RO 8:17)

- co-heirs with Christ 그리스도와 함께한 상속자 / share in 함께 받다(나누다)

자녀이면 또한 상속자 곧 하나님의 상속자요 그리스도와 함께한 상속자니 우리가 그

와 함께 영광을 받기 위하여 고난도 함께 받아야 할 것이니라(롬 8:17)

⑤ **If** one part suffers, every part suffers with it; **if** one part is honored, every part rejoices with it. Now you are the body of Christ, and each one of you is a part of it.(1CO 12:26-27)

□ rejoice with ~와 함께 즐거워하다

만일 한 지체가 고통을 받으면 모든 지체가 함께 고통을 받고 한 지체가 영광을 얻으면 모든 지체가 함께 즐거워하느니라 너희는 그리스도의 몸이요 지체의 각 부분이라(고전 12:26-27)

⑥ What good is it, my brothers, **if** a man claims to have faith but has no deeds? Can such faith save him?(JAS 2:14)

내 형제들아 만일 사람이 믿음이 있노라 하고 행함이 없으면 무슨 유익이 있으리요 그 믿음이 능히 자기를 구원하겠느냐(약 2:14)

⑦ **If** we claim to have fellowship with him yet walk in the darkness, we lie and do not live by the truth. **If** we walk in the light, as he is in the light, we have fellowship with one another, and the blood of Jesus, his Son purifies us from all sin.(1JN 1:6-7)

□ claim to ~하다고 주장하다 / as he is in the light 그가 빛 가운데 계신 것같이

만일 우리가 하나님과 사귐이 있다 하고 어둠에 행하면 거짓말을 하고 진리를 행하지 아니함이거니와 그가 빛 가운데 계신 것같이 우리도 빛 가운데 행하면 우리가 서로 사귐이 있고 그 아들 예수의 피가 우리를 모든 죄에서 깨끗하게 하실 것이요(요일 1:6-7)

⑧ Here I am! I stand at the door and knock. **If** anyone hears my voice and opens the door, I will come in and eat with him, and he with me.(REV 3:20)

□ stand at the door 문밖에 서다 / eat with ~와 더불어 먹다

볼지어다 내가 문밖에 서서 두드리노니 누구든지 내 음성을 듣고 문을 열면 내가 그에게로 들어가 그와 더불어 먹고 그는 나와 더불어 먹으리라(계 3:20)

⑨ **Unless** the LORD builds the house, its builders labor in vain. **Unless** the LORD watches over the city, the watchmen stand guard in vain.(PS 127:1)

□ labor in vain 수고가 헛되다 / stand guard 지키다

여호와께서 집을 세우지 아니하시면 세우는 자의 수고가 헛되며 여호와께서 성을 지키지 아니하시면 파수꾼의 깨어 있음이 헛되도다(시 127:1)

⑩ So the other disciples told him, "We have seen the Lord!" But he said to them, "**Unless** I see the nail marks in his hands and put my finger where the nails were, and put my hand into his side, I will not believe it."(JN 20:25)

□ the side 옆구리

다른 제자들이 그에게 이르되 우리가 주를 보았노라 하니 도마가 이르되 내가 그의 손

의 못 자국을 보며 내 손가락을 그 못 자국에 넣으며 내 손을 그 옆구리에 넣어 보지 않고는 믿지 아니하겠노라(요 20:25)

▸▸ 명사절 if

⑪ After forty days Noah opened the window he had made in the ark and sent out a raven, and it kept flying back and forth until the water had dried up from the earth. Then he sent out a dove to see **if** the water had receded from the surface of the ground.(GE 8:6-8)

- recede 물러나다

사십 일을 지나서 노아가 그 방주에 낸 창을 열고 까마귀를 내 놓으매 까마귀가 물이 땅에서 마르기까지 날아 왕래하였더라 그가 또 비둘기를 내어 놓아 지면에서 물이 줄어들었는지를 알고자 하매(창 8:6-8)

⑫ Then Moses went back to Jethro his father-in-law and said to him, "Let me go back to my own people in Egypt to see **if** any of them are still alive." Jethro said, "Go, and I wish you well."(EX 4:18)

모세가 그의 장인 아드로에게 돌아가서 그에게 이르되 내가 애굽에 있는 내 형제들에게 돌아가서 그들이 아직 살아있는지 알아보려 하오니 나로 가게 하소서 아드로가 모세에게 평안히 가라하니라(출 4:18)

⑬ "Bring the whole tithe into the storehouse, that there may be food in my house. Test me in this," says the LORD Almighty, "and see **if** I will not throw open the floodgates of the heaven and pour out so much blessing that you will not have room enough for it."(MAL 3:10)

- tithe 십일조, 10분의 1 / that there may be food 양식이 있도록(목적)
- the floodgates 수문 / pour out so much blessing that ~ 너무 많은 축복을 쏟아 부어서(그 결과)
- will not have room enough for it 복을 쌓을 곳(room)이 없다

너희의 온전한 십일조를 창고에 들여 나의 집에 양식이 있게 하고 그것으로 나를 시험하여 내가 하늘 문을 열고 너희에게 복을 쌓을 곳이 없도록 붓지 아니하나 보라(말 3:10)

▸▸ 양보절

⑭ The LORD became angry with Solomon because his heart had turned away from the LORD, the God of Israel, who had appeared to him twice. **Although** he had forbidden Solomon to follow other gods, Solomon did not keep the LORD's command.(1KI 11:9-10)

솔로몬이 마음을 돌려 이스라엘의 하나님 여호와를 떠나므로 여호와께서 그에게 진노하시니라 여호와께서 일찍이 두 번이나 그에게 나타나시고 이 일에 대하여 그에게 명령하사 다른 신을 따르지 말라 하셨으나 그가 여호와의 명령을 지키지 않았으므로(왕상 11:9-10)

⑮ The sleep of a laborer is sweet, **whether** he eats little or much, but the abundance of a rich man permits him no sleep.(ECC 5:12)

□ the abundance of a rich man 부자는 그 부요함 때문에

노동자는 먹는 것이 많든지 적든지 잠을 달게 자거니와 부자는 그 부요함 때문에 자지 못하느니라(전 5:12)

⑯ He also said, "This is what the kingdom of God is like. A man scatters seed on the ground. Night and day, **whether** he sleeps or gets up. the seed sprouts and grows, though he does not know how."(MK 4:26-27)

□ sprout 싹이 트다

또 이르시되 하나님의 나라는 사람이 씨를 땅에 뿌림과 같으니 그가 밤낮 자고 깨고 하는 중에 씨가 나서 자라되 어떻게 그리 되는지를 알지 못하느니라(막 4:26-27)

⑰ At daybreak the council of the elders of the people, both the chief priests and teachers of the law, met together, and Jesus was led before them. "If you are the Christ," they said, "tell us." Jesus answered, "**If** I tell you, you will not believe me, and **if** I asked you, you would not answer.(LK 22:66-68)

날이 새매 백성의 장로들 곧 대제사장들과 서기관들이 모여서 예수를 그 공회로 끌어들여 이르되 네가 그리스도이거든 우리에게 말하라 대답하시되 내가 말할지라도 너희가 믿지 아니할 것이요 내가 물어도 너희가 대답하지 아니할 것이니라(눅 22:66-68)

⑱ **If** I have the prophecy and can fathom all mysteries and all knowledge, and **if** I have a faith that can move mountains, but have not love, I am nothing. **If** I give all I possess to the poor and surrender my body to the flames, but have not love, I gain nothing.(1CO 13:2-3)

□ the prophecy 예언하는 능력 / fathom 재다, 헤아리다
□ surrender A to B, A에게 B를 내어주다, 포기하다

내가 예언하는 능력이 있어 모든 비밀과 지식을 알고 또 산을 옮길 만한 모든 믿음이 있을지라도 사랑이 없으면 내가 아무것도 아니요 내가 내게 있는 모든 것으로 구제하고 또 내 몸을 불사르게 내 줄지라도 사랑이 없으면 내게 아무 유익이 없느니라(고전 13:2-3)

⑲ And **whatever** you do, **whether** in word or deed, do it all in the name of the Lord Jesus, giving thanks to God the Father through him.(COL 3:17)

또 무엇을 하든지 말에나 일에나 다 주 예수의 이름으로 하고 그를 힘입어 하나님 아버

지께 감사하라(골 3:17)

⑳ I am not saying this because I am in need, for I have learned to be content **whatever** the circumstances. I know what it is to be in need, and I know what it is to have plenty. I have learned the secret of being content in any and every situation, **whether** well fed or hungry, **whether** living in plenty or in want.(PHL 4:11-12)

□ feed, fed, fed / be well fed 배불리 먹다

내가 궁핍하므로 말하는 것이 아니니라 어떠한 형편에든지 나는 자족하기를 배웠노라 나는 비천에 처할 줄도 알고 풍부에 처할 줄도 알아 모든 일 곧 배부름과 배고픔과 풍부와 궁핍에도 처할 줄 아는 일체의 비결을 배웠노라(빌 4:11-12)

▸▸ 양 태

㉑ Moreover, no man knows when his hour will come: **As** fish are caught in a cruel net, or birds are taken in a snare, **so** men are trapped by evil times that fall unexpectedly upon them.(ECC 9:12)

□ a cruel net 재앙의 그물 / be taken in a snare 올무(덫)에 걸리다

분명히 사람은 자기의 시기도 알지 못하나니 물고기가 재앙의 그물에 걸리고 새들이 올무에 걸림 같이 인생도 재앙의 날이 그들에게 홀연히 임하면 거기에 걸리느니라(전 9:12)

㉒ **As** dead flies give perfume a bad smell, **so** a little folly outweighs wisdom and honor. The heart of the wise inclines to the right, but the heart of the fool to the left. Even as he walks along the road, the fool lacks sense and shows everyone how stupid he is. (ECC 10:1-3)

□ perfume 향기름(향기, 향료) / outweigh 난처하게 만들다, ~보다 무겁다(가치가 있다)

죽은 파리가 향기름을 악취가 나게 만드는 것 같이 적은 우매가 지혜와 존귀를 난처하게 만드느니라 지혜자의 마음은 오른쪽에 있고 우매자의 마음은 왼쪽에 있느니라 우매한 자는 길을 갈 때에도 지혜가 부족하여 각 사람에게 자기가 우매함을 말하느니라(전 10:1-3)

㉓ **As** heavens are higher than the earth, **so** are my ways higher than your ways and my thoughts than your thoughts.(ISA 55:9)

하늘이 땅보다 높음 같이 내 길은 너희의 길보다 높으며 내 생각은 너희의 생각보다 높음이니라(사 55:9)

㉔ Going a little farther, he fell with his face to the ground and prayed, "My Father, if it is possible, may this cup be taken from me. Yet not **as** I will, but **as** you will." (MT 26:39)

조금 나아가사 얼굴을 땅에 대시고 엎드려 기도하여 이르시되 내 아버지여 만일 할 만 하시거든 이 잔을 내게서 지나가게 하옵소서 그러나 나의 원대로 마옵시고 아버지의 원대로 하옵소서(마 26:39)

㉕ There was a violent earthquake, for an angel of the Lord came down from heaven and, going to the tomb, rolled back the stone and sat on it. His appearance was **like** lightening, and his clothes were white **as** snow.(MT 28:2-3)

큰 지진이 나며 주의 천사가 하늘로 부터 내려와 돌을 굴려내고 그 위에 앉았는데 그 형상이 번개 같고 그 옷은 눈 같이 희거늘(마 28:2-3)

㉖ "Why do you call me, 'Lord, Lord,' and do not do what I say? I will show you what he is **like** who comes to me and hears my words and puts them into practice. He is **like** a man building a house, who dug down deep and laid the foundation on rock. When a food came, the torrent struck that house but could not shake it, because it was well built.(LK 6:46-48)

- put O into practice 행하다 실천하다 / The moment S V ~하자마자
- the torrent 탁류, 급류 cf. torrents 억수, torrents of rain 억수같은 비

너희는 나를 불러 주여, 주여 하면서도 어찌하여 내가 말하는 것을 행하지 아니하느냐 내게 나아와 내 말을 듣고 행하는 자마다 누구와 같은 것을 너희에게 보이리라 집을 짓되 깊이 파고 주추를 반석위에 놓은 사람과 같으니 큰물이 나서 탁류가 그 집에 부딪히되 잘 지었기 때문에 능히 요동하지 못하게 하였거니와(눅 6:46-48)

㉗ "Father, if you are willing, take this cup from me; yet not my will, but yours be done." An angel from heaven appeared to him and strengthened him. And being in anguish, he prayed more earnestly, and his sweat was **like** drops of blood falling to the ground.(LK 22:42-44)

- strengthen 힘을 북돋우다 / anguish 고통, 괴로움 / earnestly 간절히

이르시되 만일 아버지의 뜻이거든 이 잔을 내게서 옮기시옵소서 그러나 내 원대로 마옵시고 아버지의 원대로 되기를 원하나이다 하시니 천사가 하늘로부터 예수께 나타나 힘을 더하더라 예수께서 힘쓰고 애써 더욱 간절히 기도하시니 땀이 땅에 떨어지는 핏방울같이 되더라(눅 22:42-44)

㉘ Do not offer the parts of your body to sin, **as** instruments of wickedness, but rather offer yourselves to God, **as** those who have been brought from death to life; and offer the parts of your body to him **as** instruments of righteousness.(RO 6:13)

- the parts of your body 너희 지체
- instruments of wickedness 불의의 무기 / instruments of righteousness 의의 무기

너희 지체를 불의의 무기로 죄에게 내주지 말고 오직 너희 자신을 죽은 자 가운데서 다시 살아난 자 같이 하나님께 드리며 너희 지체를 의의 무기로 하나님께 드리라(롬 6:13)

㉙ Wives, submit to your husbands as to the Lord.(EPH 5:22)
Husbands, love your wives, just as Christ loved the church and gave himself up for her.(EPH 5:25)

아내들이여 자기 남편에게 복종하기를 주께 하듯 하라(엡 5:22)
남편들아 아내 사랑하기를 그리스도께서 교회를 사랑하시고 그 교회를 위하여 자신을 주심 같이 하라(엡 5:25)

㉚ Slaves, obey your earthly masters with respect and fear, and with sincerity of heart, just as you would obey Christ. Obey them not only to win their favor when their eye is on you, but like slaves of Christ, doing the will of God from your heart. Serve wholeheartedly, as if you were serving the Lord, not men.(EPH 6:5-7)

- not only to win their favor when their eye is on you: 눈가림만 하여 사람을 기쁘게 하는 자처럼 하지 말고 (그들이 눈이 너에게 있을 때 그들의 호의를 얻기 위해서만 그들에게 복종하지 말고)

종들아 두려워하고 떨며 성실한 마음으로 육체의 상전에게 순종하기를 그리스도께 하듯 하라 눈가림만 하여 사람을 기쁘게 하는 자처럼 하지 말고 그리스도의 종들처럼 마음으로 하나님의 뜻을 행하고 기쁜 마음으로 섬기기를 주께 하듯 하고 사람들에게 하듯 하지 말라(엡 6:5-7)

㉛ Whatever you do, work at it with all your heart, as working for the Lord, not for men, since you know that you will receive an inheritance from the Lord as a reward. It is the Lord Christ you are serving.(COL 3:23-24)

- since you know that ~하는 줄 아나니(알기 때문에) / an inheritance 기업, 유산, 상속
- It is the Lord Christ you are serving. It ~ that 강조구문에서 that이 생략됨.

무슨 일을 하든지 마음을 다하여 주께 하듯 하고 사람에게 하듯 하지 말라 이는 기업의 상을 주께 받을 줄 아나니 너희는 주 그리스도를 섬기느니라(골 3:23-24)

㉜ The Lord is not slow in keeping his promise, as some understand slowness. He is patient with you, not wanting anyone to perish, but everyone to come to repentance.(2PE 3:9)

- be patient with ~을 참다, 잘 견디다 / repentance 회개

주의 약속은 어떤 이들이 더디다고 생각하는 것같이 더딘 것이 아니라 오직 주께서는 너희를 대하여 오래 참으사 아무도 멸망하지 아니하고 다 회개하기에 이르기를 원하시느니라(벧후 3:9)

Writing & Speaking 성경영어

① 내가 사망의 음침한 골짜기로 다닐지라도 해를 두려워하지 않을 것은 주께서 나와 함께 하심이라 주의 지팡이와 막대기가 나를 안위하시나이다(시 23:4)

- 주의 지팡이와 막대기 your rod and your staff

Even though I walk through the valley of the shadow of death, I will fear no evil, for you are with me; your rod and your staff, they comfort me.(PS 23:4)

② 하나님이여 사슴이 시냇물을 찾기에 갈급함같이 내 영혼이 주를 찾기에 갈급하니이다(시 42:1)

- ~을 갈급(갈망, 열망)하다 pant for, cf. pant 숨차다, 헐떡거리다

As the deer pants for streams of waters, so my soul pants for you, O God.(PS 42:1)

③ 바람의 길이 어떠함과 아이 밴 자의 태에서 뼈가 어떻게 자라는지를 네가 알지 못함같이 만사를 성취하시는 하나님의 일을 네가 알지 못하느니라(전 11:5)

- womb 태, 자궁, how the body is formed 뼈가 어떻게 자라는지

As you do not know the path of the wind, or how the body is formed in a mother's womb, **so** you cannot understand the work of God, the maker of all things.(ECC 11:5)

④ 너희가 악한 자라도 좋은 것으로 자식에게 줄줄 알거든 하물며 하늘에 계신 너희 아버지께서 구하는 자에게 좋은 것으로 주시지 않겠느냐?(마 7:11)

- 하물며 ~ 않겠느냐 how much more will S RV !

If you, then, **though** you are evil, know how to give good gifts to your children, how much more will your Father in heaven give good gifts to those who ask him!(MT 7:11)

⑤ 너희가 돌이켜 어린아이들과 같이 되지 아니하면 결단코 천국에 들어가지 못하리라(마 18:3)

- 천국 the kingdom of heaven

Unless you change and become like little children, you will never enter the kingdom of heaven.(MT 18:3)

⑥ 남에게 대접을 받고자 하는 대로 너희도 남을 대접하라(눅 6:31)

- 남에게 대접받다 (상대로 하여금 너에게 하도록 하다) have them do to you

Do to others **as** you would have them do to you.(LK 6:31)

⑦ 너희가 내 말에 거하면 참으로 내 제자가 되고 진리를 알지니 진리가 너희를 자유롭게 하리라(요 8:31-32)

If you hold to my teaching, you are really my disciples. Then you will know the truth, and the truth will set you free.(JN 8:31-32)

⑧ 누구든지 일하기 싫어하거든 먹지도 말게 하라(살후 3:10)

If a man will not work, he shall not eat.(2TH 3:10)

Today's Golden Rule

- Do to others **as** you would have them do to you.(LK 6:31)

남에게 대접을 받고자 하는 대로 너희도 남을 대접하라(눅 6:31)

Day 35. 전치사 I

Verse to Remember

□ 전치사(Preposition) I: A. at B. on C. in

A. at

점(무차원) 1. 장소: 면적에 관계없이 지점이나 위치만 표시
2. 시간: 시간의 길이와 관계없이 시점만 표시

1. 장소

① After the Lord Jesus had spoken to them, he was taken up into heaven and he sat **at the right hand** of God.(MK 16:19)

주 예수께서 말씀을 마치신 후에 하늘로 올려지사 하나님 우편에 앉으시니라(막 16:19)

② If any one of you is without sin, let him be the first to throw a stone **at her**. (JN 8:7)

너희 중에 죄 없는 자가 먼저 돌로 치라(요 8:7)

③ Here I am! I stand **at the door** and knock. If anyone hears my voice and opens the door, I will come in and eat with him, and he with me.(REV 3:20)

□ he with me는 he will eat with me에서 will eat가 생략

볼지어다 내가 문밖에 서서 두드리노니 누구든지 내 음성을 듣고 문을 열면 내가 그에게로 들어가 그와 더불어 먹고 그는 나와 더불어 먹으리라(계 3:20)

2. 시간

① Is anything too hard for the LORD? I will return to you **at the appointed time** next year and Sarah will have a son.(GE 18:13-14)

ㅁ Is anything too hard for the Lord? 여호와께 능치 못한 일이 있겠느냐 / have a son 아들을 낳다

여호와께 능치 못한 일이 있겠느냐 기한이 이를 때에 내가 네게로 돌아오리니 사라에게 아들이 있으리라(창 18:13-14)

② And at the ninth hour Jesus cried out in a loud voice, "Eloi, Eloi, lama sabachthani?" – which means, "My God, my God, why have you forsaken me?"(MK 15:34)

ㅁ forsake / forsook / forsaken 저버리다

제 구시에 예수께서 크게 소리 지르시되 엘리 엘리 라마 사박다니 하시니 이를 번역하면 나의 하나님, 나의 하나님 어찌하여 나를 버리셨나이까 하는 뜻이라(막 15:34)

③ Let us not become weary in doing good, for at the proper time we will reap a harvest if we do not give up.(GAL 6:9)

ㅁ become weary 낙심하다, 지치다 / reap a harvest (결실을) 거두다

우리가 선을 행하되 낙심하지 말지니 포기하지 아니하면 때가 이르매 거두리라(갈 6:9)

B. on

선(1차원) / 표면(2차원) 1. 장소: 선이나 표면에 붙어있는 상태
2. 시간: 정해진 날짜나 요일

1. 장소

▸▸ 선(1차원)에 접촉

① That same day Jesus went out of the house and sat by the lake. Such large crowds gathered around him that he got into a boat and sat in it, while all the people stood on the shore.(MT 13:1-2)

그날 예수께서 집에서 나가자 바닷가에 앉으시며 큰 무리가 그에게로 모여 들거늘 예수께서 배에 올라가 앉으시고 온 무리는 해변에 서 있더니(마 13:1-2)

② When they found him on the other side of the lake, they asked him, "Rabbi, when did you get here?"(JN 6:25)

바다 건너편에서 만나 랍비여 언제 여기 오셨나이까(요 6:25)

▸▸ 면(2차원)에 접촉

③ You are the light of the world. A city **on a hill** cannot be hidden. Neither do people light a lamp and put it under a bowl. Instead they put it **on its stand**, and it gives light to everyone in the house.(MT 5:14-15)

□ bowl 사발, 보시기, stand 대, 세우개

너희는 세상에 빛이라 산 위에 있는 동네가 숨겨지지 못할 것이요 사람이 등불을 켜서 말 아래에 두지 아니하고 등경위에 두나니 이러므로 집 안 모든 사람에게 비치느니라(마 5:14-15)

④ When the disciples saw him walking **on the lake**, they were terrified. "It's ghost," they said, and cried out in fear.(MT 14:26)

제자들이 그가 바다위로 걸어오심을 보고 놀라 유령이라 하며 무서워하여 소리 지르거늘(마 14:26)

2. 시간

① He said to them, "If any of you has a sheep and it falls into a pit **on the Sabbath**, will you not take hold of it and lift it out?(MT 12:11)

□ pit 구덩이 / take hold of ~을 붙들다

예수께서 이르시되 너희 중에 어떤 사람이 양 한 마리가 있어 안식일에 구덩이에 빠졌으면 끌어내지 않겠느냐 (마 12:11)

② The good man brings good things out of the good stored up in him, and the evil man brings evil things out of the evil stored up in him. But I tell you that men will have to give account **on the day** of judgement for every careless word they have spoken.(MT 12:35-36)

□ out of the good 선에서 / stored up in him 그의 마음속에 쌓여진

□ give account for ~에 대해 설명하다

선한 사람은 마음의 쌓은 선에서 선한 것을 내고 악한 자는 그 쌓은 악에서 악한 것을 내느니라 내가 너희에게 이르노니 사람이 무슨 무익한 말을 하든지 심판 날에 이에 대하여 심문을 받으리니(마 12:35-36)

③ **On the evening** of that first day of the week, when the disciples were together, with the doors locked for fear of the Jews, Jesus came and stood among them and said, "Peace be with you!"(JN 20:19)

이날 곧 안식 후 첫날 저녁 때에 제자들이 유대인을 두려워하여 모인 곳의 문들을 닫았더니 예수께서 오사 가운데 서서 이르시되 너희에게 평강이 있을지어다(요 20:19)

C. in

면적(2차원) / 공간(3차원) 1. 장소: 경계가 정해진 면적이나 공간
2. 시간: 일정한 기간 또는 시간의 경과

1. 장소

① People went out to him from Jerusalem and all Judea and the whole region of the Jordan. Confessing their sins, they were baptized by him **in the Jordan River**.(MT 3:5-6)

이때에 예루살렘과 온 유대와 요단 강 사방에서 다 그에게 나아와 자기들의 죄를 자복하고 요단강에서 그에게 세례를 받더니(마 3:5-6)

② What you have said **in the dark** will be heard **in the daylight**, and what you have whispered **in the ear in the inner rooms** will be proclaimed from the roofs.(LK 12:3)

이러므로 너희가 어두운데서 말한 모든 것이 광명한 데서 들리고 너희가 골방에서 귀에 대고 말한 것이 지붕 위에서 전파되리라(눅 12:3)

③ Remain **in me**, and I will remain **in you**. No branch can bear fruit by itself; it must remain **in the vine**. Neither can you bear fruit unless you remain **in me**.(JN 15:4)

□ bear fruit 과실을 맺다/ Neither can you bear fruit 그러하리라

내 안에 거하라 나도 너희 안에 거하리라 가지가 포도나무에 붙어 있지 아니하면 절로 과실을 맺을 수 없음같이 너도 내 안에 있지 아니하면 그러하리라(요 15:4)

2. 시간

① **In the beginning** God created the heavens and the earth.(GE 1:1)

태초에 하나님이 천지를 창조하시니라(창 1:1)

② For his anger lasts only a moment, but his favor lasts a life time; weeping may remain for a night, but rejoicing comes **in the morning**.(PS 30:5)

□ last 지속하다, 지탱하다

그의 노염은 잠깐이요 그의 은총은 평생이로다 저녁에는 울음이 깃들지라도 아침에는 기쁨이 오리로다(시 30:5)

Q&A 세상영어

Q1 **도시 이름 앞에는 일반적으로 전치사 in이 온다. 예를 들면,**

ⓐ A friend of mine lives **in Hawaii**.에서 「**in Hawaii**」이다. 그런데,

ⓑ Our plane stopped for an hour **at Hawaii** on its way to Sydney.에서는 「**in Hawaii**」가 아니라 「**at Hawaii**」로 말해야 할까?

A1 관사의 사용(Day 21, 22.)과 마찬가지로 어떤 명사에 특정한 전치사가 고정되어 있는 것이 아니다. 말하고자 하는 명사를 어떤 의미로 사용하느냐에 따라서 그 의미에 맞추어 전치사를 사용한다.

▻ ⓐ 'A friend of mine lives **in Hawaii**.'에서는 '하와이'라는 일정 면적 내에 살고 있는 것이므로 전치사는 in이다.

▻ 하지만 ⓑ 'Our plane stopped for an hour **at Hawaii** on its way to Sydney.'에서 하와이는 어떤 면적이 아니라 태평양 상의 한 점을 의미하는 것이다. 이 의도에 맞춘 전치사이므로 in은 안 되고, at을 써야 한다. 또 다른 예를 보자:

ⓒ There are so many stains **on the mirror** that I cannot see myself **in it**.

▻ 똑같은 the mirror 이지만 얼룩은 표면에 묻는 것이므로 **'on the mirror'**이고,

▻ 거울에 비친 내 모습은 거울 위에 있는 것이 아니라 거울 속에 있는 것이므로 on이 아니라 **'in the mirror'** 즉 **'in it'**이 된다.

Q2 **위치의 전치사 on, over, above의 차이를 말해봅시다.**

A2 [on, over, above]: **~ 위에, ~ 위로**

- on: 표면에 붙어서 「~ 위에」
- over: 표면에 떨어져서 「똑바로 ~ 위에, ~ 위로」
- above: 표면에서 멀리 떨어져서 「막연히 ~ 위에, ~ 위로」

(1) on은 표면 접촉의 느낌을 주며, over와 above는 의미의 구별이 어려운 면이 있어서 어느 것으로나 말해도 좋을 때가 많다.

ⓐ Few people commute on a water taxi **on the Han River.**
한강위로 수상 택시를 타고 출퇴근하는 사람은 거의 없다.

ⓑ There are 23 bridges **over the Han River** including three railroad ones.
한강위에는 세 개의 철교를 포함해서 23개의 다리가 놓여있다.

ⓒ A flock of birds are flying **over / above the Han River.**
새들이 떼지어 **한강 위를** 날고 있다.

ⓓ Mt. Bukhan is(rises) 836 meters **above sea level.**
북한산은 **해발** 836미터다.

(2) over와 above는 위치의 의미를 근거로 수나 양이「~ 이상, ~보다 많은」의 의미로 도 쓰인다.

ⓐ The temperature rises to ten degrees **above zero** at noon.
기온이 정오에 **영상** 10도까지 오른다.

ⓑ Senior citizens **over (above) age 65** can take the subway free of charge.
65세 이상 노인들은 지하철을 공짜로 탈 수 있다.
= Senior citizens **of age 65 and over (above)**can take the subway free of charge.
= Senior citizens **65 years old and over (above)** can take the subway free of charge.

(3) over와 above는 위치의 의미를 근거로 「신분, 계급, 지위 등이 ~보다 높다」는 비유적 의미로 쓰인다.

- Silence reigned **over** the audience. 쥐 죽은 듯 조용했다.
- Admiral Yi Soon Shin won the victory **over** the enemy Japan scores of times.
이순신 장군은 수십 차례 왜적을 물리쳤다.
- Man's control **over** nature results in destruction of environment.
자연에 대한 인간의 지배가 결국 환경을 파괴하게 된다.
- Brahman is **above** Kshatriya, Kshatriya **above** Vaisya, and Vaisya **above** Sudra in a caste system in India. 인도의 카스트제도에서 브라만은 크샤트리아보다, 크샤트리아는 바이샤보다, 바이샤는 수드라보다 **높은 지위이다.**

(4) above는 위치의 의미를 근거로「~을 초월하여, ~을 넘어서서」의 의미로도 쓰인다.

- If you are to run for election, your speech and conduct must be **above reproach.**
당신이 선거에 출마하려면 당신의 언행이 **비난받을 것이 없어야** 한다.

Q3 위치의 전치사 underneath(beneath), under, below의 차이를 설명하시오.

A3 [underneath(beneath), under, below]: ~ 아래로, ~밑에

- underneath(beneath): 표면에 붙어서「~아래로, ~밑에」↔ on
- under: 표면에 떨어져서「똑바로 ~아래로, ~밑에」↔ over
- below: 표면에서 떨어져서「막연히 ~ 아래로, ~밑에」↔ above

(1) under와 below는 위치일 때 의미구별이 어려운 면이 있어서 어느 것으로나 말해도 좋을 때가 많다.

ⓐ The ice began to break(crack) **underneath (under)** my feet.
내 발 밑에서 얼음이 깨어지기 시작했다.

ⓑ Elizabeth has a spot **under** the chin. 엘리자벳은 턱밑에 점이 하나 있다.

ⓒ An excursion ship is passing through **under (below)** the bridge.
유람선이 다리 아래로 지나가고 있다.

ⓓ The sun has just sunk **below** the horizon. 태양이 수평선 너머로 막 졌다.

(2) under와 below는 위치의 의미를 근거로 「신분, 계급, 지위 등이 낮다」는 비유적 의미로도 쓰인다.

ⓐ There is nothing new **under the sun**. 태양아래 새로운 것은 없다.

ⓑ Man is created equal but the poor are always **under the rich**.
인간은 평등하게 창조되었지만 가난한 사람들은 항상 부자의 지배하에 있다.

ⓒ We value our reputation too much **under the influence** of Confucianism.
우리는 유교의 영향으로 체면을 너무 중시한다.

(3) under와 below는 위치의 의미를 근거로 수나 양이 「~미만, ~이하」의 의미로 쓰인다.

ⓐ It falls to **ten degrees below (under) zero** this morning.
오늘아침 기온이 영하 10도까지 떨어졌다.

ⓑ Teenagers **below (under) age 19** are not allowed to see an adult movie.
19세 이하 청소년들은 성인 영화를 볼 수 없다.
= Teenagers **of age 19 and below (under)** are not allowed to see an adult movie.
= Teenagers **19 years old and below (under)** are not allowed to see an adult movie.

Q4 「~동안」이라는 뜻을 가진 기간의 전치사 in / for / during의 차이점은 무엇인가?

A4 (1) in

아직 실현되지 않은 기간 「~이내에, ~동안, ~이 지나면」

ⓐ Can we climb this mountain **in two hours**? **두 시간 이내에** 이 산에 오를 수 있을까?

ⓑ He will be out of hospital **in a week**. **일주일 지나면** 그는 퇴원할 것이다.

ⓒ The documentary programme will be on the air **in (after) thirty minutes**.
그 다큐 프로그램은 **30분 지나면** 방송된다.

ⓓ The supermarket will be opened **in a few days**. 슈퍼마켓이 **며칠 지나면** 개장될 것이다.

(2) for

일이 실현된 기간 「~동안」

ⓐ Mr. and Mrs. Jones have lived in Los Angeles **for ten years**.
존스 부부는 **10년 동안** LA에 살고 있다.

ⓑ Professor Choi worked for the university **for thirty years**.
최 교수는 그 대학에 **30년 동안** 근무했다.

ⓒ It has been foggy **for about three hours** this morning.
오늘아침 **약 세 시간동안** 안개가 끼었다.

ⓓ The severe drought has caused vegetables to rise day by day **for the last two months**. **지난 두 달 동안** 심한 가뭄 때문에 채소 값이 날마다 올랐다.

(3) during

일의 실현 여부와 상관없이 기간을 나타내는 명사와 함께 「~동안」

ⓐ We talked about recent snowfall **during coffee break**.
커피시간동안 최근 내린 눈에 대해 얘기했다.

ⓑ He will publish a book on the Bible English **during (in) his sabbatical year**.
그는 **안식년동안** 성경영어에 대한 책을 출판할 것이다.

ⓒ **During next summer**, I'm going to repair my house.
내년 여름동안 나는 집을 수리할 것이다.

ⓓ Not a few students use their mobile phone **during class**.
수업시간동안 적지 않은 학생들이 휴대폰을 사용한다.

Check-up 세상영어

I. Fill in each blank with a suitable preposition.

▸▸ the door

1. A stranger stands (   ) the door.

2. There was a Christmas decoration (   ) the door.

3. There is a little hole (   ) the door.

▸▸ the river

4. We went fishing (   ) the river last week.

5. I like swimming (   ) the river in summer.

6. She enjoys boating (   ) the river.

7. Look at that villa (   ) the river.

▸▸ the grass

8. I've lost my glasses (   ) the grass.

9. Here are your glasses (   ) the grass.

▸▸ the corner

10. His statue was standing (   ) the corner of the hall.

11. I hit my knee (　　) the corner of the table.

12. The page number is (　　) the top right hand corner of the page.

13. Turn right (　　) the corner of the street.

▸▸ street

14. Paul lives (　　) 33 St. Peter's street.

15. Nancy has lived (　　) this street for ten years.

16. Don't drop litter (　　) the street.

17. Drive carefully. There are a lot of potholes (　　) the street.

▸▸ morning

18. Mary arrived (　　) Monday morning.

19. Mary always gets up early (　　) the morning.

▸▸ Christmas

20. Santa Claus is coming (　　) Christmas.

21. Santa Claus is coming (　　) Christmas Eve.

▸▸ way

22. It's likely to snow. we should be (　　) our way.

23. Even though I don't agree with you absolutely, (　　) a way I can understand what you say.

24. Our plane arrives at New york (　　) way of Tokyo.

▸▸ hand

25. My birthday is (   ) **hand**.

26. I've heard the news (   ) **second hand**.

27. The tuition fee is (   ) **hand** if you need it.

28. The economic affairs are not entirely (   ) the **hands** of the government.

29. She has been copying the Bible (   ) **hand** since last year.

II. Translate the followings into English.

1. 숙부님은 **UCLA에서** 핵물리학을 공부하셨다.
   ㅁ 숙부(삼촌) an uncle / 핵물리학 nuclear physics

2. 그는 **예배를 보고 있기 때문에** 지금 전화를 받을 수 없다.

3. 물은 섭씨 **0도에서** 얼거나 녹는다.

4. **교차로에서** 지난밤 **자정에** 사고가 있었다. 운전자들 중 한 명이 **아직 입원해 있다**.

5. 내가 어릴 때 다녔던 교회는 **산기슭에** 있었다.

6. **검정색 잉크로** 쓰시오. 그리고 페이지의 **맨 위에** 이름을 적어 넣으시오.

7. 나는 **예순 살에** 정년을 할 때 서울을 떠나 **시골에서** 살고 싶다.

8. 누군가가 **연사를 향해** 계란을 던졌고 그것이 그의 **머리를** 정통으로 때렸다.

9. 우리 교회의 주일 3부 예배는 **오전 11시부터** 시작한다.

10. 내 별장은 **강변에** 있어서 경치가 참 좋다.

11. 길 양쪽에 있는 벚꽃들은 4월 초에 만발한다.

□ 만발하다 be at one's best

12. 일요일마다 그는 시골집에 머무르며 텃밭에서 일한다.

□ 텃밭 the kitchen garden

13. 우리 기차가 오후 8시에 뉴욕에 도착했다. 브라운이 우리를 태우러 역에 마중 나왔다.

14. 50페이지 위에서 다섯 번째 줄에 틀린 글자가 하나 있다.

15. 다음 신호에서 좌회전하면 우측에 있는 우체국을 찾게 될거요.

16. 사람들이 TV보다 인터넷에서 더 많이 뉴스를 보게 될 것이다.

17. 장모님이 2013년 9월 16일 월요일 오전 87세의 나이에 돌아가셨다.

18. 나는 공항으로 가는 길에 신문을 사서 리무진 버스 안에서 그것을 모두 읽었다.

19. 네 좌측에 교회가 보일 때까지 계속가라. 그러면 3층짜리 레스토랑 건물을 찾을 수 있을 것이다.

20. 책의 첫머리에 머리말이 있고 끝에 색인이 있다.

21. 사도신경에는 사전에 없는 단어가 하나 있다.

22. 나는 학창시절 영어시험에서 가끔씩 100점을 맞곤 했다.

23. 스물네 번째 다리가 서울 한강 상류에 건설 중이다.

24. 원시인들은 강가에서 낚시로 물고기를 잡아 그것을 숯불위에 구워먹곤 했다.

25. 우리 비행기는 지금 해발 8천 피트의 고도로 태평양 상공을 날아가고 있다.

26. 건강이 부보다 낫다고 종종 얘기 되지만 나는 건강이 다른 모든 것보다 낫다고 말하고 싶다.

27. 보름달이 지평선 위로 두 둥실 떠올랐다.
- 두 둥실 buoyantly / 지평선, 수평선 the horizon

28. 나이 50이 넘으니까 눈 밑에 주름이 생긴다.
- 주름이 생기다 get wrinkled

29. 6세 미만의 어린이와 65세 이상의 노인들은 설날 고궁입장이 무료다.
- 무료다 be free of charge / 고궁 the ancient palaces

30. 인간은 가까운 미래에 42.195 킬로미터를 두 시간 내에 달릴 수 있을 것이다.

31. 그는 3년 동안 감옥에 있었는데 그 기간 동안 기독교에 관심을 갖게 되었다. 1년 후 그가 출소하면 교회에 다닐 것이다.

Answer to Check-Up I

▸▸ the door 1. at 2. on 3. in
▸▸ the grass 8. in 9. on
▸▸ street 14. at 15. in 16. on 17. in
▸▸ Christmas 20. at 21. on
▸▸ hand 25. at 26. at 27. on 28. in 29. by
▸▸ the river 4. at 5. in 6. on 7. on
▸▸ the corner 10. in 11. on 12. in 13. at
▸▸ morning 18. on 19. in
▸▸ way 22. on 23. in 24. by

Answer to Check-Up II

1. My uncle studied nuclear physics at the University of California at Los Angeles.
2. As he is at church, he cannot answer the telephone now.
3. Water is frozen or melts at 0 degrees Celsius(Centigrade).
4. There was a traffic accident at the crossroad at midnight last night. One of the drivers is still in hospital.
5. The church I went to when I was young was (located) at the foot of the hill.
6. Write in black ink. and put your name at the top of the page.
7. When I retire at sixty, I'd like to leave Seoul and live in the country.

8. Someone threw an egg at the speaker and it hit him right(straight) on the head.
9. The third Sunday Service begins at 11 a.m in our church..
10. My villa, located on the river, commands a fine view.
11. Cherry flowers on both sides of the street are at their best early in April.
12. On Sundays he stays at his cottage and works in the kitchen garden.
13. Our train arrived in New York at eight p.m. Brown met us at the station to pick us up.
14. There is a misprint in the fifth line from the top (above) on page 50.
15. Turn left at the next traffic lights and you'll find the post office on the right.
16. People will watch the news on the Internet more than on TV.
17. My mother-in-law died on Monday morning of September 16 in 2013 at the age of 87.
18. I bought a newspaper on my way to the airport and read all of it in the limousine.
19. Go on until you see a church on your left, and you'll find the three-story restaurant building.
20. In the beginning of a textbook there is a preface, and in the end there is an index.
21. There is a word that is not listed in the dictionary in the Apostles' Creed.
22. I sometimes would get a full score (on the examination) in English in my school days.
23. The 24th bridge is being built over the upper (above) Han river in Seoul.
24. Primitive men used to catch fish by fishing on the river and broiled them over (above) a charcoal fire.
25. Our plane is now flying over (above) the Pacific at the altitude of 8000 feet above sea level.
26. It is often said that health is above wealth, but I'd like to say that health is above everything else.
27. The full moon has risen buoyantly above the horizon.
28. Now that I am over (above) fifty years old, I get wrinkled under the eyes.
29. Children under age six and senior citizens of age sixty five and over (above) are allowed to enter the ancient palaces free of charge on the New Year's day.
30. Man can run 42.195 kilometers in under (less than) two hours in the near future.
31. He was in jail for three years, and during that time he became interested in Christianity. He'll go to church when he is out of jail in (after) a year.

Reading & Listening 성경영어

▸▸ at

① Sarah became pregnant and bore a son to Abraham in his old age, **at the very time** God had promised him. Abraham gave the name Isaac to the son Sarah bore him.(GE 21:2-4)

- bear I.O a son(= bear a son to I.O) ~에게 아들을 낳아주다

사라가 임신하고 하나님이 말씀하신 시기가 되어 노년의 아브라함에게 아들을 낳으니 아브라함이 그에게 태어난 아들 곧 사라가 자기에게 낳은 아들을 이름하여 이삭이라 하였고(창 21:2-4)

② But the woman had taken the two men and hidden them. She said, "Yes the men came to me, but I don't know where they had come from. **At dusk**, when it was time to close the city gate, the men left. I don't know which way they went. Go after them quickly. You may catch up with them."(JOS 2:4-5)

- at dusk 해질 무렵에 = at sunset, at twilight ↔ at sunrise, at daybreak, at dawn 동틀 무렵에, 미명에
- catch up with ~을 따라잡다

그 여인이 그 두 사람을 이미 숨긴지라 이르되 과연 그 사람들이 내게 왔었으나 그들이 어디서 왔는지 나는 알지 못하였고 그 사람들이 어두워 성문을 닫을 때쯤 되어 나갔으니 어디로 갔는지 내가 알지 못하나 급히 따라가라 그리하면 그들을 따라 잡으리라 하였으나(수2:4-5)

③ As Jesus went on from there, he saw a man named Matthew sitting **at the tax collector's booth**. "Follow me," he told him, and Matthew got up and followed him. While Jesus was having dinner **at Matthew's house**, many tax collectors and "sinners" came and ate with him and his disciples.(MT 9:9-10)

예수께서 그 곳을 떠나 지나가시다가 마태라 하는 사람이 세관에 앉아 있는 것을 보시고 이르시되 나를 따르라 하시니 일어나 따르니라 예수께서 마태의 집에서 앉아 음식을 잡수실 때에 많은 세리와 죄인들이 와서 예수와 그의 제자들과 함께 앉았더니(마 9:9-10)

④ And when Jesus had cried out again in a loud voice, he gave up his spirit. **At that moment** the curtain of the temple was torn in two from top to bottom. The earth shook and the rocks split.(MT 27: 50-51)

□ split, split, split 쪼개다, 쪼개지다

예수께서 다시 크게 소리 지르시고 영혼이 떠나시니라 이에 성소 휘장이 위로부터 아래까지 찢어져 둘이 되고 땅이 진동하며 바위가 터지고(마 27: 50-51)

⑤ Again Jesus began to teach by the lake. The crowd that gathered around him was so large that he got into a boat and sat in it out on the lake, while all the people were along the shore **at the water's edge**.(MK 4:1)

예수께서 다시 바닷가에서 가르치시니 큰 무리가 모여들거늘 예수께서 바다에 떠있는 배에 올라앉으시고 온 무리는 바닷가 육지에 있더라 (막 4:1)

⑥ He wanted to see who Jesus was, but being a short man he could not, because of the crowd. So he ran ahead and climbed a sycamore-fig tree to see him, since Jesus was coming that way. When Jesus reached the spot, he looked up and said to him, "Zacchaeus, come down immediately. I must stay **at your house** today." (LK 19:3-5)

그가 예수께서 어떠한 사람인가 하여 보고자 하되 키가 작고 사람이 많아 할 수 없어 앞으로 달려가서 보기 위하여 돌무화과나무에 올라가니 이는 예수께서 그리로 지나가시게 됨이러라 예수께서 그곳에 이르사 쳐다 보시고 이르시되 삭개오야 속히 내려오라 내가 오늘 네 집에 유하여야 하겠다(눅 19:3-5)

⑦ **At daybreak** the council of the elders of the people, both the chief priests and teachers of the law, met together, and Jesus was led before them. "If you are the Christ," they said, "tell us." Jesus answered, "If I tell you, you will not believe me, and if I asked you, you would not answer.(LK 22:66-68)

날이 새매 백성의 장로들 곧 대제사장들과 서기관들이 모여서 예수를 그 공회로 끌어들여 이르되 네가 그리스도이거든 우리에게 말하라 대답하시되 내가 말할지라도 너희가 믿지 아니할 것이요 내가 물어도 너희가 대답하지 아니할 것이니라(눅 22:66-68)

⑧ As they approached the village to which they were going, Jesus acted as if he were going farther. But they urged him strongly, "Stay with us, for it is nearly evening; the day is almost over." So he went in to stay with them. When he was **at the table** with them, he took bread, gave thanks, broke it and began to give it to them.(LK 24:28-30)

그들이 가는 마을에 가까이 가매 예수는 더 가려 하는 것 같이 하시니 그들이 강권하여 이르되 우리와 함께 유하사이다 때가 저물어가고 날이 이미 기울었나이다 하니 이에 그들과 함께 유하러 들어가시니라 그들과 함께 음식 잡수실 때에 떡을 가지사 축사하시고 떼어 그들에게 주시니(눅 24:28-30)

⑨ Do you not know that your body is a temple of the Holy Spirit, who is in you, whom you have received from God? You are not your own; you were bought **at a price**. Therefore honor God with your body.(1CO 6:19-20)

- a temple of the Holy Spirit 성령의 전 / honor God 하나님께 영광을 돌리다

너희 몸은 너희가 하나님께로부터 받은바 너희 가운데 계신 성령의 전인 줄을 알지 못하느냐 너희는 너희 자신의 것이 아니라 값으로 산 것이 되었으니 그런즉 너희 몸으로 하나님께 영광을 돌리라(고전 6:19-20)

⑩ Let us fix our eyes on Jesus, the author and perfecter of our faith, who for the joy set before him endured the cross, scorning its shame, and sat down **at the right hand** of the throne of God.(HEB 12:2)

- for the joy set before him 그 앞에 있는 즐거움을 위하여
- scorn its shame 부끄러움을 개의치 않다 / the throne of God 하나님 보좌

믿음의 주요 또 온전하게 하시는 이인 예수를 바라보자 그는 그 앞에 있는 즐거움을 위하여 십자가를 참으사 부끄러움을 개의치 아니하시더니 하나님 보좌 우편에 앉으셨느니라(히 12:2)

▸▸ on

⑪ Then the devil took him to the holy city and had him stand **on the highest point** of the temple. "If you are the Son of God," he said, "throw yourself down. For it is written: "'He will command his angels concerning you, and they will lift you up in their hands, so that you will not strike your foot against a stone."'(MT 4:5-6)

이에 마귀가 예수를 거룩한 성으로 데려다가 성전 꼭대기에 세우고 이르되 네가 만일 하나님의 아들이어든 뛰어 내리라 기록되었으되 그가 너를 위하여 그의 사자들을 명하시리니 그들이 손으로 너를 받들어 발이 돌에 부딪치지 않게 하리로다 하였느니라(마 4:5-6)

⑫ He took the blind man by the hand and led him outside the village. When he had spit **on the man's eyes** and put his hands **on him**, Jesus asked, "Do you see anything?" He looked up and said, "I see people; they look like trees walking around."(MK 8:23-24)

- put one's hands on ~에게 안수하다

예수께서 맹인의 손을 붙잡으시고 마을 밖으로 데리고 나가사 눈에 침을 뱉으시며 그에게 안수하시고 무엇이 보이느냐 물으시니 쳐다보며 이르되 사람들이 보이나이다 나무 같은 것들이 걸어가는 것을 보나이다(막 8:23-24)

⑬ Very early **on the first day** of the week, just after sunrise, they were **on their way** to the tomb and they asked each other, "Who will roll the stone away from the entrance of the tomb?" But when they looked up, they saw that the stone, which was very large, had been rolled away.(MK 16:2-4)

안식 후 첫날 매우 일찍이 해 돋을 때에 그 무덤으로 가며 서로 말하되 누가 우리를 위하여 무덤 문에서 돌을 굴려 주리요 하더니 눈을 들어본즉 벌써 돌이 굴려져 있는데 그 돌이 심히 크더라(막 16:2-4)

⑭ A strong wind was blowing and the waters grew rough. When they had rowed three or three and a half miles, they saw Jesus approaching the boat, walking **on the water**; and they were terrified. But he said to them, "It is I; don't be afraid."(JN 6:18-20)

- three or three and a half miles 십여 리쯤

큰 바람이 불어 파도가 일어나더라 제자들이 노를 저어 십여 리쯤 가다가 예수께서 바다 위로 걸어 배에 가까이 오심을 보고 두려워하거늘 이르시되 내니 두려워하지 말라 하신대(요 6:18-20)

⑮ "While I am in the world, I am the light of the world." Having said this, he spit **on the ground**, made some mud with the saliva, and put it **on the man's eyes**. "Go," he told him, "wash in the Pool of Siloam"(JN 9:5-7)

- Having said this: 완료 분사 구문, 주절의 과거시제 spit보다 먼저 일어난 일.(이 말씀을 하시고난 후에 땅에 침을 뱉으셨다) / saliva 침, 타액

내가 세상에 있는 동안에는 세상의 빛이로라 이 말씀을 하시고 땅에 침을 뱉어 진흙을 이겨 그의 눈에 바르시고 이르시되 실로암 못에 가서 씻으라(요 9:5-7)

⑯ Now it was the day of Preparation, and the next day was to be a special Sabbath. Because the Jews did not want the bodies left **on the crosses** during the Sabbath, they asked Pilate to have the legs broken and the bodies taken down.(JN 19:31)

이 날이 준비일이라 유대인들은 그 안식일이 큰 날이므로 그 안식일에 시체들을 십자가에 두지 아니하려하여 빌라도에게 그들의 다리를 꺾어 시체를 치워달라 하니(요 19:31)

▸▸ in

⑰ Now the LORD God had planted a garden **in the east, in Eden**; and there he put the man he had formed. And the LORD God made all kinds of trees grow out of the ground – trees that were pleasing to the eye and good for food. **In the middle of the garden** were the tree of life and the tree of the knowledge of good and evil.(GE 2:8-9)

- plant (식민지, 도시 등을) 창설하다, 씨를 뿌리다 cf. 식물, 공장

여호와 하나님이 동방의 에덴에 동산을 창설하시고 그 지으신 사람을 거기 두시니라

여호와 하나님이 그 땅에서 보기에 아름답고 먹기에 좋은 나무가 나게 하시니 동산 가운데에는 생명나무와 선악을 알게 하는 나무도 있더라(창 2:8-9)

⑱ One day, after Moses had grown up, he went out to where his own people were and watched them at their hard labor. He saw an Egyptian beating a Hebrew, one of his own people. Glancing this way and that and seeing no one, he killed the Egyptian and hid him **in the sand**.(EX 2:11-12)

- Glancing this way and that 이리 저리(좌우로) 살피면서

모세가 장성한 후에 한번은 자기 형제들에게 나가서 그들이 고되게 노동하는 것을 보더니 어떤 애굽 사람이 어떤 히브리 사람 곧 자기 형제를 치는 것을 본지라 좌우로 살펴 사람이 없음을 보고 그 애굽 사람을 쳐죽여 모래에 감추니라(출 2:11-12)

⑲ Blessed is the man who does not walk **in the counsel** of the wicked or stand **in the way of sinners** or sit **in the seat** of mockers. But his delight is **in the law** of the LORD, and on his law he meditates day and night.(PS 1:1-2)

- Blessed is the man who ~ ← the man who ~ is blessed
- the counsel of the wicked 악인들의 꾀 / the way of sinners 죄인들의 길
- the seat of mockers 오만한 자들의 자리
- on his law he meditates ← he meditates on his law

복 있는 사람은 악인들의 꾀를 따르지 아니하며 죄인들의 길에 서지 아니하며 오만한 자들의 자리에 앉지 아니하고 오직 여호와의 율법을 즐거워하여 그의 율법을 주야로 묵상하는도다(시 1:1-2)

⑳ Moreover, no man knows when his hour will come: As fish are caught **in a cruel net**, or birds are taken **in a snare**, so men are trapped by evil times that fall unexpectedly upon them.(ECC 9:12)

- a cruel net 재앙의 그물 / be taken in a snare 올무, 덫에 걸리다
- fall unexpectedly upon 재앙 따위가 홀연히(예기치 않게)닥치다

분명히 사람은 자기의 시기도 알지 못하나니 물고기가 재앙의 그물에 걸리고 새들이 올무에 걸림 같이 인생도 재앙의 날이 그들에게 홀연히 임하면 거기에 걸리느니라(전 9:12)

㉑ "What do you think?" "He is worthy of death," they answered. Then they spit **in his face** and struck him with their fist. Others slapped him and said, "Prophesy to us, Christ. Who hit you?"(MT 26:66-68)

너희 생각은 어떠하냐 대답하여 이르되 그는 사형에 해당하니라 하고 이에 예수의 얼굴에 침을 뱉으며 주먹으로 치고 어떤 사람은 손바닥으로 때리며 이르되 그리스도야 우리에게 선지자 노릇을 하라 너를 친자가 누구냐 하더라 (마 26:66-68)

㉒ While he was **in Bethany**, reclining at the table **in the home** of a man known as Simon the Leper, a woman came with an alabaster jar of very expensive perfume, made of pure nard. She broke the jar and poured the perfume on his head. Some of those present were saying indignantly to one another, "Why this waste of perfume? It could have been sold for more than a year's wages and the money given to the poor." And they rebuked her harshly. "Leave her alone," said Jesus. "Why are you bothering her? She has done a beautiful thing to me."(MK 14:3-6)

- recline ~에 기대다, 의지하다, recline at the table 식사하다
- and the money given to the poor. ← and the money could have been given to the poor.

예수께서 베다니 나병환자 시몬의 집에서 식사하실 때에 한 여자가 매우 값진 향유 곧 순전한 나드 한 옥합을 가지고 와서 그 옥합을 깨뜨려 예수의 머리에 부으니 어떤 사람들이 화를 내어 서로 말하되 어찌하여 이 향유를 허비하는가 이 향유를 삼백 데나리온 이상에 팔아 가난한 자들에게 줄 수 있었겠도다 하며 그 여자를 책망하는지라 예수께서 이르시되 가만 두어라 너희가 어찌하여 그를 괴롭게 하느냐 그가 내게 좋은 일을 하였느니라(막 14:3-5)

㉓ Today **in the town** of David a Savior has been born to you; he is Christ the Lord. This will be a sign to you: you will find a baby wrapped **in cloths** and lying **in a manger**.(LK 2:11-12)

- wrap 싸다, 포장하다 / a manger 구유

오늘날 다윗의 동네에 너희를 위하여 구주가 나셨으니 곧 그리스도 주시니라 너희가 가서 강보에 싸여 구유에 뉘어 있는 아기를 보리니 이것이 너희에게 표적이니라(눅 2:11-12)

㉔ You gladly put up with fools since you are so wise! In fact, you even put up with anyone who enslaves you or exploits you or take advantage of you or push himself forward or slaps you **in the face**.(2CO 11:19-20)

- take advantage of ~을 이용하다, 속이다 / slap O in the face ~의 뺨을 때리다
- push oneself forward 자기를 내세우다, 거만 떨다

너희는 지혜로운 자로서 어리석은 자들을 기쁘게 용납하는구나 누가 너희를 종으로 삼거나 잡아먹거나 빼앗거나 스스로 높이거나 뺨을 칠지라도 너희가 용납하는도다(고후 11:19-20)

㉕ He has made everything beautiful **in its time**. He has also set eternity in the hearts of men; yet they cannot fathom what God has done from beginning to end.(ECC 3:11)

- set eternity in the hearts of men 사람에게 영원을 사모하는 마음을 주셨다 / fathom 측량하다

하나님이 모든 것을 지으시되 때를 따라 아름답게 하셨고 또 사람에게 영원을 사모하는 마음을 주셨느니라 그러나 하나님이 하시는 일의 시종을 사람으로 측량할 수 없게 하셨도다(전 3:11)

▸▸ over, above / beneath, under

㉖ You shall not make for yourself an idol in the form of anything in heaven above or on the earth beneath or in the waters below. You shall not bow to them or worship them.(EX 20:4-5)

너를 위하여 새긴 우상을 만들지 말고 또 위로 하늘에 있는 것이나 아래로 땅에 있는 것이나 땅 아래 물속에 있는 것의 어떤 형상도 만들지 말며 그것들에게 절하지 말며 그것들을 섬기지 말라(출 20:4-5)

㉗ What has been will be again, what has been done will be done again; there is nothing new under the sun.(ECC 1:9)

이미 있었던 것이 후에 다시 있겠고 이미 한 일을 후에 다시 할지라 해 아래에는 새것이 없나니(전 1:9)

㉘ A student is not above his teacher, nor a servant above his master.(MT 10:24)

제자가 그 선생보다, 또는 종이 그 상전보다 높지 못하나니(마 10:24)

㉙ Above his head they placed the written charge against him: THIS IS JESUS, THE KING OF THE JEWS.(MT 27:37)

그 머리 위에 이는 유대인의 왕 예수라 쓴 죄패를 붙였더라(마 27:37)

㉚ Being found in appearance as a man, he humbled himself and became obedient to death – even death on a cross! Therefore God exalted him to the highest place and gave him the name that is above every name.(PHP 2:8-9)

- Being found 나타나셨으매(분사 구문: 이유) / in appearance as a man 사람의 모양으로
- exalt 높이다, 칭찬하다

사람의 모양으로 나타나셨으매 자기를 낮추시고 죽기까지 복종하셨으니 곧 십자가에 죽으심이라 이러므로 하나님이 그를 지극히 높여 모든 이름 위에 뛰어난 이름을 주사(빌2:8-9)

㉛ Now the overseer must be above reproach, the husband of but one wife, temperate, self-controlled, respectable, hospitable, able to teach, not given to drunkenness, not violent but gentle, not quarrelsome, not a lover of money.(1TI 3:2-3)

- overseer 감독(내려다보는 사람) / reproach 책망, 꾸짖음 / drunkenness 만취

그러므로 감독은 책망할 것이 없으며 한 아내의 남편이 되며 절제하며 신중하며 단정하며 나그네를 대접하며 가르치기를 잘하며 술을 즐기지 아니하며 구타하지 아니하며 오직 관용하며 다투지 아니하며 돈을 사랑하지 아니하며(딤전 3:2-3)

Writing & Speaking 성경영어

① 여호와는 나의 목자시니 내가 부족함이 없으리로다 그가 나를 푸른 풀밭에 누이시며 쉴 만한 물가로 인도하시는도다(시 23:1-2)

□ 부족하다 be in want / 쉴 만한 물가로 beside quiet waters

The LORD is my shepherd, I shall not be **in want**. He makes me lie down **in green pastures**, he leads me beside quiet waters.(PS 23:1-2)

② 범사에 기한이 있고 천하만사가 다 때가 있나니(전 3:1)

There is a time for everything, and a season for every activity **under heaven**.(ECC 3:1)

③ 누가 네 오른 뺨을 치거든, 왼쪽 뺨마저 돌려 대어라.(마 5:39)

□ 오른 뺨 the right cheek

If someone strikes you **on the right cheek**, turn to him the other also.(MT 5:39)

④ 그러므로 깨어있으라 어느 날에 너희 주가 임할는지 너희가 알지 못함이니라(마 24:42)

□ 깨어 있으라 keep watch

Therefore keep watch, because you do not know **on what day** your Lord will come.(MT 24:42)

⑤ 그에게 침을 뱉고 갈대를 빼앗아 그의 머리를 치더라(마 27:30)

□ ~에게 침을 뱉다 spit on ~ / spit, spit, spit(미) 또는 spit, spat, spat / 막대기, 갈대 staff

They spit **on him**, and took the staff and struck him **on the head** again and again.(MT 27:30)

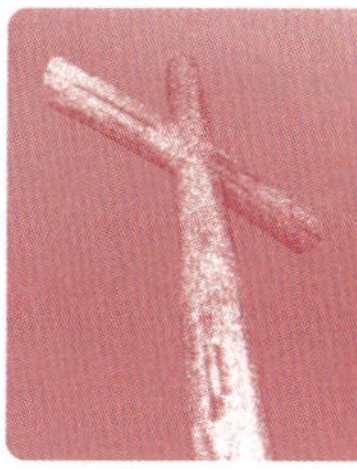

Today's Golden Rule

● If any one of you is without sin, let him be the first to throw a stone **at her**.(JN 8:7)

너희 중에 죄 없는 자가 먼저 돌로 치라(요 8:7)

Day 36. 전치사 II

Verse to Remember

□ 전치사(Preposition) II: 수단, 방법

A. by: 직접적인 수단, 방법 B. through: 간접적인 수단, 방법

C. with: 도구를 사용하는 수단, 방법

A. by

① **By their fruit** you will recognize them. Do people pick grapes from thornbushes, or figs from thistles?(MT 7:16)

그들의 열매로 그들을 알지니 가시나무에서 포도를, 또는 엉겅퀴에서 무화과를 따겠느냐(마 7:16)

② Let's not tear it, they said to one another. Let's decide **by lot** who will get it.(JN 19:24)

□ tear 찢다 / lot 제비뽑기, 터 by lot 제비뽑기로 cf. parking lot(주차장), a lot of ~ 많은

군인들이 서로 말하되 이것을 찢지 말고 누가 얻나 제비뽑자(요 19:24)

③ But **by the grace of God** I am what I am, and his grace to me was not without effect.(1CO 15:10)

그러나 내가 나 된 것은 하나님의 은혜로 된 것이니 내게 주신 그의 은혜가 헛되지 아니하여(고전 15:10)

▸▸ 신체접촉의 수단

④ After the crowd had been put outside, he went in and took the girl **by the hand**, and she got up.(MT 9:25)

□ put outside 제쳐 놓다, 치우다

무리를 내어 보낸 후에 예수께서 들어가사 소녀의 손을 잡으시매 일어나는지라(마 9:25)

B. through

1. 통과, 관통

① Even though I walk **through the valley** of the shadow of death, I will fear no evil, for you are with me; your rod and your staff, they comfort me.(PS 23:4)

- your rod and your staff 주의 지팡이와 막대기

내가 사망의 음침한 골짜기로 다닐지라도 해를 두려워하지 않을 것은 주께서 나와 함께 하심이라 주의 지팡이와 막대기가 나를 안위하시나이다(시 23:4)

② When you pass **through the waters**, I will be with you; and when you pass **through the rivers**, they will not sweep over you. When you walk **through the fire**, you will not be burned; the flames will not set you ablaze.(ISA 43:2)

- sweep over 휘몰아치다 휩쓸다 / set O ablaze ~을 활활 타오르게 하다

네가 물 가운데로 지날 때에 내가 너와 함께할 것이라 강을 건널 때에 물이 너를 침몰하지 못할 것이며 네가 불 가운데로 지날 때에 타지도 아니할 것이요 불꽃이 너를 사르지도 못하리니(사 43:2)

2. 수단, 매개

① I am the way and the truth and the life. No one comes to the Father except **through me**.(JN 14:6)

- except ~않고는, 제외하고

내가 곧 길이요 진리요 생명이니 나로 말미암지 않고는 아버지께로 올 자가 없느니라(요 14:6)

② Consequently, faith comes from hearing the message, and the message is heard **through the word of Christ**.(RO 10:17)

그러므로 믿음은 들음에서 나며 들음은 그리스도의 말씀으로 말미암았느니라(롬 10:17)

③ You are all sons of God **through faith** in Christ Jesus.(GAL 3:26)

너희가 다 믿음으로 말미암아 그리스도 예수 안에서 하나님의 아들이 되었으니(갈 3:26)

④ I can do everything **through him** who gives me strength.(PHP 4:13)

내게 능력 주시는 자 안에서 내가 모든 것을 할 수 있느니라(빌 4:13)

C. with

1. 동반, 소유

① Better a dry crust **with peace and quiet** than a house full of feasting, **with strife**. (PR 17:1)

- a dry crust 마른 빵 한 조각을 먹으며

마른 빵 한 조각을 먹으며 화목하게 지내는 것이, 진수성찬을 가득히 차린 집에서 다투며 사는 것보다 낫다.(잠 17:1)

② The virgin will be **with child** and will give birth to a son, and they will call him Immanuel – which means "God **with us**."(MT 1:23)

보라 처녀가 잉태하여 아들을 낳을 것이요 그 이름은 임마누엘이라 하리라 하셨으니 이를 번역한 즉 하나님이 우리와 함께 계시다 함이라(마 1:23)

③ In the beginning was the Word, and the Word was **with God**, and the Word was God.(JN 1:1)

태초에 말씀이 계시니라 이 말씀이 하나님과 함께 계셨으니 이 말씀이 곧 하나님이시니라(요 1:1)

④ "Honor your Father and mother" – which is the first commandment **with a promise** – "that it may go well with you and that you may enjoy long life on the earth."(EPH 6:2-3)

- go well with you 네가 잘되다

네 아버지와 어머니를 공경하라 이것이 약속 있는 첫 계명이니 이는 네가 잘되고 땅에서 장수하리라(엡 6:2-3)

2. 양태, 수단

① After me will come one who is more powerful than I, whose sandals I am not fit to carry. He will baptize you **with the Holy Spirit and with fire**.(MT 3:11)

- 선행사 one은 관계대명사 who ~ , whose ~ 의 공통 선행사 ⇨ Day 24. 관계대명사 I

내 뒤에 오시는 이는 나보다 능력이 많으시니 나는 그의 신을 들기도 감당하지 못하겠노라 그는 성령과 불로 너희에게 세례를 베푸실 것이요(마 3:11)

② They were using this question as a trap, in order to have a basis for accusing him. But Jesus bent down and started to write on the ground **with his finger**. When they kept on questioning him, he straightened up and said to them, "If any one of you is without sin, let him be the first to throw a stone at her."(JN 8:6-7)

- bend down = stoop down 몸을(허리를) 굽히다
- one at a time 한 번에 한명씩 / the older ones first 어른으로 시작하여

그들이 이렇게 말함은 고발할 조건을 얻고자 하여 예수를 시험함이러라 예수께서 몸을 굽히사 손가락으로 땅에 쓰시니 그들이 묻기를 마지아니하는지라 이에 일어나 이르시되 너희 중에 죄 없는 자가 먼저 돌로 치라(요 8:6-7)

③ Instead, one of the soldiers pierced Jesus' side **with a spear**, bringing a sudden flow of blood and water.(JN 19:34)

그중 한 군인이 창으로 옆구리를 찌르니 곧 피와 물이 나오더라(요 19:34)

3. 부대 상황

with O + O.C: ~가/이(O) ~하는 상황에서(~하기 때문에)(O.C) ⇨ Check-up 세상영어 15-24

▸▸ with + 목적어 + Ving

● When they came to the home of the synagogue ruler, Jesus saw a commotion, **with people crying and wailing loudly**. He went in and said to them, "Why all this commotion and wailing? the child is not dead but asleep."(MK 5:38-39)

- the synagogue ruler 회당장, a commotion 동요, 소동, wail 울부짖다

회당장의 집에 함께 가사 떠드는 것과 사람들이 울며 심히 통곡함을 보시고 들어가서 그들에게 이르시되 너희가 어찌하여 떠들며 우느냐 아이가 죽은 것이 아니라 잔다 하시니(막 5:38-39)

▸▸ with + 목적어 + p.p

● And if anyone causes one of these little ones who believe in me to sin, it would be better for him to be thrown into the sea **with a large millstone tied** around his neck.(MK 9:42)

- cause O to RV : ~로 하여금(O) ~하게 하다(to RV)
- it would be better for him to be thrown: it 가주어, for him 의미상 주어, to be thrown 진주어
- millstone 연자 맷돌

누구든지 나를 믿는 이 작은 자들 중 하나라도 실족하게 하면 차라리 연자 맷돌이 그 목에 매여 바다에 던져지는 것이 나으리라(막 9:42)

▸▸ with + 목적어 + 부사구

① Going a little farther, he fell **with his face to the ground** and prayed, "My Father, if it is possible, may this cup be taken from me. Yet not as I will, but as you will."(MT 26:39)

조금 나아가사 얼굴을 땅에 대시고 엎드려 기도하여 이르시되 내 아버지여 만일 할 만 하시거든 이 잔을 내게서 지나가게 하옵소서 그러나 나의 원대로 마옵시고 아버지의 원대로 하옵소서(마 26:39)

② John wore clothing made of camel's hair, **with a leather belt around his waist**, and he ate locusts and wild honey.(MK 1:6)

요한은 낙타털 옷을 입고 허리에 가죽 띠를 띠고 메뚜기와 석청을 먹더라(막 1:6)

4. within / without

- within: ~의 안쪽에, ~의 내부에
- without: ~없이, ~을 제외하고

① Create in me a pure heart, O God, and renew a steadfast spirit **within me**.(PS 51:10)

- a pure heart 정한 마음, a steadfast spirit 정직한 영

하나님이여 내 속에 정한 마음을 창조하시고 내 안에 정직한 영을 새롭게 하소서(시 51:10)

② Whoever believes in me, as the Scripture has said, streams of living water will flow from **within him**.(JN 7:38)

- as the Scripture has said 성경에 이름과 같이(말한 것처럼)
- streams of living water 생수의 강

나를 믿는 자는 성경에 이름과 같이 그 배에서 생수의 강이 흘러나오리라(요 7:38)

③ If any one of you is **without sin**, let him be the first to throw a stone at her.(JN 8:7)

너희 중에 죄 없는 자가 먼저 돌로 치라(요 8:7)

④ As the body **without the spirit** is dead, so faith **without deeds** is dead.(JAS 2:26)

영혼 없는 몸이 죽은 것같이 행함이 없는 믿음은 죽은 것이니라(약 2:26)

Q&A 세상영어

Q1 「나는 그녀의 손을 잡았다」를 영어로 하면 우리말처럼 "I caught her hand."(?)라고 하는 대신 "I caught her by the hand."(o)로 말하는데 그 이유는 무엇일까?

A1 [신체의 접촉표현 구문]

S + V + **O(사람)** + **전치사(by, on, in…)** + **the 신체의 부분**

- 신체의 접촉을 표현할 때 우리말에서는 신체의 부분 자체를 목적어로 하는데 비해 영어에서는 신체의 부분을 목적어로 말하지 않는다.
- 영어에서는 우리말과 달리 사람을 목적어로 하며, 동사의 행위가 신체에 어떻게 영향을 미치느냐에 따라 이에 알맞은 전치사를 선택하는 것이다.
- 신체의 부분 앞에 정관사 the를 반드시 쓴다.

(1) by

ⓐ 나는 그녀의 손을 잡았다.
- I caught **her by the hand**.(O)
- I caught her hand.(?)

▻ "I caught **her by the hand**."라는 말은「내가 그녀를 잡았는데 **손으로** 잡았다.」는 의미다. 신체의 한 부분을 수단으로 하여 동사의 행위가 일어날 때 쓰이는 전치사가 by다.

▻ 이에 비해 우리말식으로 말한 "I caught her hand.(?)"는 영어에서는 일상에서 쓸 수없는 대단히 부자연스런 말이 된다. 사람을 잡은 것이 아니라 손만 보고 단지 그 손만을 잡았다는 의미가 되기 때문이다. 예를 들면 이런 일은 어떤 외과의사가 손을 다친 여자 환자를 상대로 단지 손만을 보고 그 손을 수술 할 때나 할 수 있는 말이 되어버린다.

▻ 그러나 신체의 부분을 말하지 않고 사람만을 목적어로 「I caught her.」라고 하는 것은 가능하다. 결론적으로 말하면 영어에서는 오로지 사람만을 목적어로 할 수 있다는 점이다. 다음 예들을 보자.

ⓑ The beggar took **me by the sleeve** and asked for something to eat.
거지는 **내 소매를** 붙들고 먹을 것을 좀 요구했다.

ⓒ Mary helped **a blind man** across the rail road **by the arm**.
메리는 **장님의 팔을 부축해서** 철길을 건너도록 도와드렸다.

ⓓ We led **the old believers** to take their seat **by the arm** in church.
우리는 교회에서 **나이 드신 신도들의 팔을 부축해** 자리를 잡도록 안내했다.

ⓔ The policeman held **a culprit by the neck (collar)** and handcuffed **him**.
경찰이 **범인의 목을 붙들고** 그에게 수갑을 채웠다.

ⓕ He pulled **a pickpocket** into the police station **by the hair**.
그는 **소매치기의 머리채를 끌어당겨** 경찰서로 집어넣었다.

(2) on

ⓐ 내 아내는 항상 내 어께를 두드려준다.
◦ My wife always pats **me on the shoulder**.(O)
◦ My wife always pats my shoulder.(?)

▷ 「pat: 두드리다」라는 동사의 행위가 '어깨'라는 신체의 표면에 전달되어지기 때문에 전치사는 **on**이다. 그래서 「on the shoulder」가 된다.

ⓑ A ball hit him **on the head**. 공이 **그의 머리**를 때렸다.

ⓒ Someone tapped me **on the side**. 누군가가 **내 옆구리**를 툭 쳤다.

ⓓ Whenever I see my girl friend, I always kiss her **on the cheek**.
내가 내 여자 친구를 만날 때 마다 늘 **그녀의 빰**에 키스를 한다.

(3) in

ⓐ 그녀는 **내 빰**을 쳤다.(나를 모욕했다.)
◦ She slapped **me in the face**.(O) / She slapped **me**.(O)
◦ She slapped my face.(×)

▷ 「slap」이라는 동사의 행위가 얼굴 표면에만 영향을 주는 것이 아니라 얼굴 안에 까지 작용하 는 것이라고 보아서 전치사는 on이 아니라 in이며,「on the face」가 아니라「in the face」이다. 이와 같은 예들은 in the eye/ in the mouth / in the ribs / in the stomach등에서도 볼 수 있다.

ⓑ The burglar **hit me in the eye / in the mouth / in the stomach / in the rib**.
그 강도가 **내 눈 / 입 / 배 / 갈비뼈**를 때렸다.

ⓒ I still have pain **in my knee**, and it has become blue.
무릎이 아직 아프고 멍이 들었다.

> 모든 전치사의 사용이 그렇듯이 어떤 특정 신체의 부분에 특정 전치사가 정해져 있는 것이 아니다. 동사의 행위가,
> - 신체의 표면에 영향을 미친다고 보면 **on**,
> - 신체의 내면에 까지 영향을 주면 **in**,
> - 신체의 부분을 수단으로 동사의 행위가 이뤄지면 **by**가 되는 것이다.

ⓒ If you scratch **me on the back**, I will scratch you, too.
네가 **내 등**을 긁어주면 나도 네 등을 긁어주마.

ⓓ He was wounded **in the back**. 그는 **등에** 부상을 당했다.

ⓔ I grabbed her **by the shoulders**. 나는 **그녀의 어깨**를 잡았다.

ⓕ The dog bit me **on the shoulder**. 그 개는 **내 어깨**를 물었다.(표면 상처)

ⓖ The dog bit me **in the shoulder**. 그 개는 **내 어깨**를 물었다.(깊은 상처)

ⓗ He was shot **in the shoulder**. 그는 **어깨에** 총상을 당했다.(내부까지 침투)

ⓘ She was stung **on the cheek** by a bee. 그녀는 벌에 **뺨이** 쏘였다.

ⓙ The policeman slapped the murderer **in the cheek**. 경찰은 **살인범의 뺨**을 후려 갈겼다.

(4) 「자동사 + 전치사」로만 말하는 동사들

▸▸ spit: 침을 뱉다

ⓐ 그는 **내 얼굴에 침을 뱉었다**.
- He spit me on the face.(×)
- He spit **on me**.(O) / He spit **in my face**.(O)

Ⓑ When he had **spit on the man's eyes** and put his hands on him, Jesus asked, "Do you see anything?" He looked up and said, "I see people; they look like trees walking around."(MK 8:23-24)

눈에 침을 뱉으시며 그에게 안수하시고 무엇이 보이느냐 물으시니 쳐다보며 이르되 사람들이 보이나이다 나무 같은 것들이 걸어가는 것을 보나이다(막 8:23-24)

▸▸ step: 발을 밟다

ⓐ 죄송합니다. **발등을 밟으려고 한 게 아닌데**.
- I'm sorry. I didn't mean to step you on the toe.(×)
- I'm sorry. I didn't mean **to step on your toe**.(O)

ⓑ I'm in a hurry, driver. **Step on** it. 운전사 양반, 바빠서요. **밟아주세요**.(속력을 내 주세요)

▸▸ look: (진찰을 위해 의사가) 눈을 들여다보다

ⓐ 의사는 내 눈을 들여다보았다.
∘ The doctor looked in my eyes.

▻ 그러나 「빤히 쳐다보다」에서의 look은 타동사는 아니지만 목적어가 와서 마치 타동사처럼 쓰이는 경우도 있다.

ⓑ She looked me in the eyes and burst into tears.
그녀는 내 눈을 빤히 쳐다보다 눈물을 터뜨렸다.

Q2 교통수단의 전치사 by, on, in의 차이점을 말해 봅시다.

A2 (1) by: 가장 일반적으로 쓰이는 교통수단 전치사

▻ by 다음에 오는 교통 수단명사에는 관사가 붙지 않는다. 이때의「by + 명사」는 교통수단이라는 추상적 개념을 나타낸다.

▻ 그러나 명사를 수식하는 형용사가 있을 때에는 추상적의미가 아니기 때문에 명사 앞에 관사가 있어야 한다.

ⓐ I'm going to Busan by train but coming back to Seoul by plane.
나는 기차로 부산에 가지만 비행기로 서울로 돌아올 것이다.

ⓑ Travel by train is more interesting than that by car.
기차 여행이 자동차 여행보다 더 재미있다.

ⓒ How long does it take from Seoul to Busan by air?
비행기로 서울에서 부산까지 얼마나 걸립니까?

ⓓ He leaves Seoul for London by the first plane tomorrow.
그는 내일 첫 비행기로 서울을 떠나 런던으로 향한다.

ⓔ Hurry up, and you'll be able to leave by the last bus.
서둘러라 그러면 너는 마지막 버스로 떠날 수 있을 것이다.

(2) on: 주로 사람을 표면위에 싣고 이동시키는 느낌을 주는 교통수단.

(3) in: 주로 사람을 밀폐된 공간속에 싣고 이동시키는 느낌을 주는 교통수단.

▻ in과 on 다음에 오는 교통수단 명사에는 소유격이나, 관사가 있어야 한다. 또는 관사 대신 교통수단 명사를 복수형으로 한다.

▻ 그러나「on foot: 걸어서 / on horseback: 말을 타고 / on board: 배를 타고」의 경우에는 교통수단 명사 앞에 관사가 올 수 없다.

ⓐ I'll take Elizabeth to the airport **in my car**. 내 **차로** 엘리자벳을 공항까지 데려다 줄거야.

ⓑ People travel **on foot** in Africa, **on a camel** in the Middle East, and **on a bicycle (by bicycle)** in Vietnam.
아프리카에 사는 사람들은 **걸어서** 여행하고 중동 사람들은 **낙타로** 여행하며 베트남사람들은 **자전거로** 여행한다.

ⓒ It takes about 18 hours from Busan to Osaka **on board**.
부산에서 오사카까지 **배로** 약 18시간 걸린다.

ⓓ I want to go to Jejudo **in (on) a yacht** in the future.
미래에 **요트를 타고** 제주도까지 가고 싶다.

ⓔ You should have come **on foot** rather than **in two taxis**.
당신들은 **택시 두 대로** 오느니 **차라리** 걸어서 왔어야했는데.

ⓕ Santa Claus is coming **in a one-horse open sleigh** on Christmas Eve.
산타클로스는 크리스마스이브에 말 한필이 끄는 **썰매를 타고** 오실거야.

DAY 36. 전치사 II

Q3 「by ~ ing」와 「through ~ ing」의 차이점은 무엇일까?

A3 (1) 「by ~ ing」: 주어가 직접적인 행위를 함으로써

ⓐ My friend has improved his English **by studying in the U.S**.
내 친구는 **미국에서 공부를 함으로써** 그의 영어를 향상시켰다.

ⓑ I'm going to earn my living **by running a fast food restaurant**.
나는 **즉석 음식점을 운영함으로써** 생계를 꾸려나갈 것이다.

ⓒ Your sickness cannot be cured simply **by taking a pill**.
당신의 아픔은 단지 **알약 하나 먹는다고** 치유될 수 없다.

(2) 「through ~ing」: 주어가 의도한 것은 아닌데 ~하다 보니까

ⓐ I'm getting better **through playing badminton**.
배드민턴을 하다보니까 나도 모르게 몸이 좋아지고 있다.

ⓑ The students have improved their English **through reading** the English Bible.
그 학생들은 **영어성경을 읽다 보니까** (자기들도 모르게) 영어실력이 향상되었다.

ⓒ The professor is well known to everyone **through making his appearance on TV**.
그 교수는 TV에 **출연하다 보니까** 자기도 모르게 모든 사람들에게 잘 알려져 있다.

Check-up 세상영어

※ Translate the followings into English.

1. **전화로** 티켓을 예약할 수 있을까요?

2. 사람을 **외모로** 판단하는 것은 옳지 않다.

3. 옛 친구를 만나서 너무 반가워 그의 **목을 껴안고 뺨에 키스**를 했다.

4. 선생님은 내 **손을 잡고 머리를 쓰다듬어** 주시곤 했다.

5. 한국은행이 목요일인 어제 기준금리를 **0.5%낮춰 2.0%로** 하였다.
   - ㅁ 기준금리 benchmark interest rate

6. 누군가가 혼잡한 지하철에서 **내 등을 밀쳐 넘어뜨렸다.** 나는 발목을 삐었고 그래서 어제 **그 곳에** 침을 맞았다.
   - ㅁ 발목을 삐다 sprain(wrench) one' s ankle / ~에 침을 맞다 get acupunctured in ~

7. John은 있는 **힘을 다해** 공을 찼는데 그 공이 운 좋게도 **다른 선수의 다리에 맞고** 바로 골문 안으로 날아 들어갔다.

8. **길거리에** 침을 뱉는 사람들을 보면 구역질이 난다.
   - ㅁ 구역질이 난다 make O sick

9. 우리는 더 이상 **폭설을 뚫고** 운전할 수 없어서 고속도로위에서 눈이 그칠 때까지 머물러야만 했다.

10. 중앙아시아의 유목민들은 아직도 **노새들로** 짐을 나른다.
   - ㅁ 유목민 nomad, 노새 mule

11. 아내는 열차로 여행하기를 좋아하지만 나는 내차로 여행하는 것을 좋아한다.

12. 요즈음 말을 타고 출근하는 사람은 아무도 없을 것이다.

13. 우리는 눈 오는 날에는 썰매를 타고, 날씨가 좋을 때에는 걸어서 학교에 가곤했다.

14. 동남아시아에서 사는 사람들은 손가락으로 음식을 먹는다.

15. 바람이 몹시 불어서 우리는 더 이상 항해할 수 없었다.

16. 그는 촛불을 켜 놓은 채 잠이 들었다.

17. 그 노인은 고개를 숙이고, 입을 벌리고, 다리를 꼬고, 팔짱을 낀 채, 소파에서 졸고 있었다.

18. 손이 곱아서 지금 글씨를 잘 쓸 수 없다.

19. 입에 먹을 것을 먹으며 이야기하지 마라. 교양 없이 보인다.

20. 미국사람들이 손바닥을 위로 하고 사람을 부르는 반면, 우리한국 사람들은 손바닥을 아래로 하고 사람을 부른다.
- 사람을 부르다 call someone

21. 나는 자주 양말을 뒤집어 신기도 하고 좌우를 바꿔 신기도 한다.

22. 그림이 추상화이기 때문에 거꾸로 걸려 있는 것인지 아닌지 모르겠다.
- 추상화 an abstract (painting)

23. 이순신 장군이 큰 칼을 옆에 차고 바다를 보고 서있다.

24. 북한도 몇몇 축제를 지키는데 그 중 김일성과 그의 아들 김정일의 생일이 가장 큰 것이다.

25. 너는 지금 외출해도 좋으나 부르면 올 수 있는 거리에 있어야한다.

26. 교수님의 가르침이 없었다면 나는 그런 일을 할 수 없었을 텐데.

27. 한국의 주가지수는 목요일에 사상 가장 **큰 폭인** 115포인트 폭등해서 1084포인트로 마감했다.

□ 주가지수 stock index, 폭등하다 soar

28. 그녀는 **보험으로** 생계를 유지한다.

29. **읽기 보다는 듣기로** 영어실력이 더 많이 향상될 수 있다.

30. 그녀는 **찬송가를 부르다 보니까** 은혜가 충만하다.

□ 찬송가를 부르다 singing a hymn (a psalm) to God

31. 아이들은 또래 아이들과 **놀다가** 말을 배운다.

32. **지나친 흡연과 음주로** 수명을 단축시키는 우를 범하는 사람이 많다.

□ ~ 하는 우를 범하다 run the foolish risk of ~

33. **오늘까지** 재산세를 물지 않으면 나는 과태료를 물어야 한다.

□ 재산세 property tax, 과태료 a fine for default

34. **이번 달 말까지** 시골에 집짓기를 끝낼 것이다.

Answer to Check-Up

1. Can I reserve the ticket **by phone (on the phone / over the phone)**?
2. It is unfair to judge a man **by his appearance**.
3. I was so glad to see an old friend of mine that I held him **by the neck** and kissed him **on the cheek**.
4. The teacher used to take me **by the hand** and pat me **on the head**.
5. The Bank of Korea slashed(cut) its benchmark interest rate **by 0.5 percentage point** (half a point) to two percent on Thursday yesterday.
6. Someone pushed me down **on the back** in the crowded subway. I had my ankle sprained(wrenched), and got acupunctured **in it** yesterday.
7. John kicked the ball **with all his strength** and fortunately the ball **hit another player on the leg** and flew right into the goal.
8. People who spit **on the street** make me sick.

9. Because we were unable to drive anymore through a heavy snow, we had to stay on the expressway until it stopped snowing.
10. The nomads in Central Asia still carry their luggage on mules.
11. While my wife likes to travel by train, I like to travel in my car.
12. Nowadays no one will go to work on horseback.
13. We used to go to school in a sleigh on snowy days and on foot in fine weather.
14. Those who live in Southeast Asia eat food with their fingers.
15. We couldn't sail any more with the wind blowing hard.
16. He fell asleep with his candle lit (lighted).
17. The old man was sleeping in a sofa with his head bent, mouth open, legs twisted and arms folded.
18. I can't write well now with my fingers numb.
19. Don't speak with your mouth full. It looks impolite.
20. While people in the U.S call someone with their palms up, we Koreans call someone with our palms down.
21. I often wear my socks with the inside (the wrong side) out or with the right side to the left.
22. Since the picture is an abstract (painting), I don't know whether it hangs on the wall with the upside down or not.
23. Admiral Yi Sun Shin stands watching the sea with a long sword at his side.
24. North Korea also observes a few festivals with the birthdays of Kim Il Sung and his son Kim Jeong Il (being) the biggest one.
25. You may go out, but you must be (stay) within call.
26. Without my professor's teaching (guidance), I couldn't have done such a thing.
27. Korea's stock index soared 115 points, by the biggest (largest) margin in history to close at 1084 points.
28. She earns her living by selling insurance.
29. You can improve your English by listening more than by reading.
30. She is filled with grace through singing a hymn to God.
31. Children learn their language through playing with those of an(the same) age.
32. There are many people who run the foolish risk of shortening their life through smoking and drinking too much.
33. If I don't pay my property tax by today, I must pay a fine for default.
34. I am going to finish building my house in the country by the end of this month.

Reading & Listening 성경영어

▸▸ by

① So Aaron stretched out his hand over the waters of Egypt, and the frogs came up and covered the land. But the magicians did the same things **by their secret arts**; they also made frogs come up on the land of Egypt.(EX 8:6-7)

아론이 애굽 물들 위에 그의 손을 내밀매 개구리가 올라와서 애굽 땅에 덮이니 요술사들도 자기 요술대로 그와 같이 행하여 개구리가 애굽 땅에 올라오게 하였더라(출 8:6-7)

② Remember the Sabbath day **by keeping it holy**.(EX 20:8)

안식일을 기억하여 거룩하게 지키라.(출 20:8)

③ And when the demon was driven out, the man who had been mute spoke. The crowd was amazed and said, "Nothing like this has ever been seen in Israel." But the Pharisees said, "It is **by the prince of demons** that he drives out demons."(MT 9:33-34)

□ the prince of demons 귀신들의 왕/ it ~ that 강조용법, 강조하는 말: by the prince of demons

귀신이 쫓겨나고 말 못하는 사람이 말하거늘 무리가 놀랍게 여겨 이르되 이스라엘 가운데서 이런 일을 본 적이 없다하되 바리새인들은 이르되 그가 귀신의 왕을 의지하여 귀신을 쫓아낸다 하더라 (마 9:33-34)

④ And you are heirs of the prophets and of the covenant God made with your fathers. He said to Abraham, 'Through your offspring all peoples on earth will be blessed.' When God raised up his servant, he sent him first to you to bless you **by turning each of you** from your wicked ways.(AC 3:25-26)

□ covenant 언약, 약속 / from your wicked ways 너희들의 악한 행위들로 부터

너희는 선지자들의 자손이요 또 하나님이 너희 조상과 더불어 세우신 언약의 자손이라 아브라함에게 이르시기를 땅 위의 모든 족속이 너의 씨로 말미암아 복을 받으리라 하셨으니 하나님이 그 종을 세워 복 주시려고 너희에게 먼저 보내사 너희로 하여금 돌이켜 각각 그 악함을 버리게 하셨느니라(행 3:25-26)

⑤ Do not deceive yourselves. if anyone of you thinks he is wise **by the standard** of this age, he should become a "fool" so that he may become wise.(1CO 3:18)

- by the standard of this age 이 세상에서(이 세상의 기준에서 판단해 볼 때)
- so that S may RV ~하기 위하여(목적)

아무도 자신을 속이지 말라. 너희 중에 누구든지 이 세상에서 지혜 있는 줄로 생각하거든 어리석은 자가 되어라 그리하여야 지혜로운 자가 되리라(고전 3:18)

▸▸ through

⑥ This is how the birth of Jesus Christ came about: His mother Mary was pledged to be married to Joseph, but before they came together, she was found to be with child **through the Holy Spirit**.(MT 1:18)

- be pledged to be married to ~와 결혼하기로 약속하다(약혼하다)
- be with child 아이를 배다, 잉태하다

예수 그리스도의 나심은 이러하니라 그의 어머니 마리아가 요셉과 약혼하고 동거하기 전에 성령으로 잉태된 것이 나타났더니(마 1:18)

⑦ So he got up, took the child and his mother during the night and left for Egypt, where he stayed until the death of Herod. And so was fulfilled what the Lord had said **through the prophet**: "Out of Egypt I called my son."(MT 2:14-15)

- leave for ~으로 향해 떠나다
- so was fulfilled what ~: what ~가 이루어 졌다 (주어는 what ~) / Out of Egypt 애굽으로부터

요셉이 일어나서 밤에 아기와 그의 어머니를 데리고 애굽으로 떠나가 헤롯이 죽기까지 거기 있었으니 이는 주께서 선지자를 통하여 말씀하신바 애굽으로부터 내 아들을 불렀다 함을 이루려 하심이니라(마 2:14-15)

⑧ Therefore, since we have been justified **through faith**, we have peace with God **through our Lord Jesus Christ, through whom** we have gained access by faith into this grace in which we now stand.(RO 5:1-2)

- since we have been justified 의롭게 되었으므로(의롭다 하심을 얻었은즉)
- gain access into ~으로 들어가다, 접근하다

그러므로 우리는 믿음으로 의롭다 하심을 얻었은즉 우리 주 예수 그리스도로 말미암아 하나님과 더불어 화평을 누리자 또한 그로 말미암아 우리가 믿음으로 서있는 이 은혜에 들어감을 얻었으며 하나님의 영광을 바라고 즐거워하느니라(롬 5:1-2)

⑨ Therefore, there is now no condemnation for those who are in Christ Jesus, because **through Christ Jesus** the law of the Spirit of life set me free from the law of sin and death.(RO 8:1)

- condemnation 정죄, 죄의 선고 / set me free 너(나)를 해방하다

그러므로 이제 그리스도 예수 안에 있는 자에게는 결코 정죄함이 없나니 이는 그리스

DAY 36. 전치사 II

도 예수 안에 있는 생명의 성령의 법이 죄와 사망의 법에서 너를 해방하였음이라(롬 8:1-2)

⑩ For it is by grace you have been saved **through faith** – and this not from yourselves, it is the gift of God – not by works, so that no one can boast.(EPH 2:8-9)

□ not from yourselves 너희에게서 난 것이 아니요

너희는 그 은혜에 의하여 믿음으로 말미암아 구원을 받았으니 이것은 너희에게서 난 것이 아니요 하나님의 선물이라 행위에서 난 것이 아니니 이는 누구든지 자랑하지 못하게 함이라(엡 2:8-9)

⑪ Now that you have purified yourselves by obeying the truth so that you have sincere love for your brothers, love one another deeply, from the heart. For you have been born again, not of perishable seed, but of imperishable, **through the living and enduring word of God**.(1PE 1:22-23)

□ have sincere love for ~ 거짓이 없이 ~을 사랑하다

너희가 진리를 순종함으로 너희 영혼을 깨끗하게 하여 거짓이 없이 형제를 사랑하기에 이르렀으니 마음으로 뜨겁게 서로 사랑하라 너희가 거듭난 것은 썩어질 씨로 된 것이 아니요 썩지 아니할 씨로 된 것이니 살아 있고 항상 있는 하나님의 말씀으로 되었느니라(벧전 1:22-23)

▸▸ with

⑫ I took you from the ends of the earth, from its farthest corners I called you. I said, 'You are my servant'; I have chosen you and have not rejected you. So do not fear, for I am **with you**; do not be dismayed, for I am your God. I will strengthen you and help you; I will uphold you **with my righteous right hand**.(ISA 41:9-10)

내가 땅 끝에서부터 너를 붙들며 땅 모퉁이에서부터 너를 부르고 네게 이르기를 너는 나의 종이라 내가 너를 택하고 싫어하여 버리지 아니하였다 하였노라 두려워하지 말라 내가 너와 함께 함이라 놀라지 말라 나는 네 하나님이 됨이라 내가 너를 굳세게 하리라 참으로 너를 도와주리라 참으로 나의 의로운 오른손으로 너를 붙들리라(사 41:9-10)

⑬ Love the Lord your God **with all your heart** and **with all your soul** and **with all your mind**. This is the first and greatest commandment.(MT 22:37-38)

□ 똑같은 어귀 with all your ~ 가 반복되어 강조의 의미

네 마음을 다하고 목숨을 다하고 뜻을 다하여 주 너의 하나님을 사랑하라 하셨으니 이것이 크고 첫 째되는 계명이요(마 22:37-38)

⑭ Give, and it will be given to you. A good measure, pressed down, shaken together and running over, will be poured into your lap. For **with the measure** you use, it will be measured to you.(LK 6:38)

- pressed down, shaken together and running over 후히 되어 누르고 흔들어 넘치도록
- measure 헤아림, 헤아리다

주라 그리하면 너희에게 줄 것이니 곧 후히 되어 누르고 흔들어 넘치도록 하여 너희에게 안겨 주리라 너희의 헤아리는 그 헤아림으로 너희도 헤아림을 도로 받을 것이니라(눅 6:38)

⑮ "While I am in the world, I am the light of the world." Having said this, he spit on the ground, made some mud **with the saliva**, and put it on the man's eyes. "Go," he told him, "wash in the Pool of Siloam"(JN 9:5-7)

- Having said this: 완료 분사 구문, 주절의 과거시제 spit보다 먼저 일어난 일.
- spit, spit, spit(미) 또는 spit, spat, spat 침을 뱉다, 자동사로만 쓰인다. / saliva 침, 타액

내가 세상에 있는 동안에는 세상의 빛이로라 이 말씀을 하시고 땅에 침을 뱉어 진흙을 이겨 그의 눈에 바르시고 이르시되 실로암 못에 가서 씻으라(요 9:5-7)

⑯ For it is **with your heart** that you believe and are justified, and it is **with your mouth** that you confess and are saved.(RO 10:10)

- it ~ that 강조용법, 강조하는 말은 'with your heart / mouth'

사람이 마음으로 믿어 의에 이르고 입으로 시인하여 구원에 이르느니라(롬 10:10)

⑰ Do not repay anyone evil for evil. Be careful to do what is right in the eyes of everybody. If it is possible, as far as it depends on you, live at peace **with everyone**.(RO 12:17-18)

- in the eyes of everybody 모든 사람 앞에서 / as far as it depends on you 너희로서는

아무에게도 악을 악으로 갚지 말고 모든 사람 앞에서 선한 일을 도모하라 할 수 있거든 너희로서는 모든 사람으로 더불어 화목하라(롬 12:17-18)

⑱ Slaves, obey your earthly masters **with respect and fear**, and **with sincerity of heart**, just as you would obey Christ. Obey them not only to win their favor when their eye is on you, but like slaves of Christ, doing the will of God from your heart.(EPH 6:5-6)

- earthly masters 육체의 상전 / when their eye is on you 눈가림만 하여

종들아 두려워하고 떨며 성실한 마음으로 육체의 상전에게 순종하기를 그리스도께 하듯 하라 눈가림만 하여 사람을 기쁘게 하는 자처럼 하지 말고 그리스도의 종들처럼 마음으로 하나님의 뜻을 행하고(엡 6:5-6)

⑲ Here I am! I stand at the door and knock. If anyone hears my voice and opens the door, I will come in and eat **with him**, and he **with me**.(REV 3:20)

볼지어다 내가 문밖에 서서 두드리노니 누구든지 내 음성을 듣고 문을 열면 내가 그에게로 들어가 그와 더불어 먹고 그는 나와 더불어 먹으리라(계 3:20)

▸▸ with + O + O.C

⑳ He had a dream in which he saw a stairway resting on the earth, **with its top reaching to heaven**, and the angels of God were ascending and descending on it.(GE 28:12)

ㅁ saw a stairway resting on the earth 사닥다리가 땅 위에 섰는데

꿈에 본즉 사닥다리가 땅 위에 섰는데 그 꼭대기가 하늘에 닿았고 또 본즉 하나님의 사자들이 그 위에서 오르락내리락하고(창 28:12)

㉑ Now Joseph was the governor of the land, the one who sold grain to all its people. So when Joseph's brothers arrived, they bowed down to him **with their faces to the ground**. As soon as Joseph saw his brothers, he recognized them, but he pretended to be a stranger and spoke harshly to them. "Where do you come from?" he asked. "From the land of Canaan," they replied, "to buy food."(GE 42:6-7)

때에 요셉이 나라의 총리로서 그 땅 모든 백성에게 곡식을 팔더니 요셉의 형들이 와서 그 앞에서 땅에 엎드려 절하매 요셉이 보고 형들인 줄을 아나 모르는 체하고 엄한 소리로 그들에게 말하여 이르되 너희가 어디서 왔느냐 그들이 이르되 곡물을 사려고 가나안에서 왔나이다(창 42:6-7)

㉒ Do not eat the meat raw or cooked in water, but roast it over the fire – head, legs and inner parts. Do not leave any of it till morning; if some is left till morning, you must burn it. This is how you are to eat it: **with your cloak tucked into your belt, your sandals on your feet and your staff in your hand**. Eat it in haste; it is the LORD's Passover.(EX 12:9-11)

ㅁ cloak 외투 / tuck (셔츠, 냅킨 따위를) 속으로 밀어 넣다 / sandal 신발 / staff 지팡이

날것으로나 물에 삶아서 먹지 말고 머리와 다리와 내장을 다 불에 구워 먹고 아침까지 남겨두지 말며 아침까지 남은 것은 곧 불사르라 너희는 그것을 이렇게 먹을지니 허리에 띠를 띠고 발에 신을 신고 손에 지팡이를 잡고 급히 먹으라 이것이 여호와의 유월절이니라(출 12:9-11)

㉓ Jesus, once more deeply moved, came to the tomb. It was a cave **with a stone laid across the entrance**. "Take away the stone," he said. "But Lord," said Martha, the sister of the dead man, "by this time there is a bad odor, for he has been there four days." Then Jesus said, "Did I not tell you that if you believed, you would see the glory of God?"(JN 11:38-39)

이에 예수께서 다시 속으로 비통히 여기시며 무덤에 가시니 무덤이 굴이라 돌로 막았거늘 예수께서 이르시되 돌을 옮겨 놓으라 하시니 그 죽은 자의 누이 마르다가 이르되 주여 죽은 지가 나흘이 되었으매 벌써 냄새가 나나이다 예수께서 이르시되 내 말이 네가 믿으면 하나님의 영광을 보리라 하지 아니하였느냐 하시니(요 11:38-39)

㉔ On the evening of that first day of the week, when the disciples were together, **with the doors locked** for fear of the Jews, Jesus came and stood among them and said, "Peace be with you!"(JN 20:19)

이날 곧 안식 후 첫 날 저녁때에 제자들이 유대인을 두려워하여 모인 곳의 문들을 닫았더니 예수께서 오사 가운데 서서 이르시되 너희에게 평강이 있을지어다(요 20:19)

▶▶ within / without

㉕ Once, having been asked by the Pharisees when the kingdom of God would come, Jesus replied, "The kingdom of God does not come with your careful observation, nor will people say, 'Here it is,' or 'There it is.', because the kingdom of God is **within you**."(LK 17:20-21)

□ having been asked by the Pharisees 바리새인들이 ~ 묻거늘

바리새인들이 하나님의 나라가 어느 때에 임하나이까 묻거늘 예수께서 대답하여 이르시되 하나님의 나라는 볼 수 있게 임하는 것이 아니요 또 여기 있다 저기 있다고도 못하리니 하나님의 나라는 너희 안에 있느니라(눅 17:20-21)

㉖ Do everything **without complaining or arguing**, so that you may become blameless and pure, children of God **without fault** in a crooked and depraved generation, in which you shine like stars in the universe as you hold out the word of life-in order that I may boast on the day of Christ that I did not run or labor for nothing.(PHP 2:14-16)

□ crook 구부리다, 사취하다 / deprave 타락(악화, 부패)시키다

□ I did not run or labor for nothing 나의 달음질이 헛되지 아니하고 수고도 헛되지 아니함으로

모든 일을 원망과 시비가 없이 하라 이는 너희가 흠이 없고 순전하여 어그러지고 거스르는 세대 가운데서 하나님의 흠 없는 자녀로 세상에서 그들 가운데 빛들로 나타내며 생명의 말씀을 밝혀 나의 달음질이 헛되지 아니하고 수고도 헛되지 아니함으로 그리스도의 날에 내가 자랑할 것이 있게 하려 함이라(빌 2:14-16)

㉗ I have labored and toiled and have often gone **without sleep**; I have known hunger and thirst and have often gone **without food**; I have been cold and naked.(2CO 11:27)

□ go without ~ 없이 지내다(= do without)

또 수고하고 애쓰고 여러 번 자지 못하고 주리며 목마르고 여러 번 굶고 춥고 헐벗었노라(고후 11:27)

Writing & Speaking 성경영어

① 만물이 그로 말미암아 지은 바 되었으니 지은 것이 하나도 그가 없이는 된 것이 없느니라(요 1:3)

Through him all things were made; **without him** nothing was made that has been made.(JN 1:3)

② 하나님이 그 아들을 세상에 보내신 것은 세상을 심판하려 하심이 아니요 그로 말미암아 세상이 구원을 받게 하려 하심이라(요 3:17)

God did not send his Son into the world to condemn the world, but to save the world **through him**.(JN 3:17)

③ 내가 그리스도와 함께 십자가에 못박혔나니 그런즉 이제는 내가 사는 것이 아니요 오직 내안에 그리스도께서 사시는 것이라(갈 2:20)

I have been crucified **with Christ** and I no longer live, but Christ lives in me.(GAL 2:20)

④ 너희 중에 누구든지 지혜가 부족하거든 모든 사람에게 후히 주시고 꾸짖지 아니하시는 하나님께 구하라 그리하면 주시리라(약 1:5)

□ 후히 주시고 give generously to all

If any of you lacks wisdom, he should ask God, who gives generously to all **without finding fault**, and it will be given to him.(JAS 1:5)

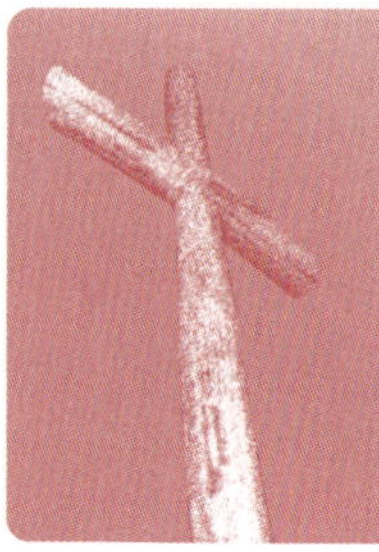

Today's Golden Rule

○ I have been crucified **with Christ** and I no longer live, but Christ lives in me.(GAL 2:20)

내가 그리스도와 함께 십자가에 못박혔나니 그런즉 이제는 내가 사는 것이 아니요 오직 내안에 그리스도께서 사시는 것이라(갈 2:20)

Day 37. 전치사 III

Verse to Remember

□ 전치사(Preposition) III:

A. into「밖에서 안으로」↔ out of「안에서 밖으로」

B. for「~을 위하여」↔ against「~ 에 반대하여」

C. 기타 전치사

A. into / out of

1. into

① the LORD God formed the man from the dust of the ground and breathed into his nostrils the breath of life, and the man became a living being.(GE 2:7)

□ from the dust of the ground 흙으로, the breath of life 생기

여호와 하나님이 흙으로 사람을 지으시고 생기를 그 코에 불어 넣으시니 사람이 생령이 되니라(창 2:7)

② New wine must be poured into new wineskins.(LK 5:38)

□ wineskin 포도주용 가죽부대

새 포도주는 새 부대에 넣어야 할 것이니라(눅 5:38)

③ This is the verdict: Light has come into the world, but men loved darkness instead of light because their deeds were evil.(JN 3:19)

□ verdict 정죄(평결, 결정)

그 정죄는 이것이니 곧 빛이 세상에 왔으되 사람들이 자기 행위가 악하므로 빛보다 어두움을 더 사랑한 것이니라 (요 3:19)

2. out of

① In the evening you will know that it was the LORD who brought you out of Egypt.(EX 16:6)

□ 강조하는 말이 사람(the Lord)이므로 it ~ that 대신 it ~ who

저녁이 되면 너희가 여호와께서 너희를 애굽 땅에서 인도하여내셨음을 알 것이요(출 16:6)

② For we brought nothing into the world, and we can take nothing out of it.(1TI 6:7-8)

우리가 세상에 아무 것도 가지고 온 것이 없으매 또한 아무 것도 가지고 가지 못하리니(딤전 6:7-8)

③ By faith we understand that the universe was formed at God's command, so that what is seen was not made out of what was visible.(HEB 11:3)

- what is seen 보이는 것 / what was visible 나타난 것

믿음으로 모든 세계가 하나님의 말씀으로 지어진 줄을 우리가 아나니 보이는 것은 나타난 것으로 말미암아 된 것이 아니니라(히 11:3)

B. for / against

1. for

① The LORD will fight for you; you need only to be still.(EX 14:14)

- be still 가만히 있다, still 정지한, 움직이지 않는
- staff 지팡이 / the Israelites 이스라엘 자손 / through the sea 바다 가운데서(바다를 뚫고)

여호와께서 너희를 위하여 싸우시리니 너희는 가만히 있을 지니라.(출 14:14)

② Love your enemies and pray for those who persecute you.(MT 5:44)

너희 원수를 사랑하며 너희를 핍박하는 자를 위하여 기도하라(마 5:44)

③ Then he said to them, "The Sabbath was made for man, not man for the Sabbath."(MK 2:27)

또 이르시되 안식일이 사람을 위하여 있는 것이요 사람이 안식일을 위하여 있는 것이 아니니(막 2:27)

2. against

① For if you forgive men when they sin against you, your heavenly Father will also forgive you. But if you do not forgive men their sins, your Father will not forgive your sins.(MT 6:14-15)

□ sin against ~에게 죄를 짓다

너희가 사람의 잘못을 용서하면 너희 하늘 아버지께서도 너희 잘못을 용서하시려니와 너희가 사람의 잘못을 용서하지 아니하면 너희 아버지께서도 너희 잘못을 용서하지 아니하시리라(마 6:14-15)

② But the fruit of the Spirit is love, joy, peace, patience, kindness, goodness, faithfulness, gentleness and self-control. **Against such things** there is no law.(GAL 5:22-23)

오직 성령의 열매는 사랑과 희락과 화평과 오래 참음과 자비와 양선과 충성과 온유와 절제니 이 같은 것을 금지할 법이 없느니라(갈 5:22-23)

③ Finally, be strong in the Lord and in his mighty power. Put on the full armor of God so that you can take your stand **against the devil's schemes**.(EPH 6:10-11)

□ the full armor of God 하나님의 전신갑주 / the devil's schemes 마귀의 간계(마귀의 계략)

끝으로 너희가 주 안에서와 그 힘의 능력으로 강건하여지고 마귀의 간계를 능히 대적하기 위하여 하나님의 전신 갑주를 입으라(엡 6:10-11)

C. 기타 전치사

1. according to 「~에 따라서」 2. beside 「~곁에」 / besides 「~이외에」
3. except 「~을 제외하고」 4. like「~처럼」

1. according to

① In all things God works for the good of those who love him, who have been called **according to his purpose**.(RO 8:28)

□ work for the good 선을 이루다

우리가 알거니와 하나님을 사랑하는 자 곧 그의 뜻대로 부르심을 입은 자들에게는 모든 것이 합력하여 선을 이루느니라(롬 8:28)

② The man who plants and the man who waters have one purpose, and each will be rewarded **according to his own labor**.(1CO 3:8)

□ water 물을 주다 / be rewarded 상을 받다

심는 이와 물주는 이는 한가지이나 각각 자기가 일한 대로 자기의 상을 받으리라(고전 3:8)

2. beside / besides

① They were looking intently up into the sky as he was going, when suddenly two men dressed in white stood **beside them**. "Men of Galilee," they said, "why do you stand here looking into the sky? This same Jesus, who has been taken from you into heaven, will come back in the same way you have seen him go into heaven."(AC 1:10-11)

올라가실 때에 제자들이 자세히 하늘을 쳐다보고 있는데 흰옷 입은 두 사람이 그들 곁에 서서 이르되 갈릴리 사람들아 어찌하여 서서 하늘을 쳐다보느냐 너희 가운데서 하늘로 올려지신 이 예수는 하늘로 가심을 본 그대로 오시리라 하였느니라 (AC 1:10-11)

② They all ate and were satisfied, and the disciples picked up twelve basketfuls of broken pieces that were left over. The number of those who ate was about five thousand men, **besides women and children**.(MT 14:20-21)

다 배불리 먹고 남은 조각을 열두 바구니에 차게 거두었으며 먹은 사람은 여자와 어린이 외에 오천 명이나 되었더라(마 14:20-21)

3. except

● I am the way and the truth and the life. No one comes to the Father **except through me**.(JN 14:6)

내가 곧 길이요 진리요 생명이니 나로 말미암지 않고는 아버지께로 올 자가 없느니라 (요 14:6)

4. like

⇨ Day 31. 부사절 – 양태

○ All men are **like grass**, and all their glory is **like the flowers** of the field; the grass withers and the flowers fall, but the word of the Lord stands forever.(1PE 1:24-25)

□ stand forever 세세토록 있다(영원하다)

모든 육체는 풀과 같고 그 모든 영광이 풀의 꽃과 같으니 풀은 마르고 꽃은 떨어지되 오직 주의 말씀은 세세토록 있도다(벧전 1:24-25)

Q&A 세상영어

Q1 「~을 제외하고」의 의미로 쓰이는 except, except for, but은 각각 어떤 차이가 있을까?

A1 (1) except for 다음에는 오로지 단어(명사 또는 대명사)만이 올 수 있다.

ⓐ She goes to church everyday **except for Monday**. 그녀는 월요일 빼고는 매일 교회에 간다.

ⓑ **Except for an old lady**, the restaurant was empty.
나이든 여성 한명 빼놓고는 레스토랑이 텅 비어 있었다.

(2) except, but 다음은 명사 이외에도 부사구(절), 명사절, 부정사 등이 올 수 있다.

Ⓐ It is no longer good for anything, **except** to be thrown out and trampled by men.(MT 5:13)
후에는 아무 쓸 데 없어 다만 밖에 버려져 사람에게 밟힐 뿐이니라(마 5:13)

Ⓑ No temptation has seized you **except** what is common to man.(1CO 10:13)
사람이 감당할 시험 밖에는 너희가 당한 것이 없나니(고전 10:13)

ⓒ The dictator had no choice **but** to step down from the presidency.
그 독재자는 대통령직에서 물러날 수밖에 없었다.

(3) but은 주로 little, no, nothing 등의 부정어나 all, every, any 등과 함께 쓰인다. 특히 「선행사(부정어) + but + 동사」의 형태일 때 but은 「that ~ not」의 의미로 관계대명사처럼 쓰인다고 하여 유사 관계대명사라고 부른다.

ⓐ There is **no** rule **but** has any exception. 예외 없는 규칙 없다.

ⓑ She can do **everything but** cook. 그녀는 음식 하는 것 빼고는 뭐든(everything) 잘한다.

ⓒ She can do **nothing but** cook.
그녀는 음식 하는 것 빼고는 아무것도(nothing) 못한다. 음식만 할 줄 안다.

ⓓ My dog does **everything but** speak. 내 개는 말만 빼고는 뭐든지 한다.(영리하다)

ⓔ My dog does nothing but eat.
내 개는 먹는 것 빼고는 아무것도 못한다.(멍청하다); 먹기만 한다.

(4) except가 비격식적 표현인데 비해 but은 격식적이다.

Ⓐ No one comes to the Father except through me.(NIV, 2007)

Ⓑ No one comes to the Father but through me.(NASB, 1980)
나로 말미암지 않고는 아버지께 올 자가 없느니라(요 14:6)

Q2 "무엇 때문에?"라고 물을 때 영어로 "What for?"라고 말한다. "For what?"(?)이라고 하지 않는다. 그 이유를 설명해 봅시다.

A2 영어의 전치사는 명사나 대명사 앞에 오는 말이기 때문에 붙여진 이름이다. 하지만 예외가 있다. 다음 세 가지 경우에 한하여 전치사는 (대)명사 앞에 오지 않고 후치된다.

「wh 의문사」와 함께 쓰인 전치사 (1) 'for가 이유, 목적', (2) 'with가 도구'의 뜻으로 쓰일 때, for와 with는 전치사인데도 불구하고 각각 의문사 앞으로 전치될 수 없고 반드시 후치된다.

(1) for(이유 · 목적)

ⓐ 무슨 목적으로(왜) 교회에 다니십니까?

◦ What do you go to church for?(O) → What for?(O)
= Why do you go to church?
cf) For what do you go to church?(?) → For what?(?)

▻ 그런데 헤밍웨이의 소설「누구를 위하여 종은 울리나」는 영어로「For whom the bell tolls.」라고 말한다.「Whom the bell tolls for.(?)」라고 말하지 않는다.

▻ 전치사 for가 반드시 후치되어야 하는 앞선 예와는 다르다. 여기의 for는 우리말로는「~을 위하여」이지만 그 의미가 다르기 때문이다. 이때의 for는「목적」이 아니라 against의 상대적인 말로「찬성, 지지」의 뜻이다. 이럴 경우에는 격식적으로 말할 때 전치사 for가 의문사 앞으로 전치될 수 있다.

ⓑ 당신(들)은 지금 누구를 위하여 싸우고 있는가?

◦ For whom are you fighting now?(격식적)
◦ Who(m) are you fighting for now?(비격식적)

(2) with(도구)

ⓐ A: 무엇으로(무엇을 가지고) 김치를 먹나요?
- What can I have Gimchi with?(O) → What with?(O)
- With what can I have Gimchi?(×) → With what?(×)

B: 젓가락으로 먹습니다.
- (You can have Gimchi) With chopsticks.

▷ 위 예와는 달리 「너는 오늘 누구와 함께 점심을 먹니?」라는 말을 영어로 할 때 「~와 함께」는 도구가 아니라 「동반의 의미」이다.

▷ 그러므로 격식적 표현에서는 전치사 with가 의문사 앞에 올 수 있다. 전치사를 후치시키는 것은 구어적 표현이 된다.

ⓑ With whom are you going to have lunch today?(문어)

ⓒ Who(m) are you going to have lunch with today?(구어)

(3) 「be동사 + 전치사」가 있는 「wh의문사」 의문문에서 전치사는 의문사 앞으로 전치되지 않고 후치되어야 한다.

ⓐ A: 어디서 오셨어요?
- Where are you from? = Where do you come from? (O)
- From where are you? (×)

B: 캐나다에서 왔어요.
- From Canada.

ⓑ A: What is Switzerland famous for? 스위스는 무엇으로 유명한가요?
B: It is famous for the Alps. 그 나라는 알프스로 유명합니다.

ⓒ A: What are you worried about now? 당신은 지금 무엇을 걱정하고 있나요?
B: I am worried about nothing now. 지금 걱정이 아무것도 없어요.

ⓓ A: What is he absorbed in? 그는 무엇에 빠져 있나요?
B: He is absorbed in Internet games. 그는 인터넷 게임에 빠져있어요.

Q3 「~에 관한」의 의미로 쓰인 전치사 on, about, in, of는 각각 어떤 차이가 있을까?

A3 (1) on: 「공식적, 전문적인 것에 관한」

ⓐ a lecture on Korean modern history: 한국 근대사에 관한 강의

ⓑ an examination on English grammar: 영문법 시험

ⓒ a mook **on** the sports car: 경주용 자동차에 관한 전문 잡지

ⓓ a journal **on** overseas broadcasting: 해외방송에 관한 정기 간행물

(2) about: 「비공식적, 비전문적인 것에 대한」

ⓐ a guide book **about** bicycle tracks(paths) in Seoul: 서울의 자전거 여행**에 대한** 안내책자

ⓑ a gossip **about** the movie star: 영화배우**에 대한** 잡담

ⓒ a conversation **about** shopping: 쇼핑**에 대한** 대화

ⓓ a story **about** the bear in Soraksan: 설악산 반달곰 이야기

(3) in: 「어떤 언어(과목)에 관한, 어떤 강좌에 관한」

ⓐ an examination **in** English: 영어시험

ⓑ the present perfect tense **in** English: 영어 현재완료 시제

ⓒ an examination **in** mathematics: 수학시험

ⓓ Special Topics **in** Real estate Investment: 부동산 투자 특강

(4)

of ▸ a study 다음에 of가 오면 study는 연구라는 뜻이 된다.
▸ a study 다음에 on이 오면 study는 연구라는 뜻이 아니라 논문 즉 글이라는 의미다.

ⓐ **A Study of** the Relative Pronouns in English 영어 관계대명사**에 관한 연구**

ⓑ **A Study on** the Relative Pronouns in English 영어 관계대명사**에 관한 논문(글)**

▹ 그러므로 논문의 표지에 제목을 쓸 때 「**A Study on** ~」이라고 말하면 우스꽝스런 결과를 초래한다. 책을 쓰면서 표지 제목을 「~책」이라고 말하는 사람은 없기 때문이다.

▹ 논문 표지의 제목은 당연히 「~에 관한 연구」「**A Study of** ~」로 해야 한다. 'A Study'를 빼고 '연구'라는 말없이 단순히 「~에 관하여」라고만 말한다면 「**On** ~」라고 말할 수 있다.

ⓒ 한반도 야생식물**에 관한 연구**

◦ **A Study of the wild plant** in the Korean Peninsular:
= **On** the wild plant in the Korean Peninsular

ⓓ 그는 지금 한반도 **야생동물에 관한 논문(글)**을 쓰고 있는 중이다.

◦ He is writing **a study on the wild animal** in the Korean Peninsular.

ⓔ **A study of longevity** enabled him to receive a Ph. D.(degree) ten years ago.
장수에 관한 연구로 그는 10년 전 박사학위를 받았다.

ⓕ He often writes **a study on longevity** in the paper. 그는 종종 **장수에 관한 글**을 기고한다.

Check-up 세상영어

※ Translate the followings into English.

1. 날씨가 너무 더워 나는 물속으로 뛰어들지 않을 수 없었다.

2. 내 아내는 종종 나에게 아파트 창밖으로 담요를 털어 달라고 부탁한다.
   - 담요를 털다(담요에서 먼지를 털어내다) shake the dust off the blanket

3. 이 약을 어린이들 손에 닿지 않는 곳에 간수하도록 하시오.

4. 그녀는 마침내 깊은 잠에서 깨어났다.

5. A: 무슨 이유로 예수가 십자가에 못 박히셨나요? 무엇 때문에?
   B: 인간의 죄를 대속하기 위하여
   - 죄의 대속 redemption

6. 현 경제정책이 중소기업에 불리하게 돌아갈 것이다.
   - 중소기업 the small and medium companies

7. A: 당신은 무엇으로 당신 정원의 잔디를 깎습니까?
   B: 잔디 깎는 기계로 깎아요.

8. A: 이 사진을 무엇으로 찍었습니까?
   B: 내 스마트 폰으로 찍었어요.

9. 당신은 이번 여름 휴가를 누구와 함께 즐기실 것입니까?

10. 당신은 학창시절 어떤 과목을 잘했습니까? 그리고 지금은 어떤 분야에 정통하십니까?

11. 워싱턴의 지금 날씨는 어떤가요?

12. 당신은 여기서 누구를 기다리고 있습니까?

13. 나는 지난 토요일 집에서 TV를 본 것 말고는 한 게 없다.

14. 한국과 미국이 통화 교환 협정을 맺었다는 뉴스에 달러 대비 원화가치가 반등했다.
   ㅁ 통화 교환 협정 a currency swap agreement / 반등하다(회복하다) rally

15. 우리 집에서 나 빼곤 모든 사람이 그 결과에 만족했다.

16. 그가 이웃집에 산다는 것 빼고는 그에 대해 아는 게 없다.

17. 당신은 겨울만 빼고는 언제라도 휴가를 갈 수 있다.

18. 이 수치들에 따르면 그 회사는 지금 잘 돌아가지 않고 있다.

19. 그녀는 자기 엄마를 여러모로 쏙 빼닮았다.

20. 그는 지난주부터 누가복음을 읽어 오는 중이다.

21. 많은 학자들이 지금 암 예방에 관해 연구 중이다.
   ㅁ 암 예방 cancer prevention

22. 최박사가 내년에 성경 영어에 관한 논문을 학회지에 발표할 것이다.

23. 김 목사님이 오는 주일에 자녀 교육에 관해 설교하실 것이다.

24. 그는 어제 우리에게 그의 최근 북한 방문에 대해 얘기해 주었다.

25. Smith 박사에 대해서 많은 얘기를 들어 왔기 때문에 빨리 만나고 싶다.

Answer to Check-Up

1. It was so hot that I couldn't help jumping (couldn't but jump) into the water.
2. My wife often asks me to shake the dust off the blanket out of the apartment window.
3. Please keep this medicine out of children's reach.
4. At last she woke up out of a deep sleep.
5. A: What was Jesus crucified for? What for?
   B: For man's redemption.
6. The present economic policy will work against the small and medium companies.
7. A: What do you cut the grass in your garden with?
   B: With a lawn mower.
8. A: What did you take this picture with?
   B: With my smart phone.
9. ◦ With whom are you going to enjoy your summer vacation? (문어)
   ◦ Who(m) are you going to enjoy your summer vacation with?(구어)
10. What subject were you good at in your school days and what field are you familiar with now?
11. What is the weather like in Washington now?
12. ◦ For whom are you waiting here?(문어)
    ◦ Who(m) are you waiting for here?(구어)
13. I did nothing at home but watch TV last Saturday.
14. The won rallied against the dollar on news that Korea and the U.S. signed a currency swap agreement.
15. Everyone was satisfied with the result except (for) me in our family.
16. I know nothing about him except that he lives next door.
17. You can take your holidays at any time except in winter.
18. According to these figures, the company is not doing well now.
19. She is very like her mother in every respect.
20. He has been reading the Gospel according to St. Luke since last week.
21. A lot of scholars are now making a study of cancer prevention.
22. Dr. Choi will publish a study on the Bible English in the journal next year.
23. Rev. Kim will give a lecture on (about) the education of our children next Sunday.
24. He told us about his recent visit to North Korea yesterday.
25. I've heard such a lot about Dr. Smith that I'm looking forward to seeing him at once.

Reading & Listening 성경영어

▸▸ into / out of

① If your hand causes you to sin, cut it off. It is better for you to enter life maimed than with two hands to go **into hell**, where the fire never goes out. If your foot causes you to sin, cut it off. It is better for you to enter life crippled than to have two feet and be thrown **into hell**.(MK 9:43-44)

- enter life maimed 불구자로 영생에 들어가다, maim 불구가 되게 하다
- , where the fire never goes out 그곳에서는 불이 결코 꺼지지 않는다(관계부사 계속적 용법)
- enter life crippled 절뚝발이로 영생에 들어가다, cripple 절름발이가 되게 하다

만일 네 손이 너를 범죄하게 하거든 찍어 버리라 불구자로 영생에 들어가는 것이 두 손을 가지고 지옥 꺼지지 않는 불에 들어가는 것보다 나으리라 만일 네 발이 너를 범죄하게 하거든 찍어 버리라 절뚝발이로 영생에 들어가는 것이 두 발을 가지고 지옥에 던지우는 것보다 나으리라(막 9:43-44)

② Give, and it will be given to you. A good measure, pressed down, shaken together and running over, will be poured **into your lap**. For with the measure you use, it will be measured to you.(LK 6:38)

- pressed down, shaken together and running over 후히 되어 누르고 흔들어 넘치도록 하여

주라 그리하면 너희에게 줄 것이니 곧 후히 되어 누르고 흔들어 넘치도록 하여 너희에게 안겨 주리라 너희의 헤아리는 그 헤아림으로 너희도 헤아림을 도로 받을 것이니라(눅 6:38)

③ Now the LORD God had planted a garden in the east, in Eden; and there he put the man he had formed. And the LORD God made all kinds of tree grow **out of the ground** – trees that were pleasing to the eye and good for food. In the middle of the garden were the tree of life and the tree of the knowledge of good and evil.(GE 2:8-9)

- made all kinds of tree(O) grow(O.C): make사역동사, grow 원형부정사
- breathe the breath of life 생기를 불어 넣다 / a living being 생령(살아 있는 존재)

여호와 하나님이 동방의 에덴에 동산을 창설하시고 그 지으신 사람을 거기 두시니라 여호와 하나님이 그 땅에서 보기에 아름답고 먹기에 좋은 나무가 나게 하시니 동산 가운데에는 생명나무와 선악을 알게 하는 나무도 있더라(창 2:8-9)

④ So the LORD God caused the man to fall into a deep sleep; and while he was sleeping, he took one of the man's ribs and closed up the place with flesh. Then the LORD made a woman from the ribs he had taken **out of the man**, and he brought her to the man.(GE 2:21-22)

▫ rib 갈비뼈 cf. rip 쪼개다, 찢다

여호와 하나님이 아담을 깊이 잠들게 하시니 잠들매 그가 그 갈빗대 하나를 취하고 살로 대신 채우시고 여호와 하나님이 아담에게서 취하신 그 갈빗대로 여자를 만드시고 그를 아담에게로 이끌어 오시니(창 2:21-22)

⑤ The LORD answered Moses, "Walk on ahead of the people. Take with you some of the elders of Israel and take in your hand the staff with which you struck the Nile, and go. I will stand there before you by the rock at Horeb. Strike the rock, and water will come **out of it** for the people to drink. So Moses did this in the sight of the elders of Israel.(EX 17:5-6)

▫ in the sight of the elders of Israel 이스라엘 장로들이 보는 앞에서

여호와께서 모세에게 이르시되 백성 앞을 지나서 이스라엘 장로들을 데리고 나일강을 치던 네 지팡이를 손에 잡고 가라 내가 호렙 산에 있는 그 반석 위 거기서 네 앞에 서리니 너는 그 반석을 치라 그것에서 물이 나오리니 백성이 마시리라 모세가 이스라엘 장로들의 목전에서 그대로 행하니라(출 17:5-6)

⑥ The good man brings good things **out of the good** stored up in his heart, and the evil man brings evil things **out of the evil** stored up in his heart. For **out of the overflow** of his heart his mouth speaks.(LK 6:45)

▫ ~ stored up in his heart 마음의 쌓은(그의 마음속에 쌓인)

선한 사람은 마음의 쌓은 선에서 선을 내고 악한 자는 그 쌓은 악에서 악을 내나니 이는 마음의 가득한 것을 입으로 말함이니라(눅 6:45)

⑦ As he looked up, Jesus saw the rich putting their gifts into the temple treasury. He also saw a poor widow put in two very small copper coins. "I tell you the truth," he said, "this poor widow has put in more than all the others. All these people gave their gifts **out of their wealth**; but she **out of her poverty** put in all she had to live on."(LK 21:1-4)

▫ temple treasury 헌금함, all she had to live on 자기가 가지고 있는 생활비 전부

예수께서 눈을 들어 부자들이 헌금함에 헌금 넣는 것을 보시고 또 어떤 가난한 과부가 두 렙돈 넣는 것을 보시고 이르시되 내가 참으로 너희에게 말하노니 이 가난한 과부가 다른 모든 사람보다 많이 넣었도다 저들은 그 풍족한 중에서 헌금을 넣었거니와 이 과부는 그 가난한 중에서 자기가 가지고 있는 생활비 전부를 넣었느니라(눅 21:1-4)

⑧ **Out of the same mouth** come praise and cursing. My brothers, this should not be. Can both fresh water and salt water flow from the same spring? My brothers, can a fig tree bear olives, or a grapevine bear figs? Neither can a salt spring produce fresh water.(JAS 3:10-12)

- a fig tree 무화과나무, olives 감람 열매, a grapevine 포도나무
- a salt water(spring) 짠물, fresh water 단물

한 입에서 찬송과 저주가 나오는 도다 내 형제들아 이것이 마땅하지 아니하리라 샘이 한 구멍으로 어찌 단 물과 쓴 물을 내겠느냐 내 형제들아 어찌 무화과나무가 감람 열매를 포도나무가 무화과를 맺겠느냐 이와 같이 짠물이 단물을 내지 못하느니라(약 3:10-12)

▸▸ for / against

⑨ So the Israelites put away their Baals and Ashtoreths, and served the LORD only. Then Samuel said, "Assemble all Israel at Mizpah and I will intercede with the LORD **for you**."(1SA 7:4-5)

- intercede with the LORD for ~ 아무를 위해 중보기도하다

이에 이스라엘 자손이 바알들과 아스다롯을 제거하고 여호와만 섬기니라 사무엘이 이르되 온 이스라엘은 미스바로 모이라 내가 너희를 위하여 여호와께 기도하리라 하매(삼상 7:4-5)

⑩ He who did not spare his own Son, but gave him up **for us all** – how will he not also, along with him, graciously give us all things?(RO 8:32)

- did not spare his own Son 자기 아들을 아끼지 아니하시고

자기 아들을 아끼지 아니하시고 우리 모든 사람을 위하여 내주신 이가 어찌 그 아들과 함께 모든 것을 우리에게 주시지 아니하겠느냐(롬 8:32)

⑪ This is love: not that we love God, but that he loved us and sent his Son as an atoning sacrifice **for our sins**.(1JN 4:10)

- as an atoning sacrifice 화목제로

사랑은 여기 있으니 우리가 하나님을 사랑한 것이 아니요 오직 하나님이 우리를 사랑하사 우리 죄를 위하여 화목제로 그 아들을 보내셨음이니라(요일 4:10)

⑫ So Moses and Aaron said to all Israelites, "In the evening you will know that it was the LORD who brought you out of Egypt, and in the morning, you will see the glory of the LORD, because he has heard your grumbling **against him**. Who are we, that you should grumble **against us**?"(EX 16:6-7)

- it was the LORD who ~ 강조용법, 강조하는 말 the LORD

모세와 아론이 온 이스라엘 자손에게 이르되 저녁이 되면 너희가 여호와께서 너희를 애굽 땅에서 인도하여 내셨음을 알 것이요 아침에는 너희가 여호와의 영광을 보리니 이는 여호와께서 너희가 자기를 향하여 원망함을 들으셨음이라 우리가 누구이기에 너

희가 우리에게 대하여 원망하느냐(출 16:6-7)

⑬ Then Peter came to Jesus and asked, "Lord, how many times shall I forgive my brother when he sins **against me**? Up to seven times?" Jesus answered, "I tell you, not seven times, but seventy-seven times."(seventy times seven- NLT) (MT 18:21-22)

□ seventy-seven times (seventy times seven-NLT) 일흔 번씩 일곱 번

그때에 베드로가 나아와 가로되 주여 형제가 내게 죄를 범하면 몇 번이나 용서하여 주리이까 일곱 번까지 하오리이까 예수께서 가라사대 네게 이르노니 일곱 번 뿐 아니라 일흔 번씩 일곱 번이라도 할지니라(마 18:21-22)

⑭ For John had been saying to Herod, "It is not lawful for you to have your brother's wife." So Herodias nursed a grudge **against John** and want to kill him. But she was not able to, because Herod feared John and protected him, knowing him to be a righteous and holy man. When Herod heard John, he was greatly puzzled; yet he liked to listen to him.(MK 6:18-19)

□ nurse a grudge against ~에게 원한을 품다

이는 요한이 헤롯에게 말하되 동생의 아내를 취하는 것이 옳지 않다 하였음이라 헤로디아가 요한을 원수로 여겨 죽이고자 하였으되 하지 못한 것은 헤롯이 요한을 의롭고 거룩한 사람으로 알고 보호하며 또 그의 말을 들을 때에 크게 번민을 하면서도 달갑게 들음이러라(막 6:18-19)

⑮ Leaning back **against Jesus**, he asked him, "Lord, who is it?" Jesus answered, "It is the one to whom I will give this piece of bread when I have dipped it in the dish." Then, dipping the piece of bread, he gave it to Judas Iscariot, son of Simon.(JN 13:25-26)

□ lean back against 상체를 굽혀 ~에게 기대다

그가 예수의 가슴에 그대로 의지하여 말하되 주여 누구니이까 예수께서 대답하시되 내가 떡 한 조각을 적셔다 주는 자가 그니라 하시고 곧 한 조각을 적셔서 가룟 시몬의 아들 유다에게 주시니(요 13:25-26)

▸▸ 기타 전치사

⑯ God will give to each person **according to what he has done**. To those who by persistence in doing good seek glory, honor, and immortality, he will give eternal life. But those who are self-seeking and who reject the truth and follow evil, there will be wrath and anger.(RO 2:6-8)

□ by persistence in doing good 참고 선을 행하여

하나님께서 각 사람에게 그 행한 대로 보응하시되 참고 선을 행하여 영광과 존귀와 썩

지 아니함을 구하는 자에게는 영생으로 하시고 오직 당을 지어 진리를 따르지 아니하고 불의를 따르는 자에게는 진노와 분노로 하시리라(롬 2:6-8)

⑰ Those who live **according to the sinful nature** have their minds set on what that nature desires; but those who live **in accordance with the Spirit** have their minds set on what the Spirit desires. The mind of sinful man is death, but the mind controlled by the Spirit is life and peace.(RO 8:5-6)

□ what that nature desires 육신의 일/ have their minds set on ~ 을 생각하다

육신을 따르는 자는 육신의 일을, 영을 따르는 자는 영의 일을 생각하나니 육신의 생각은 사망이요 영의 생각은 생명과 평안이니라(롬 8:5-6)

⑱ Do not let any unwholesome talk come out of your mouth, but only what is helpful for building others up **according to their needs**, that it may benefit those who listen.(EPH 4:29)

□ any unwholesome talk 무릇 더러운 말 / for building others up 덕을 세우는 데

무릇 더러운 말은 너희 입 밖에도 내지 말고 오직 덕을 세우는 데 소용되는 대로 선한 말을 하여 듣는 자들에게 은혜를 끼치게 하라(엡 4:29)

⑲ It is God who works in you to will and to act **according to his good purpose**. Do everything without complaining or arguing.(PHP 2:13-14)

□ It is God who works 강조용법, 강조하는 말 God

□ to will and to act 소원을 두고 행하게 하다, will 바라다, 원하다

너희 안에서 행하시는 이는 하나님이시니 자기의 기쁘신 뜻을 위하여 너희로 소원을 두고 행하게 하시니 모든 일을 원망과 시비를 없이 하라(빌 2:13-14)

⑳ Let no debt remain outstanding, **except the continuing debt** to love one another, for he who loves his fellowman has fulfilled the law.(RO 13:8)

□ no debt remain outstanding 아무 빚도 지지 않다

피차 사랑의 빚 외에는 아무에게든지 아무 빚도 지지 말라 남을 사랑하는 자는 율법을 다 이루었느니라(롬 13:8)

㉑ Sons are a heritage from the LORD, children a reward from him. **Like arrows** in the hands of a warrior are sons born in one's youth. Blessed is the man whose quiver is full of them. They will not be put to shame when they contend with their enemies in the gate.(PS 127:3-5)

□ heritage 기업, 유산, quiver 화살통

보라 자식들은 여호와의 기업이요 태의 열매는 그의 상급이로다 젊은 자의 자식은 장사의 수중의 화살과 같으니 이것이 그의 화살통에 가득한 자는 복되도다 그들이 성문에서 그들의 원수와 담판할 때에 수치를 당하지 아니하리로다(시 127:3-5)

㉒ The idols of the nations are silver and gold, made by the hands of men. They have mouths, but cannot speak, eyes but they cannot see; they have ears, but cannot hear, nor is there breath in their mouths. Those who make them will be **like them**, and so will all who trust in them .(PS 135:15-18)

열국의 우상은 은금이요 사람의 손으로 만든 것이라 입이 있어도 말하지 못하며 눈이 있어도 보지 못하며 귀가 있어도 듣지 못하며 그 입에는 아무 호흡도 없나니 그것을 만든 자와 그것을 의지하는 자가 다 그것과 같으리로다(시 135:15-18)

㉓ Even youths grow tired and weary, and young men stumble and fall; but those who hope in the LORD will renew their strength. They will soar on wings **like eagles**; they will run and not grow weary, they will walk and not be faint.(ISA 40:30-31)

- grow tired and weary 피곤하며 곤비하다, stumble and fall 넘어지며 자빠지다
- soar on wings 날개치며 오르다

소년이라도 피곤하며 곤비하며 장정이라도 넘어지며 쓰러지되 오직 여호와를 앙망하는 자는 새 힘을 얻으리니 독수리가 날개치며 올라감 같을 것이요 달음박질하여도 곤비하지 아니하겠고 걸어가도 피곤하지 아니하리로다(사 40:30-31)

㉔ There was a violent earthquake, for an angel of the Lord came down from heaven and, going to the tomb, rolled back the stone and sat on it. His appearance was **like lightning**, and his clothes were white as snow. The guards were so afraid of him that they shook and became **like dead men**.(MT 28:2-4)

큰 지진이 나며 주의 천사가 하늘로부터 내려와 돌을 굴려 내고 그 위에 앉았는데 그 형상이 번개 같고 그 옷은 눈같이 희거늘 지키던 자들이 그를 무서워하여 떨며 죽은 사람과 같이 되었더라(마 28:2-4)

㉕ When Jesus saw that a crowd was running to the scene, he rebuked the evil spirit. "You deaf and mute spirit," he said, "I command you, come out of him and never enter him again." The spirit shrieked, convulsed him violently and came out. The boy looked so much **like a corpse** that many said, "He is dead." But Jesus took him by the hand and lifted him to his feet, and he stood up.(MK 9:25-27)

- shriek 외마디 소리를 지르다, convulse 경련을 일으키게 하다 corpse 시체

예수께서 무리가 달려와 모이는 것을 보시고 그 더러운 귀신을 꾸짖어 이르시되 말 못하고 못 듣는 귀신아 내가 네게 명하노니 그 아이에게서 나오고 다시 들어가지 말라 하시매 귀신이 소리 지르며 아이로 심히 경련을 일으키게 하고 나가니 그 아이가 죽은 것 같이 되어 많은 사람이 말하기를 죽었다 하나 예수께서 그 손을 잡아 일으키시니 이에 일어서니라(막 9:25-27)

Writing & Speaking 성경영어

① 여호와는 나의 목자시니 내가 부족함이 없으리로다 그가 나를 푸른 풀밭에 누이시며 쉴 만한 물가로 인도하시는도다(시 23:1-2)

- 부족하다 be in want

The LORD is my shepherd, I shall not be in want. He makes me lie down in green pastures, he leads me **beside quiet waters**.(PS 23:1-2)

② 범사에 기한이 있고 천하만사가 다 때가 있나니(전 3:1)

There is a time **for everything**, and a season **for every activity** under heaven. (ECC 3:1)

③ 너는 기도할 때에 네 골방에 들어가 문을 닫고 은밀한 중에 계신 네 아버지께 기도하라 은밀한 중에 보시는 네 아버지께서 갚으시리라(마 6:6)

- 은밀한 중에 보시는 who sees what is done in secret

When you pray, go **into your room**, close the door and pray to your Father, who is unseen. Then your Father, who sees what is done in secret, will reward you. (MT 6:6)

④ 누구든지 제 목숨을 구원하고자 하면 잃을 것이요 누구든지 나를 위하여 제 목숨을 잃으면 찾으리라(마 16:25-26)

Whoever wants to save his life will lose it, but whoever loses his life **for me** will find it.(MT 16:25-26)

⑤ 하나님의 나라가 무엇과 같을까? 내가 무엇으로 비교할까? 마치 사람이 자기 채소밭에 갖다 심은 겨자씨 한 알 같으니 자라 나무가 되어 공중의 새들이 그 가지에 깃들였느니라(눅 13:18-19)

- 깃들이다 perch

What is the kingdom of God **like**? What shall I compare it to? It is **like a mustard seed**, which a man took and planted in his garden. It grew and became a tree, and the birds of the air perched in its branches.(LK 13:18-19)

⑥ 하나님이 그 아들을 세상에 보내신 것은 세상을 심판하려 하심이 아니요 그로 말미암아 세상이 구원을 받게 하려 하심이라(요 3:17)

□ 세상을 심판하다 condemn the world

God did not send his Son into the world to condemn the world, but to save the world through him.(JN 3:17)

⑦ 사람이 감당할 시험밖에는 너희가 당한 것이 없나니 오직 하나님은 미쁘사 너희가 감당하지 못할 시험 당함을 허락하지 아니하시고 시험 당할 즈음에 또한 피할 길을 내사 너희로 능히 감당하게 하시느니라(고전 10:13)

□ 감당할 시험(사람에게 공통적인 것) what is common to man
□ 감당하지 못할 시험(참을 수 있는 범위를 벗어난) beyond what you can bear
□ 피할 길을 내사 provide a way out

No temptation has seized you except what is common to man. And God is faithful; he will not let you be tempted beyond what you can bear. But when you are tempted, he will also provide a way out so that you can stand up under it.(1CO 10:13)

⑧ 아무 일에든지 다툼이나 허영으로 하지 말고 오직 겸손한 마음으로 각각 자기보다 남을 낫게 여기고(빌 2:3)

□ 다툼이나 허영 selfish ambition or vain conceit / 겸손한 마음으로 in humility

Do nothing out of selfish ambition or vain conceit, but in humility consider others better than yourselves.(PHP 2:3)

⑨ 너는 말씀을 전파하라 때를 얻든지 못 얻든지 항상 힘쓰라 범사에 오래 참음과 가르침으로 경책하며 경계하며 권하라(딤후 4:2)

Preach the Word; be prepared in season and out of season; correct, rebuke and encourage – with great patience and careful instruction.

Today's Golden Rule

○ For we brought nothing into the world, and we can take nothing out of it.(1TI 6:7-8)

우리가 세상에 아무 것도 가지고 온 것이 없으매 또한 아무 것도 가지고 가지 못하리니(딤전 6:7-8)

Day 38. 표현법

Verse to Remember

□ 표현법(manner of expression):

A. 댓구법(Parallelism)

B. 구두법(Punctuation): 1. colon(:) 2. semicolon(;)

A. 댓구법

- 댓구법(parallelism)이란 구성요소 A와 B를 접속사로 연결하여 말하는 법이다.
- A와 B를 등위 접속사 and 로 연결하여 「A and B」라고 말할 때, 또는 비교를 나타내는 접속사 than으로 A와 B를 연결하여 「A than B」라고 말할 때 우리말과 영어 표현법이 근본적으로 다르다. 우리말은 접속되는 구성요소 A와 B에 아무런 제약이 없다. 다시 말하면 A와 B가 어떤 형태의 말이든 연결될 수 있다.
- 이와는 달리 영어에서는 구성요소 A와 B가 형식과 내용에 있어서 문법적으로 동일한 조건일 때에 한하여 연결될 수 있다. 우리에게는 "이 정도까지 구성요소 A와 B의 성격이 같아야 한단 말인가?"하는 의문이 들 정도다.
- 이러한 까다로운 조건에 익숙하지 않은 우리는 우리말식으로 영어를 사용하게 되고 이는 곧 잘못된 영어, 어색한 영어가 되기 쉽다.
- 성경영어는 이러한 '동일한 조건의 구성요소들'이 and, but, than 등의 등위 접속사로 연결되는 풍부하고도 다양한 댓구법(parallelism)예문들을 제공하고 있다. 이를 통해 우리말과 영어 표현의 차이점을 극복할 수 있을 것이다.

1. 등위(상관) 접속사

(1) A **and** B / A **but** B

(2) (**either**) A **or** B / **neither** A **nor** B

(3) **not** A **but** B / **not only** A **but also** B / A **as well as** B

(1) A and B / A but B

① I am the way **and** the truth **and** the life. No one comes to the Father except through me.(JN 14:6)

- the + 명사 and the + 명사 and the + 명사
- No one ~ except through me: 이중 부정(강한 긍정의 의미)

내가 곧 길이요 진리요 생명이니 나로 말미암지 않고는 아버지께로 올 자가 없느니라(요 14:6)

② God is spirit, and his worshipers must worship in spirit **and** in truth.(JN 4:24)

- in + 명사 and in + 명사 / his worshipers 예배하는 자

하나님은 영이시니 예배하는 자가 영과 진리로 예배할지니라(요 4:24)

③ Heaven and earth will pass away, **but** my words will never pass away.(MK 13:31)

- S will 본동사 but S will 본동사

천지는 없어지겠으나 내 말은 없어지지 아니하리라(막 13:31)

DAY 38. 표현법

(2) (either) A or B / neither A nor B

① Look at the birds of the air. they do not sow **or** reap **or** store away in barns, and yet your heavenly Father feeds them. Are you not much more valuable than they?(MT 6:26)

- 동사 or 동사 or 동사

공중의 새를 보라 심지도 않고 거두지도 않고 창고에 모아들이지도 아니하되 너희 하늘 아버지께서 기르시나니 너희는 이것들 보다 귀하지 아니하냐(마 6:26)

② **Neither** the pillar of cloud by day **nor** the pillar of fire by night left its place in front of the people.(EX 13:22)

- neither the pillar ~ nor the pillar ~ / pillar 기둥, 지주

낮에는 구름 기둥, 밤에는 불기둥이 백성 앞에서 떠나지 아니하니라(출 13:22)

③ I planted the seed, Apollos watered it, but God made it grow. So **neither** he who plants **nor** he who waters is anything, but only God, who makes things grow.(1CO 3:6-7)

- neither he who ~ nor he who ~ / make it grow 자라나게 하다, water 물을 주다

나는 심었고 아볼로는 물을 주었으되 오직 하나님께서 자라나게 하셨나니 그런즉 심는 이나 물주는 이는 아무것도 아니로되 오직 자라나게 하시는 이는 하나님뿐이니라(고전 3:6-7)

(3) not A but B / not only A but also B / A as well as B

① The Son of Man did **not** come to be served, **but** to serve, and to give his life as a ransom for many.(MT 20:28, MK 10:45)

- not to 부정사 but to 부정사 / as a ransom 대속물로

인자가 온 것은 섬김을 받으려 함이 아니라 도리어 섬기려 하고 자기 목숨을 많은 사람의 대속물로 주려 함이니라(마 20:28, 막 10:45)

② Man does **not** live on bread alone, **but** on every word that comes from the mouth of God.(MT 4:4)

- not on + 명사 but on + 명사

사람이 떡으로만 살 것이 아니요 하나님의 입으로부터 나오는 모든 말씀으로 살 것이라(마 4:4)

③ Now there is in store for me the crown of righteousness, which the Lord, the righteous judge, will award to me on that day and **not only** to me, **but also** to all who have longed for his appearing.(2TI 4:8)

- be in store for ~ ~을 위하여 ~이 예비(준비)되다, the crown of righteousness 의의 면류관
- not only to me, but also to all who have longed for his appearing

이제 후로는 나를 위하여 의의 면류관이 예비되었으므로 주 곧 의로우신 재판장이 그 날에 내게 주실 것이며 내게만 아니라 주의 나타나심을 사모하는 모든 자에게도니라(딤후 4:8)

2. 비교

① It is **better** to take refuge in the LORD **than** to trust in man.(PS 118:8)

- It is 비교급 to 부정사 than to 부정사 / take refuge in ~에 피하다

여호와께 피함이 사람을 신뢰함보다 나으며(시 118:8)

② How hard it is for the rich to enter the kingdom of God! Indeed it is **easier** for a camel to go through the eye of a needle **than** for a rich man to enter the kingdom of God.(LK 18:24-25)

- It is 비교급 for 의미상 주어 + to 부정사 than for 의미상 주어 + to 부정사
- the eye of a needle 바늘귀

재물이 있는 자는 하나님의 나라에 들어가기가 어떻게 어려운지 약대가 바늘귀로 들어가는 것이 부자가 하나님의 나라에 들어가는 것보다 쉬우니라(눅 18:24-25)

③ Your attitude should be **the same as** that of Christ Jesus.(PHI 2:5)

- Your attitude is the same as the attitude of Christ Jesus.

너희 안에 이 마음을 품으라 곧 그리스도 예수의 마음이니(빌 2:5)

B. 구두법

1. colon(:)

「A: B」에서, A는 B를 말하기 위한 제목, 표제어 또는 소개문이다. 그러므로 B는 A에 대한 구체적 내용이 되며 화자가 말하려는 새로운 정보가 된다.

① This, then, is how you should pray: Our Father in heaven, hallowed be your name. your Kingdom come, your will be done on earth, as it is in heaven.(MT 6:9-10)

□ hallow 거룩하게 하다, 신성하게하다, hallowed be your name. ← your name be hallowed.

그러므로 너희는 이렇게 기도하라 하늘에 계신 우리 아버지여, 이름이 거룩히 여김을 받으시오며 나라가 임하시오며 뜻이 하늘에서 이루어진 것같이 땅에서도 이루어 지이다(마 6:9-10)

② Then they asked him, "What must we do to do the works God requires?" Jesus answered, "The work of God is this: to believe in the one he has sent."(JN 6:28-29)

그들이 묻되 우리가 어떻게 하여야 하나님의 일을 하오리이까 예수께서 대답하여 이르시되 하나님께서 보내신 이를 믿는 것이 하나님의 일이니라(요 6:28-29)

③ Remember this: Whoever sows sparingly will also reap sparingly, and whoever sows generously will also reap generously.(2CO 9:6)

이것이 곧 적게 심는 자는 적게 거두고 많이 심는 자는 많이 거둔다 하는 말이로다(고후 9:6-7)

2. semicolon(;)

「A; B」에서 B는,

(1) A; B; C; D… 등으로 열거할 때 하나의 구성요소

(2) A와 대조, 대비

(3) A에 대한 구체적인 보충 설명

- colon과 달리 「A; B」에서는 A와 B가 둘 다 새로운 정보가 된다.
- B는 A에 대한 추가적인 정보가 된다. 그러므로 B 앞에는 등위접속사 and, but, yet, 그리고 in fact와 같은 부사구가 오기도 한다.

(1) A; B … 열거

A; B; C; **and** D: 마지막 구성요소 D앞에서 **and**를 말하기도 한다.

① A generous man will prosper; he who refreshes others will himself be refreshed.(PR 11:25)

구제를 좋아하는 자는 풍족하여질 것이요 남을 윤택하게 하는 자는 윤택하여지리라 (잠 11:25)

② May your father and mother be glad; may she who gave you birth rejoice!(PR 23:25)

ㅁ rejoice기뻐하다, 기쁘게 하다

네 부모를 즐겁게 하며 너 낳은 어미를 기쁘게 하라 (잠 23:25)

③ Ask, and it will be given to you; Seek and you will find; Knock and the door will be opened to you.(MT 7:7)

구하라 그러면 너희에게 주실 것이요 찾으라 그러면 너희가 찾을 것이요 문을 두드리라 그러면 너희에게 열릴 것이니(마 7:7)

④ I am the resurrection and the life. He who believes in me will live, even though he dies; and whoever lives and believes in me will never die.(JN 11;25-26)

나는 부활이요 생명이니 나를 믿는 사람은 죽어도 살겠고 무릇 살아서 나를 믿는 사람은 영원히 죽지 아니하리니(요 11;25-26)

⑤ I believe in the Holy Ghost; The Holy Catholic Church; The communion of saints; The forgiveness of sins; The resurrection of the body; And the life everlasting. Amen.(The Apostles' Creed)

나는 성령을 믿으며, 거룩한 공교회와 성도의 교제와 죄를 용서받는 것과 몸의 부활과 영생을 믿습니다. 아멘.(사도신경)

(2) A; B 대조, 대비

주로 semicolon 다음에 but, yet 등이 온다.

① He has made everything beautiful in its time. He has also set eternity in the hearts of men; yet they cannot fathom what God has done from beginning to end.(ECC 3:11)

하나님이 모든 것을 지으시되 때를 따라 아름답게 하셨고 또 사람들에게는 영원을 사모하는 마음을 주셨느니라 그러나 하나님이 하시는 일의 시종을 사람으로 측량할 수 없게 하셨도다(전 3:11)

② A woman giving birth to a child has pain because her time has come; **but** when her baby is born she forgets the anguish because of her joy that a child is born into the world.(JN :16:21)

여자가 해산하게 되면 그 때가 이르렀으므로 근심하나 아기를 낳으면 세상에 사람 난 기쁨으로 말미암아 그 고통을 다시 기억하지 아니하느니라(요 :16:21)

③ The one who sows to please his sinful nature from the nature will reap destruction; the one who sows to please the Spirit from the spirit will reap eternal life.(GAL 6:8)

자기의 육체를 위하여 심는 자는 육체로부터 썩어질 것을 거두고 성령을 위하여 심는 자는 성령으로부터 영생을 거두리라(갈 6:8)

(3) A; B 보충 설명

① Do not love sleep or you will grow poor; stay awake and you will have food to spare.(PR 20:13)

너는 잠자기를 좋아하지 말라 네가 빈궁하게 될까 두려우니라 네 눈을 뜨라 그리하면 양식에 족하리라(잠 20:13)

② Through him all things were made; without him nothing was made that has been made.(JN 1:3)

모든 것이 그로 말미암아 지은바 되었으니 지은 것이 하나도 그가 없이는 된 것이 없느니라.(요 1:3)

③ Therefore, if anyone is in Christ, he is a new creation; the old has gone, the new has come.(2CO 5:17)

그런즉 누구든지 그리스도 안에 있으면 새로운 피조물이라 이전 것은 지나갔으니 보라 새것이 되었도다(고후 5:17)

④ The prayer offered in faith will make the sick person well; the Lord will raise him up.(JAS 5:15)

□ raise up 일으키다 / the prayer offered in faith 믿음의 기도

믿음의 기도는 병든 자를 구원하리니 주께서 그를 일으키시리라(약 5:15)

Q&A 세상영어

Q1 **우리말들을 다음과 같이 영어로 말할 때 잘못된 부분이 있다. 그 이유를 설명하고 올바른 영어로 말하시오.**

(1) 그는 미국이나 영국에도 가본 적은 없지만 영어를 잘한다.
◦ Though he has been neither to the U.S nor England, he is good at English.

(2) 나의 옛 친구들이 지금 어디서 무엇을 하고 있을까?
◦ I wonder where and what my old friends are doing now.

(3) 서울의 인구는 워싱턴보다 훨씬 많다.
◦ The population of Seoul is much larger than Washington.

(4) 하나님은 영이시니 예배하는 자가 영과 진리로 예배할지니라(요 4:21)
● God is spirit, and his worshipers must worship in spirit and truth.

A1 (1) 그는 미국이나 영국에도 가본 적은 없지만 영어를 잘한다.

◦ Though he has been neither to the U.S nor England, he is good at English.(?)

▻ 「neither A nor B」에서 A는 to the U.S(전치사 + 명사)이고, B는 England(명사)뿐이다. 즉, 구성요소가 다르므로 연결할 수 없다.

▻ 구성요소 B의 형태를 A와 같이 to England로 해야 nor로 연결할 수 있다. 따라서 다음과 같이 말해야 올바른 영어가 된다.

◦ Though he has been neither to the U.S nor to England, he is good at English.(O)

(2) 나의 옛 친구들이 지금 어디서 무엇을 하고 있을까?

◦ I wonder where and what my old friends are doing now.(?)

▻ 우리말로는 「어디서 그리고 무엇을」이라고 얼마든지 말할 수 있지만 영어로는 우리말 방식 그대로 「where and what」이라고 말할 수 없다.

▻ where는 의문 부사이고, what은 의문 대명사이므로 부사와 대명사를 동등한 자격에서 and로 연결할 수는 없다는 것이 영어식 논리이다. 따라서 다음과 같이 고쳐야 한다.

◦ I wonder what my old friends are doing now and where.(O)

(3) 서울의 인구는 워싱턴보다 훨씬 많다.

◦ The population of Seoul is much larger **than** Washington.(?)

▻ '서울의 인구는 워싱턴보다 훨씬 많다.'라는 우리말은 틀림이 없다. 비교의 대상이 서울의 인구와 워싱턴의 인구 이지만 우리말에서는 인구란 말이 중복되어 생략하는 것이 자연스런 말이다.

▻ 우리말은 비교되는 구성요소의 형태는 달라도 내용만 같으면 생략할 수 있다. 하지만 영어에 서는 비교되는 말의 형태나 기능이 서로 다르면 생략할 수 없다.

▻ 즉, 영어에서는 인구(The population of Seoul)와 도시(Washington)를 동일선상에서 비교할 수 없다는 것이다.

▻ 그러므로 The population of Seoul과 같은 형태의 The population of Washington이 되어야 비교가 가능해 진다. 우리말 생략의 범위가 영어보다 크기 때문에 생기기 쉬운 오류이다.

◦ The population of Seoul is much larger than the population of Washington.(?)

▻ 그런데 한 문장 안에 똑같은 단어가 중복되므로 뒤의 the population을 대명사 that 으로 바꾸어 말해야 비로소 올바른 영어가 된다. ⇨ Day 40. 특수 구문 II - 생략과 분리

◦ The population of Seoul is much larger **than** that of Washington.(O)

(4) 하나님은 영이시니 예배하는 자가 영과 진리로 예배할지니라(요 4:21)

▻ '영과 진리로 예배할지니라'라는 우리말 성경은 완전하다.

▻ 그러나 영어 성경 말씀을 보면 '영과 진리로'에서 A and B로 연결되는데 A는 in spirit(전치사 + 명사)이지만 B는 truth(명사)다.

▻ 구성요소 A, B를 같게 해서 B도 A처럼 '전치사 + 명사' in truth로 해야 and로 이어질 수 있다.

● God is spirit, and his worshipers must worship in spirit **and** in truth.(JN 4:24)

Q2 우리말에서 '우리나라'인가? '저희나라'인가?

A2 (1) inclusive We / exclusive We

▻ '우리나라'라고 해야 한다. '저희나라'는 잘못된 말이다. 댓구법에 어긋나기 때문이다.

▻ We(우리)에는 말을 하는 화자와 말을 듣는 청자를 다 포함하는 'inclusive We'와 말을 하는 화자만 포함하고 말을 듣는 청자는 배제된 'exclusive We' 두 가지가 있다.

▻ 청자를 포함하지 않는 'exclusive We'일 때에는 말하는 화자를 낮추어 '저희'라고 할 수 있다.

▻ 하지만 청자가 포함된 'inclusive We' 에서는 말을 듣는 청자까지 말하는 사람 맘대로, 함부로 낮추어 말할 수는 없다. 따라서 이때에는 '저희'는 안 되고 '우리'라고만 말해야 한다.

▸▸ inclusive We ○ 우리나라: 청자의 나라이기도 하다(O) ← 저희나라(×)

- 우리사회: 청자의 사회이기도 하다(O) ←저희사회(×)
- 우리말: 청자가 쓰는 말이기도 하다(O) ← 저희말(×)
- 우리민족: 청자의 민족이기도 하다(O) ← 저희민족(×)

▸▸ exclusive We ○ 우리 집: 청자의 집은 아니다(×) → 저희 집(O)

- 우리 아내: 청자의 마누라는 아니다(×) → 저희(제) 아내(O)
- 우리 회사: 청자의 회사는 아니다(×) → 저희 회사(O)
- 우리 고향: 청자의 고향이 아니다(×) → 저희 고향(O)

(2) 제 3자 소개

▻ 화자 A가 **제3자인 X**를 청자B에게 말한다고 가정할 때, 우리말에서는 **제3자인 X**를 높여서 청자 B에게 말하지 말아야 한다.

▻ 화자가 X를 높이면 상대방 청자B를 낮추는(무시하는) 결과가 빚어지기 때문이다.

ⓐ 제 부인입니다.(?) → 제 집사람(처, 아내)입니다.(O)

ⓑ 제 남편께서 오늘 늦게 오십니다.(?) → 제 남편이 오늘 늦게 옵니다.(O)

(3) 기타 댓구법 표현

ⓐ 그는 축구를 잘 찬다.(×) → 그는 축구를 잘 한다(O)

▻ 축구를 차는 것이 아니라 축구공을 차는 것이다.

ⓑ 그는 골프를 잘 친다.(×) → 그는 골프를 잘 한다(O)

▻ 골프를 치는 것이 아니라 골프공을 치는 것이다.

ⓒ 나는 스케이트를 잘 못한다.(×) → 나는 스케이트를 잘 못 탄다.(O)

▻ 스케이트를 하는 것이 아니라 스케이트를 타는 것이다.

ⓓ 151: 백 쉰 일(×), 백 오십 하나(×) → 백 쉰 하나(O), 백 오십 일(O)

ⓔ 26살: 이십 육살(×) → 스물 여섯 살(O), 이십 육세(O)

▻ 순수한 우리말로 읽거나 한자로 읽거나 어느 한 쪽으로 통일시켜야 한다.

Q3 구두점(punctuation)의 종류와 표기방식을 말하시오.

A3

1. 구두점(punctuation mark)의 종류

- . (period) / , (comma)
- "~" (double quotation) / '~' (single quotation)
- : (colon) / ; (semi colon)

2. 구두점(punctuation mark)의 표기 방식

(1) quotation mark: 앞말과 뒷말에 각각 붙여 쓴다. 단 single과 double을 겹쳐 써야 할 경우에는 표기의 구별을 위해 single과 double을 떼어 놓는다.

● Jesus answered, "It is written: 'Man does not live on bread alone, but on every word that comes from the mouth of God.' "(MT 4:4)

(2) 그 밖의 구두점은 모두 앞 말에 붙여 쓰고 뒷말과 떼어 써야 한다. 단 colon이 장(chapter)과 절(phrase)등 숫자 구별을 위한 표기일 경우에는 숫자와 숫자사이를 붙여 쓴다.

● Ask, and it will be given to you; Seek and you will find; Knock and the door will be opened to you.(MT 7:7)

▷ 마태복음 7장 7절: MT 7:7

○ This is love: not that we love God, but that he loved us and sent his Son as an atoning sacrifice for our sins.(1JN 4:10)

▷ 요한일서 4장 10절: 1JN 4:10

(3) ?물음표(question mark), !느낌표(exclamation mark)와 같은 문장부호도 구두점 의 표기 방식처럼 앞 말에 붙여 쓰고 뒷말과 떼어 써야 한다.

○ I lift up my eyes to the hills – where does my help come from? My help comes from the LORD, the Maker of heaven and earth.(PS 121:1-2)

● Again Jesus said, "Peace be with you! As the Father has sent me, I am sending you."(JN 20:21)

Check-up 세상영어

I. Correct the errors in the followings.

1. He is remarkable both for his experience and his skill.

2. The refugees neither had food nor shelter.

3. Great works are performed not by strength, but perseverance.

4. I like him not because he has few faults but a few faults.

5. My wife prefers to stay at home to going out with me every holiday.

6. The family doctor is familiar to Americans, but not Koreans.

7. The ears of the rabbit are longer than the tiger.

8. The ancestor of Korea is known to be quite different from Japan.

9. Education means development, not only of the brain but also the body.

10. A man's worth lies not in what he has, but what he is.

11. Who and why called you up early this morning?

12. There is always a disagreement of opinion between you and I.

13. 'Developing countries' is a term used to describe the countries which are in the process of improving agriculture, building more factories, and make better roads.

II. Insert colon(:) or semicolon(;) into the parentheses.

1. Put the following into indirect speech( )"Don't forget to remember me," she said.

2. Words live long( ) but their meaning often alters from one generation to another.

3. Translate this statement into Korean( ) A swallow does not make a spring.

4. This is what everyone really hopes for( ) not simply to live long but to live healthy and long.

5. She resembles her mother closely( ) she has blue eyes and fair hair too.

6. Church notice( ) Visitors must not walk about the church during a service.

Answer to Check-Up I

1. and his skill ⇒ and for his skill
2. neither had food nor shelter ⇒ had neither food nor shelter
3. not by strength, but perseverance ⇒ not by strength, but by perseverance
4. but a few faults ⇒ but because he has a few faults
5. to stay at home ⇒ staying at home
6. but not Koreans ⇒ but not to Koreans
7. longer than the tiger ⇒ longer than those (or the ears) of the tiger
8. quite different from Japan ⇒ quite different from that of Japan
9. but also the body ⇒ but also of the body
10. but what he is ⇒ but in what he is
11. Who and why called you up early this morning
    ⇒ Who called you up early this morning and why
12. between you and I ⇒ between you and me
13. and make better roads ⇒ and making better roads.

Answer to Check-Up II

1. colon (:) 2. semicolon (;) 3. colon (:) 4. colon (:) 5. semicolon (;) 6. colon (:)

Reading & Listening 성경영어

▶▶ 댓구법(Parallelism) - 등위(상관)접속사

① I have set my rainbow in the clouds, and it will be the sign of the covenant between me and the earth. Whenever I bring clouds over the earth and the rainbow appears in the clouds, I will remember my covenant between me and you and all living creatures of every kind. Never again will the waters become a flood to destroy all life.(GE 9:13-15)

- covenant 언약, 서약, between me and the earth / between me and you and all living creatures

내가 무지개를 구름 속에 두었나니 이것이 나와 세상 사이의 언약의 증거니라 내가 구름으로 땅을 덮을 때에 무지개가 구름 속에 나타나면 내가 나와 너희와 및 육체를 가진 모든 생물사이의 내 언약을 기억하리니 다시는 물이 모든 육체를 멸하는 홍수가 되지 아니할지라(창 9:13-15)

② When they saw the star, they were overjoyed. On coming to the house, they saw the child with his mother Mary, and they bowed down and worshiped him. Then they opened their treasures and presented him with gifts of gold and of insense and of myrrh.(MT 2:10-11)

- of gold and of insense and of myrrh
- present A with B : A에게 B를 선물하다, insense 유황, myrrh 몰약

그들이 별을 보고 매우 크게 기뻐하고 기뻐하더라 집에 들어가 아기와 그의 어머니 마리아가 함께 있는 것을 보고 엎드려 아기께 경배하고 보배 합을 열어 황금과 유황과 몰약을 예물로 드리니라(마 2:11)

③ No one can serve two masters. Either he will hate the one and love the other, or he will be devoted to the one and despise the other. you cannot serve both God and Money.(MT 6:24, LK16:13)

- Either he will hate ~ or he will be devoted ~ / both God and Money
- be devoted to the one 한 쪽을 떠받들다, despise the other 다른 쪽을 업신여기다

한 종이 두 주인을 섬기지 못할 것이니 혹 이를 미워하고 저를 사랑하거나 혹 이를 중히 여기고 저를 경히 여김이라 너희가 하나님과 재물을 겸하여 섬기지 못하느니라(마 6:24, 눅 16:13)

④ Going a little farther, he fell with his face to the ground and prayed, "My Father, if it is possible, may this cup be taken from me. Yet not as I will, but as you will."(MT 26:39)

- not as I will but as you will

조금 나아가사 얼굴을 땅에 대시고 엎드려 기도하여 이르시되 내 아버지여 만일 할 만 하시거든 이 잔을 내게서 지나가게 하옵소서 그러나 나의 원대로 마옵시고 아버지의 원대로 하옵소서(마 26:39)

⑤ Then Jesus came to them and said, "All authority in heaven and on earth has been given to me. Therefore go and make disciples of all nations, baptizing them in the name of the Father and of the Son and of the Spirit, and teaching them to obey everything I have commanded you. And surely I am with you always, to the very end of the age."(MT 28:18-20)

- in heaven and on earth / of the Father and of the Son and of the Spirit
- make disciples of all nations 모든 족속으로 제자를 삼다

예수께서 나아와 말씀하여 이르시되 하늘과 땅의 모든 권세를 내게 주셨으니 그러므로 너희는 가서 모든 족속으로 제자를 삼아 아버지와 아들과 성령의 이름으로 세례를 베풀고 내가 너희에게 분부한 모든 것을 가르쳐 지키게 하라 볼지어다 내가 세상 끝날까지 너희와 항상 함께 있으리라 하시니라(마 28:18-20)

⑥ Yet to all who received him, to those who believed in his name, he gave the right to become children of God – children born not of natural descent, nor of human decision or a husband's will, but born of God.(JN 1:12-13)

- not of natural descent, nor of human decision or a husband's will, but born of God
- natural descent 혈통, human decision 육정, a husband's will 사람의 뜻

영접하는 자 곧 그 이름을 믿는 자들에게는 하나님의 자녀가 되는 권세를 주셨으니 이는 혈통으로나 육정으로나 사람의 뜻으로 나지 아니하고 오직 하나님께로부터 난 자들이니라(요 1:12-13)

⑦ His disciples asked him, "Rabbi, who sinned, this man or his parents, that he was born blind?" "Neither this man nor his parents sinned," said Jesus, "but this happened so that the work of God might be displayed in his life."(JN 9:2-3)

- this man or his parents / Neither this man nor his parents
- so that S might ~하기 위해(목적), 시제 일치를 위해 may ⇒ might

제자들이 물어 이르되 랍비여 이 사람이 맹인으로 난 것이 누구의 죄로 인함이니이까 자기니이까 그의 부모니이까 이 사람이나 그 부모의 죄로 인한 것이 아니라 그에게서 하나님이 하시는 일을 나타내고자 하심이라(요 9:2-3)

⑧ He said to them: It is not for you to know the times or the dates the Father has set by his own authority. But you will receive power when the Holy Spirit comes on you; and you will be my witnesses in Jerusalem, and in all Judea and Samaria, and to the ends of the earth.(AC 1:7-8)

- in Jerusalem, and in all Judea and Samaria, and to the ends of the earth
- by his own authority 자기의 권한에 / witness 증인

이르시되 때와 시기는 아버지께서 자기의 권한에 두셨으니 너희가 알 바 아니요 오직 성령이 너희에게 임하시면 너희가 권능을 받고 예루살렘과 온 유대와 사마리아와 땅 끝까지 이르러 내 증인이 되리라(행 1:7-8)

⑨ Do not conform any longer to the pattern of this world, but be transformed by the renewing of the mind. Then you will be able to test and approve what God's will is – his good, pleasing and perfect will.(RO 12:2)

- not conform ~, but be transformed / conform to 본받다, 따르다
- good, pleasing and perfect will 선하시고 기뻐하시고 온전하신 뜻

너희는 이 세대를 본받지 말고 오직 마음을 새롭게 함으로 변화를 받아 하나님의 선하시고 기뻐하시고 온전하신 뜻이 무엇인지 분별하도록 하라(롬 12:2)

⑩ So we fix our eyes not on what is seen, but on what is unseen. For what is seen is temporary but what is unseen is eternal.(2CO 4:18)

- not on + what ~ but on + what ~
- what is seen 보이는 것, what is unseen 보이지 않는 것

우리가 주목하는 것은 보이는 것이 아니요 보이지 않는 것이니 보이는 것은 잠깐이요 보이지 않는 것은 영원함이라(고후 4:18)

⑪ But among you there must not be even a hint of sexual immorality, or of any kind of impurity, or of greed, because these are improper for God's holy people. Nor should there be obscenity, foolish talk or coarse joking, which are out of place, but rather thanksgiving.(EPH 5:3-4)

- of sexual immorality, or of any kind of impurity, or of greed / sexual immorality 음행, any kind of impurity 온갖 더러운 것
- obscenity, foolish talk or coarse joking, obscenity 음담, 외설, coarse joking 상스러운 말

음행과 온갖 더러운 것과 탐욕은 너희 중에서 그 이름조차도 부르지 말라 이는 성도에게 마땅한 바니라 누추함과 어리석은 말이나 희롱의 말이 마땅치 아니하니 오히려 감사하는 말을 하라(엡 5:3-4)

⑫ Above all, my brothers, do not swear – not by heaven or by earth or by anything else. Let your "Yes" be yes, and your "No" no, or you will be condemned.(JAS 5:12)

- not by heaven or by earth or by anything else

내 형제들아 무엇보다도 맹세하지 말지니 하늘로나 땅으로나 아무 다른 것으로도 맹세하지 말고 오직 너희가 그렇다고 생각하는 것은 그렇다 하고 아니라고 생각하는 것은 아니라 하여 정죄 받음을 면하라(약 5:12)

▸▸ 댓구법(Parallelism) - 비교

⑬ Better is one day in your courts than a thousand elsewhere; I would rather be a door keeper in the house of my God than dwell in the tents of the wicked.(PS 84:10)

- 비교급 one day than a thousand / would rather A(동사) than B(동사)
- a door keeper 문지기 / dwell in ~ 에 살다, the tents of the wicked 악인의 장막

주의 궁정에서 한 날이 다른 곳에서 천 날보다 나은즉 악인의 장막에 사는 것 보다 내 하나님의 성전 문지기로 있는 것이 좋사오니(시 84:10)

⑭ If your hand causes you to sin, cut it off. It is better for you to enter life maimed than with two hands to go into hell, where the fire never goes out.(MK 9:43)

- to enter life maimed 불구자로 영생에 들어가는 것
- with two hands to go into hell 두 손을 가지고 지옥에 들어가는 것
- better for you to enter life maimed than with two hands to go into hell

만일 네 손이 너를 범죄하게 하거든 찍어 버리라 불구자로 영생에 들어가는 것이 두 손을 가지고 지옥 꺼지지 않는 불에 들어가는 것보다 나으리라(막 9:43)

⑮ "I have testimony weightier than that of John. For the very work that the Father has given me to finish, and which I am doing, testifies that the Father has sent me.(JN 5:36)

- testimony weightier than that of John
- the very work은 관계대명사 that과 which의 공통 선행사 ⇨ Day 24.

내게는 요한의 증거보다 더 큰 증거가 있으니 아버지께서 내게 주사 이루게 하시는 역사 곧 내가 하는 그 역사가 아버지께서 나를 보내신 것을 나를 위하여 증언하는 것이요(요 5:36)

⑯ See to it that no one takes you captive through hollow and deceptive philosophy, which depends on human tradition and the basic principles of the world rather than on Christ.(COL 2:8)

- on human tradition and the basic principles of the world rather than on Christ
- take O captive ~을 사로잡다 / See to it that ~하도록 조처를 취하다(배려하다, 주선하다)

누가 철학과 헛된 속임수로 너희를 사로잡을까 주의하라 이것은 사람의 전통과 세상의 초등학문을 따름이요 그리스도를 따름이 아니니라 (골 2:8)

▸▸ 구두법(Punctuation) - colon(:)

① Two things I ask of you, O LORD; do not refuse me before I die: Keep falsehood and lies far from me; give me neither poverty nor riches, but give me only my daily bread.(PR 30:7-8)

- Two things I ask of you(목적어 도치) ← I ask two things of you

□ Two things I ask of you, O Lord; do not refuse me before I die: 이 말은 제목과 같은 역할을 하는 것이다. 즉 내가 당신께 구하는 두 가지 (구체적으로 부연 설명하면) 내가 죽기 전에 내가 간구하는 것 그리고 :(colon) 다음에 두 가지를 또다시 semi-colon으로 열거

내가 두 가지 일을 주께 구하였사오니 내가 죽기 전에 내게 거절하지 마시옵소서 곧 헛된 것과 거짓말을 내게서 멀리 하옵시며 나를 가난하게도 마옵시고 부하게도 마옵시고 오직 필요한 양식으로 나를 먹이시옵소서 (잠 30:7-8)

② Moreover, no man knows when his hour will come: As fish are caught in a cruel net, or birds are taken in a snare, so men are trapped by evil times that fall unexpectedly upon them.(ECC 9:12)

분명히 사람은 자기의 시기를 알지 못하나니 물고기가 재난의 그물에 걸리고 새들이 올무에 걸림같이 인생들도 재앙의 날이 그들에게 홀연히 임하면 거기에 걸리느니라 (전 9:12)

③ So he got up, took the child and his mother during the night and left for Egypt, where he stayed until the death of Herod And so was fulfilled what the Lord had said through the prophet: "Out of Egypt I called my son."(MT 2:14-15)

요셉이 일어나서 밤에 아기와 그의 모친을 데리고 애굽으로 떠나가 헤롯이 죽기까지 거기 있었으니 이는 주께서 선지자로 말씀하신바 애굽에서 내 아들을 불렀다 함을 이루려 하심이니라(마 2:14-15)

④ I tell you who hear me: Love your enemies, do good to those who hates you, bless those who curse you, pray for those who mistreat you.(LK 6:27-28)

너희 듣는 자에게 내가 이르노니 너희 원수를 사랑하며 너희를 미워하는 자를 선대하며 너희를 저주하는 자를 위하여 축복하며 너희를 모욕하는 자를 위하여 기도하라(눅 6:27-28)

⑤ My dear brothers, take note of this: Everyone should be quick to listen, slow to speak and slow to become angry, for man's anger does not bring about the righteous life that God desires.(JAS 1:19-20)

내 사랑하는 형제들아 너희가 알지니 사람마다 듣기는 속히 하고 말하기는 더디하며 성내기도 더디하라 사람이 성내는 것이 하나님의 의를 이루지 못함이라(약 1:19-20)

⑥ This is love: not that we love God, but that he loved us and sent his Son as an atoning sacrifice for our sins.(1JN 4:10)

□ an atoning sacrifice 화목재

사랑은 여기 있으니 우리가 하나님을 사랑한 것이 아니요 오직 하나님이 우리를 사랑하사 우리 죄를 위하여 화목재로 그 아들을 보내셨음이니라(요일 4:10)

⑦ But if anyone obeys his word, God's love is truly made complete in him. This is how we know we are in him: Whoever claims to live in him must walk as Jesus did.(1JN 2:5-6)

누구든지 그의 말씀을 지키는 자는 하나님의 사랑이 참으로 그 속에서 온전케 되었나니 이로써 우리가 그의 안에 있는 줄을 아노라 그의 안에 산다고 하는 자는 그가 행하시는 대로 자기도 행할지니라(요일 2:5-6)

▸▸ 구두법(Punctuation) - semicolon(;)

⑧ "It is written," he said to them, "My house will be a house of prayer; **but** you have made it a den of robbers."(LK 19:46)

- a den 소굴

그들에게 이르시되 기록된 바 내 집은 기도하는 집이 되리라 하였거늘 너희는 강도의 소굴을 만들었도다 하시니(눅 19:46)

⑨ He withdrew about a stone's throw beyond them, knelt down and prayed, "Father, if you are willing, take this cup from me; **yet** not my will, but yours be done."(LK 22:41-42)

그들을 떠나 돌 던질 만큼 가서 무릎을 꿇고 기도하여 이르시되 아버지여 만일 아버지의 뜻이거든 이 잔을 내게서 옮기시옵소서 그러나 내 원대로 마시옵고 아버지의 원대로 되기를 원하나이다(눅 22:41-42)

⑩ Those who live according to the sinful nature have their minds set on what that nature desires; **but** those who live in accordance with the Spirit have their minds set on what the Spirit desires.(RO 8:5)

육신을 좇는 자는 육신의 일을, 영을 좇는 자는 영의 일을 생각하나니(롬 8:5)

⑪ No temptation has seized you except what is common to man. And God is faithful; he will not let you be tempted beyond what you can bear. But when you are tempted, he will also provide a way out so that you can stand up under it. (1CO 10:13)

사람이 감당할 시험밖에는 너희가 당한 것이 없나니 오직 하나님은 미쁘사 너희가 감당하지 못할 시험 당함을 허락하지 아니하시고 시험 당할 즈음에 또한 피할 길을 내사 너희로 능히 감당하게 하시느니라(고전 10:13)

⑫ Now we see but a poor reflection as in a mirror; then we shall see face to face. Now I know in part; then I shall know fully, even though I am fully known.(1CO 13:12)

우리가 이제는 거울로 보는 것같이 희미하나 그때에는 얼굴과 얼굴을 대하여 볼 것이요(고전 13:12)

Writing & Speaking 성경영어

▸▸ **댓구법(Parallelism)**

① 복 있는 사람은 악인들의 꾀를 따르지 아니하며 죄인들의 길에 서지 아니하며 오만한 자들의 자리에 앉지 아니하고 오직 여호와의 율법을 즐거워하여 그의 율법을 주야로 묵상하는 도다(시 1:1-2)

- 악인의 꾀 the counsel of the wicked / 죄인의 길 the way of sinners
- 오만한 자의 자리 the seat of mockers / 묵상하다 meditate on his law

Blessed is the man who does not walk in the counsel of the wicked **or** stand in the way of sinners **or** sit in the seat of mockers. But his delight is in the law of the LORD, **and** on his law he meditates day and night.(PS 1:1-2)

② 누구든지 자기를 높이는 자는 낮아지고 누구든지 자기를 낮추는 자는 높아지리라(마 23:12)

- 자기를 높이다 exalt oneself / 자기를 낮추다 humble oneself

Whoever exalts himself will be humbled, **and** whoever humbles himself will be exalted.(MT 23:12)

③ 하나님이 그 아들을 세상에 보내신 것은 세상을 심판하려 하심이 아니요 그로 말미암아 세상이 구원을 받게 하려 하심이라(요 3:17)

God did **not** send his Son into the world to condemn the world, **but** to save the world through him.(JN 3:17)

④ 위의 것을 생각하고 땅의 것을 생각지 말라(골 3:2)

- 위의 것 things above, 땅의 것 earthly things

Set your minds on things above, **not** on earthly things.(COL 3:2)

⑤ 너희가 거듭난 것은 썩어질 씨로 된 것이 아니요 썩지 아니할 씨로 된 것이니 살아 있고 항상 있는 하나님의 말씀으로 되었느니라(벧전 1:23)

- ~로 거듭나다 be born again of / 살아 있고 항상 있는 living and enduring

For you have been born again, **not** of perishable seed, **but** of imperishable, through the living and enduring word of God.(1PE 1:23)

▸▸ 구두법(Punctuation)

① 예수 그리스도의 나심은 이러하니라 그의 어머니 마리아가 요셉과 약혼하고 동거하기 전에 성령으로 잉태된 것이 나타났더니(마 1:18)

This is how the birth of Jesus Christ came about: His mother Mary was pledged to be married to Joseph, but before they came together, she was found to be with child through the Holy Spirit.(MT 1:18)

② 그 정죄는 이것이니 곧 빛이 세상에 왔으되 사람들이 자기 행위가 악하므로 빛보다 어두움을 더 사랑한 것이니라(요 3:19)

This is the verdict: Light has come into the world, but men loved darkness instead of light because their deeds were evil.(JN 3:19)

③ 항상 기뻐하라 쉬지 말고 기도하라 범사에 감사하라 이는 그리스도 예수 안에서 너희를 향하신 하나님의 뜻이니라(살전 5:16-18)

Be joyful always; pray continually; give thanks in all circumstances, for this is God's will for you in Christ Jesus.(1TH 5:16-18)

④ 또 아비들아 너희 자녀를 노엽게 하지 말고 오직 주의 교양과 훈계로 양육하라(엡 6:4)

▫ 노엽게 하다, 격앙시키다 exasperate / 양육하다 bring up

Fathers, do not exasperate your children; instead bring them up in the training and instruction of the Lord.(EPH 6:4)

⑤ 모든 육체는 풀과 같고 그 모든 영광이 풀의 꽃과 같으니 풀은 마르고 꽃은 떨어지되 오직 주의 말씀은 세세토록 있도다(벧전 1:24-25)

All men are like grass, and all their glory is like the flowers of the field; the grass withers and the flowers fall, but the word of the Lord stands forever.(1PE 1:24-25)

Today's Golden Rule

● God is spirit, and his worshipers must worship in spirit and in truth.(JN 4:24)

하나님은 영이시니 예배하는 자가 영과 진리로 예배할지니라(요 4:24)

Day 39. 특수 구문 I

Verse to Remember

□ 특수 구문 I: 강조(Emphasis)

A. 이중 부정(Double Negative): 긍정의 의미를 강조하기 위해 두 번 부정.

B. 수사의문문(Rhetorical Interrogative)

C. 반복(Repetition): 강조하고 싶은 말을 반복

D. 도치(Inversion): 강조하고 싶은 말을 문장 앞으로 도치

E. 강조 어귀(words for emphasis): (1) very (2) do (3) much more

A. 이중 부정

① If you have faith as small as a mustard seed, you can say to this mountain, 'Move from here to there' and it will move. Nothing will be impossible for you.(MT 17:20)

- □ faith as small as a mustard seed 믿음이 겨자씨 한 알 만큼만
- □ nothing + impossible(이중 부정, 강한 긍정의 의미)못 할 것이 없으리라

만일 너희에게 믿음이 겨자씨 한 알 만큼만 있어도 이 산을 명하여 여기서 저기로 옮겨지라 하면 옮겨질 것이요 또 너희가 못할 것이 없으리라(마 17:20)

② Through him all things were made; without him nothing was made that has been made.(JN 1:3)

- □ nothing ~ without him 이중 부정, 긍정의 의미 강조, ~ that has been made의 선행사는 nothing

만물이 그로 말미암아 지은 바 되었으니 지은 것이 하나도 그가 없이는 된 것이 없느니라(요 1:3)

③ I tell you the truth, no one can see the kingdom of God unless he is born again.(JN 3:3)

- □ no one ~ unless ~ 이중 부정, 긍정의 의미 강조

진실로 네게 이르노니 사람이 거듭나지 아니하면 하나님 나라를 볼 수 없느니라(요 3:3)

④ And without faith it is impossible to please God, because anyone who comes to him must believe that he exists and that he rewards those who earnestly seek him.(HEB 11:6)

- □ anyone who comes to him 하나님께 나아가는 자 / those who earnestly seek him 자기를 찾는 자들

믿음이 없이는 하나님을 기쁘시게 하지 못하나니 하나님께 나아가는 자는 그가 계신 것과 또한 그가 자기를 찾는 자들에게 상주시는 이심을 믿어야 할지니라(히 11:6)

B. 수사 의문문

1. 부정 의문문

① Therefore I tell you, do not worry about your life, what you will eat or drink; or about your body, what you will wear. **Is not life** more important than food, and **the body** more important than clothes?(MT 6:25)

▫ what you will eat 무엇을 먹을까

그러므로 내가 너희에게 이르노니 목숨을 위하여 무엇을 먹을까 무엇을 마실까 몸을 위하여 무엇을 입을까 염려하지 말라 목숨이 음식보다 중하지 아니하며 몸이 의복보다 중하지 아니하냐(마 6:25)

② Look at the birds of the air; they do not sow or reap or store away in barns, and yet your heavenly Father feeds them. **Are you not** much more valuable than they?(MT 6:26)

공중의 새를 보라 심지도 않고 거두지도 않고 창고에 모아들이지도 아니하되 너희 하늘 아버지께서 기르시나니 너희는 이것들보다 귀하지 아니하냐(마 6:26)

2. 긍정 의문문

① **Which of you**, if his son asks for bread, **will give** him a stone? Or if he asks for a fish, **will give** him a snake?(MT 7:9-10)

▫ Which of you 너희 중에 누가 / if his son asks for bread 아들이 떡을 달라 하는데

너희 중에 누가 아들이 떡을 달라 하는데 돌을 주며 생선을 달라 하는데 뱀을 줄 사람이 있겠느냐(마 7:9-10)

② **What good is it** for a man to gain the whole world, yet forfeit his soul? **Or what can a man give** in exchange for his soul?(MK 8:36-37)

▫ What good is it ~ ? 무엇이 유익하리요 / forfeit one's soul 목숨을 잃다

사람이 만일 온 천하를 얻고도 제 목숨을 잃으면 무엇이 유익하리요 사람이 무엇을 주고 제 목숨을 바꾸겠느냐(막 8:36-37)

C. 반 복

① Likewise every good tree bears good fruit, but a bad tree bears bad fruit. A good tree cannot bear bad fruit, and a bad tree cannot bear good fruit.(MT 7:17-18)

이와 같이 좋은 나무마다 아름다운 열매를 맺고 못된 나무가 나쁜 열매를 맺나니 좋은 나무가 나쁜 열매를 맺을 수 없고 못된 나무가 아름다운 열매를 맺을 수 없느니라(마 7:17-18)

② For by your words you will be acquitted, and by your words you will be condemned.(MT 12:37)

- by your words 네 말로 / will be acquitted 의롭다함을 받고

네 말로 의롭다함을 받고 네 말로 정죄함을 받으리라(마 12:37)

③ Love the Lord your God with all your heart and with all your soul and with all your mind. This is the first and greatest commandment.(MT 22:37-38)

- heart, soul, mind의 의미를 강조하기 위해 (and) with all your 라는 똑같은 어귀 반복

네 마음을 다하고 목숨을 다하고 뜻을 다하여 주 너의 하나님을 사랑하라 하셨으니 이것이 크고 첫째 되는 계명이요(마 22:37-38)

④ Love does not delight in evil but rejoice with the truth. It always protects, always trusts, always hopes, always perseveres.(1CO 13:6-7)

불의를 기뻐하지 아니하며 진리와 함께 기뻐하고 모든 것을 참으며 모든 것을 믿으며 모든 것을 바라며 모든 것을 견디느니라(고전 13:6-7)

D. 도 치

1. 목적어 도치

▸▸ S + V + 목적어 ⇒ 목적어 + S + V

① These twelve Jesus sent out with the following instructions: "Do not go among the Gentiles or enter any town of the Samaritans. Go rather to the lost sheep of Israel.(MT 10:5-6)

예수께서 이 열둘을 내보내시며 명하여 이르시되 이방인의 길로도 가지 말고 사마리아

인의 고을에도 들어가지 말고 오히려 이스라엘 집의 잃어버린 양에게로 가라(마 10:5-6)

② A new command I give you: Love one another. As I have loved you, so you must love one another.(JN 13:34)

새 계명을 너희에게 주노니 서로 사랑하라. 내가 너희를 사랑한 것같이 너희도 서로 사랑하라(요 13:34)

③ Then Peter said, "Silver and gold I do not have, but what I have I give you. In the name of Jesus Christ of Nazareth, walk."(AC 3:6)

베드로가 이르되 금과 은은 내게 없거니와 내게 있는 이것을 네게 주노니 나사렛 예수 그리스도의 이름으로 걸으라(행 3:6)

2. 보어 도치

▸▸ S + be동사 + 보어 ⇒ 보어 + be동사 + S

① Many are the plans in a man's heart, but it is the LORD's purpose that prevails.(PR 19:21)

▫ it is the LORD's purpose that ~ : it ~ that 강조용법

사람의 마음에는 많은 계획이 있어도 오직 여호와의 뜻이 완전히 서리라(잠 19:21)

② Blessed are the poor in spirit, for theirs is the kingdom of heaven.
Blessed are the meek, for they will inherit the earth.
Blessed are the merciful, for they will be shown mercy.
Blessed are the pure in heart, for they will see God.(MT 5:3,5,7,8)

심령이 가난한 자는 복이 있나니 천국이 그들의 것임이요
온유한 자는 복이 있나니 그들이 땅을 기업으로 받을 것임이요
긍휼히 여기는 자는 복이 있나니 그들이 긍휼히 여김을 받을 것임이요
마음이 청결한 자는 복이 있나니 그들이 하나님을 볼 것임이요(마 5:3,5,7,8)

▸▸ S + 일반 동사 + 보어 ⇒ 보어 + S + 일반 동사

③ Naked I came from my mother's womb, and naked I will depart. The LORD gave and the LORD has taken away; may the name of the LORD be praised.(JOB 1:21)

▫ Naked I came ← I came naked, come naked 알몸으로 나오다

내가 모태에서 알몸으로 나왔사온즉 또한 알몸이 그리로 돌아가올지라 주신이도 여호와시오니 여호와의 이름이 찬송을 받으실지니이다(욥 1:21)

▸▸ S 조동사 + 동사 + 보어 ⇒ **보어** + **조동사** + S + 동사

④ Your beginnings will seem humble, **so prosperous will** your future be.(JOB 8:7)

네 시작은 미약하였으나 네 나중은 심히 창대하리라(욥 8:7)

3. 부사구 도치

▸▸ S + be동사 + 부사구 ⇒ **부사구** + **be동사** + S

① **In the middle of the garden were** the tree of life and the tree of the knowledge of good and evil.(GE 2:9)

동산 가운데에는 생명나무와 선악을 알게 하는 나무도 있더라(창 2:9)

② **In the beginning was** the Word, and the Word was with God, and the Word was God.(JN 1:1)

□ In the beginning was the Word ← the Word was in the beginning

태초에 말씀이 계시니라 이 말씀이 하나님과 함께 계셨으니 이 말씀이 곧 하나님이시니라(요 1:1)

▸▸ S + V(자동사) + 부사구 ⇒ **부사구** + **V(자동사)** + S

③ **After me will come** one who is more powerful than I, whose sandals I am not fit to carry.(MT 3:11)

□ After me will come one ~ ← one ~ will come after me

내 뒤에 오시는 이는 나보다 능력이 많으시니 나는 그의 신을 들기도 감당하지 못하겠노라(마 3:11)

④ **Out of the same mouth come** praise and cursing. My brothers, this should not be.(JAS 3:10)

□ Out of the same mouth come praise and cursing. ← praise and cursing come out of the same mouth.

한 입에서 찬송과 저주가 나오는도다 내 형제들아 이것이 마땅하지 아니하리라(약 3:10)

▸▸ S + V(타동사) + 부사구 ⇒ **부사구** + S + V(타동사)

⑤ **By the sweat of your brow** you will eat your food until you return to the ground, since from it you were taken; for dust you are and to dust you will return.(GE 3:19)

□ By the sweat of your brow 얼굴에 땀을 흘려야, brow 얼굴, 눈섭/ dust you are 너는 흙이니

네가 흙으로 돌아갈 때까지 얼굴에 땀을 흘려야 먹을 것을 먹으리니 네가 그것에서 취함을 입었음이라 너는 흙이니 흙으로 돌아갈 것이니라(창 3:19)

⑥ **By their fruit** you will recognize them. Do people pick grapes from thornbushes, or figs from thistles?(MT 7:16)

그들의 열매로 그들을 알지니 가시나무에서 포도를, 또는 엉겅퀴에서 무화과를 따겠느냐(마 7:16)

▸▸ S + 조동사 + V + 부정어 ⇒ **부정어** + **조동사** + S + V

⑦ **Never again will** I curse the ground because of man, even though every inclination of his heart is evil from childhood. And **never again will** I destroy all living creatures, as I have done.(GE 8:21)

- every inclination of his heart 사람의 마음이 계획하는 바
- Never again will I curse ~ ← I will never curse ~again
- never again will I destroy ~ ← I will never destroy ~again

내가 다시는 사람으로 말미암아 땅을 저주하지 아니하리니 이는 사람의 마음이 계획하는 바가 어려서부터 악함이라 내가 전에 행한 것같이 모든 생물을 다시 멸하지 아니하리니(창 8:21)

⑧ **Not until** halfway through the Feast **did** Jesus go up to the temple courts and begin to teach. The jews were amazed and asked, "How did this man get such learning without having studied?" Jesus answered, "My teaching is not my own. It comes from him who sent me.(JN 7:14-16)

이미 명절의 중간이 되어 예수께서 성전에 올라가사 가르치시니 유대인들이 놀랍게 여겨 이르되 이 사람은 배우지 아니하였거늘 어떻게 글을 아느냐 하니 예수께서 대답하여 이르시되 내 교훈은 내 것이 아니요 나를 보내신 이의 것이니라(요 7:14-16)

E. 강조 어귀

(1) very

① "I tell you the truth," Jesus answered, "this **very** night, before the rooster crows, you will disown me three times."(MT 26:34)

예수께서 이르시되 내가 진실로 네게 이르노니 오늘 밤 닭 울기 전에 네가 세 번 나를 부인하리라(마 26:34)

② And surely I am with you always, to the **very** end of the age."(MT 28:20)

볼지어다 내가 세상 끝 날까지 너희와 항상 함께 있으리라 하시니라(마 28:20)

(2) do

① Sarah was afraid, so she lied and said, "I did not laugh." But he said, "Yes, you **did** laugh."(GE 18:15)

사라가 두려워서 부인하여 이르되 내가 웃지 아니하였나이다 이르시되 아니라 네가 웃었느니라(창 18:15)

② If you really knew me, you would know my Father as well. From now on, you **do** know him and have seen him.(JN 14:7)

너희가 나를 알았더면 내 아버지도 알았으리로다 이제부터는 너희가 그를 알았고 또 보았느니라(요 14:7)

(3) even

● Other, like seed sown on good soil, hear the word, accept it, and produce a crop – thirty, sixty or **even** a hundred times what was sawn.(MK 4:20)

좋은 땅에 뿌려졌다는 것은 곧 말씀을 듣고 받아 삼십 배나 육십 배나 백 배의 결실을 하는 자니라(막 4:20)

(4) much more ⇨ Q & A / Day 29. 비교

① If that is how God clothes the grass of the field, which is here today and tomorrow is thrown into the fire, will he not **much more** clothe you, O you of little faith?(MT 6:30)

- how God clothes the grass of the field: 들풀도 하나님이 이렇게 입히시는데(알기 쉬운 예, 긍정문)
- much more clothe you : 앞의 예 clothes the grass of the field와 비교하여 '물론 입히신다'는 의미 강조

오늘 있다가 내일 아궁이에 던져지는 들풀도 하나님이 이렇게 입히시거든 하물며 너희일까보냐 믿음이 작은 자들아(마 6:30)

② If you, then, though you are evil, know how to give good gifts to your children, **how much more** will your Father in heaven give good gifts to those who ask him!(MT 7:11)

- If you, then, though you are evil, know how to give good gifts: 심지어 악한 자라도 자식에게는 좋은 것으로 주는데(알기 쉬운 예: 긍정문)
- how much more ~ : 하물며 하늘 아버지께서 주시지 않겠느냐!(물론 주신다는 의미 강조)
- how much more will S + V(도치) ← how much more S will + V

너희가 악한 자라도 좋은 것으로 자식에게 줄 줄 알거든 하물며 하늘에 계신 너희 아버지께서 구하는 자에게 좋은 것으로 주시지 않겠느냐(마 7:11)

Q&A 세상영어

Q 다음에서 말하는 사람이 강조하는 의미는 무엇일까?

(1) I can run, **much more walk**.

(2) I can hardly walk, **much less run**.

A

S + V(긍정문), **much more** S + V
= S + V(긍정문), **how much more** 조동사 + S + 본동사 !
▸ 긍정의 의미 강조: **하물며 ~하지 않겠는가(물론 더더욱 ~하다)**

(1) I can run, **much more walk**.

▻ 'I can run,'은 뒤에 오는 walk를 강조하기 위한 예이다. 'I can run,'은 긍정문이므로 much more로 강조한다. much more 대신 still more를 쓸 수도 있다. ⇨ Day 29. 비교

▻ 그러므로 'I can run, **much more walk**.'라는 말은 '걷는 것은 말 할 필요도 없이 될 수도 있다'라는 의미로 생각하기 쉽지만 이런 뜻이 결코 아니다. 이와는 정반대로 '**걸을 수 있다**'는 점을 강조하고 있는 말이다. 다시 말하면 '그는 달릴 수도 있는데(주절) **걸을 수 없겠는가**!'라는 의미이다.

▻ 이 말을 더 강조하면 감탄문으로, 'I can run, **how much more** can I walk!'가 된다.

S + V(부정문), **much less** S + V
= S + V(부정문), **how much less** 조동사 + S + 본동사 !
▸ 부정의 의미 강조: **하물며 ~하겠는가(물론 더더욱 ~하지 않다)**

(2) I can hardly walk, **much less run**.

▻ '달릴 수 없다'는 것을 강조하고 있다. '걸을 수가 없는데(주절) 그런데 '**달릴 수 있겠는가**'라는 말이다.

▻ 즉 'I can hardly walk,'는 하나의 예가되며 강조하는 말은 **much less run**.이다. 주절이 부정문이므로 much more가 아니라 much less다.

▻ 이를 더 강조하면 감탄문으로, 'I can hardly walk, **how much less can I run**!'이라고 말할 수 있다.

Check-up 세상영어

※ Translate the followings into English.

▸▸ 이중부정

1. 예외 없는 규칙은 없다.(격언)

2. 아니 땐 굴뚝에 연기 나랴! (속담)

3. 부끄러움을 모르는 사람은 양심이 없는 사람이다.(벼룩도 낯짝이 있다.)(속담)
   - 낯짝(양심) conscience

▸▸ 수사의문문

4. 그가 지금 무슨 생각을 하고 있는지 누가 알겠는가?

5. 흡연이 당신을 해친다는 것을 아직도 깨닫지 못 하십니까?

6. 태초에 하나님이 천지를 창조하셨다는 것을 누가 모르겠는가?

7. 빛과 물과 공기가 없이는 땅위에 어떤 것도 살 수 없다는 것을 모르십니까?

▸▸ 반복

8. 영어로 의사소통을 할 수 있기 위해서는 날마다 영어를 쓰고 영어를 읽고 영어를 말하고 영어를 들어야한다.

9. 우리의 믿음을 굳게 지키려면 우리는 쉬지 말고 기도하고 쉬지 말고 찬송하고 쉬지 말고 성경을 읽어야한다.
   - 찬송하다 sing hymns to God, sing a song of praise, praise God with a song

10. 그 장애어린이들은 몇 시간 동안 또 몇 시간 동안, 오르고 또 올라 마침내 산 정상에 올랐다.
    - 장애어린이들 the disabled children

▸▸ 도치

11. 그가 무슨 일을 했는지 나는 알고 있지만 그가 왜 그것을 했는지 나는 모른다.

12. 중요한 것은 얼마나 많은 돈을 버느냐가 아니라 그 돈을 어떻게 쓰느냐이다.

13. 언덕 위의 내 집 앞에는 오래된 벚나무가 많이 서 있다.

14. 구름 밖으로 보름달이 나왔다.

15. 그는 등산을 좋아하는데 나도 역시다. 그리고 그는 낚시를 좋아하지 않는데 나도 역시 그렇다.

16. 우리가 건강을 잃고서야 비로소 건강의 중요함을 깨닫는다.(Not until ~로 시작)

17. 어떤 상황에서도 나는 그의 제안을 받아들일 수 없다.(under no circumstances ~로 시작)

18. 그가 여기 다시 나타나리라고는 꿈에도 생각하지 못했다.

▸▸ 강조어귀

19. 나는 그의 얼굴 뿐 만 아니라 이름도 정말로 분명히 기억하고 있다.

20. 그는 다시 오겠노라고 말했는데 그가 정말 왔다.

21. 그녀는 나와 결혼하겠다고 여러 번 정말 약속했다.

22. 너는 지금까지 도대체 어디 있었던 거야?

23. 이분이 내가 찾아왔던 바로 그 사람이다.

24. 그는 영어로 소설도 쓸 수 있는데 하물며 영어로 말할 수 없겠는가!

25. 그녀가 에베레스트에도 올랐는데 하물며 도봉산에 못 올라가겠는가!

26. 그들은 먹을 것도 없는데 하물며 그런 귀중품을 살 수 있겠는가!

27. 그가 누구인지도 모르는데 하물며 그의 말을 어떻게 믿겠는가!

28. 우리는 도대체 무엇 때문에 (무슨 목적으로) 여기에 있는 것일까?

Answer to Check-Up

▸▸ 이중부정

1. ◦ There is no rule but has some exceptions.
   ◦ There is no rule that doesn't have any exceptions.
2. ◦ There is no smoke without fire.
   ◦ Where is fire there is smoke.
3. He that has no shame has no conscience.

▸▸ 수사의문문

4. Who knows what he is thinking about now?
5. Don't you still realize that smoking does harm to you?
6. Who doesn't know that in the beginning God created the heavens and the earth?
7. Don't you know that nothing could live on the earth without light and water and air?

▸▸ 반복

8. You should write English and read English and speak English and listen to English everyday so that you are able to make yourself understood in English.
9. We should pray continually and sing hymns to God continually and read the Bible continually in order to keep our faith strong.
10. At last the disabled children climbed on and on for hours and hours to the top of the mountain.

▸▸ 도치

11. **What he did** I know, but **why he did it** I do not know.
12. **Important is** not how much money we make, but how we spend it.
13. **In front of my house on the hill** stand a lot of cherry trees.
14. **Out of the clouds** came the full moon.
15. He likes mountain climbing, and **so do** I. And he doesn't like fishing, and **neither do** I.
16. **Not until** we lose our health **do we** realize its importance.
17. **Under no circumstances can I** accept his offers.
18. **Little(Never) did I** dream that he would appear here again.

▸▸ 강조어귀

19. I **do remember** his name as well as his face quite well.
20. He said that he would come again, and he **did come**.
21. She **did promise** to marry me many times.
22. Where **on earth** have you been until now?
23. This is the **very person** that I have been looking for.
24. ◦ He can write a novel in English, **much more** speak English.
    ◦ He can write a novel in English, **how much more can he** speak English!
25. ◦ She has climbed Mt. Everest, **much more** climb Mt. Dobong!
    ◦ She has climbed Mt. Everest, **how much more can she** climb Mt. Dobong!
26. ◦ They have nothing to eat, **much less** buy such valuables.
    ◦ They have nothing to eat, **how much less do they** buy such valuables!
27. ◦ I don't know who he is, **much less** believe what he said.
    ◦ I don't know who he is, **how much less do I** believe what he said!
28. What **on earth** are we here for?

Reading & Listening 성경영어

▸▸ 이중 부정

① Surely the arm of the LORD is **not too** short **to save, nor** his ear **too** dull **to hear**. But your iniquities have separated you from your God; your sins have hidden his face from you, so that he will not hear.(ISA 59:1-2)

- iniquity 죄악, 부정, 불법 cf) inequity 불공정, 불공평

여호와의 손이 짧아 구원하지 못하심도 아니요 귀가 둔하여 듣지 못하심도 아니라 오직 너희 죄악이 너희와 너희 하나님 사이를 갈라놓았고 너희 죄가 그의 얼굴을 가리어서 너희에게서 듣지 않으시게 함이니라(사 59:1-2)

② Even Elizabeth your relative is going to have a child in her old age, and she who was said to be barren is in her six month. For **nothing** is **impossible** with God.(LK 1:36-37)

- barren 불임의, 불모의

보라 네 친족 엘리사벳도 늙어서 아들을 배었느니라 본래 임신하지 못한다고 알려진 이가 이미 여섯 달이 되었나니 대저 하나님의 모든 말씀은 능하지 못하심이 없느니라(눅 1:36-37)

③ **No temptation** has seized you **except** what is common to man. And God is faithful; he will **not** let you be tempted **beyond** what you can bear. But when you are tempted, he will also provide a way out so that you can stand up under it.(1CO 10:13)

- no temptation ~ except what is common 감당할 시험밖에는 너희가 당한 것이 없나니
- be tempted beyond what you can bear 감당하지 못할 시험 당함
- provide a way out 피할 길을 내사

사람이 감당할 시험밖에는 너희가 당한 것이 없나니 오직 하나님은 미쁘사 너희가 감당하지 못할 시험 당함을 허락하지 아니하시고 시험 당할 즈음에 또한 피할 길을 내사 너희로 능히 감당하게 하시느니라(고전 10:13)

④ For I am the least of the apostles and do not even deserve to be called an apostle, because I persecuted the church of God. But by the grace of God I am what I am, and his grace to me was **not without effect**. No, I worked harder than all of them – yet not I, but the grace of God that was with me.(1CO 15:9-10)

나는 사도 중에 가장 작은 자라 나는 하나님의 교회를 박해하였으므로 사도라 칭함 받기를 감당하지 못할 자니라 그러나 내가 나 된 것은 하나님의 은혜로 된 것이니 내게 주신 그의 은혜가 헛되지 아니하여 내가 모든 사도보다 더 많이 수고하였으나 내가 한 것이 아니요 오직 나와 함께 계신 하나님의 은혜로라(고전 15:9-10)

▶▶ 수사 의문문

⑤ The LORD is my light and my salvation – **whom shall I fear**? The LORD is the stronghold of my life – **of whom shall I be afraid**?(PS 27:1)

□ 두려워하다 fear / 무서워하다 be afraid of / 내 생명의 능력 the stronghold of my life

여호와는 나의 빛이요 나의 구원이시니 내가 누구를 두려워 하리요 여호와는 내 생명의 능력이시니 내가 누구를 무서워 하리요(시 27:1)

⑥ From this time many of his disciples turned back and no longer followed him. "You do not want to leave too, do you?" Jesus asked the Twelve. Simon Peter answered him, "Lord, **to whom shall we go**? You have the words of eternal life." (JN 6:66-68)

그 때부터 그의 제자 중에서 많은 사람이 떠나가고 다시 그와 함께 다니지 아니하더라 예수께서 열 두 제자에게 이르시되 너희도 가려느냐 시몬 베드로가 대답하되 주여 영생의 말씀이 주께 있사오니 우리가 누구에게로 가오리이까(요 6:66-68)

⑦ He who did not spare his own Son, but gave him up for us all – **how will he not** also, along with him, graciously **give us all things? Who will bring any charge** against those whom God has chosen? It is God that justifies.(RO 8:32-33)

□ spare 아끼다 / bring any charge against ~을 비난하다

자기 아들을 아끼지 아니하시고 우리 모든 사람을 위하여 내주신 이가 어찌 그 아들과 함께 모든 것을 우리에게 주시지 아니하겠느냐 누가 능히 하나님께서 택한 자들을 고발하리요 의롭다 하신 이는 하나님이시니(롬 8:32-33)

⑧ **Do you not know that** your body is a temple of the Holy Spirit, who is in you, whom you have received from God? You are not your own; you were bought at a price. Therefore honor God with your body.(1CO 6:19-20)

□ were bought at a price 값으로 산 것이 되었다, honor God 하나님께 영광 돌리다

너희 몸은 너희가 하나님께로부터 받은바 너희 가운데 계신 성령의 전인 줄을 알지 못하느냐 너희는 너희 자신의 것이 아니라 값으로 산 것이 되었으니 그런즉 너희 몸으로 하나님께 영광을 돌리라(고전 6:19-20)

⑨ Out of the same mouth come praise and cursing. My brothers, this should not be. **Can both fresh water and salt water flow** from the same spring? My brothers, **can a fig tree bear olives, or a grapevine bear figs**? Neither can a salt spring produce fresh water.(JAS 3:10-12)

□ Out of the same mouth 한 입에서(똑같은 입으로부터)

한 입에서 찬송과 저주가 나오는도다 내 형제들아 이것이 마땅하지 아니하리라 샘이 한 구멍으로 어찌 단 물과 쓴 물을 내겠느냐 내 형제들아 어찌 무화과나무가 감람 열매를 포도나무가 무화과를 맺겠느냐 이와 같이 짠물이 단물을 내지 못하느니라(약 3:10-12)

▸▸ 반복

⑩ **The good** man brings **good** things out of the **good** stored up in his heart, and **the evil** man brings **evil** things out of **the evil** stored up in his heart. For out of the overflow of his heart his mouth speaks.(LK 6:45)

□ 선과 악을 대조하여 강조하기 위해 good과 evil을 반복

□ out of the good 선에서 / the good stored up in his heart 마음의 쌓은 선

선한 사람은 마음의 쌓은 선에서 선을 내고 악한 자는 그 쌓은 악에서 악을 내나니 이는 마음의 가득한 것을 입으로 말함이니라(눅 6:45)

⑪ For God did not send his Son into **the world** to condemn **the world**, but to save **the world** through him.(JN 3:17)

하나님이 그 아들을 세상에 보내신 것은 세상을 심판하려 하심이 아니요 그로 말미암아 세상이 구원을 받게 하려 하심이라(요 3:17)

⑫ **The one who sows** to please his sinful nature from the nature will reap destruction; **the one who sows** to please the Spirit from the spirit will reap eternal life.(GAL 6:8)

자기의 육체를 위하여 심는 자는 육체로부터 썩어질 것을 거두고 성령을 위하여 심는 자는 성령으로부터 영생을 거두리라(갈 6:8)

⑬ Whatever you have **learned or received or heard from me, or seen** in me – put it into practice. And the God of peace will be with you.(PHP 4:9)

□ put it into practice: it는 앞 문장, 그것을 행하다

너희는 내게 배우고 받고 듣고 본 바를 행하라 그리하면 평강의 하나님이 너희와 함께 계시리라(빌 4:9)

▸▸ 도치

⑭ And this stone that I have set up as a pillar will be God's house, and **of all that you give me** I will give you a tenth.(GE 28:22)

내가 기둥으로 세운 이 돌이 하나님의 집이 될 것이요 하나님께서 내게 주신 모든 것에

서 십분의 일을 내가 반드시 하나님께 드리겠나이다(창 28:22)

⑮ **Better is one day** in your courts than a thousand elsewhere; I would rather be a door keeper in the house of my God than dwell in the tents of the wicked.(PS 84:10)

- would rather A than B, B 하느니 차라리 A 하는 편이 낫다
- a door keeper 성전 문지기 / the tents of the wicked 악인의 장막

주의 궁정에서 한 날이 다른 곳에서 천 날보다 나은즉 악인의 장막에 사는 것보다 내 하나님의 성전 문지기로 있는 것이 좋사오니(시 84:10)

⑯ For as high as the heavens are above the earth, **so great is** his love for those who fear him; as far as the east is from the west, **so far has he** removed our transgressions from us.(PS 103:11-12)

- our transgressions 우리의 죄과

이는 하늘이 땅에서 높음 같이 그를 경외하는 자에게 그의 인자하심이 크심이로다 동이 서에서 먼 것같이 우리의 죄과를 우리에게서 멀리 옮기셨으며(시 103:11-12)

⑰ The idols of the nations are silver and gold, made by the hands of men. They have mouths, but cannot speak, eyes but they cannot see; they have ears, but cannot hear, nor is there breath in their mouths. Those who make them will be like them, and **so will all** who trust in them .(PS 135:15-18)

- The idols of the nations = them 열국의 우상

열국의 우상은 은금이요 사람의 손으로 만든 것이라 입이 있어도 말하지 못하며 눈이 있어도 보지 못하며 귀가 있어도 듣지 못하며 그 입에는 아무 호흡도 없나니 그것을 만든 자와 그것을 의지하는 자가 다 그것과 같으리로다(시 135:15-18)

⑱ The purposes of a man's heart are deep waters, but a man of understanding draws them out. Many a man claims to have unfailing love, but **a faithful man** who can find?(PR 20:5-6)

사람의 마음에 있는 모략은 깊은 물 같으니라 그럴지라도 명철한 사람은 그것을 길어 내느니라 많은 사람이 각기 자기의 인자함을 자랑하나니 충성된 자를 누가 만날 수 있으랴(잠 20:5-6)

⑲ So he got up, took the child and his mother during the night and left for Egypt, where he stayed until the death of Herod. And **so was fulfilled** what the Lord had said through the prophet: "**Out of Egypt** I called my son."(MT 2:14-15)

- leave for ~: ~으로 향해 떠나다 cf) leave ~을 떠나다

요셉이 일어나서 밤에 아기와 그의 어머니를 데리고 애굽으로 떠나가 헤롯이 죽기까지 거기 있었으니 이는 주께서 선지자를 통하여 말씀하신바 애굽으로부터 내 아들을 불렀다 함을 이루려 하심이니라(마 2:14-15)

⑳ Enter through the narrow gate. For **wide is** the gate and **broad is** the road that leads to destruction, and many enter through it. But **small is** the gate **and narrow** the road that leads to life, and only a few find it.(MT 7:13-14)

좁은 문으로 들어가라 멸망으로 인도하는 문은 크고 그 길이 넓어 그리로 들어가는 자가 많고 생명으로 인도하는 문은 좁고 길이 협착하여 찾는 이가 적음이라(마 7:13-14)

㉑ Then he touched their eyes and said, "**According to your faith will** it be done to you"; and their sight was restored. Jesus warned them sternly, "See that no one knows about this."(MT 9:29-30)

이에 예수께서 그들의 눈을 만지시며 이르시되 너희 믿음대로 되라 하시니 그 눈들이 밝아진지라 예수께서 엄히 경고하시되 삼가 아무에게도 알리지 말라(마 9:29-30)

㉒ I tell you the truth, if anyone says to this mountain, 'Go, throw yourself into the sea,' and does not doubt in his heart but believes that what he says will happen, it will be done for him. **Whatever you ask for in prayer**, believe that you have received it and it will be yours.(MK 11:23-24)

- Whatever you ask for in prayer(목적어 도치) 무엇이든지 기도하고 구하는 것

내가 진실로 너희에게 이르노니 누구든지 이 산더러 들리어 바다에 던져지라 하며 그 말하는 것이 이루어질 줄 믿고 마음에 의심하지 아니하면 그대로 되리라 그러므로 내가 너희에게 말하노니 무엇이든지 기도하고 구하는 것은 받은 줄로 믿으라 그리하면 너희에게 그대로 되리라(막 11:23-24)

㉓ Yet **to all who** received him, **to those who** believed in his name, he gave the right to become children of God – children born not of natural descent, nor of human decision or a husband's will, but born of God(JN 1:12-13)

- born not of A, but of B: A 로서가 아니라 B 로서 태어나다, natural descent 혈통, 상속, 유전

영접하는 자 곧 그 이름을 믿는 자들에게는 하나님의 자녀가 되는 권세를 주셨으니 이는 혈통으로나 육정으로나 사람의 뜻으로 나지 아니하고 오직 하나님께로부터 난 자들이니라(요 1:12-13)

㉔ Do not let your hearts be troubled. Trust in God; trust also in me. **In my Father's house are** many rooms; if it were not so, I would have told you. I am going there to prepare a place for you.(JN 14:1-2)

- if it were not so, I would have told you. 혼합 가정법(Day 13. 가정법 참조)
- if 절은 가정법 과거(그렇지 않다면) 주절은 가정법 과거완료(너희에게 일렀을 텐데) 아버지 집에 거할 곳이 많기 때문에, 너희에게(과거에) 거할 곳이 없다고 이르지 않았다

너희는 마음에 근심하지 말라 하나님을 믿으니 또 나를 믿으라 내 아버지 집에 거할 곳이 많도다 그렇지 않으면 너희에게 일렀으리라 내가 너희를 위하여 거처를 예비하러 가노니(요 14:1-2)

㉕ **Peace** I leave with you; **my peace** I give you. I do not give to you as the world gives. Do not let your hearts be troubled and do not be afraid(JN 14:27)

▫ leave A with B ~ A를 B에 끼치다(남기다) / let your hearts be troubled 마음에 근심하다

평안을 너희에게 끼치노니 곧 나의 평안을 너희에게 주노라 내가 너희에게 주는 것은 세상이 주는 것 같지 아니하니라 너희는 마음에 근심하지도 말고 두려워하지도 말라(요 14:27)

㉖ **Greater love has** no one than this, that he lay down his life for his friends. You are my friends if you do what I command. I no longer call you servants, because a servant does not know his master's business. Instead, I have called you friends, for **everything that I learned from my Father** I have made known to you.(JN 15:13-15)

▫ lay down one's life ~의 목숨을 버리다, his master's business 주인이 하는 것

사람이 친구를 위하여 자기 목숨을 버리면 이보다 더 큰 사랑이 없나니 너희는 내가 명하는 대로 행하면 곧 나의 친구라 이제부터는 너희를 종이라 하지 아니하리니 종은 주인이 하는 것을 알지 못함이라 너희를 친구라 하였노니 내가 내 아버지께 들은 것을 다 너희에게 알게 하였음이라(요 15:13-15)

㉗ **Near the cross of Jesus stood** his mother, his mother's sister, Mary the wife of Clopas, and Mary Magdalene. When Jesus saw his mother there, and the disciple whom he loved standing nearby, he said to his mother, "Dear woman, here is your son,"(JN 19:25-26)

예수의 십자가 곁에는 그 어머니와 이모와 글로바의 아내 마리아와 막달라 마리아가 섰는지라 예수께서 자기의 어머니와 사랑하시는 제자가 곁에 서 있는 것을 보시고 어머니께 말씀하시되 여자여 보소서 아들이니이다 하시고(요 19:25)

㉘ God will give to each person according to what he has done. **To those** who by persistence in doing good seek glory, honor, and immortality, he will give eternal life.(RO 2:6-7)

▫ by persistence in doing good 참고 선을 행하여 / immortality 썩지 아니함

하나님께서 각 사람에게 그 행한 대로 보응하시되 참고 선을 행하여 영광과 존귀와 썩지 아니함을 구하는 자에게는 영생으로 하시고(롬 2:6-7)

㉙ I have been crucified with Christ and I no longer live, but Christ lives in me. **The life I live** in the body, I live by faith in the Son of God, who loved me and gave himself for me.(GAL 2:20)

내가 그리스도와 함께 십자가에 못박혔나니 그런즉 이제는 내가 산 것이 아니요 오직 내 안에 그리스도께서 사신 것이라 이제 내가 육체 가운데 사는 것은 나를 사랑하사 나를 위하여 자기 몸을 버리신 하나님의 아들을 믿는 믿음 안에서 사는 것이라(갈 2:20)

㉚ But the fruit of the Spirit is love, joy, peace, patience, kindness, goodness, faithfulness, gentleness and self-control. Against such things there is no law.(GAL 5:22-23)

오직 성령의 열매는 사랑과 희락과 화평과 오래 참음과 자비와 양선과 충성과 온유와 절제니 이 같은 것을 금지할 법이 없느니라(갈 5:22-23)

㉛ By faith Abraham, even though he was past age – and Sarah herself was barren – was enabled to become a father because he considered him faithful who had made the promise. And so from this one man, and he as good as dead, came descendants as numerous as the stars in the sky and as countless as the sand on seashore.(HEB 11:11-12)

믿음으로 사라 자신도 나이가 많아 단산하였으나 잉태할 수 있는 힘을 얻었으니 이는 약속하신 이를 미쁘신 줄 알았음이라 이러므로 죽은 자와 같은 한 사람으로 말미암아 하늘의 허다한 별과 또 해변의 무수한 모래와 같이 많은 후손이 생육하였느니라(히 11:11-12)

▸▸ 강조 어귀

㉜ Your attitude should be the same as that of Christ Jesus: Who, being in very nature God, did not consider equality with God something to be grasped, but made himself nothing, taking the very nature of a servant, being made in human likeness.(PHI 2:5-7)

너희 안에 이 마음을 품으라 곧 그리스도 예수의 마음이니 그는 근본 하나님의 본체시나 하나님과 동등됨을 취할 것으로 여기지 아니하시고 오히려 자기를 비워 종의 형체를 가지사 사람들과 같이 되셨고(빌 2:5-7)

㉝ The woman said to the serpent, "We may eat fruit from the trees in the garden, but God did say, 'You must not eat fruit from the tree that is in the middle of the garden, and you must not touch it, or you will die.'"(GE 3:2-3)

여자가 뱀에게 말하되 동산 나무의 열매를 우리가 먹을 수 있으나 동산 중앙에 있는 나무의 열매는 하나님의 말씀에 너희는 먹지도 말고 만지지도 말라 너희가 죽을까 하노라 하셨느니라 (창 3:2-3)

㉞ Though you do not know him, I know him. If I said I did not, I would be a liar like you, but I do know him and keep his word.(JN 8:55)

너희는 그를 알지 못하되 나는 아노니 만일 내가 알지 못한다 하면 나도 너희같이 거짓말쟁이가 되리라 나는 그를 알고 또 그의 말씀을 지키노라(요 8:55)

㉟ But God demonstrates his own love for us in this: While we were still sinners, Christ died for us. Since we have now been justified by his blood, **how much more** shall we be saved from God's wrath through him!(RO 5:8-9)

- While we were still sinners 우리가 아직 죄인 되었을 때에
- 강조하는 말: how much more shall we be saved from God's wrath through him!
- Since we have now been justified by his blood: 그의 피로 말미암아 의롭다 하심을 받았는데(강조하려는 how much more ~를 위한 알기 쉬운 예)
- how much more ~: 진노하심에서 구원받는 것은 너무나 당연한 일이 아니겠는가!

우리가 아직 죄인 되었을 때에 그리스도께서 우리를 위하여 죽으심으로 하나님께서 우리에 대한 자기의 사랑을 확증하셨느니라 그러면 이제 우리가 그의 피로 말미암아 의롭다 하심을 받았으니 더욱 그로 말미암아 진노하심에서 구원을 받을 것이니(롬 5:8-9)

㊱ But the gift is not like the trespass. For if the many died by the trespass of the one man, **how much more** did God's grace and the gift that came by the grace of the one man, Jesus Christ, overflow to the many!(RO 5:15)

- gift 은사, 선물, trespass 범죄, grace 은혜, overflow 넘치다
- 강조하는 말: how much more did God's grace and the gift that came by the grace of the one man, Jesus Christ, overflow to the many
- if the many died by the trespass of the one man 많은 사람이 한 사람(아담)의 범죄 때문에 죽었는데(강조하려는 how much more ~를 위한 알기 쉬운 예)
- how much more did God's grace and the gift overflow to the many! 하물며 하나님의 은혜와 은사가 많은 사람에게 넘치지 않았겠는가(당연히 넘쳤다)

그러나 이 은사는 그 범죄와 같지 아니하니 곧 한 사람의 범죄를 인하여 많은 사람이 죽었은즉 더욱 하나님의 은혜와 또한 한 사람 예수 그리스도의 은혜로 말미암은 선물은 많은 사람에게 넘쳤느니라(롬 5:15)

㊲ If you are not disciplined(and everyone undergoes discipline), then you are illegitimate children and not true sons. Moreover, we have all had human fathers who disciplined us and we respected them for it. **How much more** should we submit to the Father of our spirits and live!(HEB 12:8-9)

- discipline 징계하다, submit to ~에 복종하다
- 강조하는 말: How much more should we submit to the Father of our spirits and live
- we have all had human fathers who disciplined us and we respected them for it. 우리를 징계하는 육체의 아버지가 징계한다고 해도 그들을 존경하는데(강조하려는 how much more ~를 위한 알기 쉬운 예)
- How much more should we submit to the Father of our spirits and live 하물며 영의 아버지께 복종하며 살아야하지 않겠는가(당연히 복종해야한다)

징계는 다 받는 것이거늘 너희에게 없으면 사생자요 친아들이 아니니라 또 우리 육신의 아버지가 우리를 징계하여도 공경하였거든 하물며 모든 영의 아버지께 더욱 복종하며 살려하지 않겠느냐(히 12:8-9)

Writing & Speaking 성경영어

① 듣는 귀와 보는 눈은 다 여호와께서 지으신 것이니라(잠 20:12)

Ears that hear and **eyes** that see – the LORD has made them both.(PR 20:12)

② 내가 두 가지 일을 주께 구하였사오니 나의 죽기 전에 주시옵소서 곧 허탄과 거짓말을 내게서 멀리 하옵시며 나로 가난하게도 마옵시고 부하게도 마옵시고 오직 필요한 양식을 내게 먹이시옵소서(잠 30:7-8)

- 허탄과 거짓말 falsehood and lies / ~을 ~에게서 멀리하다 keep A from B
- 가난하게도 마옵시고 부하게도 마옵시고 neither A(poverty) nor B(riches)

Two things I ask of you, O LORD; do not refuse me before I die: Keep falsehood and lies far from me; give me neither poverty nor riches, but give me only my daily bread.(PR 30:7-8)

③ 너희 중에 누가 염려함으로 그 키를 한자나 더할 수 있느냐(마 6:27, 눅 12:25)

- 너희 중에 누가 Who of you / A를 B에 보태다, 더하다 add A to B

Who of you by worrying **can add** a single hour to his life?(MT 6:27, LK 12:25)

④ 구하라 그리하면 너희에게 주실 것이요 찾으라 그리하면 찾아낼 것이요 문을 두드리라 그리하면 너희에게 열릴 것이니(마 7:7)

Ask and it will be given to you; **Seek and** you will find; **Knock and** the door will be opened to you.(MT 7:7)

⑤ 상한 갈대를 꺾지 아니하며 꺼져가는 심지를 끄지 아니하기를 심판하여 이길 때까지 하리니.(마 12:20)

- 상한 갈대 A bruised reed / 꺼져가는 심지 a smoldering wick / 끄다 snuff out

A bruised reed he will not break, and **a smoldering wick** he will not snuff out, till he leads justice to victory.(MT 12:20)

⑥ 내가 곧 길이요 진리요 생명이니 나로 말미암지 않고는 아버지께로 올 자가 없느니라(요 14:6)

I am the way and the truth and the life. **No one** comes to the Father **except** through me.(JN 14:6)

⑦ 내 안에 거하라 나도 너희 안에 거하리라 가지가 포도나무에 붙어 있지 아니하면 절로 과실을 맺을 수 없음같이 너도 내 안에 있지 아니하면 그러하리라(요 15:4)

□ 너도 내 안에 있지 아니하면 그러하리라 = 이중 부정, 강한 긍정의 의미 neither + unless

Remain in me, and I will **remain** in you. No branch can bear fruit by itself; it must **remain** in the vine. **Neither** can you bear fruit **unless** you **remain** in me.(JN 15:4)

⑧ 내가 그의 손의 못 자국을 보며 내 손가락을 그 못 자국에 넣으며 내 손을 그 옆구리에 넣어 보지 않고는 믿지 아니하겠노라(요 20:25)

Unless I see the nail marks in his hands and put my finger where the nails were, and put my hand into his side, I **will not** believe it.(JN 20:25)

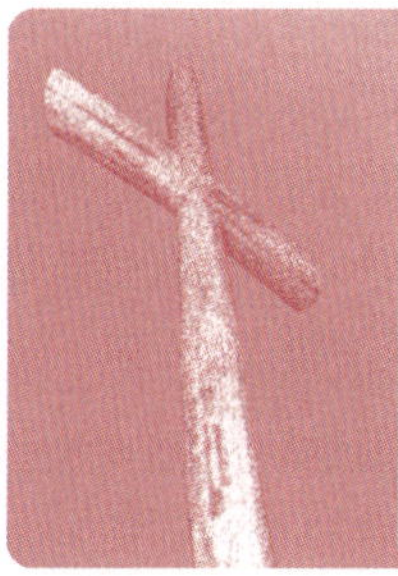

Today's Golden Rule

● Love the Lord your God **with all your heart and with all your soul and with all your mind. (and with all your strength)**(MT 22:37-38)(MK 12:30)

네 마음을 다하고 목숨을 다하고 뜻을 다하여(힘을 다하여) 주 너의 하나님을 사랑하라(마 22:37-38)(막 12:30)

Day 40. 특수 구문 II

Verse to Remember
□ 특수 구문 II: A. 생략(Ellipsis) B. 분리(Cleft Sentence)

A. 생 략

1. 중복된 말의 생략

주절과 종속절에서, 혹은 등위 접속사 연결에서 똑같은 말이 중복되면 나중에 나오는 말을 생략한다.

① But many who are first **will be** last, and the last first.(MK 10:31)

- and the last first ← and the last **will be** first.

그러나 먼저 된 자로서 나중 되고 나중 된 자로서 먼저 될 자가 많으니라(막 10:31)

② It is not the healthy **who need a doctor**, but the sick. I **have** not **come to** call the righteous, but sinners to repentance.(LK 5:31-32)

- but the sick ← but the sick **who need a doctor**
- but sinners to repentance ← but I **have come to call** sinners to repentance.
- to repentance 회개시키러, repent 회개하다, 후회하다

건강한 자에게는 의사가 쓸 데 없고 병든 자에게 라야 쓸 데 있나니 내가 의인을 부르러 온 것이 아니요 죄인을 불러 회개시키러 왔노라(눅 5:31-32)

③ I am the vine; you are the branches. If a man **remains in** me and I in him, he will bear much fruit; apart from me you can do nothing.(JN 15:5)

- and I in him ← and I **remain in** him / apart from me 나를 떠나서는

나는 포도나무요 너희는 가지니 그가 내 안에 내가 그 안에 있으면 이 사람은 과실을 많이 맺나니 나를 떠나서는 너희가 아무것도 할 수 없음이라(요 15:5)

④ Wives, **submit to** your husbands as to the Lord. Husbands, love your wives, just as Christ loved the church and gave himself up for her.(EPH 5:22,25)

- as to the Lord ← as you **submit** to the Lord.
- submit to 복종하다 / give himself up 자신을 주다

아내들이여 자기 남편에게 복종하기를 주께 하듯 하라 남편들아 아내 사랑하기를 그리스도께서 교회를 사랑하시고 위하여 자신을 주심같이 하라(엡 5:22, 25)

2. 관계사 생략

관계대명사가 동사나 전치사의 목적일 때 생략한다. ⇨ Day 24. 관계대명사

(1) 동사의 목적

① Now the LORD God had planted a garden in the east, in Eden; and there he put the man he had formed.(GE 2:8)

□ the man he had formed ← the man **whom** he had formed

여호와 하나님이 동방의 에덴에 동산을 창설하시고 그 지으신 사람을 거기 두시니라(창 2:8)

② Then the LORD God made a woman from the rib he had taken out of the man, and he brought her to the man.(GE 2:22)

□ the rib he had taken ← the rib **that** he had taken

여호와 하나님이 아담에게서 취하신 그 갈빗대로 여자를 만드시고 그를 아담에게로 이끌어 오시니(창 2:22)

③ Now the serpent was more crafty than any of the wild animals the God has made. He said to the woman, "Did God really say, 'You must not eat from any tree in the garden?' "(GE 3:1)

□ the wild animals the God has made ← the wild animals **that** the God has made

그런데 뱀은 여호와 하나님의 지으신 들짐승 중에 가장 간교하니라 뱀이 여자에게 물어 이르되 하나님이 참으로 너희에게 동산 모든 나무의 열매를 먹지 말라 하시더냐(창 3:1)

④ You are already clean because of the word I have spoken to you. Remain in me and I will remain in you.(JN 15:3-4)

□ the word I have spoken to you ← the word **that** I have spoken to you

너희는 내가 일러준 말로 이미 깨끗하여졌으니 내 안에 거하라 나도 너희 안에 거하리라(요 15:3-4)

(2) 전치사의 목적

① He said to him, "Very well, I will grant this request too; I will not overthrow the town you speak of. But flee there quickly, because I cannot do anything until you reach it."(GE 19:21-22)

□ the town you speak of ← the town **which** you speak **of** / grant this request 이 요구를 들어주다

그가 그에게 이르되 내가 이 일에도 네 소원을 들었은즉 네가 말하는 그 성읍을 멸하지 아니하리니 그리로 속히 도망하라 네가 거기 이르기 까지는 내가 아무 일도 행할 수 없노라 하였더라(창 19:21-22)

② Now we know that if the earthly tent we live in is destroyed, we have a building from God, an eternal house in heaven, not built by human hands.(2CO 5:1)

- the earthly tent we live in ← the earthly tent **which** we live **in**

만일 땅에 있는 우리의 장막 집이 무너지면 하나님께서 지으신 집 곧 손으로 지은 것이 아니요 하늘에 있는 영원한 집이 우리에게 있는 줄 아느니라(고후 5:1)

(3) 관계부사 생략

⇨ Day 26. 관계부사

① Train a child in the way he should go, and when he is old, he will not turn from it.(PR 22:6)

- the way 다음 **how** 생략

마땅히 행할 길을 아이에게 가르치라 그리하면 늙어도 그것을 떠나지 아니하리라(잠 22:6)

② Then the Herod called the Magi secretly and found out from them the exact time the star had appeared.(MT 2:7)

- the exact time 다음 **when** 생략

이에 헤롯이 가만히 박사들을 불러 별이 나타난 때를 자세히 묻고(마 2:7)

③ The reason my Father loves me is that I lay down my life – only to take it up again.(JN 10:17)

- the reason 다음 **why** 생략

내가 목숨을 버리는 것은 그것을 내가 다시 얻기 위함이니 이로 말미암아 아버지께서 나를 사랑하시느니라(요 10:17)

(4) 'it ~ that' 강조 구문의 that 생략

① "Woman," he said, "why are you crying? **Who** is **it** you are looking for?" Thinking he was the gardener, she said, "Sir, if you have carried him away, tell me where you have put him, and I will get him."(JN 20:15)

- Who is it you ~ ← Who is it **that** you ~

예수께서 이르시되 여자여 어찌하여 울며 누구를 찾느냐 하시니 마리아는 그가 동 산지기인 줄 알고 이르되 당신이 옮겼거든 어디 두었는지 내게 이르소서 그리하면 내가 가져가리이다(요 20:15)

② For it is by grace you have been saved through faith – and this not from yourselves, it is the gift of God – not by works, so that no one can boast. (EPH 2:8-9)

□ it is by grace you ~ ← it is by grace **that** you ~

너희는 그 은혜에 의하여 믿음으로 말미암아 구원을 받았으니 이것은 너희에게서 난 것이 아니요 하나님의 선물이라 행위에서 난 것이 아니니 이는 누구든지 자랑하지 못하게 함이라 (엡 2:8-9)

3. 부정사, 분사의 생략

(1) 부정사 생략

● Make every effort to enter through the narrow door, because many, I tell you, will try to enter and will not be able to.(LK 13:24)

□ **to** 다음 enter through the narrow door가 생략.

좁은 문으로 들어가기를 힘쓰라 내가 너희에게 이르노니 들어가기를 구하여도 못하는 자가 많으리라(눅 13:24)

(2) 분사 생략

① When he rose from prayer and went back to the disciples, he found them asleep, **exhausted** from sorrow. "Why are you sleeping?" he asked them. "Get up and pray so that you will not fall into temptation."(LK 22:45-46)

□ exhausted from sorrow ← **being** exhausted from sorrow

기도 후에 일어나 제자들에게 가서 슬픔으로 인하여 잠든 것을 보시고 이르시되 어찌하여 자느냐 시험에 들지 않게 일어나 기도하라 하시니라(눅 22:45-46)

② **Aware** that his disciples were grumbling about this, Jesus said to them, "Does this offend you? What if you see the Son of Man ascend to where he was before!" (JN 6:61-62)

□ Aware that ~ ← **being** aware that ~

예수께서 스스로 제자들이 이 말씀에 대하여 수근 거리는 줄 아시고 이르시되 이 말이 너희에게 걸림이 되느냐 그러면 너희는 인자가 이전에 있던 곳으로 올라가는 것을 본다면 어떻게 하겠느냐(JN 6:61-62)

B. 분 리

1. it ~ that 강조 구문: 강조를 위한 분리
2. 주어와 수식어의 분리: 주어가 길어지는 것을 피하기 위한 분리

1. it ~ that 강조 구문

▸▸ 강조하는 말: 주어

① In the evening you will know that **it** was **the LORD who** brought you out of Egypt. (EX 16:6)

▫ 강조하는 말이 사람, the Lord 이므로 it ~ that 대신 it ~ who

저녁이 되면 너희가 여호와께서 너희를 애굽 땅에서 인도하여내셨음을 알 것이요(출 16:6)

② For everyone born of God overcomes the world. This is the victory that has overcome the world, even our faith. **Who** is **it that** overcomes the world? Only he who believes that Jesus is the Son of God.(1JN 5:4-5)

▫ 강조하는 말: who / it is who that~ 이 의문문으로 되어 who is it that ~

무릇 하나님께로부터 난 자마다 세상을 이기느니라 세상을 이기는 승리는 이것이니 우리 의 믿음이니라 예수께서 하나님의 아들이심을 믿는 자가 아니면 세상을 이기는 자가 누구냐(요일 5:4-5)

▸▸ 강조하는 말: 부사절

③ **It** is **when he walks by night that** he stumbles, for he has no light.(JN 11:10)

▫ stumble 실족하다

밤에 다니면 빛이 사람 안에 없는 고로 실족하느니라(요 11:10)

2. 주어와 수식어의 분리

영어에서는 될 수 있으면 주어가 길어지는 것을 피하려 한다. 이를 위해 주어를 수식하는 말이 길 때 주로 주어와 수식하는 말을 분리하게 된다.

▸▸ S ~ that S V(명사절) ← S + that S V(명사절)

① Jesus answered, "If I want him to remain alive until I return, what is that to you? You must follow me." Because of this, the rumor spread among the brothers that this disciple would not die.(JN 21:22-23)

- the rumor spread among the brothers that this disciple would not die ← the rumor that this disciple would not die spread among the brothers

예수께서 이르시되 내가 올 때까지 그를 머물게 하고자 할지라도 네게 무슨 상관이냐 너는 나를 따르라 하시더라 이 말씀이 형제들에게 나가서 그 제자는 죽지 아니하겠다 하였으나(요 21:22-23)

▸▸ S(선행사) ~ 관계사 ← S(선행사) + 관계사

② And a woman was there who had been subject to bleeding for twelve years.(MK 5:25)

- a woman was there who had been subject ~ ← a woman who had been subject ~ was there
- be subject to ~을 당하다, 받다 / bleeding 출혈, bleed 피 흘리다

열두 해를 혈루증으로 앓아온 한 여자가 있어 (막 5:25)

③ Yet a time is coming and has now come when the true worshipers will worship the Father in spirit and truth, for they are the kind of worshipers the Father seeks.(JN 4:23)

- a time is coming and has now come when the true worshipers ~ ← a time when the true worshipers ~ is coming and has now come

아버지께 참되게 예배하는 자들은 영과 진리로 예배할 때가 오나니 곧 이 때라 아버지께서는 자기에게 이렇게 예배하는 자들을 찾으시느니라(요 4:23)

▸▸ S(명사) ~ to 부정사 ← S(명사) + to 부정사

④ On that day a fountain will be opened to the house of David, and the inhabitants of Jerusalem, to cleanse them from sin and impurity. "On that day I will banish the names of the idols from the land, and they will be remembered no more," declared the LORD Almighty. "I will remove both the prophets and the spirit of impurity from the land."(ZEC 13:1-2)

- a fountain ~ to cleanse O from (~을 씻는 샘) ← a fountain to cleanse O from ~
- impurity 더러움, 불순 / banish 추방하다

그 날에 죄와 더러움을 씻는 샘이 다윗의 족속과 예루살렘 주민을 위하여 열리리라 만군의 여호와가 말하노라 그 날에 내가 우상의 이름을 이 땅에서 끊어서 기억도 되지 못하게 할 것이며 거짓 선지자와 더러운 귀신을 이땅에서 떠나게 할 것이라(슥13:1-2)

Q&A 세상영어

Q1 성경영어를 보면 다음 Ⓐ처럼 말하지만 Ⓑ와 같이 말하지는 않는다. 그 이유를 말해보자.

Ⓐ If a man remains **in me** and I **in him**, he will bear much fruit.(JN 15:5)
그가 **내 안에**, 내가 **그 안에** 거하면 사람이 열매를 많이 맺나니

Ⓑ If a man remains **in me**, and I **him**, he will bear much fruit.(?)

A1 [생략의 기본 원칙]

- 똑같은 말이 되풀이 될 때 나중 나오는 말을 생략해야 한다.
- 하지만 똑같은 말(중복된 말)이 있다고 해서 이들을 모두 생략 할 수 있는 것은 아니다. 생략은 댓구법(⇨ Parallelism, Day 38.)의 원칙 하에서만 가능하게 된다.

▷ Ⓐ의 생략되기 전의 말씀: ○ If a man **remains in** me and I **remain in** him. 여기서 remain과 in이 중복된다. 그런데 실제 생략된 말은 remain뿐이다.

▷ 왜 remain과 in 둘 다를 생략하지 않은 것일까? 만일 전치사 in까지 생략해서; Ⓑ If a man remains **in me**, and I **him**.이라고 말한다면 어떨까?

▷ remain과 in 둘 다 생략하면 접속사 and는 in me와 him을 연결하는 것으로, 즉 in me **and** him으로 오해된다. 이렇게 되면 and의 구성요소가 달라져, Parallelism의 원칙을 벗어나게 된 다. 이를 막기 위해 나중 나오는 전치사가 비록 같은 말이라 할지라도 이를 생략하지 않게 되는 것이다.

▷ 따라서 댓구법의 원칙에 따라 in me **and** in him으로 and가 연결하는 구성요소 A와 B의 형식을 같게 하기 위해 뒤에 오는 전치사 in을 생략할 수 없게 된다.

또 다른 성경 말씀을 보자:

Ⓒ The race **is not to** the swift **or** the battle **to** the strong.(ECC 9:11)
← The race **is not to** the swift or the battle **is not to** the strong.

▷ 여기에서 물론 **is not to**가 중복된 말이지만, ○ The race **is not to** the swift or the battle the strong.(?)처럼 말하면 안 된다. 접속사 or가 to the swift **or** the strong으로 오해될 수 있기 때문이다. 이렇게 되면 or의 구성요소가 같지 않아 Ⓑ에서처럼 역시 Parallelism의 원칙에서 벗어난다.

▻ 따라서 'is not'만 생략해서 'to the swift or to the strong'으로 말해야 오해가 생기지 않는다.

▻ 그러므로 영어의 생략은 중복된 말이 올 때, 뒤에 나오는 동일한 말들을 생략하는 것이 원칙이지만 이때에는 Parallelism의 틀에서 벗어나지 않는 범위 내에서 이루어져야 한다.

그런데 아래 말씀과 같이 중복된 말을 모두 없애고도 Parallelism의 원칙을 벗어나지 않을 때에는 뒤에 나오는 동일한 말들을 모두 생략할 수 있다.

Ⓓ Many who are first will be last, and the last first.(MK 10:31)
← Many who are first will be last, and the last will be first.

▻ will be가 중복된 말이기 때문에 and다음 생략되었다. will be를 생략해도 and가 연결하는 말은 last and first로 and의 구성요소가 같아서 문제될 것이 전혀 없다.

Ⓔ It could have been sold for more than a year's wages and the money given to the poor.(MK 14:5)
← It could have been sold for more than a year's wages and the money could have been given to the poor.

▻ could have been이 중복된 말이므로 and 다음에 오는 could have been이 생략 되었다. 이를 생략해도 and가 연결하는 말은 sold for ~ and given to ~로 and의 구성요소가 같아서 역시 오해의 여지가 없다.

[중복과 반복]

(1) 중복(redundancy)

생략해야 하는 말, 버려야 할 불필요한 말.

Ⓐ Then he said to them, "The Sabbath was made for man, not man for the Sabbath."(MK 2:27)

또 이르시되 안식일이 사람을 위하여 있는 것이요 사람이 안식일을 위하여 있는 것 이 아니니(막 2:27)

← Then he said to them, "The Sabbath was made for man, not man was made for the Sabbath."

▻ 중복된 말: was made

(2) 반복(repetition)

생략할 수 있는 똑같은 말이 있는데도 이를 생략하지 않은 채 그대로 말하면 이것은 버려야할 중복이 아니라 강조를 위한 반복(repetition)이다. ⇨ Day 39. 강조

Ⓑ Love does not delight in evil but rejoice with the truth. It always protects, always trusts, always hopes, always perseveres.(1CO 13:6-7)

불의를 기뻐하지 아니하며 진리와 함께 기뻐하고 모든 것을 참으며 모든 것을 믿으며 모든 것을 바라며 모든 것을 견디느니라(고전 13:6-7)

▻ 반복된 말: always, 단어 always를 반복 사용하여 의미를 강조

Ⓒ Love the Lord your God with all your heart and with all your soul and with all your mind. This is the first and greatest commandment.(MT 22:37-38)

네 마음을 다하고 목숨을 다하고 뜻을 다하여 주 너의 하나님을 사랑하라 하셨으니 이 것이 크고 첫째 되는 계명이요(마 22:37-38)

▻ 반복된 말: with all your, heart, soul, mind의 의미를 강조하기 위해 (and) with all your라는 똑같은 어귀 반복

Ⓓ For everyone born of God overcomes the world. This is the victory that has overcome the world, even our faith. Who is it that overcomes the world? Only he who believes that Jesus is the Son of God.(1JN 5:4-5)

▫ 강조하는 말: who, it is who that ~ 이 의문문으로 되어 who is it that ~

무릇 하나님께로부터 난 자마다 세상을 이기느니라 세상을 이기는 승리는 이것이니 우리의 믿음이니라 예수께서 하나님의 아들이심을 믿는 자가 아니면 세상을 이기는 자가 누구냐(요일 5:4-5)

▻ 반복된 말: overcome(s) the world, '믿음이 세상을 이긴다'는 의미를 강조하기 위해 overcome(s) the world라는 똑같은 어귀를 반복 사용

(3) 우리말의 중복과 반복

중복(redundancy)은 쓸데없는 말이며, 올바르지 못한 언어사용이다. 따라서 생략이 필요하다. 다음 우리말 예들을 보자:

중복	여러분들	역전(前) 앞	처가(妻家)집	매(每)주마다
생략	여러분	역전, 역 앞	처가	매주

▻ 이 밖에 말 뿐만 아니라 글에서도 단어, 어귀, 표현방식, 의미 등 실로 다양한 차원에서 중복이 일어나게 된다. 다음 방송 원고를 보자:

"지난주 독도에서는 독도를 사랑하는 독도지킴이 회원들이 '독도사랑 콘서트'를 열었습니다. 독도가 우리 땅이라는 것을 다시 한 번 강조하기위한 이번 '독도 콘서트'에는 독도를 지키려는 독도지킴이 회원들 이외에도 독도…"

"어린이날이 만들어진 1923년 당시는 어린이들의 소중함과 권리를 생각조차 할 수 없는 힘든 시절이었습니다. 하지만 그런 시절에 아이를 높여 어린이라 부르고 또 어린이를 위한 날을 만든 것은 힘든 시절일수록 희망은 어린이에게 있기 때문일 겁니다."

▻ 한눈에 보아서도 중복된 말이 지나치게 많다. 내용이 아무리 좋다하더라도 이런 식의 원고 는 방송 부적격이다.

이에 비해 반복(repetition)은 의미의 강조를 위한 뛰어난 말솜씨, 글 솜씨가 된다. 똑같은 음절이 반복되어 강조의 의미가 생기는 다음 예들을 보자.

- 사자성어(四字成語): ◦ 정정당당(正正堂堂) ◦ 명명백백(明明白白) ◦ 절체절명(絶體絶命) ◦ 시시비비(是是非非) ◦ 가가호호(家家戶戶) ◦ 지지부진(遲遲不進) ◦ 전전긍긍(戰戰兢兢)
- 의성어(onomatopoeia): ◦ 사각사각 ◦ 찰랑찰랑 ◦ 콜록콜록 ◦ 딸랑딸랑 ◦ 퐁당퐁당
- 의태어(mimetic words): ◦ 새근새근 ◦ 파릇파릇 ◦ 오물오물 ◦ 야금야금 ◦ 살금살금 ◦ 비틀비틀 ◦ 덩실덩실 ◦ 발름발름 ◦ 우적우적 ◦ 대롱대롱 ◦ 차곡차곡 ◦ 한들한들 ◦ 비실비실
- 의성어/의태어: ◦ 지글지글 ◦ 보글보글 ◦ 벌컥벌컥 ◦ 재잘재잘 ◦ 주룩주룩

다음 미당 서정주의 시 '푸르른 날'에는 단어, 구절, 단락 등 실로 다양한 차원의 반복이 등장하여 언어적 백미를 느끼게 한다:

푸르른 날

눈이 부시게 푸르른 날은
그리운 사람을 그리워하자

저기 저기 저 가을 꽃 자리
초록이 지쳐 단풍드는데

눈이 내리면 어이하리야,
봄이 또 오면 어이하리야

네가 죽고서 내가 산다면?
내가 죽고서 네가 산다면?

눈이 부시게 푸르른 날은
그리운 사람을 그리워하자

Q2 목적격이외에 주격 관계대명사도 생략할 수 있을까? 생략할 수 있다면 어떤 조건에서 가능한가? 예를 들면 다음 말들이 자연스런 영어인지 아닌지 생각해 봅시다.

ⓐ There is a friend of mine lives in Jejudo. 제주도에 사는 내 친구가 한 명 있다.

ⓑ A friend of mine lives in Jejudo.

A2

ⓐ는 지극히 자연스런 말이다. 원래 이 말은,

◦ There is a friend of mine **who** lives in Jejudo.에서 온 것이다.

▻ 구어체에서는 이와 같이 주격 관계대명사 who도 생략할 수 있다.

ⓑ는 매우 부자연스럽다.

ⓑ A friend of mine lives in Jejudo.(?)

▻ 'A friend of mine'은 말하는 사람이 염두에 두고 있는 어떤 특정인을 가리키는 중요한 정보인데 이 같은 핵심정보를 맨 처음부터 말하지 않는 것이 영어의 특성이기 때문이다.

▻ 중요한 정보일수록 나중에 꺼내야 한다. 이를 위해 아무의미도 없는 'There is ~'로 일단 말을 시작하고, 중요한 내용인 'a friend of mine'이 말의 끝에 와야 한다.

[주격 관계대명사의 생략]

(1) There is / are + 명사(선행사) + (주격 관계대명사) + V

ⓐ There is a man at the door **(who)** wants to see you.
문밖에 너를 만나고 싶어 하는 사람이 있다.

ⓑ There is an old couple **(who)** lives in the house on the river.
늙은 부부가 강변의 집에 살고 있다.

(2) (주격 관계대명사) + S be 동사

▸ 주격 관계대명사가 be 동사의 보어일 때 관계대명사는 that만 쓸 수 있으며, 이 때 that은 구어에서 생략할 수 있다.
▸ 이때의 선행사는 관계대명사절의 주어(목적어)와 동일한 것이어야 한다.

ⓐ He is no longer **the poor man (that) he** used to **be**.

▫ the poor man = he

그는 이제 과거와 같이 가난한 사람이 아니다.

ⓑ The world is no longer **the same place (that) the world was** yesterday.

□ the same place = the world

오늘의 세상은 어제의 세상과 다르다.

ⓒ He is not **the foolish guy (that)** we thought **him**.

□ the foolish guy = him

그는 우리가 생각했던 것과 같은 어리석은 녀석이 아니다.

(3) (주격 관계대명사) + 삽입절(S V) + V

주격관대명사와 동사 사이에 삽입절이 있을 때 관계대명사가 주격이라도 생략 할 수 있다. 이때의 삽입절 동사는 타동사 know, think, feel, believe, deny 등이다.

ⓐ They suspected a man **(who)** *I knew* didn't steal the car.

그들은 내가 알기로는 그 차를 훔치지 않은 사람을 의심하고 있다.

ⓑ A government official gave me some informations **(that)** *I thought* were important to the people to invest in real estate.

한 정부 관리는 내가 생각하기에 부동산에 투자 하려는 사람들에게 중요한 몇 가지 정보를 내게 주었다.

Q3 'it ~ that' 강조 구문에서 that의 문법적 기능에 대해 살펴봅시다.

A3

- 'it ~ that' 강조 구문에서 that은 관계사다. 강조하는 말에 따라 관계대명사, 또는 관계부사의 기능을 한다.
- 그러므로 강조하는 말이 사람이면 일반적으로 that 대신 who를 더 많이 사용하며, 강조하는 말이 장소일 때에는 where, 시간일 때에는 when 등을 쓰기도 한다.

Ⓐ In the evening you will know that **it** was **the LORD who** brought you out of Egypt.(EX 16:6)

저녁이 되면 너희가 **여호와께서** 너희를 애굽 땅에서 인도하여내셨음을 알 것이요(출 16:6)

ⓑ **It** was **in a manger in Bethlehem where (that)** Jesus was born.

예수님이 태어나신 **곳(장소)은 베들레헴의 말구유**였다.

ⓒ **It** was **during the time of King Herod when (that)** Jesus was born.

예수님이 태어나신 **때(시기)는 헤롯 왕 시기**였다.

Check-up 세상영어

I. 중복된 말 또는 생략할 수 있는 말을 지적하고 이를 생략하여 다시 말하시오.

1. A: Why didn't you sell the stocks?
   B: Because I was advised not to sell them then.

2. A: Did she help you?
   B: No, I asked her to help me but she told me she didn't have time to help me.

3. A: You used to play tennis after work.
   B: Yes, I used to play tennis after work. but I don't play tennis after work now.

4. Blue eyes are very common in most parts of the U.S. but blue eyes are rather rare in most parts of Mexico.

5. Ugliness is one of the symptoms of disease, and beauty is one of the symptoms of health.

6. The optimist looks into a mirror and becomes too optimistic, but the pessimist looks into a mirror and becomes too pessimistic.

7. It probably never happens that a man lives who has not any one to love him, or a man lives who has not any one to love.

8. It is not only the government that is responsible for the current economic crisis, but(also) the individual that is responsible for the current economic crisis.

9. Sarah, Abraham's wife is written to have lived a hundred and twenty-seven years in the Bible and Abraham is written to have lived a hundred seventy-five years in the Bible.

10. A: Why didn't you tell me the truth the first time?
B: I meant to tell you the truth the first time but I was frightened.

11. He is the doctor who (whom) my daughter is engaged to.

12. Though John is seventy years old this year, he is a perfect climber who (that) he used to be in his youth.

13. Those who I think buy stocks now will make a profit next year.

14. Government right now should get rid of the regulations that foreigners say are not still eliminated.

15. There are a lot of people who still believe in superstition in this age.

16. Having been born in better times, he would have been a great scientist.

II. 우리말 색깔부분을 「it ~ that」 강조구문으로 하여 영어로 말하시오.

1. 중요한 것은 우리가 무엇을 먹느냐가 아니라 어떻게 살 것인가이다.

2. 인간을 추운 북쪽지역에 정착할 수 있도록 한 것은 불의 사용 때문이다.
   - 불의 사용 the control of fire

3. 우리가 아파봐야 건강의 소중함을 깨닫게 된다.

4. 현 경제 위기에 책임을 져야할 것은 정부뿐만이 아니라 기업이다.
   - 기업 enterprise / B뿐만 아니라 A: A as well as B

5. 2차 세계대전 이후에 비로소 우리나라는 일본으로부터 독립하게 되었다.

6. 한글을 창제한 분은 누구인가? 세종대왕이다.

7. 미국인들이 그들 역사상 가장 존경하는 인물은 누구라고 생각하세요? 에이브러함 링컨입니다.

8. 지금 남극에서 일어난 일은 무슨 일인가?

9. 당신이 어제 만난 사람은 대통령이 아니라 대통령 비서실장이었습니다.

□ 대통령 비서실장 the chief presidential secretary

10. 베드로가 예수를 세 번씩 부인한 때는 닭이 울기 전이었다.

□ 닭이 운다 the rooster crows

Answer to Check-Up I

1. 중복된 말: to sell them
   ⇒ A: Why didn't you **sell the stocks**?
   B: Because I was advised not **to** then.
2. 중복된 말: to help me (you)
   ⇒ A: Did she **help you**?
   B: No, I asked her **to** but she told me she didn't have time.
3. 중복된 말: to play tennis after work
   ⇒ A: You used **to play tennis after work**.
   B: Yes, I used **to**. but I don't now.
4. 중복된 말: blue eyes are, in most parts
   ⇒ **Blue eyes are** very common **in most parts** of the U.S. but rather rare of Mexico.
5. 중복된 말: is one of the symptoms
   ⇒ Ugliness **is one of the symptoms** of disease, and beauty of health.
6. 중복된 말: looks into a mirror and becomes
   ⇒ The optimist **looks into a mirror and becomes** too optimistic, but the pessimist too pessimistic.
7. 중복된 말: a man lives who has not
   ⇒ It probably never happens that **a man lives who has not** any one to love him, or any one to love.
8. 중복된 말: is responsible for the current economic crisis
   ⇒ It is not only the government but(also) the individual that **is responsible for the current economic crisis**.
9. 중복된 말: is written to have lived, in the Bible
   ⇒ Sarah, Abraham's wife **is written to have lived** a hundred and twenty-seven

years in the Bible and Abraham a hundred seventy-five years.

10. 중복된 말: tell me (you) the truth the first time
⇒ A: Why didn't you tell me the truth the first time?
B: I meant to but I was frightened.

11. 생략할 수 있는 말: who (whom)
⇒ He is the doctor my daughter is engaged to.

12. 생략할 수 있는 말: who (that)
⇒ Though John is seventy years old this year, he is a perfect climber he used to be in his youth.

13. 생략할 수 있는 말: who
⇒ Those I think buy stocks now will make a profit next year.

14. 생략할 수 있는 말: that
⇒ Government right now should get rid of the regulations foreigners say are not still eliminated.

15. 생략할 수 있는 말: who
⇒ There are a lot of people still believe in superstition in this age.

16. 생략할 수 있는 말: Having been
⇒ Born in better times, he would have been a great scientist.

Answer to Check-Up II

1. It is not what we eat, but how we live that counts (matters).
2. It is the control of fire that allowed humans to settle in the cold northern areas.
3. It was not until we get sick that we realize the value of health.
4. It is the enterprises as well as the government that is responsible for the current economic crisis.
5. It was not until after World War II that our country became independent from Japan.
6. Who is it that invented the Korean Alphabet, Hangeul? It is the Great King Sejong.
7. Who(m) do you think it is that Americans respect (the) most in their history? I think it is Abraham Lincoln.
8. What is it that has happened to Arctic now?
9. It was not the president but the chief presidential secretary whom (that) you met yesterday.
10. It was before the rooster crows that (when) Peter disowned Jesus three times.

Reading & Listening 성경영어

▸▸ 중복된 말의 생략

① The idols of the nations are silver and gold, made by the hands of men. They have mouths, but cannot speak, eyes but they cannot see; they have ears, but cannot hear, nor is there breath in their mouths. Those who make them will be like them, and so will all who trust in them.(PS 135:15-18)

- but cannot speak, eyes but they cannot see ← but **they** cannot speak, **they have** eyes but they cannot see
- they have ears, but cannot hear ← they have ears, but **they** cannot hear
- so will all who trust in them. ← all who trust in them will **be like them, too.**
- The idols of the nations 열국의 우상

열국의 우상은 은금이요 사람의 손으로 만든 것이라 입이 있어도 말하지 못하며 눈이 있어도 보지 못하며 귀가 있어도 듣지 못하며 그 입에는 아무 기식도 없나니 그것을 만든 자와 그것을 의지하는 자가 다 그것과 같으리로다(시 136:15,18)

② Pride goes before destruction, a haughty spirit before a fall.(PR 16:18)

- a haughty spirit before a fall. ← a haughty spirit **goes** before a fall.

교만은 패망의 선봉이요 거만한 마음은 넘어짐의 앞잡이니라(잠 16:18)

③ A little sleep, a little slumber, a little folding of the hands to rest – and poverty will come on you like a bandit and scarcity like an armed man.(PR 24:33-34)

- and scarcity like an armed man ← and scarcity **will come on you** like an armed man
- a little folding of the hands to rest 손을 모으고 좀 더 누워 있자, fold 접다, 끼다
- like a bandit 강도같이, like an armed man 군사같이

네가 좀 더 자자, 좀 더 졸자, 손을 모으고 좀 더 누워 있자 하니 네 빈궁이 강도같이 오며 네 곤핍이 군사같이 이르리라(잠 24:33-34)

④ The race is not to the swift or the battle to the strong, nor does the food come to the wise or wealth to the brilliant or favor to the learned; but time and chance happen to them all.(ECC 9:11)

- or the battle to the strong ← or the battle **is not** to the strong
- or wealth to the brilliant ← or wealth **does not come** to the brilliant
- or favor to the learned ← or favor **does not come** to the learned
- the swift 빠른 경주자들, the strong 용사들, the wise 지혜자들

□ the brilliant 명철자들, the learned 지식인들

빠른 경주자들이라고 선착하는 것이 아니며 용사들이라고 전쟁에 승리하는 것이 아니며 지혜자들이라고 음식물을 얻는 것도 아니며 명철자들이라고 재물을 얻는 것도 아니며 지식인들이라고 은총을 입는 것이 아니니 이는 시기와 기회는 그들 모두에게 임함이니라(전 9:11)

⑤ For John had been saying to Herod, "It is not lawful for you to have your brother's wife." So Herodias nursed a grudge against John and want to kill him. But she was not able to, because Herod feared John and protected him, knowing him to be a righteous and holy man. When Herod heard John, he was greatly puzzled; yet he liked to listen to him.(MK 6:18-20)

□ But she was not able to ← But she was not able to **kill him**

□ nursed a grudge against ~ 대해 원한을 품다

이는 요한이 헤롯에게 말하되 동생의 아내를 취하는 것이 옳지 않다 하였음이라 헤로디아가 요한을 원수로 여겨 죽이고자 하였으되 하지 못한 것은 헤롯이 요한을 의롭고 거룩한 사람으로 알고 두려워하여 보호하며 또 그의 말을 들을 때에 크게 번민하면서도 달갑게 들음이러라(막 6:18-20)

⑥ She broke the jar and poured the perfume on his head. Some of those present were saying indignantly to one another, "Why this waste of perfume? It could have been sold for more than a year's wages and the money given to the poor." And they rebuked her harshly. "Leave her alone," said Jesus. "Why are you bothering her? She has done a beautiful thing to me."(MK 14:3-5)

□ and the money given to the poor ← and the money **could have been** given to the poor.

□ It could have been sold for more than a year's wages: 팔 수도 있었을 텐데 안 팔았다(가정법 과거완료)

□ a year's wages 삼백 데나리온, 1년 치 임금에 해당하는 많은 돈, Leave her alone 가만 두어라

그 옥합을 깨뜨리고 예수의 머리에 부으니 어떤 사람들이 분내어 서로 말하되 무슨 의사로 이 향유를 허비하는가 이 향유를 삼백 데나리온 이상에 팔아 가난한 자들에게 줄 수 있었겠도다 하며 그 여자를 책망하는지라 예수께서 이르시되 가만 두라 너희가 어찌하여 그를 괴롭게 하느냐 그가 내게 좋은 일을 하였느니라(막 14:3-5)

⑦ For everyone born of God overcomes the world. This is the victory that has overcome the world, even our faith. Who is it that overcomes the world? Only he who believes that Jesus is the Son of God.(1JN 5:4-5)

□ be born of God 하나님께로부터 나다

□ Only he who believes that Jesus is the Son of God. ← Only he who believes that Jesus is the Son of God **overcomes the world**.

무릇 하나님께로부터 난 자마다 세상을 이기느니라 세상을 이기는 승리는 이것이니 우리의 믿음이니라 예수께서 하나님의 아들이심을 믿는 자가 아니면 세상을 이기는 자가 누구냐(요일 5:4-5)

▸▸ 관계사 생략

⑧ Seven days from now I will send rain on the earth for forty days and forty nights, and I will wipe from the face of the earth every living creature I have made.(GE 7:4)

- every living creature I have ~ ← every living creature **that** I have ~

지금부터 칠 일이면 내가 사십 주야를 땅에 비를 내려 내가 지은 모든 생물을 지면에서 쓸어버리리라(창 7:4)

⑨ After they had heard the king, they went on their way, and the star they had seen in the east went ahead of time until it stopped over the place where the child was. (MT 2:9)

- the star they had seen ← the star **that** they had seen

박사들이 왕의 말을 듣고 갈새 동방에서 보던 그 별이 문득 앞서 인도하여 가다가 아기 있는 곳 위에 머물러 서 있는지라(마 2:9)

⑩ Then he said to his servants, 'The wedding banquet is ready, but those I invited did not deserve to come. Go to the street corners and invite to the banquet anyone you find.' So the servants went out into the streets and gathered all the people they could find, both good and bad, and the wedding hall was filled with guests. (MT 22:8-10)

- those I invited ← those **whom** I invited / anyone you find ← anyone **whom** you find
- all the people they could find ← all the people **whom** they could find

이에 종들에게 이르되 혼인잔치는 준비되었으나 청한 사람들은 합당하지 아니하니 네거리 길에 가서 사람을 만나는 대로 혼인잔치에 청하여 오라 한대 종들이 길에 나가 악한 자나 선한 자나 만나는 대로 모두 데려오니 혼인잔치에 손님이 가득한지라(마 22:8-10)

⑪ It is not for you to know the times or the dates the Father has set by his own authority. But you will receive power when the Holy Spirit comes on you and you will be my witnesses in Jerusalem, and in all Judea and Samaria and to the ends of the earth.(AC 1:7-8)

- the times or the dates the Father has set ← the times or the dates **that** the Father has set

때와 시기는 아버지께서 자기의 권한에 두셨으니 너희가 알 바 아니요 오직 성령이 너희에게 임하시면 너희가 권능을 받고 예루살렘과 온 유대와 사마리아와 땅 끝까지 이르러 내 증인이 되리라(행 1:7-8)

⑫ And so we know and rely on the love God has for us. God is love. Whoever lives in love lives in God, and God in him.(1JN 4:16)

- rely on the love God has for us ← rely on the love **that** God has for us
- and God in him. ← and God **lives** in him.

하나님이 우리를 사랑하시는 사랑을 우리가 알고 믿었노니 하나님은 사랑이시라 사랑 안에 거하는 자는 하나님 안에 거하고 하나님도 그 안에 거하시느니라(요일 4:16)

▸▸ 분리

⑬ Remember your creator in the days of your youth, before the days of trouble come and years approach when you will say, "I find no pleasure in them."(ECC 12:1)

- the days of trouble come and years approach when you will say, ~ ← the days of trouble when you will say, ~ come and years when you will say, ~ approach

너는 청년의 때에 너의 창조주를 기억하라 곧 곤고한 날이 이르기 전에, 나는 아무 낙이 없다고 할 해들이 가깝기 전에(전 12:1)

⑭ To keep me from becoming conceited because of these surpassingly great revelation, there was given me a thorn in my flesh, a messenger of Satan, to torment me. Three times I pleaded with the Lord to take it away from me. But he said to me, "My grace is sufficient for you, for my power is made perfect in weakness."(2CO 12:7-9)

- there was given me a thorn in my flesh, a messenger of Satan ← a thorn in my flesh, a messenger of Satan was given me
- surpassingly 뛰어나게, 탁월하게 / revelation 계시, 폭로 / torment 몹시 괴롭히다
- plead with O to RV ~에게 ~하기를 간청하다

여러 계시를 받은 것이 지극히 크므로 너무 자만하지 않게 하시려고 내 육체에 가시 곧 사탄의 사자를 주셨으니 이는 나를 쳐서 너무 자만하지 않게 하려 하심이라 이것이 내게서 떠나가게 하기 위하여 내가 세 번 주께 간구하였더니 나에게 이르시기를 내 은혜가 네게 족하도다 이는 내 능력이 약한데서 온전하여짐이라 하신지라(고후 12:7-9)

▸▸ it ~ that 강조 구문

⑮ His father Isaac asked him, "Who are you?" "I am your son." he answered, "your first born Esau." Isaac trembled violently and said, "**Who** was **it, then that** hunted game and brought it to me? I ate it just before you came and I blessed him- and indeed he will be blessed!"(GE 27:32-33)

- game 사냥감

그의 아버지 이삭이 그에게 이르되 너는 누구냐 그가 대답하되 나는 아버지의 아들 곧 아버지의 맏아들에서로소이다 이삭이 심히 크게 떨며 가로되 그런즉 사냥한 고기를 내게 가져온 자가 누구냐 너 오기 전에 내가 다 먹고 그를 위하여 축복하였은즉 그가 반드시 복을 받을 것이니라(창 27:32-33)

⑯ Surely it was for my benefit that I suffered such anguish. In your love you kept me from the pit of destruction; you have put all my sins behind your back.(ISA 38:17)

- kept me from the pit 구덩이에서 건지셨고

보옵소서 내게 큰 고통을 더하신 것은 내게 평안을 주려 하심이라 주께서 나의 영혼을 사랑하사 멸망의 구덩이에서 건지셨고 나의 모든 죄는 주의 등 뒤에 던지셨나이다(사 38:17)

⑰ Nothing outside a man can make him 'unclean' by going into him. Rather, it is what comes out of a man that makes him 'unclean'.(MK 7:15-16)

- it ~ that 강조 구문, 강조하는 말: what comes out of a man 사람 안에서 나오는 것

무엇이든 밖에서 사람에게로 들어가는 것은 능히 사람을 더럽게 하지 못하되 사람 안에서 나오는 것이 사람을 더럽게 하는 것이니라(막 7:15-16)

⑱ And when the south wind blows, you say, 'It's going to be hot,' and it is. Hypocrites! You know how to interpret the appearance of the earth and the sky. How is it that you don't know how to interpret this present time? (LK 12:55-56)

남풍이 부는 것을 보면 말하기를 심히 더우리라 하나니 과연 그러하니라 외식하는 자여 너희가 천지의 기상은 분간할 줄 알면서 어찌 이 시대는 분간하지 못하느냐(눅 12:55-56)

⑲ That if you confess with your mouth, "Jesus is Lord," and believe in your heart that God raised him from the dead, you will be saved. For it is with your heart that you believe and are justified, and it is with your mouth that you confess and are saved.(RO 10:9-10)

네가 만일 네 입으로 예수를 주로 시인하며 또 하나님께서 그를 죽은 자 가운데서 살리신 것을 네 마음에 믿으면 구원을 받으리라 사람이 마음으로 믿어 의에 이르고 입으로 시인하여 구원에 이르느니라(롬 10:9-10)

⑳ Let him who boasts boast in the Lord. For it is not the one who commends himself who is approved, but the one whom the Lord commends.(2CO 10:17-18)

- him who boasts 자랑하는 자(O), boast in the Lord 주 안에서 자랑하다(O.C)
- the one who commends himself 자기를 칭찬하는 자

자랑하는 자는 주 안에서 자랑할지니라 옳다 인정함을 받는 자는 자기를 칭찬하는 자가 아니요 오직 주께서 칭찬하시는 자니라(고후 10:17-18)

㉑ It is God who works in you to will and to act according to his good purpose. Do everything without complaining or arguing.(PHP 2:13-14)

- works in you 너희 안에서 행하다, to will and to act 소원을 두고 행하다

너희 안에서 행하시는 이는 하나님이시니 자기의 기쁘신 뜻을 위하여 너희로 소원을 두고 행하게 하시니 모든 일을 원망과 시비를 없이 하라(빌 2:13-14)

Writing & Speaking 성경영어

① 범사에 기한이 있고 천하만사가 다 때가 있나니(전 3:1)

ㅁ 천하만사 every activity under heaven

There is a time for everything, and a season for every activity under heaven.(ECC 3:1)

▻ a season for ~ ← **there is** a season for ~

② 또 이르시되 안식일이 사람을 위하여 있는 것이요 사람이 안식일을 위하여 있는 것이 아니니(막 2:27)

Then he said to them, "The Sabbath was made for man, not man for the Sabbath."(MK 2:27)

▻ not man for the Sabbath ← man **was not made** for the Sabbath

③ 만물이 그로 말미암아 지은 바 되었으니 지은 것이 하나도 그가 없이는 된 것이 없느니라(요 1:3)

Through him all things were made; without him nothing was made that has been made.(JN 1:3)

▻ without him **nothing** was made **that has been made** ← without him **nothing that has been made** was made

④ 볼지어다 내가 문밖에 서서 두드리노니 누구든지 내 음성을 듣고 문을 열면 내가 그에게로 들어가 그와 더불어 먹고 그는 나와 더불어 먹으리라(계 3:20)

ㅁ 문밖에 서다 stand at the door / ~와 더불어 먹다 eat with

Here I am! I stand at the door and knock. If anyone hears my voice and opens the door, I will come in and eat with him, and he with me.(REV 3:20)

▻ and he with me ← and he **will eat** with me

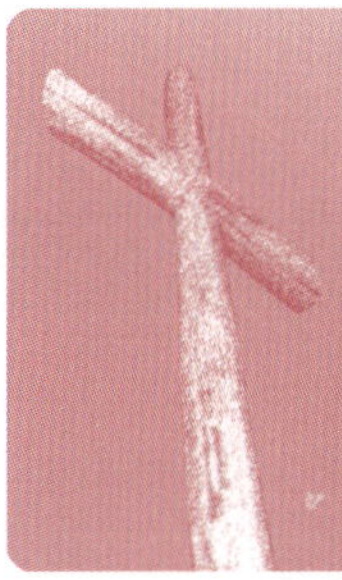

Today's Golden Rule

It is not the healthy **who need a doctor**, but the sick. I have not come to call the righteous, but sinners to repentance.(LK 5:31-32)

건강한 자에게는 의사가 쓸 데 없고 병든 자에게라야 쓸 데 있나니 내가 의인을 부르러 온 것이 아니요 죄인을 불러 회개시키러 왔노라(눅 5:31-32)

Volume 1

CONTENTS

Today's Golden Rule I

DAY 1

말의 종류 I

- **Ask and** it will be given to you; **Seek and** you will find; **Knock and** the door will be opened to you.(MT 7:7)

  구하라 그리하면 너희에게 주실 것이요 찾으라 그리하면 찾아낼 것이요 문을 두드리라 그리하면 너희에게 열릴 것이니(마 7:7)

DAY 2

말의 종류 II

- If you, then, though you are evil, know how to give good gifts to your children, **how much more** will your Father in heaven give good gifts to those who ask him!(MT 7:11)

  너희가 악한 자라도 좋은 것으로 자식에게 줄 줄 알거든 하물며 하늘에 계신 너희 아버지께서 구하는 자에게 좋은 것으로 주시지 않겠느냐(마 7:11)

DAY 3

열두동사 I

- What **has been** will **be** again, what **has been done** will **be done** again; there **is** nothing new under the sun.(ECC 1:9)

  이미 있었던 것이 후에 다시 있겠고 이미 한 일을 후에 다시 할지라 해 아래에는 새것이 없나니(전 1:9)

DAY 4

열두동사 II

- Two things I ask of you, O LORD; do not refuse me before I die: Keep falsehood and lies far from me; **give me neither poverty nor riches,** but **give me only my daily bread.**(PR 30:7-8)

  내가 두 가지 일을 주께 구하였사오니 내가 죽기 전에 내게 거절하지 마시옵소서 곧 헛된 것과 거짓말을 내게서 멀리 하옵시며 나를 가난하게도 마옵시고 부하게도 마옵시고 오직 필요한 양식으로 나를 먹이시옵소서(잠30:7-8)

DAY 5

열두동사 III

- **Come** to me, all you who are weary and burdened, and I will give you rest.(MT 11:28)

  수고하고 무거운 짐 진 자들아 다 내게로 오라 내가 너희를 쉬게 하리라(마 11:28)

DAY 6

열두동사 IV

- The LORD is my shepherd, I shall not be in want. He **makes** me **lie down** in green pastures, he leads me beside quiet waters.(PS 23:1-2)

  여호와는 나의 목자시니 내게 부족함이 없으리로다 그가 나를 푸른 풀밭에 누이시며 쉴 만한 물가로 인도하시는도다(시 23:1-2)

DAY 7

two-word verb I

- Husbands, love your wives just as Christ loved the church and **gave himself up** for her.(EPH 5:25)

  남편들아 아내 사랑하기를 그리스도께서 교회를 사랑하시고 위하여 자신을 주심같이 하라(엡 5:25)

DAY 8

two-word verb II

- Man does not **live on** bread alone, but **on** every word that comes from the mouth of God.(MT 4:4)

  사람이 떡으로만 살 것이 아니요 하나님의 입으로부터 나오는 모든 말씀으로 살 것이라(마 4:4)

DAY 9

two-word verb III

- Heaven and earth will **pass away**, but my words will never **pass away**.(MT 24:35)

  천지는 없어질지언정 내 말은 없어지지 아니하리라(마 24:35)

DAY 10 과거와 현재완료

○ Therefore, if anyone is in Christ, he is a new creation; the old **has gone**, the new **has come**.(2CO 5:17)

그런즉 누구든지 그리스도 안에 있으면 새로운 피조물이라 이전 것은 지나갔으니 보라 새것이 되었도다(고후 5:17)

DAY 11 조동사 I

○ I **can** do everything through him who gives me strength.(PHP 4:13)

내게 능력 주시는 자 안에서 내가 모든 것을 할 수 있느니라(빌 4:13)

DAY 12 조동사 II

● New wine **must** be poured into new wineskins.(LK 5:38)

새 포도주는 새 부대에 넣어야 할 것이니라(눅 5:38)

DAY 13 수동태

● Whoever exalts himself **will be humbled**, and whoever humbles himself **will be exalted**.(MT 23:12)

누구든지 자기를 높이는 자는 낮아지고 누구든지 자기를 낮추는 자는 높아지리라(마 23:12)

DAY 14 가정법

● If you really **knew** me, you **would know** my Father as well. From now on, you do know him and have seen him.(JN 14:7)

너희가 나를 알았더면 내 아버지도 알았으리로다 이제부터는 너희가 그를 알았고 또 보았느니라(요 14:7)

DAY 15 부정사 I

● **It** is more blessed **to give** than **to receive**.(AC 20:35)

주는 것이 받는 것보다 복이 있다(행 20:35)

DAY 16

부정사 II

- Let us **not become weary** in doing good, for at the proper time we will reap a harvest if we do not give up.(GAL 6:9)

우리가 선을 행하되 낙심하지 말지니 포기하지 아니하면 때가 이르매 거두리라(갈 6:9)

DAY 17

동명사

- Now faith is **being sure of** what we hope for and **certain of** what we do not see.(HEB 11:1)

믿음은 바라는 것들의 실상이요 보이지 않는 것들의 증거니(히 11:1)

DAY 18

분사구문

- Those who sow in tears will reap with songs of joy. He who goes out **weeping, carrying seed to sow**, will return with songs of joy, **carrying sheaves with him**.(PS 126:5-6)

눈물을 흘리며 씨를 뿌리는 자는 기쁨으로 거두리로다 울며 씨를 뿌리러 나가는 자는 반드시 기쁨으로 그 곡식 단을 가지고 돌아오리로다(시 126:5-6)

DAY 19

화법 I

- Jesus **said to her**, "I am the resurrection and the life. He who believes in me will live, even though he dies; and whoever lives and believes in me will never die."(JN 11:25-26)

나는 부활이요 생명이니 나를 믿는 자는 죽어도 살겠고 무릇 살아서 나를 믿는 자는 영원히 죽지 아니하리니(요 11:25-26)

DAY 20

화법 II

- Jesus **said to his disciples**, "Give to the one who asks you, and do not turn away from the one who wants to borrow from you." (MT 5:42)

예수께서 제자들에게 이르시되 네게 구하는 자에게 주며 네게 꾸고자 하는 자에게 거절하지 말라(마 5:42)